백 세 인생을 위한 고사성어의 여행

편 저 : 강영수

인생여백마과극(人生如白駒過隙)

천지는 영원하지만 인생은 두 번 다시 오지 않는다.
인간의 수명은 길어야 백년, 눈 깜박할 사이에 지나가고 만다.
이 푸른 세상에 태어난 이상,
향락에 빠져 허송세월로 보내는 것을 삼가야 한다.

법문북스

나는 가끔 기업체나 학교에서 한문(한자) 강의를 할 때마다 귀에 익은 질문을 많이 받는다. 그것은 어떻게 하면 한문을 쉽게 배울 수 있으며 고사성어에 대해 많이 알 수 있느냐였다. 이때 나의 답변은 생활 속에서 한자를 익히고 그 안에서 흥미로운 얘기를 덧붙여 고사와 성어를 익히는 것이 바람직하다고 말했다. 한편으로는 교과서에서 배웠던 가벼운 시와 문장 등을 암기하여 마음에 여유가 있을 때마다 한 구절씩 생각해 내는 것도 좋은 방법일 것이다.

생활 속에서 한자를 익히라는 것은 박물관이나 유적지, 또는 선조들이 남긴 유물 등의 문화 유산을 통하여 새로운 한문 지식을 넓혀 나가는 것도 권장할 만한 방법이다. 요즘에는 한자에 대한 관심이 고조되면서 한자 관련 시험 등도 다양해지고 있다. 또한 입사시험이나 승진시험에 있어서도 분명하게 한 자리를 차지하고 있다. 그러므로 『고사성어』에 대한 비중도 높아지고 있다. 본서는 요점을 명확히 분석하여 실질적으로 수험생이나 입사시험 및 승진시험에 최선의 도움을 주고자 노력하였다.

저자 씀

| 여는 글 | / 3
시험에 잘 나오는 고사성어의 특징 / 4

| 가행 |
가여낙성(可與樂成) — 일이 성공하여 함께 즐긴다 · 26
가인박명(佳人薄命) — 미인은 운명이 기박하다 · 27
가정맹어호(苛政猛於虎) — 가렴주구는 호랑이보다 무섭다 · 28
가무담석(家無儋石) — 집에 저축한 것이 조금도 없다 · 29
가대부지사(賈大夫之士) — 아내를 웃게 한 활 솜씨 · 30
간장막야(干將莫邪) — 후세에 이름을 떨칠 보검 · 31
간담상조(肝膽相照) — 마음을 터놓고 숨김없이 사귐 · 32
갈택이어(竭澤而魚) — 연못의 물을 퍼내 고기를 잡는다 · 33
감이조부(感二鳥賦) — 두 새를 보고 노래를 짓다 · 34
감지수(鑑止水) — 고여 있는 물에 얼굴을 비추어라 · 35
강좌이오(江左夷吾) — 강동의 명재상 이오 · 36
강노지말력(彊弩之末力) — 강하던 쇠뇌도 그 끝은 미약하다 · 37
강랑재진(江郞才盡) — 강랑의 재주가 다하다 · 38
개과불린(改過不吝) — 허물을 고치는 데 주저하지 말라 · 39
개과천선(改過遷善) — 지난날의 허물을 고치다 · 40
개관사정(蓋棺事定) — 죽은 후에야 정당한 평가를 받는다 · 41
개권유득(開卷有得) — 책을 펴고 글을 읽어라 · 42
개문읍도(開門揖盜) — 문을 열고 도둑을 맞아들임 · 43
거무기하(居無幾何) — 시간이 많이 결과되지 않았다 · 44

거안고반(據鞍顧盼) ― 말 고삐를 잡고 뒤를 돌아보다 · 45
거안제미(擧案齊眉) ― 밥상을 눈 위까지 들어올린다 · 46
거이기(居移氣) ― 사람은 지위와 경우에 따라 달라진다 · 47
거일반삼(擧一反三) ― 하나로 세 가지의 것을 안다 · 48
거자불추(去者不追) ― 가는 사람은 붙들지 않는다 · 49
거재두량(車載斗量) ― 수레를 싣고 말로 되다 · 50
건곤일척(乾坤一擲) ― 하늘과 땅을 한 번에 내던지다 · 51
걸견폐요(桀犬吠堯) ― 걸왕의 개가 요왕을 보고 짖는다 · 52
걸해골(乞骸骨) ― 해골을 청한다 · 53
검려지기(黔驢之技) ― 검 땅의 당나귀 재주 · 54
격물치지(格物致知) ― 사물의 이치를 연구하여 학문을 넓힘 · 55
견마지양(犬馬之養) ― 개나 말처럼 봉양한다 · 56
결초보은(結草報恩) ― 풀을 엮어 은혜를 갚다 · 57
겸애(兼愛) ― 어느 누구에게나 평범한 사랑 · 58
경광도협(傾筐倒篋) ― 광주리와 궤짝을 거꾸로 하다 · 59
경원(敬遠) ― 공경을 하되 멀리 한다 · 60
경국지색(傾國之色) ― 나라를 기울게 할 미인 · 61
계구우후(鷄口牛後) ― 소의 꼬리보다는 닭의 입이 되라 · 62
계두육(鷄頭肉) ― 말랑말랑한 미인의 젖가슴 · 63
계륵(鷄肋) ― 살점이 많지 않은 닭의 갈비 · 64
계명구도(鷄鳴狗盜) ― 닭처럼 울며 개처럼 도둑질한다 · 65
계발(啓發) ― 사물의 이치를 밝혀주다 · 66
계포일락(季布一諾) ― 계포가 한 번 승낙하다 · 67
계피학발(鷄皮鶴髮) ― 닭의 머리와 학의 머리털 · 68
고굉지신(股肱之臣) ― 넓적다리와 팔뚝과 같은 신하 · 69
고복격양(鼓腹擊壤) ― 배를 두드리며 땅을 치며 노래함 · 70
고성낙일(孤城落日) ― 고립된 성과 기울어진 낙조 · 71
고인조박(古人糟粕) ― 옛사람의 도는 술을 거른 찌꺼기 · 72

고침안면(高枕安眠) — 베개를 높이 하고 편히 잠을 잔다 · 73

고희(古稀) — 예로부터 칠십까지 사는 것은 드물다 · 74

곡수유상(曲水流觴) — 흐르는 물에 잔을 띄우다 · 75

곡학아세(曲學阿世) — 사곡한 학문을 하여 세상에 아첨함 · 76

곡고화과(曲高和寡) — 곡이 높으면 화답하는 사람이 적다 · 77

공곡공음(空谷跫音) — 빈 골짜기의 발짝 소리 · 78

공명수죽백(功名垂竹帛) — 공을 세워 이름을 죽백에 남기다 · 79

공중누각(空中樓閣) — 공중에 떠 있는 누각 · 80

공휴일궤(功虧一簣) — 한 삼태기의 흙이 모자라 실패하다 · 81

과전불납리(瓜田不納履) — 외밭에서 신을 고쳐 신지 말라 · 82

과즉불탄개(過則勿憚改) — 허물을 알면 고치기를 꺼리지 말라 · 83

관견(管見) — 붓 대롱 속으로 내다본다 · 84

관포지교(管鮑之交) — 관중과 포숙아의 두터운 우정 · 85

괄목상대(刮目相對) — 눈을 비비고 다시 보며 상대를 대함 · 86

광풍제월(光風霽月) — 빛나는 바람과 맑은 달 · 87

괘관(掛冠) — 관을 벗어 걸다 · 88

괴벽(怪癖) — 괴이한 버릇 · 89

괴녀성(壞汝城) — 자신이 쌓은 성을 무너뜨린다 · 90

교룡득수(蛟龍得水) — 교룡이 드디어 물을 얻다 · 91

교언영색(巧言令色) — 교묘한 말과 부드러운 얼굴색 · 92

교주고슬(膠柱鼓瑟) — 거문고 기둥을 풀로 붙이고 탄다 · 93

교취호탈(巧取豪奪) — 교묘한 수단으로 빼앗다 · 94

교칠지심(膠漆之心) — 아교와 옻칠같은 마음 · 95

교토삼굴(狡兔三窟) — 슬기 있는 토끼는 굴을 셋 만든다 · 96

구미속초(狗尾續貂) — 개 꼬리로 담비를 잇다 · 97

구밀복검(口蜜腹劍) — 벌꿀을 머금고 뱃 속엔 검이 있다 · 98

구사일생(九死一生) — 아홉 번 죽을 고비에서 살아났다 · 99

구상유취(口尚乳臭) — 입에서 아직 젖내가 난다는 뜻 · 100

구설수(口舌數) — 말 때문에 곤욕을 치름 · 101
구약현하(口若懸河) — 말하는 것이 흐르는 물과 같다 · 102
구우일모(九牛一毛) — 아홉 마리 소 가운데 한 올의 터럭 · 103
구인득인(求仁得仁) — 인을 구하여 인을 얻다 · 104
구화지문(口禍之門) — 입은 재앙을 불러들이는 문이다 · 105
국궁진췌(鞠躬盡瘁) — 나라를 위해 온 힘을 기울이다 · 106
국사무쌍(國士無雙) — 나라 안에 둘도 없는 인물 · 107
국척(跼蹐) — 허리를 구부리고 조심스럽게 걸음 · 108
국파산하재(國破山河在) — 나라가 망하여 산과 물만 남았다 · 109
군계일학(群鷄一鶴) — 닭 무리 속에 있는 한 마리의 학 · 110
군맹평상(群盲評象) — 여러 명이 코끼리를 만지고 평하다 · 111
군명불수(君命不受) — 장수는 때로 임금의 명을 듣지 않는다 · 112
군자삼락(君子三樂) — 군자에게는 세 가지 즐거움이 있다 · 113
군자원포주(君子遠庖廚) — 군자는 푸줏간을 멀리 한다 · 114
군자표변(君子豹變) — 군자도 표범처럼 변해 간다 · 115
굴신제천하(屈臣制天下) — 신하에게 지는 게 세상을 잡는 것 · 116
권선징악(勸善懲惡) — 착한 것은 권하고 악한 것은 징계함 · 117
권토중래(捲土重來) — 흙먼지를 날리며 다시 온다 · 118
귀매최이(鬼魅最易) — 귀신과 도깨비가 가장 쉽다 · 119
귀감(龜鑑) — 거북 껍질과 거울 · 120
극기복례(克己復禮) — 자기를 극복하고 예로 돌아감 · 121
근화일일영(槿花一日榮) — 무궁화꽃처럼 덧없는 영화 · 122
금란지교(金蘭之交) — 견고한 금과 난초같은 우정 · 123
금상첨화(錦上添花) — 비단 위에 꽃을 놓는다 · 124
금성탕지(金城湯池) — 철벽으로 된 성과 끓는 못 · 125
금슬상화(琴瑟相和) — 거문고와 비파의 음이 화합하다 · 126
금의야행(錦衣夜行) — 비단옷 입고 밤길 가기 · 127
기사회생(起死回生) — 죽었다가 다시 살아남 · 128

기로망양(岐路亡羊) — 갈림길에서 양을 잃다 · 129

기우(杞憂) — 기나라 사내의 걱정 · 130

기호지세(騎虎之勢) — 호랑이 등에 탄 운명 · 131

기화가거(奇貨可居) — 기이한 보화는 잘 두면 큰 이익이 됨 · 132

| 나행 |

나작굴서(羅雀掘鼠) — 그물로 새를 굴에서 쥐를 잡는다 · 133

낙백(落魄) — 혼백이 땅에 떨어지다 · 134

낙불사촉(樂不思蜀) — 즐거워서 촉을 생각하지 않는다 · 135

낙양지귀(洛陽紙貴) — 낙양에 종이가 귀해지다 · 136

낙정하석(落井下石) — 우물에 빠진 사람에게 돌을 던지다 · 137

난의포식(暖衣飽食) — 따뜻한 옷에 음식을 배불리 먹음 · 138

난형난제(難兄難弟) — 누가 형인지 동생인지 분간이 어려움 · 139

남가일몽(南柯一夢) — 남쪽 나무가지 아래의 꿈 · 140

남귤북지(南橘北枳) — 강남의 귤이 강북에 심의면 탱자 · 141

남상(濫觴) — 큰 강도 처음에는 잔을 띄울 정도 · 142

남원북철(南轅北轍) — 수레는 남쪽으로 바퀴는 북으로 간다 · 143

남취(濫吹) — 엉터리로 불어댐 · 144

남풍불경(南風不競) — 남방의 풍악은 미약하다 · 145

낭중지추(囊中之錐) — 주머니 속의 송곳 · 146

낭패불감(狼狽不堪) — 다리 없는 두 마리 이리의 곤경 · 147

내우외환(內憂外患) — 안의 근심과 밖의 재난 · 148

내조지공(內助之功) — 아내가 돕는 공을 가리킴 · 149

노마지지(老馬之智) — 늙은 말의 지혜 · 150

노생상담(老生常譚) — 노서생이 하는 말 · 151

노우지독(老牛舐犢) — 어미소가 송아지를 핥다 · 152

노이무공(勞而無功) — 공연히 애만 쓰는 것 · 153

노익장(老益壯) — 나이가 들수록 건강해야 한다 · 154

녹림(綠林) ― 푸른 숲에 사는 사람들 · 155

녹사수수(鹿死誰手) ― 사슴이 누구 손에 죽는가 · 156

녹엽성음(綠葉成陰) ― 푸른 잎이 무성하여 그늘이 지다 · 157

논공행상(論功行賞) ― 공을 따져 상을 내림 · 158

농단(壟斷) ― 높이 솟은 언덕 · 159

누란지위(累卵之危) ― 계란을 위태롭게 쌓아올린 위험 · 160

능서불택필(能書不擇筆) ― 글씨에 능해 붓을 가리지 않는다 · 161

니취(泥醉) ― 술에 취해 진흙처럼 흐느적거림 · 162

| 다행 |

다다익선(多多益善) ― 무엇이든 많을수록 좋다 · 163

다사제제(多士濟濟) ― 인재가 아주 많다 · 164

단기지교(斷機之敎) ― 짜던 베를 잘라 가르침 · 165

단장(斷腸) ― 창자가 끊어지는 슬픔 · 166

당돌서시(唐突西施) ― 서시를 거스르다 · 167

당랑거철(螳螂拒轍) ― 사마귀가 앞발로 수레를 막음 · 168

대공무사(大公無邪) ― 모든 일 처리가 공평하다 · 169

대기만성(大器晚成) ― 큰그릇은 늦게 이루어진다 · 170

대단원(大團圓) ― 보름달처럼 둥그스름한 미인의 얼굴 · 171

대동소이(大同小異) ― 크게는 같고 작게는 다르다 · 172

대의멸친(大義滅親) ― 대의를 위해 육친의 정을 희생함 · 173

대장부(大丈夫) ― 남자다운 남자 · 174

도량(盜糧) ― 적에게 이로움을 주는 식량 · 175

도리(桃李) ― 복숭아와 오얏 · 176

도불습유(道不拾遺) ― 길에 떨어진 것을 줍지 않는다 · 177

도원결의(桃園結義) ― 복숭아 동산에서 의형제를 맺음 · 178

도원경(桃源境) ― 복숭아 숲이 펼쳐진 별천지 · 179

도주지부(陶朱之富) ― 도주공의 부 · 180

도청도설(道聽塗說) — 큰길에서 듣고 작은 길에서 말한다 · 181

도탄지고(塗炭之苦) — 진흙수렁이나 숯불에 떨어진 고통 · 182

도행역시(倒行逆施) — 도리에 맞지 않은 일을 하다 · 183

독서망양(讀書亡羊) — 책을 읽다가 양을 잃어버림 · 184

독서백편(讀書百遍) — 글을 백 번 읽으면 뜻이 통한다 · 185

독안룡(獨眼龍) — 눈이 하나뿐이면서 용기 있는 사람 · 186

동공이곡(同工異曲) — 지은 것과 만들어진 것은 차이가 남 · 187

동병상련(同病相憐) — 같은 병을 앓는 사람 끼리 서로 동정함 · 188

동서효빈(東西效矉) — 동쪽의 서시를 흉내내다 · 189

동식서숙(東食西宿) — 동쪽에서 먹고 서쪽에서 잔다 · 190

동취(銅臭) — 구리 냄새가 난다 · 191

동호직필(董狐直筆) — 동호의 붓은 곧다 · 192

두주불사(斗酒不辭) — 말 술을 마다하지 않음 · 193

두찬(杜撰) — 격이 떨어진 작품을 가리킴 · 194

득롱망촉(得隴望蜀) — 농서를 얻자 촉 땅을 바란다 · 195

득어망전(得魚忘筌) — 고기를 잡으면 통발을 잊어버린다 · 196

등용문(登龍門) — 입신 출세의 관문 · 197

등태소천(登泰小天) — 태산에 오르면 천하가 작게 보인다 · 198

| 라행 |

람비징청(攬轡澄淸) — 말고삐를 잡고 맑은 정치를 다짐하다 · 199

| 마행 |

마이동풍(馬耳東風) — 말의 귀에 스쳐가는 동풍 · 200

마저작침(磨杵作針) — 쇠공이를 갈아 바늘로 만든다 · 201

마혁과시(馬革裹屍) — 말가죽으로 시체를 싸다 · 202

막수유(莫須有) — 혹 있을 지도 모른다 · 203

막역지우(莫逆之友) — 서로 거리낄 것이 없는 친구 · 204

만가(挽歌) — 수레를 끌며 부르는 노래 · 205

만사일생(萬事一生) — 만 번의 죽을 고비에서 살아나오다 · 206

만사휴의(萬事休矣) — 모든 것을 체념한 상태 · 207

만성풍우(滿城風雨) — 온 성을 가득 비바람이 덮는다 · 208

만전지책(萬全之策) — 조금도 틈을 찾을 수 없는 계책 · 209

망국지음(亡國之音) — 나라를 망하게 하는 음악 · 210

망매지갈(望梅止渴) — 매실을 바라보며 갈증을 해소하다 · 211

망진막급(望塵莫及) — 먼지만 보고서는 따라잡지 못한다 · 212

맥수지탄(麥秀之嘆) — 보리만 무성하다고 탄식함 · 213

맹모삼천(孟母三遷) — 맹자 어머니가 세 번 이사하다 · 214

맹목(盲目) — 사리를 판단할 수 없는 장님의 눈 · 215

맹인모상(盲人摸象) — 장님이 코끼리를 만짐 · 216

맹인할마(盲人瞎馬) — 장님이 눈 먼 말을 타다 · 217

명당(明堂) — 황제가 정무를 보았던 대청마루 · 218

명모호치(明眸皓齒) — 밝은 눈동자와 흰 이 · 219

명경지수(明鏡止水) — 티끌 한 점 없는 거울처럼 맑은 물 · 220

명철보신(明哲保身) — 이치에 맞는 도리로 몸을 보전함 · 221

모수자천(毛遂自薦) — 모수가 스스로를 천거하다 · 222

모순(矛盾) — 창과 방패를 가리킴 · 223

모피지부(毛皮之附) — 가죽이 없는데 털이 붙으랴 · 224

목불식정(目不識丁) — 아무 것도 모르는 무식한 사람 · 225

목인석심(木人石心) — 나무와 돌로 만들어진 사람 · 226

목탁(木鐸) — 나무 방울을 나타냄 · 227

무산지몽(巫山之夢) — 무산에서 꾸었던 꿈 · 228

무용지용(無用之用) — 쓸모 없는 것도 쓸 데가 있다 · 229

무위이화(無爲而化) — 행위가 없어도 되어진다 · 230

무항산심(無恒産心) — 먹고 살만한 사람이 있어야 떳떳함 · 231

묵수(墨守) — 자신의 의견을 굽히지 않고 지킨다 · 232

문가라작(門可羅雀) — 문에 그물을 쳐 참새를 잡다 · 233

문경지교(刎頸之交) — 목 벨 정도에서 생사를 함께 할 친구 · 234

문일지십(聞一知十) — 하나를 들으면 열을 안다 · 235

문전성시(門前成市) — 문 앞이 마치 시장과 같다 · 236

물극필반(物極必反) — 사물이 극에 달하면 반전한다 · 237

물망재거(勿忘在莒) — 거성에 있을 때를 잊지 말라 · 238

물의(物議) — 여러 사람들의 평판을 가리킴 · 239

미망인(未亡人) — 남편을 따라 죽지 못한 여인 · 240

미봉책(彌縫策) — 터진 옷을 임시로 꿰매는 꾀 · 241

미생지신(尾生之信) — 미생의 약속 · 242

미연방(未然防) — 어떤 일이 잘못 되기 전에 미리 막음 · 243

| 바행 |

반간(反間) — 적 사이를 이간시킨다 · 244

반근착절(盤根錯節) — 구부러진 뿌리가 내려 마디가 얽히다 · 245

반구제기(反求諸己) — 모든 잘못의 원인을 자기에게 찾다 · 246

반식재상(伴食宰相) — 자리만 지키는 무능한 재상 · 247

발본색원(拔本塞源) — 뿌리를 뽑아 근원을 막는다 · 248

발호(跋扈) — 제멋대로 날뛰는 것 · 249

방약무인(傍若無人) — 곁에 아무도 없는 것처럼 무능함 · 250

방촌이란(方寸已亂) — 마음이 이미 산란하다 · 251

배반낭자(杯盤狼藉) — 술잔과 그릇이 멋대로 널려 있음 · 252

배수지진(背水之陣) — 물을 동쪽에 두고 치는 진 · 253

배중사영(杯中蛇影) — 잔 속에 비친 뱀 그림자 · 254

백구과극(白駒過隙) — 흰 망아지가 틈새로 지나가는 시간 · 255

백년하청(百年河淸) — 황하의 물이 맑아지기를 기다림 · 256

백면서생(白面書生) — 세상 경험이 없는 선비 · 257

불여일견(不如一見) — 한번 보는 것만도 못하다 · 258

불입난득(拂入難得) — 들어가지 않으면 얻기 어렵다 · 259

백미(白眉) — 흰 눈썹을 가진 사내 · 260

백발백중(百發百中) — 백 번 쏘아 백 번 맞히다 · 261

백발삼천장(白髮三千丈) — 흰 머리털이 삼천 장이나 되다 · 262

백아절현(伯牙絶絃) — 백아가 거문고 줄을 끊다·263

백안시(白眼視) — 흰 눈동자로 본다 · 264

백주지조(柏舟之操) — 잣나무 배에 비유한 절개 · 265

백중지세(伯仲之勢) — 우열을 가릴 수 없는 비슷한 상태 · 266

법삼장(法三章) — 세 조목의 법 · 267

병문졸속(兵聞拙速) — 전투는 속전속결이다 · 268

병위사지(兵爲死地) — 전쟁에 목숨을 건다 · 269

병입고황(病入膏肓) — 병이 고황에 침범하여 깊어지다 · 270

복수불반분(覆水不返盆) — 엎어진 물은 다시 담지 못한다 · 271

부기미(付驥尾) — 명마의 꼬리에 붙다 · 272

부득요령(不得要領) — 요령을 얻지 못하다 · 273

부마(駙馬) — 예비로 준비해 둔 말 · 274

부중지어(釜中之魚) — 솥 안에 있는 고기 · 275

부화뇌동(附和雷同) — 우레가 울리면 만물이 응한다 · 276

분서갱유(焚書坑儒) — 책을 불사르고 유생들을 묻다 · 277

불구대천(不俱戴天) — 함께 하늘을 이고 살 수 없음 · 278

불사약(不死藥) — 영원히 죽지 않은 약 · 279

불수진(拂鬚塵) — 수염의 먼지를 턴다 · 280

불입호혈(不入虎穴) — 호랑이 굴에 들어가야 새끼를 얻는다 · 281

불초(不肖) — 닮지를 않았다 · 282

불혹(不惑) — 세상의 일에 혹하지 않음 · 283

붕정만리(鵬程萬里) — 붕새는 단숨에 만리를 난다 · 284

비방지목(誹謗之木) — 남을 헐뜯어 비방하는 나무 · 285

비육지탄(髀肉之嘆) — 허벅지에 살이 쪘음을 탄식함 · 286

비익연리(比翼連理) — 비익조와 연리지 · 287
빈계지신(牝鷄之晨) — 암탉이 새벽을 알린다 · 288
빈자일등(貧者一燈) — 가난한 자가 밝힌 등불 · 289
빙탄불상용(氷炭不相容) — 얼음과 불은 용납하지 못한다 · 290

사행

사면초가(四面楚歌) — 사방에서 초나라 노래가 들린다 · 291
사반공배(事半功倍) — 일은 반을 하고 공은 배로 세운다 · 292
사분오열(四分五裂) — 넷으로 나눠지고 다섯으로 분열됨 · 293
사불급설(駟不及舌) — 네 마리가 끄는 수레도 혀에는 못미침 · 294
사숙(私淑) — 옛사람의 덕을 자신의 표본으로 삼는 것 · 295
사이비(似而非) — 겉과 속이 다름 · 296
사인선사마(射人先射馬) — 사람을 쏘려면 먼저 말을 쏘아라 · 297
사자신중충(獅子身中蟲) — 사자 몸 안의 벌레가 사자를 먹는다 · 298
사자후(獅子吼) — 사자가 크게 울부짖음 · 299
사족(蛇足) — 뱀의 발 · 300
사지(四知) — 하늘과 땅과 너와 내가 안다 · 301
사취(私聚) — 사사로이 재물을 모음 · 302
사해형제(四海兄弟) — 사해가 모두 형제 · 303
살신성인(殺身成仁) — 자신의 몸을 희생하여 인을 이룸 · 304
살풍경(殺風景) — 경치를 파괴하는 행위 · 305
삼고초려(三顧草廬) — 초가집을 세 번 찾아가다 · 306
삼십육계(三十六計) — 서른 여섯 가지의 계책 · 307
삼인성호(三人成虎) — 세 사람이 말을 하면 믿는다 · 308
상가지구(喪家之狗) — 상가집의 초라한 개 · 309
상사병(相思病) — 사랑을 이루지 못해 생긴 병 · 310
상산사세(常山蛇勢) — 상산에 사는 뱀과 같은 형세 · 311
상전벽해(桑田碧海) — 뽕나무 밭이 바다로 바뀌다 · 312

새옹지마(塞翁之馬) ― 변방에 사는 늙은이의 말 · 313

생기사귀(生寄死歸) ― 삶은 붙이고 죽음은 돌아가는 것 · 314

석권(席卷) ― 자리를 마는 것 · 315

선각자(先覺者) ― 먼저 깨달음을 얻은 사람 · 316

선발제인(先發制人) ― 먼저 착수하여 상대를 제압한다 · 317

선사좌우(善事左右) ― 군왕의 좌우에 있는 사람을 잘 섬김 · 318

선입견(先入見) ― 먼저 들어온 생각 · 319

선즉제인(先則制人) ― 일을 하려면 선수를 쳐라 · 320

성하지맹(城下之盟) ― 성 밑에서 적에게 항복한 맹약 · 321

세세불철(世世不輟) ― 대대로 제사가 끊이지 않음 · 322

세월부대인(歲月不待人) ― 세월은 사람을 기다리지 않는다 · 323

소국과민(小國寡民) ― 작은 나라의 적은 백성 · 324

송양지인(宋襄之仁) ― 송양공의 인정 · 325

수구초심(首邱初心) ― 여우가 죽을 때엔 머리를 고향 쪽으로 · 326

수서양단(首鼠兩端) ― 쥐구멍에서 망설이는 쥐의 모습 · 327

수석침류(漱石枕流) ―돌로 이를 닦고 물로 베개 삼는다 · 328

수식변폭(修飾邊幅) ― 옷깃을 신이 나서 꾸미다 · 329

수주대토(守株待兎) ― 토끼가 나오기를 기다린다 · 330

순망치한(脣亡齒寒) ― 입술이 없으면 이가 시린다 · 331

시위소찬(尸位素餐) ― 제사 때에 시동이 먹는 공짜 밥 · 332

시자조슬(視子蚤虱) ― 사람 보기를 벼룩이나 이처럼 한다 · 333

식소사번(食少事煩) ― 먹은 것은 적고 일은 많이 함 · 334

식언(食言) ― 말을 먹는다 · 335

식자우환(識字憂患) ― 글자를 아는 것이 오히려 근심이다 · 336

식지동(食指動) ― 집게손가락이 움직인다 · 337

신출귀몰(神出鬼沒) ― 신이 나타나고 귀신이 돌아다닌다 · 338

실사구시(實事求是) ― 일을 참답게 하여 옳은 것을 찾음 · 339

심원의마(心猿意馬) ― 마음은 원숭이오 뜻은 말이라 · 340

| 아행 |

안도(安堵) ― 담장 안에서 편안히 쉴 수 있다 · 341

안서(雁書) ― 기러기의 편지 · 342

안중지정(眼中之釘) ― 눈에 못이 박히다 · 343

암중모색(暗中摸索) ― 어둠 속에서 더듬어 찾는다 · 344

앙급지어(殃及池魚) ― 재난이 못 속의 고기에 미치다 · 345

앙천대소(仰天大笑) ― 하늘을 우러르며 크게 웃음 · 346

야합(野合) ― 들판에서 합친다 · 347

약관(弱冠) ― 나이 스무 살 · 348

양두구육(羊頭狗肉) ― 양의 머리를 걸고 개고기를 판다 · 349

양상군자(梁上君子) ― 대들보 위에 웅크린 도둑 · 350

양약고구(良藥苦口) ― 좋은 약은 입에 쓰다 · 351

양포지구(楊布之狗) ― 양포의 행위에 개도 몰라본다 · 352

양호이환(養虎貽患) ― 호랑이를 길러 근심한다 · 353

어부지리(漁父之利) ― 어부가 이익을 얻다 · 354

엄이도령(掩耳盜鈴) ― 귀를 막고 방울을 훔친다 · 355

여도지죄(餘桃之罪) ― 먹다 남은 복숭아를 드린 죄 · 356

여산진면(廬山眞面) ― 여산의 진면목 · 357

역린(逆鱗) ― 용의 턱 아래 난 비늘 · 358

연목구어(緣木求魚) ― 나무 위에서 물고기를 잡으려 함 · 359

연작홍곡지(燕雀鴻鵠知) ― 연작이 홍곡의 뜻을 알겠는가 · 360

연저지인(吮疽之仁) ― 종기를 입으로 빨아낸 사랑 · 361

예미도중(曳尾塗中) ― 꼬리를 진흙 속에 끌고 다닌다 · 362

오리무중(五里霧中) ― 오리 사방이 안개 속이다 · 363

오십보백보(五十步百步) ― 오십 보와 백 보 · 364

오월동주(吳越同舟) ― 오와 월나라 사람이 같은 배를 타다 · 365

오합지중(烏合之衆) ― 까마귀가 떼를 지어 있음 · 366

옥상옥(屋上屋) ― 지붕 위에 지붕을 얹는다 · 367

옥석구분(玉石俱焚) — 옥과 돌이 함께 타는 것 · 368

옥석혼효(玉石混淆) — 옥과 돌이 함께 섞이다 · 369

온고지신(溫故知新) — 옛것을 익히어 새것을 안다 · 370

와신상담(臥薪嘗膽) — 섶에 눕고 쓸개를 맛보다 · 371

와우각생쟁(蝸牛角上爭) — 달팽이 뿔 위에서 다투다 · 372

완벽(完璧) — 구슬을 온전히 한다 · 373

요산요수(樂山樂水) — 산을 좋아하고 물을 좋아함 · 374

요동시(遼東豕) — 요동의 돼지 · 375

요령부득(要領不得) — 요령을 알지 못한다 · 376

욕속부달(欲速不達) — 너무 서둘러 일이 진척이 안 됨 · 377

용두사미(龍頭蛇尾) — 용의 머리에 뱀의 꼬리 · 378

우공이산(愚公移山) — 우공이 산을 옮기다 · 379

우직지계(迂直之計) — 돌아서 가는 계책 · 380

우화등선(羽化登仙) — 날개돋친 신선처럼 오르다 · 381

운주유악(運籌帷幄) — 장막 속에 산 가지를 놀린다 · 382

원교근공(遠交近攻) — 먼 곳은 사귀고 가까운 곳은 공격한다 · 383

원수불근화(遠水不近火) — 먼 곳의 물은 가까운 불을 못끈다 · 384

월단평(月旦評) — 매달 초하룻날의 인물평 · 385

월하노인(月下老人) — 월하노인과 빙상인 · 386

위편삼절(韋編三絶) — 가죽 끈이 세 번 닳아 끊어짐 · 387

유교무류(有敎無類) — 가르치는 데인 분류가 없다 · 388

유능제강(柔能制剛) — 부드러움이 강한 것을 제압한다 · 389

유비무환(有備無患) — 사전에 준비가 있어야 화를 면한다 · 390

유주망국(有酒亡國) — 술 때문에 망하는 나라가 있다 · 391

유지경성(有志竟成) — 뜻이 있으면 목적을 이룬다 · 392

육사자책(六事自責) — 여섯 가지로 자책하다 · 393

은감불원(殷鑑不遠) — 은나라의 실패를 거울로 삼는다 · 394

읍참마속(泣斬馬謖) — 울면서 마속의 목을 베다 · 395

응접불가(應接不暇) ― 인사를 할 여유가 없다 · 396

의심암귀(疑心暗鬼) ― 의심은 판단을 흐리게 한다 · 397

이단(異端) ― 다른 것 · 398

이도살삼사(二桃殺三士) ― 복숭아 두 개로 세 무사를 죽임 · 399

이심전심(以心傳心) ― 마음에서 마음으로 전함 · 400

이하부정관(李下不整冠) ― 오얏 밑에서 관을 고쳐 쓰지 않음 · 401

인생여조로(人生如朝露) ― 인생은 아침 이슬과 같다 · 402

일각천금(一刻千金) ― 짧은 시간도 천금의 값어치가 있다 · 403

일거양득(一擧兩得) ― 한 가지 일로 두 가지 이득을 얻다 · 404

일견폐형(一犬吠形) ― 헛 그림자를 보고 짖는 개 · 405

일망타진(一網打盡) ― 한 번 그물질로 모두 잡음 · 406

일모도원(日暮途遠) ― 날은 저물고 길은 멀다 · 407

일의대수(一衣帶水) ― 옷의 띠처럼 좁은 강 · 408

일이관지(一以貫之) ― 하나로 꿰었다 · 409

일일삼추(一日三秋) ― 하루가 삼 년 같다 · 410

일자천금(一字千金) ― 글자 한 자에 천금 · 411

일패도지(一敗塗地) ― 한 번 패하여 땅을 더럽힌다 · 412

임하선어(臨下羨魚) ― 강에 가서 고기를 부러워 한다 · 413

입향순속(入鄕循俗) ― 그 고장에 가면 그곳 풍습을 따른다 · 414

| 자행 |

자두연두기(煮豆燃豆萁) ― 콩을 삶는데 콩깍지를 땐다 · 415

자포자기(自暴自棄) ― 스스로 자신을 내던져 학대함 · 416

재고팔두(才高八斗) ― 재주의 뛰어남이 여덟 말이다 · 417

전가통신(錢可通神) ― 금전으로 신을 움직인다 · 418

전전긍긍(戰戰兢兢) ― 겁을 먹고 떨며 몸을 움림 · 419

전전반측(輾轉反側) ― 걱정으로 잠을 이루지 못함 · 420

전화위복(轉禍爲福) ― 화가 도리어 복이 됨 · 421

절부구조(竊符求趙) ─ 병부를 훔쳐 조나라를 구함 · 422

정중지와(井中之蛙) ─ 우물 안 개구리 · 423

조강지처(조강지처) ─ 어려울 때 함께 고생한 아내 · 424

조령모개(朝令暮改) ─ 아침에 내린 영이 저녁에 바뀜 · 425

조삼모사(朝三暮四) ─ 아침에는 셋, 저녁에는 넷을 준다 · 426

조이불망(釣而不網) ─ 낚시질은 하되 그물질은 않는다 · 427

조장(助長) ─ 자라도록 도와줌 · 428

좌단(左袒) ─ 왼쪽 어깨를 벗어 부치다 · 429

좌우명(座右銘) ─ 반성의 자료로 삼는 경구 · 430

주지육림(酒池肉林) ─ 술 연못과 고기 숲 · 431

죽마지우(竹馬之友) ─ 대나무 말을 타고 놀았던 옛 친구 · 432

중구난방(衆口難防) ─ 많은 사람의 입을 막기는 어렵다 · 433

지록위마(指鹿爲馬) ─ 사슴을 가리켜 말이라 한다 · 434

지상담병(紙上談兵) ─ 탁상공론 · 435

지음(知音) ─ 마음이 통하는 친구 · 436

지자막여부(知子莫如父) ─ 자식은 아버지를 보면 안다 · 437

지족자부(知足者富) ─ 만족할 줄 알아야 부자다 · 438

지지자(知之者) ─ 진리를 아는 사람 · 439

| 차행 |

창업유간(創業有艱) ─ 창업은 어렵다 · 440

창해일속(滄海一粟) ─ 망망한 바다 속의 좁쌀 한 알 · 441

채미가(采薇歌) ─ 고사리를 캐는 노래 · 442

천고마비(天高馬肥) ─ 하늘이 높고 말이 살찌다 · 443

천금매소(千金買笑) ─ 천금을 주고 웃음을 사다 · 444

천도시비(天道是非) ─ 하늘을 의심한다 · 445

천리안(千里眼) ─ 천 리를 내다보는 눈 · 446

천애해각(天涯解角) ─ 하늘의 끝과 바다의 한귀퉁이 · 447

천의무봉(天衣無縫) ― 선녀의 옷에는 바느질 자국이 없다 · 448
천재일우(千載一遇) ― 천 년에 한 번 만나는 기회 · 449
철면피(鐵面皮) ― 얼굴이 쇠가죽 같다 · 450
철부지급(轍鮒之急) ― 수레바퀴 자국 속 붕어의 다급함 · 451
철옹성(鐵甕城) ― 쇠항아리 같은 성 · 452
철주(掣肘) ― 팔을 잡아 당긴다 · 453
청담(淸談) ― 명예와 이권을 떠난 얘기 · 454
청운지지(靑雲之志) ― 큰 뜻을 세움 · 455
청천백일(靑天白日) ― 맑은 하늘에서 비치는 햇빛 · 456
청천벽력(靑天霹靂) ― 맑은 하늘에서 치는 벼락 · 457
청출어람(靑出於藍) ― 쪽에서 나온 색이 쪽보다 더 푸르다 · 458
초미지급(焦眉之急) ― 눈썹에 불이 붙은 상태 · 459
추고(推敲) ― 문장의 마지막 손질 · 460
춘추필법(春秋筆法) ― 공자가 쓴 노나라 연대기 · 461
취모멱자(吹毛覓疵) ― 털을 불어가며 흉터를 살피다 · 462
치인설몽(痴人說夢) ― 어리석은 사람이 꿈 얘기를 한다 · 463
치어낙안(沈漁落雁) ― 물고기는 잠기고 기러기는 떨어진다 · 464
침윤지참(浸潤之讒) ― 물이 스며들 듯 교묘한 참소 · 465

| 타행 |
타산지석(他山之石) ― 다른 산에서 나온 돌로 옥을 간다 · 466
타인한수(他人鼾睡) ― 다른 사람의 코 고는 소리 · 467
타초경사(打草驚蛇) ― 풀밭을 두드려 뱀을 놀라게 한다 · 468
탐어여락(耽於女樂) ― 여자의 풍류놀이를 탐하다 · 469
태공망(太公望) ― 조부께서 기다리는 사람 · 470
태두(泰斗) ― 태산과 북두칠성 · 471
토사구팽(兎死狗烹) ― 토끼가 죽으면 사냥개가 삶는다 · 472
투편단류(投鞭斷流) ― 채찍을 던져 강의 흐름을 막음 · 473

투필종융(投筆從戎) ― 붓을 던지고 군사가 되다 · 474

| **파행** |

파경(破鏡) ― 깨어진 거울 · 475
파과지년(破瓜之年) ― 여자의 나이 십 육세 · 476
파로대(罷露臺) ― 정자 만들기를 그만 두다 · 477
파죽지세(破竹之勢) ― 대나무를 쪼개는 듯한 기세 · 478
파천황(破天荒) ― 거친 하늘을 깨뜨림 · 479
패군지장(敗軍之將) ― 싸움에 진 장수 · 480
평지풍파(平地風波) ― 고요한 땅에 바람과 물결이 일어남 · 481
포신구화(抱薪救火) ― 불을 끄려고 나무를 안고 뛰어든다 · 482
포호빙하(暴虎馮河) ― 맨손으로 범을 잡고 걸어서 강을 건넘 · 483
풍성학려(風聲鶴唳) ― 바람소리와 학의 울음소리 · 484
풍수(風水) ― 바람과 물 · 485
필부지용(匹夫之勇) ― 함부로 날뛰는 행동 · 486

| **하행** |

한단지몽(邯鄲之夢) ― 한단에서 꾸었던 꿈 · 487
한발(旱魃) ― 가뭄 · 488
한우충동(汗牛充棟) ― 소가 땀을 흘리고 대들보에 닿는다 · 489
합종연형(合從連衡) ― 합종과 연형 · 490
해로동혈(偕老同穴) ― 함께 살다가 같이 묻힌다 · 491
해어화(解語花) ― 말을 하는 꽃 · 492
혁명(革命) ― 하늘의 명을 뜯어 고침 · 493
현충일(顯忠日) ― 선열들의 애국충절을 기리는 날 · 494
형설지공(螢雪之功) ― 반딧불과 눈빛으로 이룬 공 · 495
호가호위(狐假虎威) ― 여우가 호랑이의 위엄을 빌리다 · 496
호계삼소도(虎溪三笑圖) ― 유불도의 진리는 하나이다 · 497

호시탐탐(虎視耽耽) — 호랑이가 날카롭게 틈을 엿봄·498

호연지기(浩然之氣) — 하늘과 땅 사이에 가득 찬 원기·499

홍일점(紅一點) — 여러 남자 가운데 끼어 있는 한 여자·500

화룡점정(畵龍點睛) — 용을 그리고 눈동자를 찍다·501

화서지몽(華胥之夢) — 화서에서의 꿈·502

화우계(火牛計) — 소 꼬리에 불을 붙이는 계략·503

환골탈태(換骨奪胎) — 뼈를 바꾸고 태를 멀리 한다·504

회자(膾炙) — 육회와 불고기·505

효시(嚆矢) — 우는 화살·506

후생가외(後生可畏) — 뒤에 난 사람이 두렵다·507

백세 인생을 위한
고사성어로의 여행

|001
일이 성공하여 함께 즐긴다
可 與 樂 成 가여락성

- **出典** : 『사기』「상군열전(商君列傳)」
- **文意** : 일의 성공을 함께 즐긴다

故事逸話 상군(商君)은 위(衛)나라의 여러 첩들 사이에서 태어난 공자 중의 한사람으로 성은 공손씨(公孫氏)며 이름은 앙(鞅)이다. 일찍이 위나라의 재상 공숙좌를 섬겨 중서자(中庶子)가 되었는데, 그곳에서 중용 되지 못하자 진나라의 효공을 찾아가 자신의 뜻을 열심히 피력했다. 그런데 효공은,

"저 자의 말은 너무 허망해. 도무지 뜬구름 잡는 얘기잖은가. 쓸만한 게 하나도 없어."

상앙이 돌아간 뒤 효공은 그를 천거한 경감이라는 신하에게 그렇게 말했다. 상앙의 신법(新法)에 대해 이해할 수 없었기 때문이었다. 얼마후 경감의 간청으로 중임 되자 상앙은 묘안을 짜냈다. 열 여덟 자가 넘는 나무에 '이것을 옮기는 자에게 10금을 준다'고 썼다. 그러나 백성들이 이상하게 생각하고 옮기지 않자 이번에는 50금을 준다고 썼다. 어떤 이가 장난 삼아 그것을 옮기자 그를 불러 50금을 주고 새법을 공표 시행하여 진나라를 부강하게 만들었다. 상앙이 말하기를 '일이 성공하였으니 함께 즐기자' 하였다.

說文解字 *可(옳을 가, 가능 가, 정도 가. 口부 2획, 총 5획. *right*) *與(줄 여, 참여할 여. 臼부 7획, 총 14획. *mortar*) *樂(풍류 악, 즐길 락, 좋아할 요. 木부 11획, 총 15획. *music*) *成(이룰 성, 완성할 성, 다스릴 성. 戈부 3획, 총 7획. *accomplish*)

002
미인은 운명이 기박하다
佳 人 薄 命 가인박명

■ **出典** : 소식(蘇軾)의 시
■ **文意** : 여자의 용모가 아름다우면 운명이 기박하다는 말

故事逸話 소식(蘇軾)의 호는 동파(東坡)다. 송의 사천성 미산 출신으로 아버지 순(洵), 동생 철(轍)과 함께 삼소(三蘇)라 하였으며, 모두 당송팔대가(唐宋八大家)에 들어가는 명문 거유(巨儒)다. 시문 뿐만이 아니라 서화에도 밝았으며 가우(嘉祐)연간에 급제하였다. 그가 항주와 양주 지방 장관으로 있을 때 자색이 몹시 빼어난 여승을 보고 그녀의 소녀 시절을 생각하여 다음 같은 시를 썼다.

우유빛 두 뺨, 옻칠한 듯한 머리결
눈빛이 발 안으로 들어와 구슬처럼 빛나누나
본래 흰 비단으로 선녀의 옷을 만들고
붉은 연지 타고난 바탕을 더럽히리
오나라의 말은 귀엽고 부드러워 앳되기만 한데
인간의 한없는 근심 정녕 모를레라
예로부터 미인의 운명은 기박하다 했듯이
문을 닫은 채 봄이 가면 버들 꽃도 지겠지

說文解字 ＊佳(아름다울 가, 좋을 가. 人부 6획, 총 8획. *beautiful*)
＊人(사람 인, 백성 인. 人부 0획, 총 2획. *people*) ＊薄(엷을 박, 메마를 박. 艸부 13획, 총 17획. *thin*) ＊命(목숨 명, 명령 명. 口부 5획, 총 8획. *life, fate, order*)

|003

가렴주구는 호랑이보다 무섭다
苛 政 猛 於 虎 가정맹어호

■ 出典 : 『예기』의 단궁편(檀弓篇)
■ 文意 : 포악하고 가혹한 정치의 해독은 호랑이에 비할 바 아니다.

故事逸話 춘추시대 세상이 어지러워질 무렵, 공자께서 문생들을 거느리고 태산(泰山;산동성) 근방에 수레를 타고 갈 때였다. 고요한 산골 어디선가 여인네의 울음소리가 구슬피 들려왔다. 주위를 살펴보니 여인의 울음소리는 앞쪽에 있는 무덤 가에서 들리는 듯했다. 공자는 급히 자로(子路)로 하여금 사연을 알아오게 하였다.

"이보시오, 어찌 우시오?"

"이곳은 참으로 무서운 곳입니다. 저의 남편이 호랑이에게 물려갔는가 하면 지난 밤에는 하나 뿐인 아들이 호랑이 먹이가 되었답니다."

"이곳을 떠나면 될 것 아니오?"

"그건 더욱 안될 말입니다. 그래도 여기 있으면 가혹한 세금에 시달릴 염려는 없거든요."

이 말을 전해들은 공자가 한 마디했다.

"가혹한 정치는 호랑이 보다 사납다(苛政猛於虎)"

여기에서 '사납다'는 것은 '무섭다' 또는 '두렵다' 등으로 바꿔 말할 수 있다. 공자는 가렴주구를 일삼는 그런 인물을 노(魯)나라 계손자(季孫子)라 비꼬았다.

說文解字 ＊苛(매울 가, 혹독할 가. 艸부 5획, 총 9획. *hot*) ＊政(정사 정, 법규 정. 攴부 4획, 총 8획. *government*) ＊猛(사눌 맹, 엄할 맹. 犬부 8획, 총 11획. *fierce*) ＊於(어조사 어, 탄식할 오. 方부 4획, 총 8획) ＊虎(범 호, 포악할 호. 虍부 2획, 총 8획. *tiger*)

|004
집에 저축한 것이 조금도 없다
家 無 儋 石 가무담석

■ 出典 : 『사기』「회음후전」
■ 文意 : 곡식 한 섬이 없는 가난한 집안

故事逸話 회음후(淮陰侯) 한신(韓信)이 벼슬이 없던 평범한 시절에는 너무 가난하고 선행도 없던 참이라 누구에게 추천되어 벼슬길에 나가는 인연도 없었다. 그렇다고 장사를 할만한 수완이 있는 것도 아니어서 항상 남에게 빌붙어 얻어먹을 수밖에 없었다. 당연히 그를 싫어하는 사람이 많았다.

한신은 회음의 속현 하향(下鄕)이라는 남창의 정장(亭長;역원의 장) 집에 몸을 담았는데, 정창의 아내는 한신을 몹시 귀찮게 여겼다. 그들이 새벽에 밥을 지어먹고 식사 때를 맞춰 오는 한신에게 밥을 내놓지 않자 한신도 눈치를 채고 그 집을 다시는 찾아가지 않았다. 어느 날 회음성 밑에서 낚시질을 하고 있을 때였다. 빨래터의 한 아낙이 굶주린 한신에게 밥을 주었다.

"반드시 성공하여 은혜를 갚겠습니다."

"그 무슨 당치않은 말입니까!"

여인은 벌컥 화를 냈다. 입에 풀칠도 못하는 사내가 불쌍하여 밥 한덩이를 준 것인데 무슨 보답을 바라겠느냐였다. 그만큼 한신은 백정촌(白丁村) 안에서 거지 취급을 받고 있었다. 그는 너무 가난했다.

說文解字 ＊家(집 가, 전문가 가. 宀부 7획, 총 10획. *house*) ＊無(없을 무, 대체로 무. 火부 8획, 총 12획. *not exist*) ＊儋(멜 담, 두 섬 담. 人부 13획, 총 15획. *shoulder*) ＊石(돌 석, 부피의 단위 석. 石부 0획, 총 5획. *stone*)

|005
아내를 웃게 한 활솜씨
賈 大 夫 之 士 가대부지사

■ 出典 : 『좌전』「소공 28년조」
■ 文意 : 사람에게는 누구나 특별한 재주가 있다.

故事逸話 『좌전(左傳)』의 저자는 누구인가? 공자의 제자 좌구명(左丘明)이라는 것이 통설로 되어 있다. 물론 다른 설도 많지만 문장의 간결함이나 예스러운 멋과 운치가 사마천(司馬遷)의 『사기』보다 오래된 것으로 고증된다.

바로 이 책의 소공 28년조에 가대부(賈大夫)에 대한 얘기가 실려있다. 가대부라는 사내는 세도가 있으나 용모가 몹시 추했다. 그런데 그의 아내는 너무나 아름다웠다. 아름다운 아내는 평소 추례한 용모의 남편에게 정겨운 말 한마디를 던지지 않았다.

"오늘은 사냥이나 갑시다."

어느 날 가대부는 미인 아내를 수레에 태우고 교외로 나갔다. 몰이꾼들이 고함을 지르자 풀숲에 엎드린 산새들이 일제히 날아올랐다. 그때 가대부가 화살을 날렸다.

"화살 한 대에 꿩 세 마리가 맞아 떨어졌다!"

뛰어난 활솜씨를 본 미인 아내는 그제야 가대부를 향해 처음으로 빙그레 웃어주었다.

說文解字 ＊賈(값 가, 장사 고. 貝부 6획, 총 13획. *trade*) ＊大(큰 대, 클 태. 大부 0획, 총 3획. *big*) ＊夫(지아비 부, 사내 부. 大부 1획, 총 4획. *husband*) ＊之(갈 지, 이것 지. 주격이나 소유격의 조사 '의' ノ부 3획, 총 4획. *go*) ＊士(선비 사, 남자 사, 무사 사. 士부 0획, 총 3획. *scholar*)

|006
후세에 이름을 떨칠 보검
干 將 莫 邪 간장막야

■ 出典 : 『순자』의 「성악편(性惡篇)」
■ 文意 : 간장과 막야가 보검을 만들어 전하다

故事逸話 순자는 성악설에서 '사람의 성은 악하다. 그 선한 것은 허위다(人之性惡 其善者僞也)'라고 주장했다. 사람은 버려 두면 악한 곳으로 흘러가기 마련이다. 악으로 흐른 인간을 선하게 만드는 것은 후천적 노력에 의해서이다.

이것은 맹자의 성선설과는 전연 다른 주장이다. 그러나 그들 주장이 다르다고는 하나 목적하는 바는 같다. 맹자의 성선설은 '착하게 되는 것'에 대하여 가능성을 말하고 있으며, 순자는 경향성(傾向性)을 강조했다.

바로 이 순자의 성악편에 간장(干將)과 막야(莫邪)라는 말이 있다. 오(吳)나라 사람 간장과 그의 아내 막야가 칼을 만들었다는 것이다. 부부는 그들이 만든 보검에 자신들의 이름을 붙여 후세에 전했다.

"간장, 막야!"

"천하에 둘도 없는 보검이지."

세상 사람들은 두 자루의 칼을 '세상에 둘도 없는 진귀한 보검'으로 믿었다. 또한 그 칼은 후세에 전하면서 보검의 별칭으로 나타내게 되었다.

說文解字 ＊干(방패 간, 막을 간. 干부 0획, 총 3획. *shield*) ＊將(장수 장, 장차 장. 寸부 8획, 총 11획. *general, in future*) ＊莫(없을 막, 저물 모. 艸부 7획, 총 11획. *not*) ＊邪(고을 이름 야, 간사할 사. 邑부 4획, 총 7획. *vicious*)

|007
마음을 터놓고 숨김없이 사귐
肝 膽 相 照 간담상조

- **出典** : 한유의 『후청록(侯鯖錄)』
- **文意** : 간과 쓸개가 서로 쳐다본다

故事逸話 당나라의 유종원이 유주자사(柳州刺史)로 임명되었을 때, 중산 사람 유몽득도 파주자사(播州刺史)에 임명될 것이라는 소문이 돌았다. 유종원이 울면서 말했다.

"파주는 변방이네. 결코 자네 같은 이가 갈만한 곳이 못돼. 더구나 자네는 어머니를 모시고 있는데 어찌 이 사실을 말씀 드릴 수 있겠는가. 차라리 자네 대신 내가 파주로 가겠네."

"그게 정말인가?"

한유는 친구의 우정에 깊이 감동되어 훗날 유자후 묘지명(柳子厚墓誌銘)에 다음과 같은 글을 썼다.

<사람이란 어려운 일을 당했을 때에 진정한 절의를 알 수 있다. 평소에는 서로 그리워하고 즐거워하며 사양하면서 간이나 쓸개도 드러내 보이고(肝膽相照), 하늘을 가리키며 배신을 않겠다고 맹세하지만 일단 이해 관계가 생기면 언제 그랬느냐 싶게 거들떠보지도 않는다. 수렁에 빠진 사람을 구하기보다는 오히려 함정에 몰아넣고 돌을 던지기까지 하는 사람이 그 얼마나 많은가.>

한유는 그들의 우정을 크고 깊게 칭송하였다.

說文解字 ＊肝(간 간, 정성 간. 肉부 3획, 총 7획. *liver*) ＊膽(쓸개 담, 담력 담. 肉부 13획, 총 17획. *gall bladder*) ＊相(서로 상, 볼 상. 目부 4획, 총 9획. *mutually*) ＊照(비출 조, 의거 조, 대조할 조. 火부 9획, 총 13획. *shine*)

|008
연못의 물을 퍼내 고기를 잡는다
竭澤而魚 갈택이어

■ 出典 : 『열국지』
■ 文意 : 눈앞의 이익에만 급급하다

故事逸話 │ 진의 문공이 지금의 산동성 복현에서 초와 싸우게 되었으나 상대의 전력이 너무 강해 호언(狐偃)에게 어찌해야 할 것인지의 방책을 물었다.

"신이 듣기로 예절을 중시하는 사람은 번거로움을 두려워하고, 싸움을 잘 하는 사람은 속임수에 능합니다."

이 말을 들은 문공은 이옹(李雍)에게 의견을 물었다. 그는 호언의 말에 찬성하지 않았지만 당시의 상황으로서는 어쩔 수 없었다. 다만 그는 문공에게 이렇게 말했다.

"연못의 물을 다 퍼내어 고기를 잡으려 든다면 어찌 물고기를 못잡겠습니까. 그러나 내년에는 잡을 고기가 없을 것이며, 산의 나무들을 불태운다면 짐승들을 못잡을 리 없겠지만, 내년에는 잡을 짐승이 없을 것입니다. 지금은 속임수를 써서 위기를 모면할 수 있을 지 모르나, 그것이 영구적인 방책은 아닐 것입니다. 지금 폐하께서 쓰고자 하시는 것은 임시방편의 계책입니다."

이때로부터 눈앞의 이익만을 추구하며 먼 장래를 고려하지 못한 계책을 '갈택이어'라 한다.

說文解字 │ ＊竭(다할 갈, 물이 마를 갈. 立부 9획, 총 14획. *finish*) ＊澤(못 택, 윤택하게 할 택. 水부 13획, 총 16획 *pond*) ＊而(말 이을 이, 곧 이. 而부 0획, 총 6획) ＊魚(고기 어, 어대 어. 魚부 0획, 총 11획. *fish*)

|009
두 새를 보고 노래를 짓다
感 二 鳥 賦 감이조부

■ **出典** : 한유의 시
■ **文意** : 두 새를 새장에 넣어 천자에게 바치다.

___故事逸話___   한유(韓愈). 그는 하남성 출신으로 어려서 부모를 여의고 각고(刻苦)의 고생을 하면서 공부에 열중하였다. 그러던 그가 입신공명의 기회를 만나지 못하고 서울을 떠나려 할 때였다. 길을 가는 도중에 조롱을 든 한 사내를 만났다.

"그게 뭡니까?"

"보고도 모르시오. 이것은 흰까마귀(白烏)와 흰앵무(白鸚鵡) 샙니다. 아주 귀한 것이지요."

"귀한 새?"

"그렇습니다."

귀한 새라는 말에 한유는 내심 놀랐다. 깊은 산속에서 천자가 있는 도성에까지 간다는 정성이 참으로 대견해 보였다. 한유는 감동하여 시부(詩賦)를 지어 노래를 불렀다.

생각을 고쳐 먹은 한유는 다시 공부에 열중하였다. 이후 진사에 급제하였으며, 오래 동안 태학박사 자리에 머물렀다. 또한 노장 · 불교를 배척하여 유교를 호지(護持) 하였으며, 고문을 주장하는 이른바 '팔대(八代)의 쇠(衰)'를 일으켰다. 그의 저술로는 『창려집』 40권, 『외집』 10권이 있다.

___說文解字___   *感(느낄 감, 깨달을 감. 心부 9획, 총 13획. *fed*) *二(두이, 두 번 이. 二부 0획, 총 2획. *two*) *鳥(새 조, 땅이름 작, 섬도. 鳥부 0획, 총 11획. *bird*) *賦(구실 부, 부역 부, 줄 부. *levy*)

|010
고여 있는 물에 얼굴을 비추어라
鑑 止 水 감지수

■ **出典** : 『장자』의 「덕충부편」
■ **文意** : 흐르는 물에 얼굴을 비추지 말라

　故事逸話　장자(莊子)의 「덕충부편」에 있는 말이다.

"사람의 얼굴을 비춰볼 때는 물이 반드시 고여 있어야 한다. 다시 말해 흐르는 물은 거울이 될 수 없다는 뜻이다. 사물이 외물에 끌려 마음이 흐르고 있는 한 스스로의 마음을 반성할 수 있으며 자연의 진리를 생각할 수도 없는 것이다."

백락천의 「감경(感鏡)」에 있는 내용이다.

미인이 나를 이별하고 가면서 거울 한 개를 남겨놓았다
다시는 꽃 같은 얼굴을 비추어 볼 수 없으니
연꽃 떨어져 버린 가을 호수와 같구나
몇 해가 되어도 손질 한 번 안 했더니
청동에 먼지만 끼어 있네
오늘 아침 비로소 먼지를 털고
내 얼굴을 비추어 보니 초췌하여 마냥 쓸쓸하구나

여성이 거울을 보는 것은 다만 자기의 모습을 보기 위한 것만이 아니라 다른 사람의 눈에 어찌 비칠까를 보기 위해서이다.

　說文解字　＊鑑(거울 감, 본보기 감. 金부 14획, 22획. *mirror*) ＊止 (그칠 지, 막을 지. 止부 0획, 총 4획. *stop*) ＊水(물 수, 고를 수, 별자리 이름 수. 水부 0획, 총 4획. *water*)

강동의 명재상 이오
江左夷吾 강좌이오

- **出典** : 『진서』의 「온교전」
- **文意** : 강동의 명재상 이오(夷吾)라는 뜻

故事逸話 기원전 697년에 희공이 죽고 태자가 보위에 올라 왕이 되었다. 그가 14대 양공(襄公)이다. 이때 관중(管仲)과 포숙아(鮑叔牙)는 서로 적대 관계에 있는 사람을 섬기고 있었다. 비록 다른 사람을 섬겼어도 서로를 보호해 주고 있었다.

이윽고 섬기는 이들의 싸움으로 인해 관중과 포숙아는 결전에 임하였으며, 이 싸움에서 관중은 포로가 되었다.

제환공이 자신을 위기에 몰던 관중을 죽이려 들자 한사코 포숙아는 만류했다.

"주군께서 제(齊)나라만을 다스릴 생각이시라면 포숙아 한 사람으로 족할 것입니다. 그러나 천하의 패자가 되시려면 마땅히 관중을 등용하십시오."

환공은 포숙아의 뜻을 받아들여 관중을 등용해 제나라의 정사를 맡기었다. 포숙아는 스스로 아랫자리에 앉아 관중을 도왔으며 제환공으로 하여금 패업을 이루게 하였다.

"역시 포숙아의 식견은 옳았어."

환공은 기원전 685년에 즉위하였다.

說文解字 *江(강 강, 물이름 강. 水부 3획, 총 6획. *river*) *左(왼 좌, 증거 좌. 工부 2획, 총 5획. *left*) *夷(오랑캐 이, 평평할 이. 大부 3획, 총 6획. *barbarian*) *吾(나 오, 우리 오. 口부 4획, 총 7획. *I, estranged*)

|012
강하던 쇠뇌도 그 끝은 미약하다
彊弩之末力 강노지말력

■ **出典** : 『사기』의 「한장유열전」
■ **文意** : 강한 군사도 원정을 가면 군력(軍力)이 쇠퇴한다.

__故事逸話__ 한안국(韓安國)이라는 이가 죄를 얻어 고향인 성안(城安)으로 내려가 칩거생활을 하고 있었다. 그 후 한무제가 보위에 오르자 태위 전분(田蚡)에게 뇌물을 주고, 그의 추천을 받아 북쪽 지방의 도위(都尉) 자리에 올랐다. 그 뒤에 계속 벼슬길이 높아져 마침내 어사대부(御史大夫)에 이르렀다.

이때 흉노가 한나라에 사자를 보내 화친을 도모했다. 조정 중신들은 그들이 음흉하므로 어떤 요청이나 답변을 주지말고 이번 기회에 그들을 토벌하자고 입을 모았다. 이때 한안국이 반대하며 말했다.

"흉노는 병력이 강대하여 함부로 다룰 수 없습니다. 그들은 흉악한 마음을 품고 있으니 제압하는 것이 쉽지 않습니다. 장차 우리가 수천리를 나아가 그들을 친다는 것도 인마가 긴 여정에 지쳐 있으니 쉽지않습니다. 우리가 가면 그들은 뒷짐을 지고 기다리고 있을 것입니다. 쏘았던 화살은 힘이 다하면 얇은 비단 조차 뚫지 못합니다. 그런즉 화친 요청에 응답하는 것이 옳다고 사료됩니다."

조정 중신들은 모두 한안국의 의견에 동의하고 흉노와의 화친에 동의하였다.

__說文解字__ ＊彊(굳셀 강, 힘 쓸 강. 弓부 13획, 총 16획. *strong*) ＊弩(쇠뇌 노. 弓부 5획, 총 8획) ＊之(갈 지, 어조사 지, 이 지. ノ부 3획, 총 4획. *go, this*) ＊末(끝 말, 지엽 말, 가루 말. 木부 1획, 총 5획. end) ＊力(힘 력, 애쓸 력, 힘 쓸 력. 力부 0획, 총 2획. *strength*)

|013
강랑의 재주가 다하다
江 郎 才 盡 강랑재진

■ **出典** : 『남사(南史)』의 「강암전」
■ **文意** : 성공하면 자만에 빠져 노력하지 않는다.

故事逸話 강암(江庵)의 자는 문통(文通)이다. 남북조 시대 양나라의 고성(考城) 사람으로, 어렸을 때에 몹시 가난했으나 열심히 공부하여 훗날 문장과 시에 높은 평가를 받았다.

그러나 나이가 들면서 벼슬길은 광록대부(光祿大夫)에 올랐으나 문장은 원숙함을 전연 찾아볼 수 없었고, 문체도 퇴보하여 평범하기 이를데 없었다.

당시 세상에 떠도는 전설에 의하면, 어느 날 그는 배를 타고 갔는데, 선령사(禪靈寺) 기슭에 이르렀을 때 깜빡 졸았다. 꿈길에서 장경양(張景陽)이라는 사람이 그에게 빌려준 비단을 반환하라고 요구하자. 그는 품에서 비단을 꺼내 돌려주었다. 그때부터 좋은 글이 나오지 않았다는 것이다.

"참으로 해괴한 일이야."

또 한 번은 양정(涼亭)이라는 곳에서 잠을 자는데 꿈에 곽복이라는 사람이 붓을 가져간 뒤부터 그의 문장엔 더 이상 볼만한 글귀가 없었다는 것이다. 이 고사는 『남사(南史)』에 보이는 데 강암의 문장이 퇴보한 적절한 평계인 셈이다.

說文解字 *江(강 강, 물 이름 강. 水부 3획, 총 6획. *river*) *郎(사내 랑, 낭군 랑. 邑부 7획, 총 10획. *male*) *才(재주 재, 재능있는 사람 재. 手부 0획, 총 3획. *talent*) *盡(다할 진, 진력할 진. 皿부 9획, 총 14획)

|014
허물을 고치는 데 주저하지 말라
改 過 不 吝 개과불린

■ 出典 : 『서경』의 「중훼지고편」

■ 文意 : 과실이 있으면 허물을 고치는 데 주저하지 말라

故事逸話 『서경(書經)』의 「중훼지고편(仲虺之誥篇)」에 있는 말이다.

<왕은 성(聲)이나 색(色)을 가까이 아니하시며 재물과 이익을 모으지 아니하시고, 덕이 높은 이는 높게 하시되 벼슬로써 하시며 공이 높은 이는 높게 하시되 상으로써 하시며, 사람을 쓰시되 자신과 같이 하시며, 허물을 고치시되 주저치 아니하시어, 너그러우시며·어지셔서 조민(兆民)에 밝게 미쁘시니이다. 갈백(葛伯)이 밥 나르던 아이와 원수 짓거늘 처음으로 정(征)함을 갈(葛)로부터 하시어 동으로 정하심에 서이가 원망하며 남으로 정(征)하심에 북적(北狄)이 원망하여 이르되, 어찌 홀로 우리들 후에 하는가. 가신 곳의 백성들은 집안이 서로 경하하여 이르되 우리 임금을 기다리고 있었는데 임금께서 오시니 소생하리라 하며 백성이 상(商)들음이 오래니이다.>

여기에서 말하는 '용인유기 개과불린(用人惟己 改過不吝)'이라는 것은, '과실(過失)이 있으면 즉시 고치는 데에 주저(躊躇)하지 말라는 뜻'이다. 그만큼 스스로의 허물을 고치는 것에 어려움이 따르므로 결단이 필요하다는 것이다.

說文解字 ＊改(고칠 개, 따로 개. 攵부 3획, 총 7획. *improve*) ＊過 (지날 과, 허물 과. 辶부 9획, 총 13획. *pass by*) ＊不(아니 불, 금지 불. 아니 부. 一부3획, 총 4획. *not*) ＊吝(아낄 린. 口부 4획, 총 7획. *stingy*)

|015
지난날의 허물을 고치다
改 過 遷 善 개과천선

■ 出典 : 『진서』의 「본전(本傳)
■ 文意 : 악한 자가 선한 자로 탈바꿈하는 것

故事逸話 진(晉)나라 혜제 때 양흠 지방에 주처(周處)라는 이가 있었다. 그의 부친이 동오의 파양 태수를 지낼 무렵에는 성격이 원만했으나, 부모님의 사후 혈혈단신이 되자 성격 역시 거칠어졌다. 남달리 강한 힘과 무기를 다루는 방법에 뛰어난 그는 어느 누구도 손을 댈 수 없는 불량배로 성장했다.

그러던 어느 날 자신의 허물을 깨닫고 새사람이 되겠다는 생각을 갖게 되었다. 그런데도 마을 사람들이 불안스럽게 생각하자 이유를 물었다. 그들은 세 가지 해로운 것을 꼽았다.

첫째는 근처 남산에 있는 사나운 호랑이요,

둘째는 장교(長橋) 아래에 있는 교룡,

셋째는 부랑아 주처였다.

주처는 자신이 이 모든 문제를 해결해야겠다고 다짐했다. 며칠후 남산에 올라가 호랑이를 없애고, 장교 아래로 뛰어들어 교룡과 사흘 밤낮을 싸웠다. 주처와 교룡이 함께 죽은 것으로 알고 마음 사람들을 환성을 질렀으나 주처가 천신만고 끝에 살아나 그들 앞에 나타나자 마을 사람들의 눈빛은 다시 차가워졌다.

說文解字 *改(고칠 개, 따로 개. 攴부 3획, 총 7획. *improve*) *過 (지날 과, 허물 과. 辶부 9획, 총 13획. *pass by*) *遷(옮길 천, 천도 천. 辶부 12획, 총 16획. *move*) *善(착할 선, 좋게 여길 선. 口부 9획, 총 12획)

|016
죽은 후에야 정당한 평가를 받는다
蓋棺事定 개관사정

■ **出典** : 두보(杜甫)의 시
■ **文意** : 사람은 죽은 다음에야 정당한 평가를 할 수 있다.

故事逸話 　두보(杜甫)는 지금의 호북성 출신으로 진(秦)의 두예(杜預)의 현손이다. 처음엔 과거에 불합격했으나 천보 11년 삼대예부(三大禮賦)를 올려 현종의 눈에 들었는데, 벼슬살이도 그에게는 즐거움을 주지 못하여 낙백한 채 사천성 동쪽의 기주에 들어와 살았다. 이곳에서 친구의 아들 소혜(蘇徯)에게 편지를 대신하여 한편의 시를 주었는데 거기에 실린 내용이다.

　　장부는 관을 덮어야 비로소 결정되거늘
　　그대는 아직 늙지 않았음이 다행이라
　　어찌 원망하리 외로이 산 속에 있는 것을
　　벼락과 도깨비와 미친 바람이 있으니 살 곳이 못된다

　시의 앞절을 살펴보면 길가에 버려진 하찮은 못이나 오동나무도 백년 뒤에 값비싼 거문고 재료로 쓰이는 것이니 산중에서 젊을 때를 초췌하게 산다고 하여 젊은이는 낙심할 이유가 없다는 것이다. 이후 소혜는 호남 땅으로 막객(幕客)이 되어 떠나갔다.

說文解字 　＊蓋(덮을 개, 어찌 아니할 합. 艸부 10획, 총 14획. *cover*) ＊棺(널 관. 木부 8획, 총 12획. *coffin*) ＊事(일 사, 섬길 사. 亅부 7획, 총 8획. *work, affair*) ＊定(정할 정, 머무를 정, 평정할 정. 宀부 5획, 총 8획. *deside, stop*)

|017

책을 펴고 글을 읽어라
開 卷 有 得 개권유득

■出典 : 『송서』「도잠전(陶潛傳)」
■文意 : 책을 펴고 글을 읽으면 새로운 지식을 얻는다.

　　故事逸話　일설에 의하면 도연명은 이름이고, 잠(潛)은 진(晉)나라 가 멸망한 후의 아호라 한다. 자(字)는 원량(元亮)으로 진나라 대사마(大司馬) 간(侃)의 증손으로 젊어서부터 취미가 고상했으며 박학하고 글을 잘 지었다.

　　이 부분에 대해 『송서(宋書)』의 「도잠전(陶潛傳)」에는 '어려서 책을 좋아하고 마음을 여유롭게 가지며 책을 펴고 글을 읽었다(少年來好書, 偶愛閑靜, 開卷有得)'라고 씌어 있다.

　　일찍이 평택 현령으로 있을 때 군(郡)에서 독우(督郵)를 보내 속대(束帶)하라고 하자 그는 탄식했다.

　　"군에서 보낸 독우와 어찌 속대를 하란 말인가? 허어, 내가 벼슬을 그만두면 두었지 결코 그럴 수 없지. 다섯 말의 쌀 때문에 허리를 굽힐 수 없다."

　　그는 즉일로 벼슬을 버리고 귀거래(歸去來)를 읊으며 돌아갔다. 집은 가난했으나 도를 즐기며 술을 사랑했다. 언제나 산수간에 살면서 유유자적하던 도잠. 죽은 다음에 내린 시호는 정절(靖節)로 여섯 권의 『도정절집(陶靖節集)』이 있다.

　　說文解字　＊開(열 개, 산 이름 견. 門부 4획, 총 12획. *open*) ＊卷(말 권, 책 권, 굽을 권. 卩부 6획, 총 8획. *roll, volume*) ＊有(있을 유, 또 유. 月부 2획, 총 6획. *exist*) ＊得(얻을 득, 만족할 득. 彳부 8획, 총 11획)

|018
문을 열고 도둑을 맞아들임
開 門 揖 盜 개문읍도

- **出典** : 『삼국지』「오주전(吳主傳)」
- **文意** : 스스로 재화(災禍)를 불러들임

故事逸話 　오나라 손책의 세력이 강성해지자 당거의 태수 허공(許貢)이, 경계하라는 상서를 천자인 헌제(獻帝)에게 올렸다. 그러나 이 상서는 손책의 손에 들어가, 노한 그는 무력으로 허공을 살해하였다. 이때 허공의 집에 있던 세 명의 식객은 도망을 쳐 손책이 사냥하는 때를 노려 급습했다.

"적이다!"

방심하고 있던 손책은 불의의 일격을 받고 몸을 피했다. 그러나 얼마 후 상처가 덧나 위험한 고비에 이르자 동생 손권을 불러 유언했다. 슬픔에 잠긴 손권은 형이 죽는다는 사실에 듣는둥 마는둥 하자 이 모습을 본 장소가 충고했다.

"어서 눈물을 그치십시오. 이렇게 슬픔에만 잠겨 있으면 문을 열어놓고 도둑을 청하는(開門揖盜) 것과 같습니다. 천하를 돌아보십시오. 그 얼마나 욕심 많은 늑대들이 득실대고 있습니까. 눈물을 그치고 일어서십시오."

비로소 손권은 깨달았다. 자리를 털고 일어나 군대를 수습하고 새로운 오나라를 열어갔다.

說文解字 　＊開(열 개, 산 이름 견. 門부 4획, 총 12획. *open*) ＊門(문 문, 집안 문. 門부 0획, 총 8획. *door*) ＊揖(읍할 읍, 모일 집, 절할 의. 手부 9획, 총 12획) ＊盜(도둑 도, 도둑놈 도, 훔칠 도. 皿부 7획, 총 12획. *thief*)

|019

시간이 많이 경과하지 않았다
居 無 幾 何 거무기하

- 出典 : 『사기』의 「흉노전(匈奴傳)」
- 文意 : 아직은 많은 시간이 경과하지 않았음을 나타냄

　　故事逸話　웅략대재(雄略大材). 이러한 이름이 붙은 한무제(漢武帝)에게 가장 굴욕적인 문제는 흉노들이었다. 무제 즉위 6년(기원전 135)에 왕회(王恢)의 강경책을 밀어내고 한안국이 계속 화친을 주장했다. 화친을 생각하던 한무제는 계속된 왕회의 청을 받아들여 강경책으로 돌아섰다.

　　명을 받은 왕회는 마읍(馬邑) 안에 30만명의 복병을 숨긴 후 안문군(雁門郡) 마을의 호족 섭일(聶壹)에게 계책을 주어 흉노에게 도망치게 하였다. 그것은 가짜로 흉노에게 투항하여 거짓 정보를 흘리게 한 것이다.

　　얼마후 오랑캐의 왕 선우의 약탈이 시작되었다. 그러나 마을 공격에 나선 선우는 방목되어 있는 가축은 있으나 사람이 없는 것을 보고 봉화대 책임자를 잡아 신문하여 모든 사실을 알아냈다.

　　이렇게 되어 왕회의 계책은 완전히 실패로 돌아갔으며, 그는 한나라 궁에 소환되자 옥중에서 자살해버렸다. 한안국은 '아직 시간이 있다(居無幾何)'고 하였다. 그의 말대로 흉노에 대한 은원은 위청(衛靑)에 의해 갚을 수 있었다.

　　說文解字　＊居(있을 거, 어조사 기. 尸부 5획, 총 8획. *be, live*) ＊無(없을 무, 대체로 무. 火부 8획 총 12획. *not, exist*) ＊幾(기미 기, 몇 기. 幺부 9획, 총 12획. *secrets*) ＊何(어찌 하, 어느 하, 왜냐하면 하. 人부 5획, 총 7획. *how, what, because*)

|020
말고삐를 잡고 뒤를 돌아보다
據 鞍 顧 盼 거안고반

- 出典 : 『후한서』의 「마원전」
- 文意 : 말 고삐를 잡고 뒤를 돌아보며 위세를 부림

___故事逸話___ 　전한(前漢)이 어지러워지자 새로운 실력자로 나타난 왕
망(王莽)은 마지막 황제 자영(子嬰)을 폐위시키고 황제의 자리에 올라 신
(新)나라를 세웠다. 이로써 전한은 204년의 햇수를 끝으로 역사의 전면에
서 사라졌다.

　황제의 자리에 오른 왕망은 여러 면에서 개혁을 서둘렀다. 그러나 개
혁은 실패의 연속이었으며, 각지에서 반대 세력이 일어났다. 그 가운데
한 사람이 훗날 광무제(光武帝)라는 시호로 기록된 후한(後漢)의 창립자
유수(劉秀)였다.

　유수가 태어날 무렵, 영웅호걸 들의 얘기처럼 신이한 일이 일어난다.
한 줄기의 볏 잎에서 아홉 가닥의 이삭이 패는 길조가 나타났으므로 이
름을 '수(秀)'라 하였다. 당시 어떤 점쟁이는 그가 태어난 곳을 바라보
며 '상서로운 구름이 피어오르니 장차 큰 인물이 태어날 것이다' 예언
했다. 역시 그 말대로 되었다.

　마원(馬援)은 바로 이 유수를 도와 새로운 왕조의 창업에 공을 세웠다.
따라서 그의 위세는 하늘을 찌를 듯 했으며, 말을 타면 항상 뒤를 돌아보
며 거드름을 피웠다.

___說文解字___ 　＊據(있을 거, 어조사 기. 尸부 5획, 총 8획. *be, live*) ＊鞍
(안장 안. 革부 6획, 총 15획. *saddle*) ＊顧(돌아볼 고, 생각할 고, 방문할
고. 頁부 12획, 총 21획. *look back*) ＊盼(눈 예쁠 반, 바랄 반, 볼 반. 目부
4획, 총 9획)

|021

밥상을 눈 위까지 들어올린다

擧 案 齊 眉 거안제미

■ **出典** : 『후한서』의 「일민전(逸民傳)」
■ **文意** : 남편을 지극히 공경하는 아내의 태도를 가리킴

故事逸話 양홍(梁鴻)이라는 학자가 있었다. 그는 세운 뜻이 있어 혼인을 늦추었는데, 뜻밖에도 같은 현에 사는 맹광(孟光)이라는 뚱뚱이 노처녀의 소문을 들었다. 그녀가 맹랑하게도 공공연히 떠들었다는 것이다.

"나는 양홍 같은 훌륭한 선비가 아니면 시집가지 않겠다!"

양홍은 그 소문을 듣고 맹광에게 청혼하여 결혼했다. 그러나 몇날 며칠이 지나도 잠자리를 하지 않은 남편에게 아내가 이유를 물었다. 양홍은 말했다. 자신의 아내가 될만한 사람은 비록 허름한 옷이라도 걸치고 자신을 따라올 사람이어야 한다는 것이다. 맹광은 그때부터 더욱 검소한 생활을 꾸려 나갔다.

양홍은 틈틈이 시를 지어 친구들에게 보냈다. 내용의 일부가 왕실을 비방하는 것이어서 병사들이 잡으러오자 그는 오나라로 건너가 고백통이라는 이의 방앗간지기가 되었다. 그가 일을 마치고 돌아오면 기다리고 있던 아내는 눈을 아래로 깔고 밥상을 눈썹 위까지 올려(擧案齊眉) 공손히 바쳤다. 이렇듯 아내의 극진함으로 인하여 양홍은 수십편의 책을 편히 저술할 수 있었다.

說文解字 ＊擧(들 거, 움직일 거. 手부 14획, 총 18획. *hold*) ＊案(책상 안, 인도할 안. 木부 6획, 총 10획. *table*) ＊齊(가지런할 제, 조화할 제. 齊부 0획, 총 14획) ＊眉(눈썹 미, 노인 미, 가장자리 미. 木부 4획, 총 9획. *eyebrow*)

|022
사람은 지위와 경우에 따라 달라진다
居 移 氣 거이기

■ 出典 : 『맹자』의 「진심 상편」
■ 文意 : 사람은 처해 있는 위치에 따라 기상이 달라진다.

故事逸話 맹자가 제(齊)나라의 수도로 가서 왕자에게 탄식하듯 말했다.

"거처는 기상을 변하게 하고 먹고 입는 것이 몸을 달라지게 합니다. 사람에게 거처라는 것은 참으로 큽니다."

"그런 것 같습니다."

다시 말해 왕자가 살고 있는 집이나 타고 다니는 수레나 말과 같은 것도 어느 누가 타든 똑같다. 그런데도 왕자가 타고 있으면 다르게 보이는 것은 처해 있는 위치가 다르기 때문이다.

맹자는 예를 들어 설명한다.

"노나라의 군주께서 송나라로 갔을 때에 크게 외쳐 불렀는데 문지기가 이상하게 생각한 것입니다. 그런데 문지기는, '어허, 이상하다? 우리 임금님은 아닌데 어찌 목소리가 우리 임금님과 같을까' 하였습니다. 이것은 다른 이유가 아니라 두 임금이 처해 있는 위치가 같기 때문입니다."

형편이 그렇지 않더라도 처해진 상황에 따라 달리 보이는 것은 인지상정이라는 뜻이다. 그러나 세상의 모든 일이 그렇지 못하다. 그러므로 주어진 여건에서 최선을 다해야 한다.

說文解字 ＊居(있을 거, 어조사 기. 尸부 5획, 총 8획. *be, live*) ＊移 (옮길 이, 바꿀 이. 禾부 6획, 총 11획. *move*) ＊氣(기운 기, 숨 기. 气부 6획, 총 10획. *rapor*)

|023

하나로 세 가지 것을 안다

擧 一 反 三 거일반삼

- **出典** : 『논어』의 「술이편」
- **文意** : 하나로 다른 것을 미루어 안다.

故事逸話 공자는 중국 역사상 고대의 성인으로 불리는 가장 뛰어
난 역사가이다. 그에게는 3천여 명의 제자가 있었으며, 그들 제자간의 대
화를 기록한 『논어』에는 학습과 교육에 관한 견해가 자세히 기록되어 있
다.

어느 날 공자가 그의 제자들에게 물었다. 그것은 '거일우 불이삼우반
즉불복야(擧一隅 不以三隅反 則不腹也)'였다.

스승이 한 면의 벽을 제시하면 학생은 그것을 꿰뚫어 다른 세면의 벽
을 미루어 짐작하고, 또 그것을 가지고 스승의 질문에 대한 답안을 내야
한다. 학생이 이러한 사고를 열심히 하여, 사고의 운용 이치를 깨달으면
그제야 공자는 가르침을 그쳤다.

많이 생각하고 또 그것을 많이 응하고 난 후에야 거일반삼(擧一反三)
에 이를 수 있다. 그러므로 후세의 사람들은 『논어』를 배우면 이것으로
다른 것을 유추할 수 있으며 그렇게 함으로써 폭넓은 사고와 탐구 정신
을 기를 수 있다고 했다.

'거일반삼'은 하나를 통해 여러 가지를 알 수 있다는 '문일지십(聞
一知十)'과 쓰임새가 통한다.

說文解字 *擧(들 거, 오를 거. 手부 14획, 총 18획. *hold*) *一(한
일, 첫째 일, 만약 일. 一부 0획, 총 1획. *one*) *反(돌이킬 반, 되돌일 반,
뒤칠 번. 又부 0획, 총 2획. *again*) *三(석 삼, 자주 삼. 일부 2획, 총 3획.
three)

|024
가는 사람은 붙들지를 않는다
去 者 不 追 거자불추

■ **出典** : 『맹자』의 「진심 하편」
■ **文意** : 가는 사람은 붙들지 않고 오는 사람은 물리치지 않는다

故事逸話 ┃ 맹자가 등(藤)나라에 있을 때였다. 머물고 있는 여관으로 많은 사람들이 가르침을 받고자 찾아왔다. 그때 누군가가 창틀에 올려놓은 신발이 보이지 않자 그는 맹자를 찾아온 일행이 모두 돌아가자 큰소리로 투정을 부렸다.

"아니 맹자 같으신 분을 찾아온 사람 가운데도 도둑이 있단 말씀입니까?"

"그게 무슨 말이오?"

항의를 받은 맹자가 그 사람에게 말했다.

"나를 만나러 온 분이 신발 훔치는 것을 보았습니까?"

"그런 것은 아닙니다."

그때 맹자의 제자 한 사람이 끼어 들었다.

"이보시오. 우리 선생님을 어찌 보시고 그런 말씀을 하십니까. 선생님께서는 사람을 대할 때에 가는 사람 붙들지 않고 또 오는 사람을 물리치지도 않습니다. 다만, 배우고자 찾아오는 사람을 받을 뿐입니다. 아시겠습니까?"

사내는 머리 숙여 사죄하고 물러났다.

說文解字 ┃ *去(갈 거, 떠날 거. 厶부 3획, 총 5획. *go away*) *者(놈 자, 조자 자. 老부 5획, 총 9획. *person*) *不(아니 불, 금지 불, 없을 불. 一부 3획, 총 4획. *not*) ·*追(쫓을 추, 추모할 추. 辶부 6획, 총 10획. *pursue*)

|025
수레를 싣고 말로 되다
車 載 斗 量 거재두량

- 出典 : 『삼국지』의 「오주전(吳主傳)」
- 文意 : 인재가 아주 많음을 비유하는 말

故事逸話 삼국시대 촉(蜀)의 병력이 오(吳)의 변경을 침입하자 손권은 중대부 조자(趙咨)를 위나라에 보내 원병을 청하였다. 위왕 조비(曹조)는 그를 맞아들여 손권의 됨됨이를 물었다.

"그분은 지략이 뛰어나고 지혜롭고 어진 군주입니다."

"지혜로운 군주라."

조비는 상대의 말을 비웃었다.

"그토록 뛰어난 군주가 어찌 이곳으로 원병을 청하러 왔소?"

다시 조자가 말했다.

"우리 오나라에는 백만의 대군과 천연의 요새가 있습니다. 촉군이 두려워서 신이 이곳에 온 게 아니라 침략자를 혼내 주기 위해 원병을 청한 것입니다."

조비가 다시 물었다.

"그대와 같은 인물이 오나라엔 얼마나 있는가?"

"저와 같은 정도라면 수레에 싣고 말로 될 만큼(車載斗量) 많이 있습니다."

조비는 그제야 군사동맹을 맺었다.

說文解字 ＊車(수레 거, 수레 차. 車부 0획, 총 7획. *cart*) ＊載(실을 재, 실은 것 재. 車부 6획, 총 13획. *load*) ＊斗(말 두, 별이름 두, 동자기둥 두. 斗부 0획, 총 4획.) ＊量(헤아릴 량, 되 량. 里부 5획, 총 12획. *measure*)

|026
하늘과 땅을 한 번에 내던진다
乾 坤 一 擲 건곤일척

■ **出典** : 한유의 시 「과홍구(過鴻溝)」
■ **文意** : 천자의 자리를 놓고 한 판 승부를 벌임

故事逸話 　당송팔대가(唐宋八大家)의 한사람인 한유는 「과홍구(過鴻溝)」에서 이렇게 노래하고 있다.

용은 지치고 범은 곤하여 천원(川原)을 나누니
천하의 백성이 목숨을 보존하였네
누가 군왕으로 하여금 말머리를 돌리게 하여
하늘과 땅을 건 도박을 벌였는가

　진(秦)이 망하고 천하가 혼돈 속에 있을 때 초의 항우는 동쪽, 한의 유방이 서쪽을 차지하기로 약속한 곳이 「과홍구」다. 그러나 장량과 진평은 유방에게 진언하여, 후환을 남기지 말고 쳐부숴야 한다고 주장했다. 이렇게 하여 일어난 해하(垓下)의 싸움. 유방은 승리를 얻어냈고, 항우는 패하여 자살하였다. 물론 우미인도 자살했다.
　한유는 이때의 싸움을 '천하를 건 도박' 으로 보고 「과홍구」라는 회고시를 쓴 것이다.

說文解字 　＊乾(마를 건, 하늘 건. 乙부 10획, 총 11획. *dry, sky*) ＊坤(곤괘 곤, 땅 곤. 土부 5획, 총 8획. *earth*) ＊一(한 일, 첫째 일, 어떤 일. 一부 0획, 총 1획. one) ＊擲(던질 척, 버릴 척, 노름할 척. 수부 15획, 총 18획. *throw*)

|027
걸왕의 개가 요왕을 보고 짖는다
桀 犬 吠 堯 걸견폐요

■ **出典** : 『사기』의 「회음후전」
■ **文意** : 자기 상관에게 충성을 다한다는 의미

故事逸話 천하를 통일한 유방이 한신을 없애려고 그를 잡아왔으나 증거를 잡지 못하자 초왕(楚王)에서 회음후로 작위를 깎았다. 그후 불만을 품은 한신이 꾸민 일이 발각 나는 바람에 역적으로 낙인 찍혀 여태후의 손에 죽게 되자 탄식했다.

"나는 괴통의 말을 듣지 않아 이렇게 되었다."

괴통(蒯通)의 말이란 무엇인가?

그것은 과홍구를 사이에 두고 항우와 유방이 땅을 나누었을 때, 동쪽 제나라를 차지하고 있던 한신이 어느 쪽에 가담하느냐에 따라 천하의 판세가 갈라지므로 천하를 셋으로 나누라는 것이었다. 한신은 그 말을 듣지 않아 죽는다는 탄식이었다. 유방이 괴통을 잡아들이자 그는 태연히 말했다.

"신이 오래 전에 반역을 하라고 일러주었습니다. 그런데도 그 철부지가 소신의 말을 듣지 않았으므로 결국 목숨을 잃은 것입니다. 도척 같은 도둑놈의 개도 요 임금을 보면 짖습니다. 요 임금이 어질지 않아서가 아니라 개는 주인이 아니면 짖습니다."

유방은 그 말을 듣고 괴통을 살려주었다.

說文解字 *桀(횃대 걸, 걸 임금 걸, 찢을 걸. 木부 6획, 총 10획) *犬(개 견, 하찮은 것의 비유 견. 犬부 0획, 총 4획. dog) *吠(짖을 폐. 울부짖을 폐. 口부 4획, 총 7획. bark) *堯(요 임금 요, 높을 요. 土부 9획, 총 12획)

|028
해골을 청한다
乞 骸 骨 걸해골

- **出典** : 『사기』의 「항우본기」
- **文意** : 자신의 몸을 온전하게 해달라고 하는 것

故事逸話　초한전(楚漢戰)은 처음에는 항우의 기세가 크게 사나웠다. 그러나 날이 갈수록 초나라의 세력은 약화되었다. 그 이유는 어디 있는가? 바로 인재 등용의 성패(成敗)에 있었다. 유방은 장량을 비롯하여 진평과 같은 모사를 잘 관리하였고, 항우는 범증의 계책을 멀리하였다.

그때를 기다려 소하와 진평은 황금 4만금을 뿌려 반간지계(反間之計)를 썼으며, 항우는 금방 범증을 의심하여 권한을 축소시켰다. 일이 이렇게 되자 범증은 크게 노했다.

"이제 천하는 정해졌으니 남은 일은 군왕 스스로 하시오. 나는 해골을 빌어(乞骸骨) 고향으로 가려 하오."

"마음대로 하십시오."

"참으로 안타까운 일이오이다."

항우의 곁을 떠난 범증은 팽성으로 향하던 중 심화병으로 인해 등창이 나서 죽고 말았다. 유방은 진평이나 장량 · 소하 등의 모사들을 잘 쓴 반면에 항우는 그렇지 못했다. 자신의 곁에 혼자 남은 범증마저 의심하였으니 어찌 항우가 천하를 얻을 수 있겠는가. 걸해골은 그에 관한 고사이다.

說文解字　＊乞(빌 걸, 줄 기. 乙부 2획, 총 3획. *beg*) ＊骸(해골 해, 뼈 해, 몸 해. 骨부 6획, 총 16획. *skeleton*) ＊骨(뼈 골, 강직할 골. 骨부 0획, 총 10획. *bone*)

검 땅의 당나귀 재주
黔 驢 之 技 검려지기

■ **出典** : 유종원의 「삼계의 1인」
■ **文意** : 치졸하고 용렬한 기량에 대한 비유

___故事逸話___ 검주(黔州)는 나귀의 산지다. 그러므로 호사자(好事者)들이 나귀를 싣고 들어왔다가 쓸모 없다는 생각에 아무 곳에나 방치해 버린다. 어느 때인가 그곳을 지나가던 호랑이는 처음 보던 나귀의 모습에 얼른 숨어버린다.

"어, 저게 뭐지. 이상하게 생긴 물건이 나타났잖아! 생전 처음 보는 신물(神物)인데 그래?"

이렇게 생각하며 거동을 살핀다.

이때 당나귀가 우렁차게 울면 호랑이는 뒷걸음질쳤다. 잠시 쉬었다가 다시 떨리는 마음으로 나귀를 향해 걸음을 옮겨감을 반복한다. 이윽고 가까이 가서 건들이자 당나귀는 연신 뒷발질뿐이다. 그제야 호랑이는 확신이 섰다.

'아하, 이놈의 재주는 뒷발질뿐이구나! "

호랑이는 그제야 달려들어 목을 물어뜯는다. 이것은 참으로 슬픈 일이다. 만약 당나귀가 뒷발질을 하지 않았다면, 결코 호랑이는 달려들지 않았을 것이다. 섣불리 졸기(拙技)를 보인 탓에 그만 호랑이의 먹이가 되어 버렸다.

___說文解字___ ＊黔(검을 검, 그을 검. 黑부 4획, 총 16획. *black*) ＊驢(당나귀 려. 馬부 16획, 총 26획. *ass*) ＊之(갈 지, 이 지. ノ부 3획, 총 4획. *go, this*) ＊技(재주 기, 재능 기, 바르지 않을 기. 수부 4획, 총 7획. *talent*)

|030
사물의 이치를 연구하여 학문을 넓힘
格 物 致 知 격물치지

- **出典** : 『대학』의 「팔조목」
- **文意** : 옛날 대학 교과를 수득(修得)하는 일

故事逸話 주자는 격물(格物)에 대해 이렇게 말한다.

"세상 만물은 나름대로의 이치를 가지고 있다. 그 이치를 하나씩 추구해 들어가면 마침내 세상 만물의 표리와 정표, 조잡한 것들을 밝혀낼 수 있다. 만물의 격(格)이라는 것은 도달한다는 것이니, '격물'이라는 것은 사물에 도달한다는 의미다."

주자는 치지에 대해 덧붙인다.

"이것은 만물이 지닌 이치를 추구하는 궁리와 같은 의미다. 세상 사물에 이르고 그 이치의 추궁으로부터 지식을 쌓아올려 지(知)를 치(致)한다는 것이다."

이런 의미에서 다음과 같이 생각해 볼 수 있다.

<천하를 잘 다스리려면, 그 이전에 집안을 먼저 다스려야 하고, 집안을 잘 다스리기 위해서는 자신의 마음을 깨끗하게 다스려야 한다는 것이다.>

이러한 주자의 학리에 육상산(陸象山)은 견해를 달리한다. 그는 참다운 지혜를 얻기 위해서는 사람의 마음을 어둡게 하는 것을 물리쳐야 함을 주장한다.

說文解字 ＊格(바로잡을 격, 가지 각. 木부 6획, 총 10획) ＊物(만물 물, 무리 물. 牛부 4획, 총 8획. *all thing*) ＊致(이룰 치, 풍취 치. 至부 4획, 총 10획. *accomplish*) ＊知(알 지, 슬기 지. 矢부 3획, 총 8획. *know*)

|031

개나 말처럼 봉양한다

犬馬之養 견마지양

■ **出典** : 『논어』의 「위정편」
■ **文意** : 부모를 봉양만 하고 경의(敬意)가 없음을 이르는 말

故事逸話 『논어』의 「위정편(爲政篇)」에 다음 같은 내용을 다루고 있다.

자유(子游)가 효에 대해 묻자 공자가 대답했다.

"근래엔 공양하는 것만을 효라 생각한다. 그러나 개나 말도 사람에게 키움을 받는다. 부모를 공경하는 마음이 없다면 개나 말과 같지 않다고 감히 말하겠는가."

이것은 무슨 뜻인가? 효는 물질적인 것만이 아니라는 것이다. 개는 집을 지키고, 소는 농사를 돕고, 말은 수레를 끌며 인간에게 봉사한다. 이러한 개나 소, 그리고 말의 봉사는 결코 인간의 봉사와는 다르다. 그러므로 물질적인 것으로 부모를 대하는 것은 진정한 효도라 할 수 없다는 것이다.

"진정한 효도는 부모를 진정한 마음으로 공경하는 데서 나오는 것이다."

이것이 유교의 입장이다. 인간의 도덕 생활 가운데 효를 최선이라 여기는 것은, 결코 물질적인 면이 아니라 정신적인 면을 중히 여기기 때문이다.

說文解字 ＊犬(개 견, 하찮은 것의 비유 견. 犬부 0획, 총 4획. *dog*)
＊馬(말 마, 산가지 마. 馬부 0획, 총 10획. *horse*) ＊之(갈 지, 이 지. ノ부 3획, 총 4획. *go, this*) ＊養(기를 양, 가르칠 양. 食부 6획, 총 15획. *nourish*)

|032
풀을 엮어 은혜를 갚다
結 草 報 恩 결초보은

- **出典** : 『춘추』의 「좌씨전」
- **文意** : 죽어서라도 은혜를 잊지않고 갚는다는 뜻

__故事逸話__ 　춘추시대에 진(晉)의 위무자(魏武子)가 병이 깊어지자 태자를 불러 유언했다.

태자는 본처의 아들 과(顆)였다.

"내가 죽거든 네 서모는 개가 시켜라."

날이 갈수록 병이 깊어지자 위무자의 유언이 바뀌었다. 자신이 죽으면 반드시 서모를 함께 순사(殉死) 시키라는 것이었다. 그리고 얼마후 위무자가 죽었다. 태자 과는 부친의 정신이 혼미해졌을 때의 명을 듣지 않고 서모를 개가시켰다.

세월이 흘러 진환공(秦桓公)이 진(晉)을 침입하여 병사들을 보씨라는 곳에 주둔시켰다. 이때 위과는 진(晉)의 장수로 있었으므로 두회라는 명장과 결전을 치르지 않으면 안되었다. 그러나 이곳 보씨의 싸움은 어느 누가 보아도 위과의 역부족이 분명했으나 결과는 판이하게 달랐다. 싸움터의 명장 두회가 위과에게 사로잡힌 것이다.

그날밤 위과의 꿈에 백발 노인이 나타나 말했다.

"나는 그대 서모의 아비 되는 사람이오. 내 딸을 살려주어 그 은혜를 갚고자 두회의 발 앞의 풀을 엮어(結草) 넘어지게 하였소이다."

__說文解字__ 　＊結(맺을 결, 매듭 결. 糸부 6획, 총 12획. *tie not*) ＊草 (풀 초, 거칠 초, 초안 초. 艹부 6획, 총 10획. *grass*) ＊報(갚을 보, 알릴 보. 土부 9획, 총 12획. *repay*) ＊恩(은혜 은, 인정 은. 心부 6획, 10획. *favors*)

|033
어느 누구에게나 평등한 사랑
兼 愛 겸애

■ 出典 : 『묵자』의 「경주편(耕柱篇)」
■ 文意 : 사람은 차별을 두고 사랑하지 않아야 한다

故事逸話 제자백가(諸子百家)의 한사람인 묵자(墨子)의 주장은 겸
애(兼愛)다. 이것은 한 걸음 더 나아가 박애(博愛)라는 것으로 달리 말할
수 있다. 다음은 「경주편(耕柱篇)」에 실린 내용이다.

어느 날 무마자(巫馬子)가 말했다.

"선생님, 저는 선생님의 의견에 동조할 수 없습니다. 그 이유를 들자
면 이렇습니다. 저는 남쪽 지방의 야만족보다는 이웃 추나라의 백성들을
더 좋아합니다. 또 추나라의 백성보다는 우리 노나라 사람을, 노나라 가
운데 우리 마을 사람을, 우리 마을 사람 가운데서도 가족을, 또한 가족 중
에서도 부모님을, 한 걸음 더 나아가 부모님보다는 나를 더 사랑합니
다."

어디 그뿐인가. 자신이 매를 맞으면 고통을 느끼지만 다른 사람이 매
맞는 것을 보면 오히려 희열을 느끼는데 어떻게 '평등하고 차별을 두지
않는 사랑을 할 수 있느냐' 였다.

묵자는 이렇게 답했다.

"만약 너의 그 같은 생각을 한사람이 받아들인다면 자신의 이익을 위
해 너를 해칠 것이다. 또한 열 사람이 받아들였다면 그들 또한 이익을 위
해 너를 살해하려 들 것이다. 만약 세상 사람들이 모두 반대한다면 결과
는 같을 수밖에 없지."

겸애는 널리 사랑한다는 것을 설명하고 있다.

說文解字 *兼(겸할 겸, 아울러 겸. 八부 8획, 총 10획. *combine*) *
愛(사랑 애, 사모할 애. 心부 9획, 총 13획. *love*)

|034
광주리와 궤짝을 거꾸로 하다
傾 筐 倒 篋 경광도협

■ 出典 : 『진서(晉書)』
■ 文意 : 자신이 가지고 있는 것을 숨김없이 내놓다

故事逸話 진(晉)의 태위 치감(郗鑒)의 딸은 용모 절색에 학문이 빼어나 부친의 사랑을 한몸에 받았다. 부친 역시 딸아이에게 걸맞는 신랑감을 찾느라 고심하던 중, 왕도(王導)의 아들들이 출중하다는 말에 사람을 보내 왕부(王府)에 가서 물색하게 하였다.

왕부의 소년들은 소문을 듣고 긴장했다. 그러나 한 소년만은 전연 그런 것에 개의치 않고 배를 드러낸 채 음식을 먹고 있었다. 태위의 사자는 그 소년을 점찍고 돌아와 보고하였다. 태위 역시 그 소년을 만나 보고 시집보냈는데 바로 대서예가 왕희지(王羲之)였다.

'오호라, 대단한 소년이다.'

왕희지의 부인이 된 치씨는 얼마후 친정에 가서 이쪽 형편에 대해 말한 적이 있었다. 언젠가 사안(謝安)이라는 이가 왔을 때 대접하던 태도였다.

"왕씨 집에서는 사안이 오자 광주리와 궤짝 속에 든 음식을 모두 내와 극진히 대접하였습니다."

이것이 '경광도협' 이다. 자신이 가지고 있는 것을 숨김없이 내놓는다는 좋은 의미의 대접이다.

說文解字 *傾(기울 경, 흔들릴 경, 기울일 경. 人부 11획, 총 13획. *incline*) *筐(광주리 광, 침상 광. 竹部 6획, 총 12획. *basket*) *倒(넘어질 도, 거꾸로 도. 人부 8획, 총 10획. *fall*) *篋(상자 협. 竹부 9획, 총 15획. *box*)

|035
공경을 하되 멀리 한다
敬 遠 경원

- **出典** : 『논어』의 「옹야편(雍也篇)」
- **文意** : 영혼과 신은 공경하면서 멀리 한다

故事逸話 어느 날 공자의 제자 번지가 지(知)에 대해 물었다. 이에 공자께서 말씀하셨다.

"그것은 먼저 자기 자신의 일에만 노력하는 것이다. 그리고 인간의 영혼(鬼)이나 신(神)은 공경하면서 멀리 하면(敬鬼神而遠之) 된다."

공자의 사상은 한 마디로 매우 현실적이다. 그러다보니 도깨비나 초능력 · 귀신 등을 탐탁치 않게 여겼다. 그런 점에서 공자는 소설(小說)까지도 허구라 하여 배격하였다.

그렇다고 공자가 귀신의 존재를 부정한다는 것은 아니다. 귀신에 대해서는 비현실적이지만, 현실적인 의미로 사람이 우선한다는 것을 강조했다. 다시 말해 공자는 사후 세계가 아닌 현실에 강한 애착을 보인 것이다.

한 번은 계로(季路)가 물었다.

"선생님, 귀신이 정말 있습니까? 있다면 반드시 섬겨야 합니까?"

공자는 호통쳤다.

"이놈아 살아있는 사람도 잘 섬기지 못하는 데 하물며 귀신인 다음에야 더 말해 무엇하리."

이번엔 죽음에 대해 물었다.

이때 공자의 유명한 답변이 나온다. 삶도 모르는데 어찌 죽음을 알겠느냐는―.

說文解字 *敬(공경 경, 삼갈 경. 攴부 9획, 총 13획. *respect*) *遠(멀 원, 멀리할 원. 辵부 10획, 총 14획. *distant*)

|036
나라를 기울게 할 미인
傾 國 之 色 경국지색

- **出典** : 『한서』의 「이부인전」
- **文意** : 나라가 위태로울 정도의 아름다운 용모

故事逸話 이연년(李延年)이라면 한무제(漢武帝)를 섬기던 가수다. 어느 날 궁중 악사들이 모인 자리에서 이연년은 곡조에 맞춰 노래를 불렀다.

북쪽에 아름다운 여인 있다네
그 모습 이 세상 제일이로세
한 번 고개짓이면 성이 기울고
두 번 고개짓이면 나라가 기운다

성을 잃고 나라가 기우는 것은 큰일이지만, 장부로서 미인을 얻는 것이라면 그만한 일쯤은 각오해야 한다는 내용이었다. 한무제는 그런 미인이 있느냐 물었고, 이연년은 곧 누이를 대령시켰다. 『한서』에 나오는 이부인이다.

황제의 사랑을 얻은 이부인은 아들을 낳았다. 그러나 워낙 허약한 탓에 아들을 낳은 후 산후 조리가 잘못되어 목숨을 잃었다. 황제는 장안 근교에 무덤을 만들어 영릉(英陵)이라 하였다.

說文解字 ＊傾(기울 경, 흔들릴 경, 기울일 경. 人부 11획, 총 13획. *incline*) ＊國(나라 국. 口부 8획, 총 11획. *country*) ＊之(갈 지, 이 지. ノ부 3획, 총 4획. *go, this*) ＊色(빛 색, 종류 색. 色부 0획, 총 6획. *color*)

|037

소의 꼬리보다는 닭의 입이 되라
鷄 口 牛 後 계구우후

- **出典**: 『사기』의 「소진열전」
- **文意**: 큰집단 뒤에 있는 것보다 작은 것의 앞부분에 서라는 뜻

故事逸話 소진(蘇秦)과 장의(張儀)는 귀곡자의 제자다. 그들은 천하의 재사가 되기 위해 귀곡에서 수학하였으며, 둘다 자신의 재주를 사줄 군주를 만나려고 천하를 떠돌았다. 장의는 열국들이 싸우지 말고 강대국 진(秦)을 섬겨 화평하게 지내야 함을 주장했으나 소진은 열국들이 힘을 합해(合縱) 진나라를 대항하자고 강조했다.

"한(韓)나라는 토지가 비옥하고 성곽은 견고합니다. 또한 군인들은 용맹하고 좋은 무기를 가졌습니다. 어디 그뿐입니까? 대왕이 현명하다는 것은 천하가 아는데 어찌 진(秦)나라를 섬겨 천하의 웃음꺼리가 되고자 하십니까. 올해 진나라가 요구하는 것을 준다면, 내년에는 훨씬 더 많은 것을 그들이 요구해 올 것입니다. 그때 가서 거절 한다면 아마 한나라의 영토는 저들 손에 들어가게 될 것입니다. 속담에 이르기를 '닭의 머리가 될지언정 소의 꼬리가 되지말라(鷄口牛後)'고 했습니다. 대왕께서 진나라를 섬기는 것은 스스로 소의 꼬리짓을 하는 부끄러운 일입니다."

'계구우후'라는 고사는 소진이 한(韓)나라로 들어가 선혜왕을 만나보고 한 말이다. '계구우미(鷄口牛尾)'로도 쓰인다.

說文解字 *鷄(닭을 나타내는 계, 닭 계. 鳥부 10획, 21획. *chicken*) *口(입 구, 말할 구. 口부 0획, 총 3획. *mouth*) *牛(소 우, 별 이름 우. 牛부 0획, 총 4획. *cow*) *後(뒤 후, 뒤로할 후. 彳부 6획, 총 9획. *back, later*)

|038
말랑말랑한 미인의 젖가슴
鷄 頭 肉 계두육

■ 出典 : 『양비외전(楊妃外傳)』
■ 文意 : 미인의 아름다운 피부와 젖가슴을 이르는 말

故事逸話　『양비외전』은 귀비 양옥환에 대한 염담(艶談)이다. 당나라 6대 임금 현종(玄宗)은 학문과 글재주가 뛰어나 '개원의 치'를 이룩한 명군이다. 그러던 그가 재위 45년, 만년에 이르러 정치에 싫증을 내고 사치와 향락을 가까이 하면서 불행을 자초했다.

어진 신하를 몰아내고 아첨배를 가까이 하자, 황실은 하루아침에 소인배로 들끓었다. 국정이 날로 어지러워지던 중 현종은 수왕의 비 양씨를 불러 귀비로 삼은 것이다.

이로 인하여 양옥환의 일족은 영달을 꾀했으나 그녀의 남편 수왕 이모는 불운한 생을 마감해야만 했다. 현종이 유연을 즐기면서 국고는 바닥나기 일보 직전이었고, 불만을 품은 안록산이 난을 일으켰다. 이로 인하여 현종과 양귀비는 촉 땅으로 도망 쳤는데 결국은 반란군 수괴와의 협상으로 인하여 양귀비는 마외파의 불사에서 고력사(高力士)에게 액살되었다.

『양비외전』은 그녀가 죽음에 이르기 전까지의 향락을 그리고 있다. 특히 현종이 양귀비에게 빠져드는 결정적인 이유를 '우유빛이 나는 옥같은 살결(羊脂玉)과 말랑말랑한 젖가슴(鷄頭肉)'이라 하였으니 참으로 실소를 머금게 한다.

說文解字　＊鷄(닭 계. 鳥部 10획, 총 21획. *chicken*) ＊頭(머리 두, 근방 두. 頁部 7획, 총 16획. *head*) ＊肉(고기 육, 혈연 육. 肉部 0획, 총 6획. *meat*)

|039
살점이 많지 않은 닭의 갈비
鷄 肋 계륵

■ 出典 : 『후한서』의 「양수전(楊修傳)」
■ 文意 : 버리기에는 아깝고 그냥 놔두자니 별거 없다

__故事逸話__ 본격적으로 삼국시대가 열리기 1년여 전. 유비가 익주를 점거하고 위나라의 조조와 한중을 놓고 쟁탈전을 벌였다. 이무렵 유비의 진영은 참모 제갈량의 덕분으로 기강이 선데 반하여 조조의 진영은 문란해 있었다. 공격과 수비가 제대로 먹혀들지 않자 휘하 장수 한사람이 장차 어찌할 것인가를 물었다. 이때 조조는 먹고 있던 닭갈비를 들었다놓았다.

"장안으로 들어갈 귀환을 서두르시오."

어리둥절한 표정으로 물러 나오는 장수에게 양수가 한 마디 던졌다.

"퇴각을 한다 그 말씀입니까?"

"그렇소."

"소장은 아무 답변도 듣지 못했는데 퇴각이라니오?"

"그런 명령이 하달될 것입니다."

그들이 잠시 호흡을 가다듬고 있을 때, 조조로부터 귀환 명령이 떨어졌다. 여러 장수들이 놀라 까닭을 물었다.

"도대체 승상의 생각을 어찌 안 것이오?"

"사실 닭의 갈비는 먹으려 하면 없고 버리자니 아까운 것이오. 승상께서 잠시 전에 닭갈비를 들었다 놓는 것을 보고 그런 생각을 해본 것이오. 한중(漢中)을 닭갈비로 비유한 것이니 시생은 곧 철수할 것이라 확신했소."

__說文解字__ ＊鷄(닭 계. 鳥부 10획, 총 21획. *chicken*) ＊肋(갈빗대 륵. 肉부 2획, 총 6획. *rib*)

|040
닭처럼 울며 개처럼 도둑질 한다
鷄 鳴 狗 盜 계명구도

■ 出典 : 『사기』의 「맹상군전」
■ 文意 : 닭처럼 울음소리를 내고 개처럼 들어가 도둑질을 한다

__故事逸話__ 전국시대의 식객(食客)은 한 가지 재주 있는 사람을 뜻했다. 당시의 실권자들은 이러한 식객들을 받아들여 자신의 위세를 사해에 떨쳤다. 그러한 인물 가운데 제(齊)나라에 맹상군(孟嘗君)이 있었다. 인물 됨됨이에 대한 소문은 멀리 진(秦)나라에까지 이르러 소양왕(昭襄王)이 그를 청해 재상으로 삼고자 하였다.

그러나 막상 그를 청해 들이자 반대 여론이 많아 약속을 지킬 수 없었다. 여러 중신들은 왕에게 말했다. 만약 살려보낸다면 앙심을 품고 복수할 것이 분명하므로 맹상군을 죽여야 한다는 것이다.

상황이 이렇게 되자 맹상군은 사람을 시켜 소양왕의 애첩에게 도움을 청했다. 뜻밖에 애첩이 이미 소양왕에게 준 호백구(狐白裘;백여우 가죽으로 만든 털옷)를 원하자 부득이 좀도둑질에 능한 사내로 하여금 훔쳐오게 하여 애첩에게 주었다. 그렇게 하여 귀국을 허락 받고, 일행이 말을 달려 함곡관(函谷關)에 이르렀다. 닫힌 문은 새벽에야 열리게 돼 있었다. 이때 닭울음소리를 잘 내는 사내의 덕택으로 관문을 탈출할 수 있었다. 마음이 변한 소양왕의 추격대가 도착했으나 맹상군 일행은 이미 관문을 빠져나간 후였다.

__說文解字__ ＊鷄(닭 계 닭이름 계. 鳥부 10획, 총 21획. *chicken*) ＊鳴 (새가 울 명, 부를 명. 鳥부 3획, 총 14획. *chirp*) ＊狗(개 구, 역의 간 구. *dog*) ＊盜(도둑 도, 훔칠 도, 도둑질할 도. 皿부 7획, 총 12획. *thief*)

|041
사물의 이치를 밝혀주다
啓 發 계발

■ 出典 : 『논어』의 「술이편」
■ 文意 : 지식을 넓히고 사물의 이치를 밝혀두다

故事逸話 『논어』의 「술이편(述而篇)」에 '분(憤)은 마음에 맞는 것을 얻지 못하고 있음을, 배(排)는 말하려고 하여 아직 말못하고 있음을 뜻하는 것이며, 계(啓)는 그 뜻을 폄에 이르고, 발(發)은 그 말을 다함을 뜻한다'고 하였다.

계발이라는 말은 공자의 독특한 교육 방법에 의해서임을 알 수 있다. 이를테면 제자들의 자발성에 기대하는 학습 방법을 사용한 것이다. 공자는 이렇게 말한다.

"계속하여 애를 쓰고 공부하여 왔는데도 바로 눈앞에 와서 무엇인가에 걸려 머뭇거리거나 주저하는 사람이 있다. 이런 상대가 아니고서는 암시를 줄 수 없다(不憤不啓). 하고 싶은 말이 머릿속에 있으나 아무리 해도 잘 표현이 되지 않아 답답하게 생각하고 있는 상태가 아니면 도와줄 수가 없다(不排不發). 이쪽에서 한 가지의 예를 들어주면 그 유형에 맞추어 대뜸 응해올 수 있는 자가 아니면 더 이상 지도할 수 없는 것이다."

앞서 말한 것처럼 공자의 학습 방법은 어떤 메시지를 전하면서 그에 대한 답변의 유도를 상대의 자발성에 기대하고 있다는 것이다. '계발'이라는 단어 속에는 더욱 그런 의도가 강하게 풍긴다. 그렇다고 공자가 이 방법만을 전용한 것은 아니다. 질문하는 사람의 무지를 깨우쳐 다시 질문을 통해 의문점을 해결하기도 한다.

說文解字 ＊啓(열 계, 아뢸 계, 별이름 계. 口부 8획, 총 11획. *open*) ＊發(필 발, 보낼 발. 癶부 7획, 총 12획. *spread*)

|042
계포가 한 번 승낙하다
季 布 一 諾 계포일낙

■ **出典** : 『사기』의 「계포전(季布傳)」
■ **文意** : 한 번 약속을 하면 반드시 지킨다

故事逸話 　초(楚)나라 사람 계포(季布)는 의협심이 많은 사람으로 초한 전쟁이 한창일 때는 유방을 수없이 괴롭혔다. 그러나 한나라가 천하를 통일하게 되면서 그의 목에 천금(千金)의 현상금이 걸린 채 쫓기었다. 그러나 어느 누구도 고발하지 않았으며 오히려 그를 중용하라는 청을 넣었다. 얼마 후 그의 죄는 면해졌으며 혜제(惠帝) 때에는 중랑장의 위치에 올라 있었다.

초나라에 변설에 능하고 유난히 금전욕이 강한 조구(曹丘)라는 이가 있었다. 그는 경제의 외숙뻘 되는 두장군의 식객이었다. 언젠가 계포는 두장군에게 말했다.

"조구는 바르지 못한 위인이니 결코 가까이 마십시오."

자초지종을 알게 된 조구는 계포를 찾아갔다.

"초나라 사람들은 황금 백 량을 얻는 것보다 계포의 한마디 승낙(季布一諾)이 중요하다는 것을 압니다. 당신과 나는 고향이 같습니다. 당신에 대한 얘기를 내가 퍼뜨리면 더 유명해지실 것입니다."

그 말을 들은 계포는 아주 흐뭇해져서 조구를 빈객으로 대접했다. 조구로 인해 계포의 이름은 더욱 세상에 알려졌다.

說文解字 　＊季(끝 계, 어릴 계. 子부 5획, 총 8획. *end*) ＊布(베 포, 돈 포, 펼 포. 巾부 2획, 총 5획. *hemp cloth*) ＊一(한 일, 첫째 일, 만일 일. 一부 0획, 총 1획. *one*) ＊諾(대답할 낙, 허락할 낙. 言부 9획, 총 16획. *respond*)

|043

닭의 피부와 학의 머리털

鷄 皮 鶴 髮 계피학발

■ **出典** : 당현종의 「괴뢰음(傀儡吟)」
■ **文意** : 늙어서 주름살이 잡히고 백발이 되었음을 비유하는 말

　　故事逸話　안록산(安祿山)은 하북성 영주의 유성 출신이다. 그는 간교한 위인으로 아첨을 잘하여 환관에게 뇌물을 주고 현종의 신임을 얻게 되었다.

　　이후 평려의 절도사에서 범양 · 하동의 절도사를 겸하였는데, 한때는 양귀비에게 잘 보여 양평군왕이 되었다. 그는 755년에 양국충과 뜻이 맞지 않아 범양(范陽)에서 반기를 들었다.

　　현종이 촉으로 도망가던 중에 마외파(馬嵬坡)의 1백여리 되는 지점에서 추격군과 협상을 벌였다. 반란의 주요 원인이 양국충과 양귀비에게 있음을 이유로 두 사람을 죽였는데, 이후 태자 이형(李亨)이 756년에 즉위하고 현종은 상황이 되었다. 얼마 후에 곽자의란 장수가 장안을 수복하여 돌아왔으나, 양귀비를 잃은 후부터 현종의 병색은 완연하였다. 이러한 황제의 모습을 백낙천(白樂天)은 「장한가(長恨歌)」라는 시에서 노래하고 있다.

　　비록 불륜을 다스리지 않은 아름다운 사랑 이야기지만, 이 당시 현종의 모습은 글자 그대로 의기소침하고 넋이 떨어진 모습이었다. 이른바 '닭처럼 쪼글쪼글하고 하얗게 머리가 센' 노인의 모습에 불과했다.

　　說文解字　＊鷄(닭 계, 닭 이름 계. 鳥부 10획, 총 21획. *chicken*) ＊皮(가죽 피, 갖옷 피. 皮부 0획, 총 5획. *skin*) ＊鶴(학 학, 흴 학, 호미의 머리 학. 鳥부 10획, 총 21획. *crane*) ＊髮(터럭 발, 초목 발. 髟부 5획, 총 15획. *hair*)

|044
넓적다리와 팔뚝과 같은 신하
股 肱 之 臣 고굉지신

■ **出典** : 『서경』의 「익직편(益稷篇)」
■ **文意** : 군주가 가장 총애하는 신하를 가리키는 말

故事逸話 신하들이 모인 자리에서 순(舜) 임금이 말했다.

"그대들은 짐의 팔이며 다리며, 눈과 귀로다. 짐은 항상 백성을 어여삐 여기니 부디 도와 달라. 만약 나에게 어긋난 일이 있으면 그대들이 바른 길로 이끌어 달라. 또한 내 앞에서 순종하는 척 하다가 물러간 후에는 이러쿵저러쿵 쓸데없는 소리를 할 게 아니라 있던 그 자리에서 충고해 달라."

순임금의 말은 계속되었다.

"동료들과는 항상 경애하는 마음을 가지며 예의에 어그러짐이 없도록 하라. 바른 이치를 세상에 알릴 것이며, 비록 악인도 잘못을 뉘우치면 등용할 것이며 그렇지 아니한 자에게는 일벌백계의 철퇴를 가하여 본보기로 삼을 것이오."

이렇게 말한 순임금은 과연 이후 성군이 되었다. 『맹자』에 의하면, '임금이 신하를 수족같이 여기면, 신하는 임금을 부모처럼 여기고, 임금이 신하를 초개처럼 여기면, 신하는 임금을 원수처럼 여긴다'고 하였다. 그러므로 임금 아래에 넓적다리와 팔뚝 같은 신하가 많이 있을수록 성군이라 칭할 수 있는 것이다.

說文解字 ＊股(넓적다리 고, 정강이 고. 肉부 4획, 총 8획. *thigh*) ＊肱(팔 굉. 肉부 4획, 총 8획. *arm*) ＊之(갈 지, 이 지, 어조사 지, 주격과 소유격의 조사. *go, this*) ＊臣(신하 신, 백성 신. 臣부 0획, 총 6획. *minister*)

045
배를 두드리며 땅을 치며 노래함
鼓 腹 擊 壤 고복격양

■ 出典 : 『사기』의 「오제본기」
■ 文意 : 백성들이 태평세월을 노래함

故事逸話 성군으로 숭앙 받던 요(堯) 임금이 천하를 다스린 지 50년이 지난 어느 날, 자신의 다스림이 어떤 지를 알기 위해 평민들의 옷으로 갈아입고 거리로 나갔다. 문득 어느 길모퉁이에서 걸음을 멈추었는데, 그곳엔 백발이 성성한 한 노인이 무심히 격양(擊壤;나무를 던져 맞추는 유희)의 흥에 취해 쉰 듯한 목소리로 노래를 불렀다.

해뜨면 들에 나가 일하고
해지면 잠자리에 든다
우물을 파서 목마름을 축이고
허기증은 밭을 갈아 채운다
내 살림에 천자님은
있으나마나 마찬가지

배를 두드리고 땅을 치면서(鼓腹擊壤) 흥얼거리는 소리. 그 노래 소리를 듣고 순 임금의 마음은 밝아졌다. 이상적인 정치의 실현을 노인의 모습에서 발견한 것이다.

說文解字 *鼓(북 고, 북을 칠 고, 부추길 고. 鼓부 0획, 총 13획. drum) *腹(배 복. 肉부 9획, 총 13획) *擊(칠 격, 움직일 격, 다스릴 격. 手부 13획, 총 17획) *壤(흙 양, 땅 양, 토양 양. 土부 17획, 총 20획. soil)

고립된 성과 기울어진 낙조
孤 城 落 日 고성낙일

■ 出典 : 왕유(王維)의 시
■ 文意 : 세력이 쇠하여 고립이 된 것을 나타냄

故事逸話 왕유(王維)의 자는 마힐(摩詰)이다. 지금의 산서성 출신으로 개원 초기에 급제하였으며 벼슬은 상서우승(尙書右丞)에 이르렀다. 음악에 정통하였으며, 시를 잘 짓고 그림을 잘 그렸다. 맹호연과 함께 도연명의 풍류를 이어받은 탓인지 당시(唐詩)에서 새로운 일파를 개척한 것으로 알려져 있다. 다음의 시는 요새 밖의 쓸쓸한 정경과 외로운 심경을 나타낸다.

장군을 따라 우현을 취하고자 하니
모래밭으로 달려 거연(居延)으로 향하네
멀리 한나라 사자가 소관밖에 이른 것을 아니
근심스러운 것은 고성낙일(孤城落日)이라

전체적인 문장 짜임새는 원군이 오지 않은 고립무원에 빠진 외로운 성이 아니다. 그것은 날이 갈수록 국력이 쇠퇴하여 가는 불안한 마음을 요새 밖의 쓸쓸한 정경에 대입하여 '상대를 도와줄 수 없는' 마음을 노래한 것이다.

說文解字 ＊孤(외로울 고, 고아 고. 子부 5획, 총 8획. *lonely*) ＊城(성 성. 土부 7획, 총 10획. *castle*) ＊落(떨어질 락, 마을 락. 艹부 9획, 총 13획. *fall*) ＊日(날 일, 햇볕 일, 낮의 길이 일. 日부 0획, 총 4획. *day*)

|047
옛사람의 도는 술을 거른 찌꺼기
古 人 糟 粕 고인조박

■ 出典 : 『장자』의 「천도편(天道篇)」
■ 文意 : 옛사람의 언어와 저서로서 현재까지 전해 오는 것

　　故事逸話 『장자(莊子)』는 전국시대 중기 송(宋)나라 사람이다. 그는 늘 명리를 더러운 것으로 보았고, 시대의 조류와는 다른 태도를 취했다. 그것은 초연함이다. 특히 『장자』 「내편(內篇)」은 '사물의 본질을 변화무쌍한 것으로, 본래가 무한정인 것'으로 생각했다. 이런 내용이 있다.

　　<군자의 도를 닦는 모든 사람이 다 선비의 옷차림을 하고 다니는 것은 아니다. 선비의 옷차림을 하고 있다고 하여 모두 군자의 도를 닦는 사람으로 볼 수 없다.>

　　다시 말해 옷차림은 형식이지 실질은 아니다. 노나라의 애공(哀公)이 말했다.

　　"군자의 도를 닦지 않은 사람으로 선비의 옷을 입고 다니는 사람은 사형에 처한다."

　　이것은 옛사람의 언어와 저서로서 현재까지 내려온 것을 가리킨다. 그러나 참된 도는 언어와 문장으로 전할 수 없으므로 현재 전하는 것은 술을 거르고 남은 찌꺼기에 불과하다는 것이다. 참된 도는 옷차림이 아니라 실질이기 때문이다.

　　說文解字 ＊古(예 고, 낡을 고. 口부 2획, 총 5획. *old days*) ＊人(사람 인, 백성 인, 남 인. *man, people*) ＊糟(지게미 조, 보잘 것 없는 것 조. 米부 11획, 총 17획. *dregs*) ＊粕(지게미 박, 깻묵 박. 米부 5획, 총 11획. *lee*)

|048

베개를 높이 하고 편히 잠을 잔다
高 枕 安 眠 고침안면

■ **出典** : 『사기』의 「전국책」
■ **文意** : 근심 걱정없이 편안히 산다

　　故事逸話 ┃ 소진은 합종책으로 여섯 나라가 힘을 합해 진(秦)나라에
대항하려고 했다. 이때 귀곡자 문하에서 동문수학했던 장의는 연횡책으
로 진혜왕 10년에 재상이 되어 한나라의 애왕에게 연횡을 받아들이게 하
였다. 그러나 말을 듣지 않자 진에서는 본보기로 한을 토벌하여 제후들
의 간담을 서늘하게 했다. 장의는 다시 애왕을 설득했다.

　　"그대 나라는 어떤 나라와 합종하여도 원한을 산다."

　　그리고 나서 다시 으름장을 놓았다.

　　"그대들이 우리 진나라를 섬기지 않는다면 어찌 될 지 아는가?"

　　장의는 스스로 답했다.

　　"우리 진나라가 위나라와 조나라의 길을 끊고 공격해 들어가면 어찌
되는가? 그 결과는 불을 보듯 뻔하잖은가. 그대들이 우리 진나라를 섬기
면 초와 한에 대한 근심이 없어지므로 무릇 대왕께서는 베개를 높이 하
고 편히 잠을 잘 수 있으니(高枕安面) 얼마나 좋은가. 또한 진나라의 목
적이 초에 있으므로 위와 함께 초를 공격하여 장차 나누어 갖는게 어떤
가."

　　고침안면은 여기에서 유래한 것이다.

　　說文解字 ┃ *高(높을 고, 높이 고. 高부 0획, 총 10획. *high*) *枕(베
개 침. 木부 4획, 총 8획. *pillow*) *安(편안할 안, 즐길 안, 어찌 안. 宀부
3획, 총 6획. *peaceful*) *眠(잘 면, 쉴 면. 目부 5획, 총 10획. *sleep*)

|049
예로부터 칠십까지 사는 것은 드물다
古 稀 고희

■出典 : 두보의 시 「곡강 이수」
■文意 : 예로부터 70세까지 사는 것은 드물다

故事逸話 　두보가 좌습유(左拾遺)의 관직에 있을 때 일어난 안록산의 난은 그에게 많은 변화를 가져왔다. 난군에 생포되었다가 탈출하여 봉상의 행재소로 갔으며 거기에서 현종의 뒤를 이어 보위에 오른 숙종을 따라 도성으로 돌아왔다. 그러나 숙종 주위를 둘러싼 정치판의 혐오감으로 인해 대궐에 들어가 참내도 않은 채 곡강(曲江) 가로 가서 시간을 보내는 게 일과였다.

　옛부터 칠십까지 사는 것은 드문 일이라
　만발한 꽃잎 사이로 나는 나비는
　꽃밭 깊숙이 보이고
　잠자리는 물위에 꽁지를 닿을 듯 말 듯
　한가로이 날아간다
　봄의 풍광이여, 말 전하겠다
　너나 나나 다같이 옮아가고 흘러가는 것
　이 짧은 한때를 우리 서로 소중히 여겨
　거스르지 말기로 하자

　'옛부터 칠십까지 산다는 것이 드물다' 는 말은 두보에 의해 아름답고 훌륭하게 경작되었다. 사실 칠십은 드문 나이였다.

說文解字 　＊古(예 고, 낡을 고, 예스러울 고. 口부 2획, 총 5획. *old days*) ＊稀(드물 희. 禾부 7획, 총 12획. *rare*)

|050
흐르는 물에 잔을 띄우다
曲 水 流 觴 곡수유상

- 出典 : 『고문진보 후집』, 『진서』
- 文意 : 삼월 삼일에 벌이던 주연(酒宴)을 가리킴

故事逸話　영화(永和) 9년이면 진(晉)의 목제(穆帝) 354년이다. 이 해의 3월초 3일에 회계산(會稽山)의 북쪽 난정(蘭亭)에 중신들이 모였다. 흐르는 물(流水)에 몸을 씻어 깨끗하게 하는 행사를 하기 위함이었다. 그러므로 덕이 있는 인사와 함께 젊은이와 늙은이도 모였다. 이 땅은 산이 높고 고개가 험하여 무성한 숲과 긴 대(竹), 그리고 많은 시냇물과 여울이 있었다.

좌우에 빛과 색이 어우러져 있었으므로 그 물을 끌어서 술잔을 띄워 흐르게 하는 곡수유상(曲水流觴) 놀이를 하였다. 비록 악기의 흥청거림은 없었지만, 술 한 잔에 시 한 수를 읊으면서 깊숙한 정서를 마음껏 펼친 것이다.

기록에 의하면, 이 날은 하늘이 맑게 개고 공기는 청량했다. 또한 만물을 어지럽히는 봄바람은 미인의 손길처럼 한없이 부드럽고 따사로웠다. 이러한 곳에 앉아 마음 내키는대로 생각을 달리면 그것은 참으로 즐거운 일이다.

비록 이날 사죽관현(絲竹管絃)을 울리지 않더라도 조정 중신들은 마음 풀기에 족하였다.

說文解字　＊曲(굽을 곡, 자세할 곡. 曰부 2획, 총 6획. *bent*) ＊水(물 수, 고를 수. 水부 0획, 총 4획. *water*) ＊流(흐를 류, 옮기어 퍼질 류. 水부 7획, 총 10획. *stream, flow*) ＊觴(잔 상. 角부 11획, 총 18획. *winecup*)

|051

사곡한 학문을하여 세상에 아첨함
曲 學 阿 世 곡학아세

▣ **出典** : 『사기』의 「유림열전」
▣ **文意** : 배운 학문을 아첨하는 데에 쓰는 것을 가리킴

故事逸話 ┃ 전한 무제 때에 원고생(轅固生)이라는 시인이 있었다. 그의 명성을 들은 황제가 널리 사람을 풀어 청하였다. 당시 그의 나이는 90세였으나 결코 노쇠한 모습을 보이지 않고 백설같이 분분한 머리를 드날리며 한달음에 달려와 황제를 배알했다.

성격이 대쪽같던 노인이 나오는 바람에 제잘난척 떠들어대던 사이비 학자들은 야단들이었다. 그들은 이마를 맞대고 결사적으로 원고생을 밀어낼 방안을 모색했다. 그래서 틈만 있으면 황제를 찾아가 연로한 원고생의 나약함을 지적하며 중상하고 모략했다. 그런데도 황제는 그를 중용했다.

이 당시 원고생과 함께 등용된 공손홍(公孫弘)이라는 소장 학자가 있었다. 그는 몹시 원고생을 경멸하며 대했으나 상대는 달랐다.

"지금 학문의 길은 어렵고 속설이 난무하고 있소. 이대로 가다간은 학문은 요사스러운 학설에 휘말리어 가닥을 찾기 어려울 것이오. 다행히 자네는 나이가 젊고 현명하니 부디 자신이 믿는 학설을 굽히어(曲學) 세상의 속물에 아부하지(阿世) 마시게."

이것이 곡학아세(曲學阿世)의 기원이다.

說文解字 ┃ *曲(굽을 곡, 옳지 않을 곡. 曰부 2획, 총 6획. *bent*) *學(배울 학, 학생 학. 子부 13획, 총 16획. *learn*) *阿(언덕 아, 호칭 옥. 阜부 5획, 총 8획. *hill*) *世(인간 세, 세상 사, 세대 대. 一부 4획, 총 5획. *south*)

|052
곡이 높으면 화답하는 사람이 적다
曲 高 和 寡 곡고화과

- **出典** : 『춘추전국시대』의 「송옥집」
- **文意** : 재능이 높을수록 따르는 사람이 적다

　　故事逸話 　송옥(宋玉)은 초나라 사람으로 대문장가다. 그는 글을 오묘하게 썼으므로 사람들은 이해하기가 쉽지 않았다. 당연히 그를 시기하는 무리가 뒤따랐으므로 초나라 왕도 그를 의심하는 눈초리로 보았다. 송옥은 말했다.

　　"어떤 사람이 거리에서 노래를 부릅니다. 가사가 워낙 통속적이어서 많은 사람이 따라 부릅니다. 그가 약간 수준 높은 양아(陽阿)의 만가(輓歌)를 부르자 노래 부르는 사람이 고작 몇백명에 불과했습니다. 그러자 이번에는 양춘(陽春)의 백설(白雪)을 불렀습니다. 대왕께서도 아시다시피 이 노래는 상조(商調)와 우조(羽調)를 사용했으며 가장 높은 징조(徵調)를 섞어 부르니 아는 사람이 적을밖에요. 이것은 곡이 너무 어려워 화답하는 사람이 적었습니다. 새 중에 봉황이라는 새는 구천리를 날아 푸른 하늘을 오르기 때문에 울타리에 있는 작은 참새는 하늘 높음을 알지 못합니다."

　　새 중의 봉황새만 그러는 것이 아니라 물 속의 큰고기도 그렇다는 의미다. 이러한 맥락에서 보면 선비도 같다는 의미다. 궁상각치우(宮商角徵羽)가 당나라 때에는 합사을척공(合四乙尺工)이었다.

　　說文解字 　＊曲(굽을 곡, 자세할 곡. 曰부 2획, 총 6획. *bent*) ＊高(높을 고, 높이 고. 高부 0획, 총 10획. *hight*) ＊和(고를 화, 답할 화. 口부 5획, 총 8획. *even*) ＊寡(적을 과, 약할 과, 임금 자신의 경칭 과. 宀부 11획, 총 14획. *few*)

|053
빈 골짜기의 발짝 소리
空谷跫音 공곡공음

■出典 : 『장자』의 「서무귀편」
■文意 : 몹시 반가운 소식

故事逸話 　서무귀(徐無鬼)라는 은자가 위(魏)나라의 실권자 여상 (女商)의 소개로 위무후(魏武侯)를 만났다. 그들의 대화가 막바지에 이를 무렵, 위무후의 웃음소리가 문밖까지 들렸다. 여상은 얘기를 마치고 나온 서무귀에게 물었다.

"도대체 무슨 얘기를 했길레 무후의 호방한 웃음소리가 문밖에까지 들린 것이오."

서무귀가 답했다.

"인가에서 멀리 떨어진 골짜기에 사람이 사는 발짝 소리가 들려오면 얼마나 기쁘겠소. 그동안 무후는 참다운 사람의 말을 듣지 않았다가 내 얘기를 듣고 기뻐한 것이오."

이것은 참다운 사람에 대한 얘기다. 이것은 무슨 뜻인가. 옛날의 군주 는 이해득실을 따진 사람들의 말을 들어왔다. 그러나 참다운 사람(眞人) 은 자연에 모든 것을 맡기고 이해득실을 떠나 도를 통달한 사람이다. 그 러므로 작은 지혜를 그치고 자연과 융화한다. '공곡공음'은 여기에서 유래되었으며, 지금은 신기한 일이나 몹시 뜻밖으로 당하는 일을 가리킨 다.

說文解字 　＊空(빌 공, 구멍 공. 穴부 3획, 총 8획. *empty*) ＊谷(골짜 기 곡, 다할 곡. 谷부 0획, 총 7획. *valley*) ＊跫(발자국소리 공. 足부 6획, 총 13획) ＊音(소리 음, 가락 음, 음악 음, 소식 음. 音부 0획, 총 9획. *sound*)

|054

공을 세워 이름을 죽백에 남기다

功 名 垂 竹 帛 공명수죽백

■ 出典 : 『후한서』의 「등우전(鄧禹傳)」
■ 文意 : 공을 세워 그 공첩을 죽백에 남긴다

故事逸話 등우(鄧禹)는 소년 시절 장안에서 공부를 할 때에 훗날 광무제가 된 유수(劉秀)와 교분을 맺었다. 천하가 어지러워진 가운데 경시제(更始帝) 유현(劉玄)이 인재를 찾았으나 등우는 오히려 몸을 숨겼다. 그만큼 유현을 하찮은 인물로 보았기 때문이다. 그러나 유수가 황하 이북을 평정시키기 위해 떠났다는 말을 듣자 즉시 그를 찾아갔다. 며칠후 유수가 찾아온 이유를 물었다.

등우가 말했다.

"나는 공의 이름이 천하에 떨치기만을 기대할 뿐입니다. 비록 나의 작은 힘을 바치고자 함은 죽어서 죽백(竹帛)에 이름을 드리고자 할 따름입니다."

등우는 이후 장군이 되어 낙양을 함락시켰다. 대단한 전공을 세웠는데도 유수는 천하의 지도를 펼친 채 나직이 말했다.

"이제 나는 고작 하나를 손에 넣었을 뿐이야."

천하를 얻는 것은 덕(德)의 크고 작음이지 영토를 얻는 데에 있지 않다는 등우의 말에 크게 감복하였다.

說文解字 ＊功(공 공, 공치사할 공. 力부 3획, 총 5획. *services*) ＊名(이름 명, 이름지을 명. 口부 3획, 총 6획. *name*) ＊垂(드리울 수, 별방 수. 土부 5획, 총 8획. *hang down*) ＊竹(대나무 죽, 피리 죽, 성 죽. 竹부 0획, 총 6획. *cordial*) ＊帛(비단 백, 폐백 백, 죽백 백. 巾부 5획, 총 8획. *silk fabric*)

|055
공중에 떠 있는 누각
空 中 樓 閣 공중누각

■ **出典** : 『몽계필담(蒙溪筆談)』
■ **文意** : 진실성이 없는 일이나 생각

故事逸話 송나라의 과학자 심괄(沈括)이 지은 『몽계필담』은 일종의 박물지다. 거기에 다음같은 내용이 있다.

"등주는 사방이 바다로 둘러싸여 있는데 늦은 봄에서 여름에 저 멀리를 보면, 수평선 위로 누각들이 줄을 이은 도시가 보인다. 사람들은 이를 해시(海市)라 한다."

심괄이 적은 '해시'가 바로 '신기루(蜃氣樓)'다. 세월이 흘러 청조(淸朝)가 되었을 때, 적호라는 이가 쓴 「통속편」에는 일단 심괄을 글을 싣고 이렇게 풀어놓았다.

"지금의 허황된 사람을 가리킬 때 공중 누각이라 하는 데 이것들은 바로 심괄이 적시한 말이다."

이를테면 진실성이 없거나 뜬구름을 잡는 식의 허황된 언사나 계획같은 것이 이에 속한다. 사상누각(砂上樓閣)이라는 말도 같은 맥락의 의미다.

사마천이 쓴 『사기(史記)』의 「천관서」에도 '신기(蜃氣)는 누대의 모양을 하고 있으며 넓은 들의 기운이 흡사 궁궐을 이룩하는 것 같다'고 적고 있다.

說文解字 ＊空(빌 공, 다할 공. 穴부 3획, 총 8획. *empty*) ＊中(가운데 중, 마음 중. ㅣ부 3획, 총 4획. *in*) ＊樓(다락 루, 봉우리 루, 어깨 루. 木부 11획, 총 15획. *tower*) ＊閣(층집 각, 사다리 각, 꼿꼿할 각. 門부 6획, 총 14획. *towered mansion*)

한 삼태기의 흙이 모자라 실패하다
功虧一簣 공휴일궤

- **出典**:『서경』과『논어』
- **文意**: 성공을 눈앞에 두고 포기하여 실패하다

故事逸話 '위산구인 공휴일궤(爲山九仞 功虧一簣)'는『서경』에 나오는 말이다. 이것은 49자(아홉 길) 높이의 산을 쌓을 때에 한 삼태기의 흙이 모자란다면 결코 성공했다고 할 수 없다는 말이다.

그런가하면『논어』에서 '인(仞)'으로 높이를 재고 있음을 볼 수 있다. 고대에는 높이를 재는 단위가 '인'이었으며, 그것들은 때론 8척을 1인이라 하거나 4척을 1인으로 칭했다.

'위산구인'이라고 할 때의 '구인'은 72척이 아니다. 다만 아주 높다는 의미를 형용한 것으로 풀이된다. 또한 '궤'는 대나무로 만든 흙을 담는 바구니다. 따라서 '공휴일궤'라 했을 때는 아주 보잘 것 없는, 사소한 것으로 인하여 일이 완성을 보지 못하였음을 일컫는다.

여기에는 두 가지 의미가 있다. 첫째는 당사자가 꾸준히 하고자할 마음이 없다는 것과, 둘째는 처음엔 굳은 결의로 일을 추진했으나 크고 작은 시련을 거치면서 마지막에 처음의 뜻을 꺾는 것을 나타낸다. 이것을 산에 비유하여 설명한 것이다.

학업중인 학생이 공부에 대해 꾸준한 마음이 없거나 중도에 뜻을 꺾는 것 역시 '공휴일궤'로 볼 수 있다.

說文解字 ＊功(공 공, 일 공, 복 공, 공치사할 공. 力부 3획, 총 5획. *merits*) ＊虧(이지러질 휴. 虍부 11획, 총 17획. *wane*) ＊一(한 일, 첫째 일, 어떤 일, 만일 일. 一부 0획, 총 1획. *one*) ＊簣(삼태기 궤. 竹부 12획, 총 18획)

|057
외밭에서 신을 고쳐 신지 말라
瓜 田 不 納 履 과전불납리

■ **出典** : 「악부고사」의 군자행
■ **文意** : 사람들에게 혐의를 받을만한 행동을 하지 말라

故事逸話 　군자(君子)라면 미리 재앙이 일어나는 것을 미연에 막아야 한다. 이것은 다른 말로 혐의를 받을만한 일에 대해서는 결코 가까이 가서는 안된다는 의미다.

군자는 그렇게 되기까지
의심받을 사이에 서지 않는다
외밭에서 신을 고쳐 신지 말라

위의 시는 악부고사(樂府古辭)의 군자행(君子行)으로 본래는 과전이하(瓜田李下)로 표기되는 내용이다. 무릇 의심나는 일을 군자는 스스로 자제하여야 한다는 뜻이다.

여기에서 말하는 '이하'는 이하부정관(李下不整冠)이다. 전체적인 시어풀이는 '외밭에서는 신을 고쳐 신지 말고, 오얏나무 아래에서 관을 고쳐 쓰지 말라'는 뜻이다.

결코 자신의 지혜를 자랑하지 않은 그런 인물, 이 시에서는 그런 인물을 주공(周公)으로 친다.

說文解字 　＊瓜(외 과, 모과 과. 戈부 0획, 총 5획. *cucumber*) ＊田(밭 전, 사냥할 전, 북이름 전. 田부 0획, 총 5획. *farm*) ＊不(아니 불. 一부 3획, 총 4획. *not*) ＊納(드릴 납, 받을 납, 바칠 납. 糸부 4획, 총 10획. *pay*) ＊履(신 리, 신을 리, 밟을 리. 尸부 12획, 총 15획. *wear*)

|058
허물을 알면 고치기를 꺼리지 말라
過 則 勿 憚 改 과즉물탄개

■ **出典** : 『논어』 「학이편」· 「자한편」
■ **文意** : 잘못을 즉시 고쳐라

故事逸話 　공자는 『논어』의 「학이편」과 「자한편」에서 스스로의 잘못을 고치는 데 최선을 다하라라고 강조한다. 사람에게는 누구나 '허물'이 있지만 그것을 알면 즉시 고치라는 것이다.

유자(有子)가 말한다.

"사람됨이 부모에게 효도하고 아들에게 공손하며 윗사람에게 효도하는 것은 드물다. 상관에게 반항하지 않는 사람이 소란을 일으킨 자는 없었다. 훌륭한 사람은 근본을 소중히 여기지만 근본이 확고하게 서면 도는 절로 생긴다."

그런 것을 번연히 알면서도 사람들은 소란을 일으킨다. 왜인가? 그것은 자신의 허물을 감추려는 뜻이 다분한 탓이다. 이 점을 설명한 구절이 위나라의 대신 거백옥이다. 그에게 공자가 물었을 때,

"어른께서는 허물을 적게 하시려고 애를 쓰십니다만, 아직 허물을 적게 하는 것이 잘 안되고 있습니다."

거백옥이 물러간 뒤에 공자는 참으로 사신의 임무에 적합하다고 감탄했다.

說文解字 　＊過(허물 과, 그릇할 과, 넘을 과. 辵부 9획, 총 13획. *fault*) ＊則(곧 즉, 어조사 즉. 刀부 7획, 총 9획. *so*) ＊勿(말 물, 없을 물. 勹부 2획, 총 4획. *don't*) ＊憚(꺼릴 탄, 두려울 탄. 心부 12획, 총 15획. *shun*) ＊改(고칠 개, 거듭할 개, 바꿀 개. 攵부 3획, 총 7획. *reform*)

|059

붓대롱 속으로 내다본다
管 見 관견

■ **出典** : 『사기』의 「편작전」
■ **文意** : 좁은 소견을 가리키는 말

故事逸話 사마천의 『사기』에는 편작에 대한 얘기가 나온다. 어느 때인가 편작이 괵국(虢國)에 갔을 때였다. 중서자(中庶子)가 몹시 허둥대며 태자가 죽었음을 말해 주었다. 그는 마치 의원처럼 병증에 대해 아는 체를 했다.

"태자의 병은 혈기가 불규칙하게 얽히고 있습니다. 정기가 사기를 누를 길 없으니 당연히 체내에 나쁜 기운이 쌓일 밖에요. 음기가 역상하여 목숨을 빼앗겼습니다."

"그게 언젭니까?"

"새벽 닭이 울 무렵이었습니다."

"입관은 했습니까?"

"아직입니다."

"그렇다면 다행이오. 보아하니 아직 태자의 목숨을 구할 수 있을 것 같소이다."

"그 무슨 말입니까. 태자는 죽었다니까요. 유부(兪跗)라는 고대의 명의도 병을 치료할 때엔 환자의 옷을 벗깁니다. 그런데 선생은 병증을 확인하지 않았잖습니까?"

"그렇지가 않소. 당신의 환자를 보는 방법은 마치 대롱으로 하늘을 보는 것(管見) 같습니다."

편작은 태자의 겨드랑이에 팔감의 고약을 붙여 소생시켰다.

說文解字 ＊管(관 관, 쌍피리 관. 竹부 8획, 총 14획. *tube*. ＊見(볼 견, 당할 견. 見부 0획, 총 7획. *see*)

060

관중과 포숙아의 두터운 우정
管鮑之交 관포지교

■ 出典 : 『사기』 「관안열전(管晏列傳)」
■ 文意 : 친구 사이의 두터운 우정을 뜻함

__故事逸話__ 춘추전국 시대에 관중(管仲)과 포숙아(鮑叔牙)가 있었다. 이들은 둘도 없이 친한 사이였다. 이들의 우정이 어떤 지가 두보(杜甫)의 「빈교행(貧交行)」이라는 시에 나타나 있다.

손바닥을 뒤치면 구름이 되고 손을 엎으면 비가 되는 것처럼
사소한 원인으로 날씨는 금방 변한다 세상 인심도 이와 같아서
경솔한 행동과 박절한 마음을 일일이 셀 수 있으리
그러나 옛날에는 그렇지 않았으니 그대들은 보지 못하였는가,
관중과 포숙아가 빈한했을 때의 사귐을(君不見管鮑貧時交)
그러나 지금의 친구들은 진정한 우정의 도를 흙버리듯 하네

그들은 친구였다. 언젠가 동업으로 장사했었다. 관중이 제몫으로 많이 차지했을 때, 포숙아는 욕심쟁이라고 말하지 않았다. 오히려 관중이 자기보다 가난하다는 것을 알기 때문이라 변호했다. 또한 벼슬길에 나갔을 때엔 여러 번 쫓겨나고. 전쟁터에서도 도망갔다. 그럴 때에도 포숙아는 친구를 비호했다.

__說文解字__ ＊管(관 관, 쌍피리 관. 竹부 8획, 총 14획. *tube*) ＊鮑(절인어물 포, 성 포. 魚부 5획, 총 16획. *salted fish*) ＊之(갈 지, 이를 지. ノ부 3획, 총 4획. *this*) ＊交(사귈 교, 벗할 교, 바꿀 교. 亠부 4획, 총 6획. *intercourse*)

|061

눈을 비비고 다시 보며 상대를 대함

刮 目 相 對 괄목상대

■ 出典 : 『삼국지』의 「여몽전」
■ 文意 : 학식이나 재주가 놀랍도록 향상됨을 이르는 말

___故事逸話___ 삼국이 솥(鼎)처럼 대치하고 있을 때 오나라 손권의 부하 중에 여몽(呂蒙)이라는 장수가 있었다. 그는 일개 사졸에서 장군의 자리 에까지 올랐으나 실제로는 무식하기 이를 데 없었다. 손권은 그를 보기 만 하면 책을 읽고 이론에 충실하도록 여러 방면으로 충고했다. 얼마의 시간이 지난 뒤 뛰어난 학문을 지닌 노숙은 여몽과 의논할 일이 생겨 그 를 찾아갔다.

"어쩐 일인가?"

"자네와 급히 의논할 일이 있어 왔네."

"그렇담 어서 올라오게."

노숙은 자신이 온 목적을 얘기했다. 그 와중에 노숙은 깜짝 놀랐다. 여 몽과 막역하게 지내온 터였지만, 이렇듯 학문이 깊어진 것은 처음 알았 다. 헤어지는 자리에서 여몽은 말했다.

"서로가 헤어진 지 사흘이 지나면 눈을 비비고 다시 볼 정도로 달라 져 있어야 하네(士別三日卽 更刮目相對)."

이것은 본인의 학력이나 지위가 문제가 아니다. 스스로의 수양을 게을 리 해서는 안된다는 의미다.

___說文解字___ ＊刮(닦을 괄, 깎을 괄. 刀부 6획, 총 8획. *scrape*) ＊目(눈 목, 볼 목, 이름 목. 目부 0획, 총 5획. *eye*) ＊相(서로 상, 볼 상, 형상 상. 目부 4획, 총 9획. *mutually*) ＊對(대답할 대, 짝 대, 만날 대. 寸부 11획, 총 14획. *reply*)

|062

빛나는 바람과 맑은 달
光 風 霽 月 광풍제월

■ **出典** : 『송서』의 「주돈이전」
■ **文意** : 가슴 속에 지닌 인격이 훌륭함을 이르는 말

___故事逸話___ 북송(北宋)의 유학자(儒學子)로 알려진 주돈이(周敦頤)는 송학(宋學)의 시조라 할 만큼 뛰어난 인물이다. 그는 「태극도설」과 「통서」를 발표하여 종래의 인생관에 우주관을 결합시켜 일관된 원리를 주장하였다. 어디 그뿐인가. 그의 학문은 점차 성리학(性理學)이 발전할 수 있는 창구를 만들기에 충분하도록 넓어져갔다. 그러므로 황정견은 주돈이의 이러한 학문적 견지를 감탄해 마지않았다.

"나는 그의 인간성이며 학문을 하는 태도에 깊이 감탄한다. 그의 인격은 너무 고매하여 마치 비 온 뒤에 불어닥치는 시원한 바람과 하늘에 떠 있는 맑은 달(光風霽月)과 같다."

이것은 주돈이의 학문하는 태도를 말한 내용이다. 『채근담』에도 비슷한 내용의 글귀가 눈에 보인다.

"성질이 조금 급한 사람은 타는 불과 같아서 모든 것을 태워 버린다. 그러다 보니 다른 사람에게 은혜 베풀기를 즐겨하지 않는다. 마음은 얼음과 같이 차가워 닥치는 대로 얼려 죽인다. 또한 기질이 따분하고 고집이 있는 사람은 흐르지 않는 물이나 썩은 나무와 같다. 생기가 없으므로 공업을 일으킬 수 없다."

___說文解字___ ＊光(빛 광, 기운 광, 빛날 광. 儿부 4획, 총 6획. *light*) ＊風(바람 풍, 울릴 풍, 풍속 풍. 風부 0획, 총 9획. *wind*) ＊霽(갤 제, 개일 제. 雨부 14획, 총 22획. *clear up*) ＊月(달 월. 月부 0획 총 4획. *moon*)

|063
관을 벗어 걸다
掛 冠 괘관

■ 出典 : 『후한서』의 「봉맹전」
■ 文意 : 관직을 버리고 벼슬길에서 물러남

　　故事逸話　왕망(王莽)이 정권을 잡고 평제를 세웠을 때 봉맹(蓬萌)이라는 정장(亭長)이 있었다. 이 직업은 도둑을 잡는 자리였다. 그는 비록 도둑을 잡는 자리에 있었지만 열심히 책을 읽은 탓에 『춘추(春秋)』에 통했다.

　　얼마후 조정은 급류를 탔다. 애제가 후사 없이 세상을 떠나자 원후는 왕망을 불러 뒷일을 의논했다. 그렇게 되어 아홉 살짜리를 중산왕을 세웠는데 이가 평제다. 왕망은 평제의 어미 위씨(衛氏)를 중산국에 억류시키고 장안에는 얼씬도 못하게 만들었다. 이때 그 일이 온당치 못함을 간하고 나온 것은 왕망의 장남 왕우였다.

　　"감히 아비하는 일에 나서는 불효자는 없다. 마땅히 너는 네손으로 목숨을 버려라."

　　그렇게 되어 왕우는 자결했다. 또 얼마 뒤엔 평제의 모친 위씨도 원인 모를 죽음을 당했다. 이런 소문을 들은 봉맹은 친구들과 함께 한 자리에서 자신의 뜻을 밝혔다.

　　"이보시게들, 이미 삼강(三綱)은 끊어졌네. 서둘러 떠나지 않는다면 그대들이나 나는 목숨을 부지하기가 쉽지않을 것이네."

　　그는 관을 벗어 북문인 동도문(東都門)에 걸어두었다. 서둘러 가족을 이끌고 요동으로 건너가버렸다. 훗날 광무제가 된 유수가 불렀으나 결코 나오지 않았다.

　　說文解字　＊掛(걸 괘, 달아둘 괘. 수부 8획, 총 11획. *hang*) ＊冠(관 관, 갓 관. 一부 7획, 총 9획. *crown*)

|064
쉽게 치료하지 못한 괴이한 버릇
怪 癖 괴벽

■ **出典** : 『정자통(正字通)』
■ **文意** : 쉽게 치료가 불가능한 고질병을 말함

故事逸話 벽(癖)이라는 것은 고질병이다. 이것은 취미생활과는 격이 다르다. 지나치게 책을 읽는 것을 서벽(書癖), 도박에 빠지는 것을 도벽(賭癖), 하루 종일 바둑만 두는 것을 기벽(棋癖)이라 하는 것 등이다.

송나라 때에 왕경문(王景文)이라는 이가 있었다. 이 사람은 왕후의 친척이었으므로 그 세가 만만치 않았다. 언젠가 명제(明帝)가 3층의 누각을 지으려 하자 왕경문은 불가함을 고했다.

"천하는 흉년으로 백성들은 먹을 것이 없어 난립니다. 이런 때일수록 부디 자중해 주십시오."

말을 마친 왕경문은 준비해온 10알의 바둑알을 쌓아올렸다. 한 알씩 쌓아가는 위태로운 재주에 명제가 감탄하자 3층 누각을 지은 것은 이와 같은 것이라고 충고했다. 그후 명제가 병이 들어 죽음을 눈앞에 두었을 때 유언하기를,

"내가 죽는다해도 여한은 없다. 다만, 걱정이 되는 것은 황후의 족숙 왕경문의 지략이 뛰어나므로 그것이 걱정이다. 서둘러 그를 죽여야 내가 안심하고 눈을 감으리라."

즉시 왕경문에게 사약이 내려졌다. 이때 왕경문은 손님과 바둑을 두고 있었다. 그는 황제가 내린 사약을 한쪽에 밀쳐두고 두던 바둑을 끝내고 나서야 사약을 마시어 주위를 놀라게 했다.

說文解字 ＊怪(기이할 괴, 의심할 괴 心부 5획, 총 8획. *strange*) ＊
癖(즐길 벽, 인박힐 벽. 广부 13획, 총 18획. *habit*)

|065
자신이 쌓은 성을 무너뜨린다
壞 汝 城 괴녀성

■ **出典** : 『송서』의 「단도제전」
■ **文意** : 어리석은 사람의 어리석은 처사를 빗대는 말

故事逸話 | 위(魏)나라의 걱정은 남쪽의 송(宋)나라에 단도제(檀道濟)라는 인물이 있다는 것이었다. 한데, 송나라의 권신들에게도 단도제라는 인물은 대단히 껄끄러운 존재였다. 단도제의 위명이 높아지면서 권신들과 왕족들 간에 은밀한 말들이 오고 갔다.

"단도제를 사전에 없애지 않는 한 우리들이 설 자리가 좁아지는 것이요. 서둘러 없애 버립시다."

"그렇습니다. 단도제가 있고서는 아무 일도 할 수가 없다니까요."

이러한 묵계는 곧 실행에 옮겨졌다. 천자의 명을 사칭하여 단도제를 궁안으로 불러들인 다음 강제로 지하 감옥에 구금시켜 버렸다. 사실을 알게 된 단도제는 크게 노했다.

그는 삼국지에 나오는 관우와 같은 용력이 있어서 고리 눈을 부릅뜬채 호통쳤다.

"네 이놈들! 너희 소인배들이 감히 만리장성을 무너뜨리느냐(壞汝萬里長城)?"

단도제가 죽었다는 첩보를 입수한 북위는 한달음에 병사를 휘몰아 공격해왔다. 단도제가 없는 송은 추풍낙엽이었다. 단도제는 송나라에 있어 만리장성과 같은 존재였다.

說文解字 | *壞(무너질 괴, 무너뜨릴 괴. 土부 16획, 총 19획. *ruin*)
*汝(너 녀. 水부 3획, 총 6획. *you*) *城(성 성, 성곽 성. 土부 7획, 총 10획. *castle*)

|066

교룡이 드디어 물을 얻다
蛟 龍 得 水 교룡득수

■ **出典** : 『북사』의 「양대안전」
■ **文意** : 마침내 때를 얻어 위명을 날리다

故事逸話 북위(北魏)의 무제(武帝)가 군대를 일으켜 남방의 양(梁)나라를 공격할 때였다. 그때 상서로 있던 이충(李冲)이 출정할 군사를 선별하는 직책에 있었는데, 양대안(楊大眼)이라는 하급 병사가 출정군에 끼여줄 것을 자청했다.

"어찌 상서께서 시생의 재주를 알겠습니까. 모름지기 작은 재주를 보여드릴 기회를 주십시오."

양대안은 말을 마치자 바람처럼 말 등에 올라탔다. 그리고는 전후 좌우로 말을 달리며 바람개비처럼 장창을 휘둘렀다. 놀라운 그의 재주에 이충은 감탄했다.

"자네를 군주(軍主)의 관병으로 승진시키겠네."

갑작스러운 승진에 양대안은 득의만면했다. 그는 자신의 근본도 잊은 채 동료들에게 거드름을 피웠다.

"나는 사람들이 말하는 것처럼 교룡이 물을 얻음과 같다. 이제부턴 너희와 같은 대열에는 서지 않을 것이다."

과연 그는 오래되지 않아 통군(統軍)으로 승진 되었으며 이후 많은 공을 세웠다.

說文解字 ＊蛟(교룡 교. 虫부 6획, 총 12획. *scaly dragon*) ＊龍(용룡, 임금 룡, 뛰어난 인물 룡. 龍부 0획, 총 16획. *dragon*) ＊得(얻을 득, 만족할 득. 彳부 8획, 총 11획) ＊水(물 수, 고를 수, 별자리 이름 수. 水부 0획, 총 4획. *water*)

|067
교묘한 말과 부드러운 얼굴색
巧言令色 교언영색

■ 出典 : 『논어』의 「학이편」
■ 文意 : 얼굴색을 부드럽게하여 교묘하게 분란을 일으키는 소인배

　　故事逸話　공자는 일찍부터 꾸미는 언사에 대해 경계하는 자세를 취했다. 또한 그 부분에 대해 경계하는 말을 아끼지 않았다. 상대방에게 애교를 부리는 것까지는 좋으나 아첨하는 태도를 취하는 것은 결코 바람직하지 못하다는 지적이 그것이다. 공자는 교묘한 말을 지껄이며 부드럽게 얼굴색을 바꾸는 자를 소인배로 여겼다.

　　『논어』의 「학이편」에 '교언영색에는 인이 적다(巧言令色鮮矣仁)'고 하였다. 상대를 즐겁게 하는 얼굴이나 말에는 반드시 좋지못한 뜻이 숨어 있다는 것이다.

　　그런가하면 「공야장편(公冶長篇)」에는 낯빛을 부드럽게 하는 것은 공자 자신도 부끄럽게 여긴다고 했다. 다시 말해 공자 자신도 수치로 여긴다는 뜻이다. 공자는 말했다.

　　"좌구명(左丘明)이 수치를 안다."

　　좌구명은 어떤 인물인가? 그는 『춘추좌씨전』의 저자로 알려진 인물이다. 공자께서 굳이 좌구명을 거론하여 인에 대해 설명한 것은 무슨 이유인가. 대다수의 사람들은 이렇게 말한다.

　　"공자께서는 강력한 동조자를 내세워 강조한다."

___

　　說文解字　＊巧(교묘할 교, 거짓말을 꾸밀 교. 工부 2획, 총 5획. *skill*) ＊言(말씀 언, 말할 언. 言부 0획, 총 7획. *say*) ＊令(아름다울 령, 하여금 령. 人부 3획, 총 5획. *ordination*) ＊色(낯 색, 빛 색, 화상 색. 色부 0획, 총 6획. *colour*)

068
거문고 기둥을 풀로 붙이고 탄다
膠 柱 鼓 瑟 교주고슬

■ 出典 : 『사기』「염파·인상여열전」
■ 文意 : 규칙만 알뿐 임기응변을 모름

故事逸話 조사(趙奢)는 조(趙)나라의 장수다. 그에게는 괄(括)이라는 아들이 있어 병법과 병략을 가르쳤는데, 무척 영리하여 하나를 가르치면 열을 알았다. 많은 사람들이 조괄의 능력에 대해 칭찬의 말을 아끼지 않았으나 조사는 달랐다.

"전쟁이란 생사가 달린 것이네. 결코 이론만으로 승패가 결정되는 것이 아니야. 장차 괄이 장수가 되면 조나라가 위험에 빠질 것이네."

죽음에 이르러서는 조괄을 나라에서 장수를 삼지 않도록 부인에게 유언했다. 조사가 우려했던 일이 벌어졌다. 뒷날 진나라에서는 조나라를 공격할 때 첩자를 보내 흔들었다.

"조나라의 염파 장군은 늙었으므로 우리가 걱정할 바가 없다. 다만 진나라는 젊은 용장 조괄이 대장이 되는 것을 두려워한다."

유언비어에 빠진 조나라 왕은 염파 대신 조괄을 대장으로 삼으려 했다. 인상여가 극구 반대했다. 조괄을 대장 삼는 것은 기둥을 아교로 붙여두고 거문고를 타는 것(膠柱高瑟)과 같다고 한 것이다. 그러나 왕은 듣지를 않고 조괄을 대장으로 임명했다. 실전 경험이 없는 조괄은 이론으로 작전을 쓴 탓에 4만의 병사를 잃고 말았다.

說文解字 ＊膠(갖풀 교, 굳을 교. 肉부 11획, 총 15획) ＊柱(기둥 주, 버틸 주, 기러기발 주. 木부 5획, 총 9획. *pillar*) ＊鼓(북 고, 부추길 고, 북을 칠 고. 鼓부 0획, 총 13획. *drum*) ＊瑟(큰 거문고 슬, 엄숙할 슬, 쓸쓸할 슬. 玉부 9획, 총 13획)

|069

교묘한 수단으로 빼앗다

巧 取 豪 奪 교취호탈

■ **出典** : 『송서(宋書)』

■ **文意** : 교묘한 수법으로 상대의 물건을 빼앗다

故事逸話 송나라 서화가 미불(米芾)에게는 미우인(米友仁)이라는 아들이 있었다. 그 역시 서화에 뛰어나 세상 사람들은 아버지에게는 대미(大米), 그 아들을 소미(小米)라 했다.

미우인에게는 한 가지 특별한 재주가 있었다. 그것은 다른 사람의 작품을 그대고 모사(模寫)할 수 있다는 점이었다. 그가 연수(連水)에 있을 때, 어떤 이에게 당나라 화가 대고(戴高)의 목우도(木牛圖)를 빌려와 모사했다. 진품은 자신이 보관하고 모사품을 돌려주었다. 상대방은 당장에 눈치를 채지 못했으나 며칠 후 다시 찾아와 진품을 돌려달라 요구했다. 미우인이 놀라 물었다.

"어떻게 진품이 아니라는 것을 아셨소?"

"내것은 소의 눈동자에 목동의 모습이 그려져 있습니다. 당신이 준 그림에는 없었습니다."

미우인은 진품을 곧 돌려주었다. 이후 그는 진품을 빌려와 모사한 후에 주인을 불러 진품과 모사품 중에서 골라가라고 했다. 서화의 주인은 너무 똑같아 모사품을 가지고 가는 경우가 많았다. 이렇게하여 진귀한 작품들을 수집하였다.

說文解字 ＊巧(공교할 교, 예쁠 교. 工부 2획, 총 5획. *dexterous*) ＊取(취할 취, 장가들 취. 又부 6획, 총 8획. *take*) ＊豪(호걸 호, 사치 호, 성할 호. 豕부 0획, 총 7획. *pig*) ＊奪(빼앗을 탈, 잃을 탈. 大부 11획, 총 14획. *rob*)

070
아교와 옻칠같은 마음
膠 漆 之 心 교칠지심

■ **出典** : 『백씨문집(白氏文集)』
■ **文意** : 아주 드물게 보는 친구 사이의 우정

故事逸話 교칠(膠漆)은 아교와 옻이다. 아교풀로 붙이면 서로 떨어질 수 없으며, 여기에 옻을 칠하면 잘 벗겨지지 않는다. 그러므로 '교칠'은 친구 사이의 우정을 나타낸다.

당(唐)나라 때에 백낙천(白樂天)과 원미지(元微之)는 함께 과거에 응시하여 급제하였으며, 이후에는 시(詩)의 혁신에도 동참하여 한(漢)나라 시대의 민요를 토대로 백성들의 고충을 그린 악부(樂府)에 유교적인 민본사상을 곁들여 신악부(新樂附)를 지었다. 이것이 화근이 되어 두 사람은 따로따로 시골로 좌천되었다. 이후 백낙천은 원미지에게 편지를 썼다.

"아, 미지여, 미지여. 자네의 얼굴을 못본 지 벌써 세 해가 지났네. 또한 자네 편지를 못받은 것도 벌써 두 해가 다 되네. 그런데도 자네와 내가 이렇게 떨어져 있어야 하니 참으로 슬픈 일이네. 아교와 옻칠같은 마음(況以膠漆之心)으로 북쪽 오랑캐 땅에 있으니 나아가 만나지도 못하고 물러날 수도 없네."

서로 그리워하면서도 떨어져 있는 친구 사이의 우정. 그것을 어찌 하면 좋겠느냐는 탄식이다.

說文解字 ＊膠(갖풀 교, 굳을 교. 肉부 11획, 총 15획) ＊漆(옻 칠, 옻칠할 칠. 水부 11획, 총 14획) ＊之(의 지, 갈지, 어조사 지. ノ부 3획, 총 4획. *go, this*) ＊心(마음 심, 염통 심, 한가운데 심. 心부 0획, 총 4획. *heart*)

|071
슬기있는 토끼는 굴을 셋 만든다
狡 兎 三 窟 교토삼굴

■ **出典** : 『사기』의 「맹상군 열전」
■ **文意** : 장차 다가올 우환에 대한 준비를 하라는 것

故事逸話 | 맹상군(孟嘗君)은 전영의 아들이다. 그가 경제적으로 어려움을 겪고 있을 때, 부친이 남겨준 설(薛)이라는 봉지(封地)에 가서 빌려준 돈을 걷어오지 않으면 안되었다. 이때 풍원이라는 자가 자원하고 나섰다.

"그대가 가겠다고 했으니 그리하게. 그러나 이것만은 명심하게. 차용금을 받으면 내게 없는 것을 사오게."

풍원은 곧 설 땅으로 떠났다. 그는 이곳 백성들이 흉년으로 고생하는 것을 알자 일단 채무자를 불러모았다. 그리고는 맹상군이 설 땅의 백성들의 빚을 탕감시켜 주었다고 말했다. 소식을 들은 맹상군은 어이없었다. 그는 몹시 불쾌한 표정으로 풍원을 맞이했다.

"지금 당신에게 필요한 것은 은의(恩義)입니다. 시생은 설 땅으로 가서 차용증서를 불사르고 당신에게 없는 은의를 사왔습니다."

맹상군은 불쾌했지만 별다른 내색은 하지 않았다. 그로부터 1년후 맹상군이 제나라 민왕의 노여움을 사서 물러나게 되었을 때, 풍원은 그를 설 땅으로 가게 하였다. 달갑지않은 제의였지만 그가 영지에 도착하자 백성들은 환호하며 맞이하였다.

說文解字 | *狡(교활할 교, 하룻강아지 교, 빠를 교. 犬부 6획, 총 10획. *sly*) *兎(토끼 토. 儿부 6획, 총 8획. *rabbit*) *三(석 삼, 거듭 삼, 자주 삼. 一부 2획, 총 3획. *three*) *窟(굴 굴, 움 굴. 穴부 8획, 총 13획. *hole*)

|072

개꼬리로 담비를 잇다

狗 尾 續 貂 구미속초

- **出典** : 『진서』의 「조왕윤전」
- **文意** : 좋은 사람과 나쁜 사람이 한 곳에 있음을 비유

故事逸話 진나라 혜제의 황후 가씨의 전횡이 극에 달하여 종친들은 이간되고 또한 그들을 수도로 끌어들여 싸우게하여 조정은 소란스러웠다. 조광윤은 가씨를 평정한다는 구실로 병사들을 휘몰아가서 가황후를 살해하고 혜제를 폐위시켰다. 물론 황제의 자리에는 그가 앉았다.

"짐을 위해 공을 세운 자는 어느 누구든 관작을 내리리라."

조광윤은 자기를 도와 찬탈에 관여한 사람이면 누구라 할 것 없이 높은 자리를 주었다. 그것은 마치 진귀한 담비 가죽에 개꼬리를 이어놓은 것 같았다. 그러므로 후세 사람들은 '담비가 부족하여 개꼬리로 잇는다(貂不足 狗尾續)'에서 '구미속초(狗尾續貂)'라는 성어를 만들어 내었다.

담비(貂)는 포유 동물이다. 모양새는 족제비 같고 털은 황색과 검은색이 많다. 그런가하면 주둥이에는 수염이 있고 사지는 다른 동물에 비해 짧다. 앞다리는 뒷다리에 비해 짧으며 꼬리는 길고 넉넉하다. 그러므로 제법 재물이 넘쳐나는 사람은 이 동물의 모피를 입고 거들먹거리는 것을 즐겨한다.

說文解字 *狗(개 구, 역의 간(艮)에 해당하는 구. 犬부 5획, 총 8획. *dog*) *尾(꼬리 미, 교미할 미. 尸부 4획, 총 7획. *tail*) *續(이을 속, 전승될 속. 糸부 15획, 총 21획. *continue*) *貂(담비 초. 豸부 5획, 총 12획. *marten*)

|073

벌꿀을 머금고 뱃 속엔 검이 있다
口 蜜 腹 劍 구밀복검

■ 出典 : 『십팔사략(十八史略)』
■ 文意 : 겉으로는 부드럽게 말하나 속심은 몰아칠 생각을 함

故事逸話 당나라의 6대 임금은 현종이다. 학문과 글재간이 뛰어나 정치에 힘을 써 '개원(開元)의 치(治)'를 구가한 명군이다. 그러나 만년에는 정치에 싫증을 내고 사치와 방탕으로 세월을 보냈다. 어진 재상 장구령을 내쫓고 아첨배 이인보(李林甫)를 기용한 것부터가 잘못된 일이었다.

이임보는 황제를 모시는 자신의 입장에서 다른 신하들이 가까이 가는 것을 차단했다. 자연 언로가 막혔다. 수근거리는 소리가 여기저기서 들릴 때마다 그는 낯빛을 굳힌 체 지껄였다.

"폐하는 고금에 둘도 없는 명군이시오. 어찌 신하된 자가 이러쿵 저러쿵 말을 하는가. 누구나 가만 있으면 탈이 없소이다만, 함부로 지껄이면 목숨을 잃을 것이야."

당연히 뜻 있는 선비들은 모두 조정에서 쫓겨났다. 그럴수록 이임보는 더욱 간교하게 조정 대신들을 죽이거나 귀양보냈다. 사람들은 이렇게 말했다.

"이임보는 혀끝으로는 둘도 없이 좋은 말을 하지만 뱃속엔 칼이 있다 (口蜜腹劍). 아주 위험한 인물이다."

說文解字 ＊口(입 구, 인구 구, 어귀 구. 口부 0획, 총 3획. *mouth*) ＊蜜(꿀 밀, 꿀벌 밀. 虫부 8획, 총 14획. *honey*) ＊腹(배 복, 두려울 복, 안을 복. 肉부 9획, 총 13획. *helly*) ＊劍(칼 검, 칼로 찔러 죽일 검. 刀부 13획, 총 15획. *sword*)

아홉 번 죽을 고비에서 살아났다
九 死 一 生 구사일생

■ **出典** : 『사기』의 「굴원 · 가생열전」
■ **文意** : 죽을 고비를 여러 번 넘기다

故事逸話 「초사」로 이름을 떨친 굴원(屈原)은 이름이 평(平)이다. 글 재간이 빼어나 사령(辭令)을 잘했는데, 그러는 만큼 굴원은 자신의 글 때문에 수난을 당했다. 그가 쓴 「이소(離騷)」가 원인이 되어 추방을 당하는 처지에 떨어졌다.

「이소」에는 그가 어려움을 당한 여러 정황들이 촘촘히 새겨져 있다. 인생의 어려움에 대해 깊이 탄식하면서도, 후회를 하지 않는다는 내용이 그것이다. 그 가운데에 '아홉 번 죽어 한 번을 살아나지 못한다 해도 결코 후회하고 원한을 품는 일은 족하지 않다'라는 것 등이 있다. '구사일생(九死一生)'이라는 말은 여기에 기인한다.

굴원의 작품은 그의 제자 송옥(宋玉) 등과 함께 『초사(楚辭)』에 엮어진다. 또한 그의 글은 중국인들의 정신 세계에 지대한 영향을 끼쳤다. 다시 말해 위대한 시인으로 치부되어 온 이백이나 두보 등도 엄밀히 따지면 굴원의 문학 세계 영향권 안에 있었다.

그런 이유로 그가 죽은 5월 5일, 흔히 단오날로 불리우는 이날엔 강남 사람들은 뱃머리가 용의 머리 모양을 한 배를 타고 갈대잎으로 싼 송편을 멱라수 푸른 물에 던져준다.

說文解字 ＊九(아홉 구, 수가 많을 구. 乙부 1획, 총 3획. *nine*) ＊死(죽을 사, 마칠 사. 歹부 2획, 총 5획. *die*) ＊一(한 일, 정성스러울 일, 한 가지 일. 一부 0획, 총 1획. *one*) ＊生(살 생, 익지않을 생. 生부 0획, 총 5획. *born*)

|075

입에서 아직 젖내가 난다는 뜻
口 尙 乳 臭 구상유취

■ 出典 : 『사기』의 「고조기」
■ 文意 : 아직 말과 행동이 어림을 나타냄

故事逸話 『초한지』를 보면 명을 받은 한신이 위왕(魏王) 표를 치기 위해 적진으로 떠나자 유방이 물었다.
"위나라 군대의 대장이 누군가?"
휘하 장수가 대답했다.
"백직입니다."
"백직? 참으로 젖비린네나는 놈이로구만. 그 자가 어찌 한신을 당하겠는가?"
'구상유취'는 여기에서 유래되었다. 홍미로운 것은 김삿갓에 대한 예화다. 어느날 김삿갓이 길을 가는 데 선비들이 개를 잡아놓고 시회를 벌이며 술을 들고 있었다. 술을 마시는 데 둘째가라면 서러워할 김삿갓은 말석에 앉아 분위기를 살폈다. 그러나 어느 누구 한사람 그를 눈여겨 보지 않았다. 슬그머니 일어나며 '구상유취로세' 하였다. 그러자 선비들은 발끈하여 금방이라도 김삿갓을 패대기 칠 기세였다.
"나는 그대들을 비꼰 것이 아니오. '개 초상에 선비들이 모여 있다고 했을 뿐이오(狗喪儒聚)."
그 말에 모두들 웃고 말았다.

說文解字 ＊口(입 구, 말할 구. 口부 0획, 총 3획. *mouth*) ＊尙(오히려 상, 좋아할 상. 小부 5획, 총 8획. *rather*) ＊乳(젖 유, 약을 갈 유. 乙부 7획, 총 8획. *milk*) ＊臭(냄새 취, 냄새가 날 취. 自부 4획, 총 10획)

076

말 때문에 곤욕을 치름
口 舌 數 구설수

■ 出典 : 『논어』의 「입언(立言)」
■ 文意 : 말 때문에 곤욕을 당할 운수

故事逸話 | 중국의 춘추 전국 시대에 말을 잘하는 변설가 장의(張儀)가 십년의 공부를 마치고 돌아왔을 때, 아내의 기쁨은 참으로 대단했다. 이제 남편이 귀곡자(鬼谷子)에게서 세상을 구할 학문을 배워왔으니 집안 살림이 좋아질 것을 당연하게 생각한 것이다. 그러나 남편이 돌아온 뒤에도 살림이 여전하자 아내는 짜증을 냈다.

"도대체 당신은 뭐하는 사람이죠. 나가서 당신 손으로 엽전 한푼이라도 벌어오란 말예요."

"좋아, 벌어오지."

장의는 입을 딱 벌렸다.

"내 입을 들여다 봐."

"왜요?"

"입안에 혀(舌)가 있지?"

"그것이 없으면 말할 수 없잖아요."

"걱정 말아. 혀만 있으면 돼. 기다려 보라구."

"어디 두고 봅시다."

장의의 장담대로 그는 연형설(連衡說)로 여섯 나라를 달래어 성공을 거두었다.

說文解字 | ＊口(입 구, 인구 구, 말할 구. 口부 0획, 총 3획. *mouth*)
＊舌(혀 설. 舌부 0획, 총 6획. *tongue*) ＊數(운수 수, 攵부 12획, 총 16획. *count*)

077

말하는 것이 흐르는 물과 같다
口 若 懸 河 구약현하

■ 出典 : 『진서(晉書)』의 「곽상전」
■ 文意 : 논리가 정연하여 말 재주가 뛰어나다

故事逸話 대학자 곽상(郭象)의 자는 자현(子玄)이다. 그는 매우 뛰어난 학자였다. 일상 생활에서 일어난 모든 일에 대해 깊이 숙고하기를 좋아했으며 나이 들어서는 노자와 장자의 학설을 좋아하여 거기에 대한 깊은 연구가 있었다.

그러므로 당시 사람들은 그에게 높은 관직에 오를 것을 청하였다. 그런데도 그는 일언지하에 거절하고 오로지 학문을 연구하고 토론하는 것만을 즐겼다.

이러한 명성에 힘입어 그는 훗날 황문시랑(黃門侍郎)이라는 자리를 강제로 맡았다. 그는 여러 면에 박학하였으며 논리가 정연하고 말재간이 뛰어났다.

"곽상이 말하는 것을 들으면 논리가 정연해. 산 위에서 곧장 아래로 떨어지는 물줄기처럼 막힘이 없단 말이야."

곽상의 뛰어난 말재간에 대하여 태위로 있는 왕연(王衍)이 하는 말이었다. 이에 근거하여 후세의 사람들은 거침없이 쏟아내는 말주변이 있는 사람을 '구약현하'로 비유했다. 이 말은 '도도부절(滔滔不絶)'이라는 단어와 함께 사용한다.

說文解字 ＊口(입 구, 어귀 구, 말할 구. 口부 0획, 총 3획. *mouth*) ＊若(같을 약, 땅이름 야. 艸부 5획, 총 9획) ＊懸(골 현, 걸 현, 달 현. 心부 16획, 총 20획. *hang*) ＊河(강 이름 하, 흐르는 물의 총칭 하, 내 하. 水부 5획, 총 8획)

078
아홉 마리의 소 가운데 한 올의 터럭
九 牛 一 毛 구우일모

■ **出典** : 『한서』의 「문선(文選)」
■ **文意** : 많은 것들 중에서 극히 작은 것을 나타냄

故事逸話 전한(前漢) 무제 때에 이릉(李陵)이라는 장수가 있었다. 그는 용장이었다. 흉노와의 결전 때에 5천의 병사만으로 수만이나 되는 흉노와 격전을 벌이다 생포되었다. 정세가 형편없이 어그러진 것만으로도 무제의 심기가 고울 리 없는데, 수천리를 달려온 전령은 이릉이 투항했다는 보고를 하여 무제의 노여움에 부채질했다.

조정 중신들은 회의를 열어 그의 일족들을 몰살시키려 했다. 이때 사마천(司馬遷)은 사태를 파악하여 보고했다. 이릉이 그렇게 된 데에는 이 사장군 이광리가 제때에 원군을 보내지 않은 결과로 결론을 내린 것이다. 또한 사마천은,

"만약 이릉 장군이 적에게 항복했다면 분명 훗날에 우리 한나라를 위해 일을 하고자 했을 것입니다."

이러한 상소는 황제를 자극하게 되어 궁형(宮刑;불알을 거세)에 처해졌다. 그는 탄식했다.

"내가 이런 형벌을 받는다해도 세상 사람들은 결코 눈썹 하나 까딱치 않는다. 이것은 마치 아홉 마리의 소가 한 올의 터럭을 잃는 것처럼 생각할 것이다."

說文解字 ✱九(아홉 구. 乙부 1획, 총 2획. *nine*) ✱牛(소 우, 별이름 우. 牛부 0획, 총 4획. *ox, cow*) ✱一(한 일, 정성스러울 일, 순전할 일. 오로지 일. 一부 0획, 총 1획. *one*) ✱毛(터럭 모, 나이 차례 모. 毛부 0획, 총 4획. *hair, far*)

|079

인을 구하여 인을 얻다
求 仁 得 仁 구인득인

■ 出典 : 『공자가어(孔子家語)』
■ 文意 : 지조와 절개를 지켜 의롭게 죽음

　　故事逸話　백이(伯夷)와 숙제(叔齊)는 고죽국 군주의 아들이다. 군주가 죽을 때에 다음 보위를 큰아들이 아닌 막내 숙제에게 물려준다는 말을 남기고 세상을 떠났다. 그러나 숙제는 장자가 아닌데 그 자리에 앉는다는 게 옳지 않다 하여 형에게 양보하였다. 그러나 백이가 부친의 명을 거역한다하여 은둔하자 동생 역시 형을 따라가 버렸다. 그들은 조국을 떠나 서백창(西伯昌;문왕)을 찾아갔다. 세상에 떠도는 풍문에 노인을 공경하는 덕망있는 사람으로 알려졌기 때문이었다. 백이와 숙제가 찾아갔을 때에 이미 서백창은 세상을 떠난 뒤였으며, 때마침 그의 아들이 은나라 주왕(紂王)을 토벌하기 위해 길을 떠나려는 찰라였다. 그들은 무왕에게 엎드려 충고했다.

　　"아무리 포악한 황제라도 신하가 치는 것은 옳은 도리가 아닙니다."

　　그러나 무왕은 그들을 물리치고 출진하여 승리를 얻었다. 백이와 숙제는 무왕의 행위를 옳지않다 여기어 수양산에 들어가 고사리를 캐먹고 살다 죽었다. 훗날 공자가 말했다.

　　"백이와 숙제는 다른 이의 나쁜 점을 염두에 두지 않고 자기가 인(仁)을 구하고자 인(仁)을 얻었으니 어찌 원한이 있겠는가."

　　說文解字　＊求(구할 구, 빌 구, 탐낼 구. 水부 2획, 총 7획. *wish for*) ＊仁(어질 인, 동정 인. 人부 2획, 총 4획. *merciful*) ＊得(얻을 득, 만족할 득, 깨달을 득. 彳부 8획, 총 11획) ＊仁(어질 인, 동정 인. 人부 2획, 총 4획. *merciful*)

080

입은 재앙을 불러들이는 문이다
口 禍 之 門 구화지문

- **出典** : 「설시(舌詩)」
- **文意** : 입은 재앙을 불러들이는 문

故事逸話 풍도(馮道)라는 이는 당나라 말기 사람이다. 당나라가 멸망한 후에 진나라를 비롯하여 거란 · 한 등으로 이어지는 여러 나라의 벼슬살이를 지낸 인물이다.

어지러운 세상을 살았으면서도 73세까지 장수를 누린 비결은 어디에 있는가? 그것은 이쪽이든 저쪽이든 함부로 편가름을 하여 말을 하지 않았다는 점이다. 그것을 증명하기라도 하는 듯 그가 남긴 「설시」에는 이런 내용이 담겨 있다.

입은 재앙의 문이오(口是禍之門)
혀는 곧 몸을 자르는 칼이라(舌是斬身刀)
입을 닫고 혀를 깊이 감추면(閉口深藏舌)
가는 곳마다 몸이 편하다(安身處處牢)

사람의 입으로 들어가는 것은 대부분 깨끗하다. 그러나 입에서 나오는 것은 더럽다. 재앙이라는 것도 그렇다. 모든 재앙은 입에서 나오는 것에 주의하라는 의미다.

說文解字 ＊口(입구, 어귀 구, 말할 구. 口부 0획, 총 3획. *mouth*) ＊禍(재앙 화, 앙화 화. 示部 9획, 총 14획. *calamity*) ＊之(이를 지, 의 지, 어조사 지. ノ부 3획, 총 4획. *this*) ＊門(문 문, 집 문, 가문 문. 門부 0획, 총 8획. *gate*)

|081
나라를 위해 온 힘을 기울이다
鞠 躬 盡 瘁 국궁진췌

■出典 : 『사기』의 「제갈량열전」
■文意 : 온힘을 다하여 죽기를 각오함

故事逸話 제갈량의 자는 공명(公明)이다. 그는 낭야 양도 사람으로 한나라 사예교위를 지낸 제갈풍(諸葛豊)의 후예다. 우리들이 즐겨 읽었던 나관중의 『삼국지』에 등장하는 병략과 진법의 귀재로 알려진 한(漢)나라의 재상이다.

그가 섬기던 촉한의 주인 유비가 죽은 후 후주 유선을 향해 두 편을 글을 올리는 데, 이른바 '천후출사표(前後出師表)'다.

<신은 본시 남양의 융중산에서 직접 밭을 갈며 지내며 어지러운 세상에 나가 영달을 구하지 않았습니다. 그런데 선제(先帝;유비)께서 소신을 미천하게 여기지 아니하시고 세 번이나 찾아오시어…>

이것이 첫 번째 출사표이고, 두 번째 출사표에서 제갈량은 여섯 가지 문제점을 말하고 유선에게 충심 어린 말로 고하기에 이른다.

<다만 신은 엎드려 몸을 사리지 않을 뿐, 제가 죽은 후의 성패에 대해서는 꿰뚫어 볼 수 없습니다.>

위의 문장에서 사람들은 말한다. 어떤 사람이나 어떤 일에 대하여 온힘을 다해 죽기를 각오하고 싸우는 것을 '국궁진췌(鞠躬盡瘁)'라고 한다.

說文解字 ＊鞠(공 국, 궁궁이 궁. 革부 8획, 총 17획. *ball*) ＊躬(몸 궁, 몸소 궁. 身부 3획, 총 10획. *body*) ＊盡(다할 진, 진력할 진, 섣달 그뭄 진. 皿부 9획, 총 14획) ＊瘁(병들 취, 수고로울 췌. 疒부 8획, 총 13획. *become emaciated*)

|082
나라 안에 둘도 없는 인물
國 士 無 雙 국사무쌍

- ■ 出典 : 『사기』의 「회음후열전」
- ■ 文意 : 나라 안에 둘이 없다할 정도의 뛰어난 인물

故事逸話 회음(淮陰) 사람 한신(韓信)은 한(韓)나라가 망한 후 천하를 떠돌며 걸식했다. 천하는 온통 소용돌이에 휘감기어 곳곳에서 민란과 폭동이 일어나 민심은 더욱 스산했다. 그러던 그가 우연히 항우(項羽)의 군영에 들어가 일을 하게 되었을 때, 여러 차례 병략에 대한 의견을 내놓았다. 그러나 한신의 군략은 채택되지 않고 번번이 물리쳐지자 그는 유방의 진영에 합류했다. 거기에는 심지가 깊은 소하(蕭何)라는 인물이 있었다.

그곳에서 벼슬자리를 얻기는 했으나 한신은 만족하지 못하고 길을 나섰다. 한신이 떠났다는 것을 알게 된 소하는 즉시 그를 쫓아갔다. 이때 유방이 승상부에 들렸다가 소하가 없는 것을 보고 도망친 것으로 알고 크게 낙담했다. 그러나 얼마후 다시 돌아왔다는 보고를 받고 그를 불러 물었다. 이유는 한신을 쫓아갔다는 것이다.

"한신이라면 무명소졸 아닌가?

"그는 나라 안에 둘도 없는 국사무쌍(國士無雙)한 인물입니다. 대장군에 임명하십시오."

이렇게 되어 얼마 후에 한신은 대장군이 되었다.

說文解字 ＊國(나라 국. 口부 8획, 총 11획. *nation*) ＊士(벼슬 사, 군사 사, 무사 사. 士부 0획, 총 3획. *scholar*) ＊無(없을 무, 아닐 무, 풀이름 무. 火부 8획, 총 12획. *none*) ＊雙(둘 쌍, 한 쌍 쌍, 짐승이름 쌍. 隹부 10획, 총 18획. *pair*)

|083
허리를 구부리고 조심스럽게 걸음
跼 蹐 국척

■ 出典 : 『시경』의 「소아 정월」
■ 文意 : 허리를 잔뜩 구부리고 조심스럽게 걸음. 몸둘바를 몰라함

___故事逸話___ 『시경(詩經)』의 「소아」에서 주(周)나라 조정의 아가 가운데 정월(正月)이라는 시의 구절로 등장한다.

하늘이 아무리 높다해도
몸을 굽히지 않고서는 살 수가 없네
제아무리 땅이 단단하고 두꺼워도
어찌 조심하여 걷지 않겠는가
여기에 이렇게 말하는 것은
뜻이 있었기 때문이라
오늘날 사람들의 슬픔은
마치 떨고 있는 도마뱀 같네

『시경』에 나오는 이 시는 간신들이 조정에 들어와 득세하면 선비가 몸을 굽히어 눈치를 살피고 떠는 모습을 나타낸다. 전체적인 뜻을 살피면 대략 다음과 같다.

<하늘이 아무리 높다지만 허리를 굽혀 걸어야 하고, 땅이 아무리 두껍다 해도 조심스럽게 발을 내딛어야 한다. 참으로 슬프구나, 어찌하여 오늘날의 정치가 독사나 도마뱀처럼 독을 품고 있단 말인가. 넓은 천지를 마음놓고 걸을 수 없다.>

___說文解字___ *跼(구부릴 국, 굽을 국. 足부 7획, 총 14획) *蹐(살금살금 걸을 척. 足부 10획, 총 17획)

|084

나라가 망하여 산과 물만 남았다
國 破 山 河 在 국파산하재

■ **出典** : 두보의 「춘망시(春望詩)」
■ **文意** : 나라가 망하여 백성은 흩어지고 산과 흐르는 물만 남았다

___故事逸話___ 당나라 현종 때에 안록산은 난을 일으켜 장안을 점령했다. 촉땅으로 향하던 현종은 양귀비를 액살시키고 보위를 태자에게 물려주었다. 소식을 듣고 그곳으로 가던 두보는 반란군 무리들에게 체포되어 구금되자 비통한 시를 지어 불렀다.

나라는 깨어졌어도 산과 내는 있고
성에 다다르니 풀과 나뭇가지가 무성하다
때때로 느껴 꽃을 보아도 눈물이 흐르고
이별을 슬퍼하여 새에게도 마음이 놀라네
횃불은 석 달 동안 이어지고
집에서 오는 편지는 만금에 해당되네
흰머리 긁으면 다시 짧아지고
모든 게 비녀를 찌르는 것보다 낫지를 않네

___說文解字___ *國(나라 국. 口부 8획, 총 11획. *nation*) *破(깨질 파, 깨뜨릴 파, 다할 파. 石부 5획, 총 10획. *break*) *山(메 산, 무덤 산, 절 산. 山부 0획, 총 3획. *mountain*) *河(물 하, 강 이름 하, 내 하. 水부 5획, 총 8획) *在(있을 재, ~에 등의 위치를 나타내는 재. 土부 3획, 총 6획. *exist*)

|085
닭 무리 속에 있는 한 마리의 학
群 鷄 一 鶴 군계일학

■ 出典 : 『진서』의 「혜소전(嵇紹傳)」
■ 文意 : 평범한 사람 가운데 뛰어난 한 사람

故事逸話 혜소(嵇紹)는 죽림칠현의 한 사람인 혜강(嵇康)의 아들이다. 그는 열살 때에 부친을 잃고 홀어머니와 살았다. 당시 죽림칠현의 한사람인 산도(山濤)란 이는 이부(吏部)에서 일을 하고 있었는데 무제에게 혜소의 경우를 상주했다.

"폐하, 『서경』에 이르기를, 아비의 죄는 아들에게 미치지 않는다 했습니다. 혜소가 죄인(혜강)의 아들이나 지혜가 출중하오니 부디 비서랑(秘書郞)에 제수해 주십시오."

무제는 흔쾌히 혜소에게 벼슬을 내렸다. 그것도 비서랑보다 한 단계 위인 비서승(秘書丞)이었다. 혜소가 처음으로 낙양에 갔을 때였다. 어떤 사람이 죽림칠현의 한사람인 왕융(王戎)에게 넌즈시 말을 걸었다.

"며칠 전에 혼잡한 군중 속에서 혜소를 보았습니다. 그의 높은 기개와 혈기가 마치 닭 무리 속에 있는 한 마리의 학(群鷄一鶴)과 같았습니다."

왕융은 그 말을 듣고 일소했다.

"모르는 소리 말게. 자네는 혜소의 부친을 보지 않았기에 그런 말을 한 것이네."

說文解字 ＊群(무리 군, 모을 군, 동아리 군. 羊부 7부, 총 13획. *crowd*) ＊鷄(닭 계. 鳥부 10획, 총 21획. *chicken*) ＊一(한 일, 첫째 일, 어떤 일. 一부 0획, 총 1획. *one, first*) ＊鶴(학 학, 흴 학, 호미의 머리 학. 鳥부 10획, 총 21획. *crane*)

|086
여러 명이 코끼리를 만지고 평하다
群 盲 評 象 군맹평상

■ 出典 : 『열반경(涅槃經)』
■ 文意 : 좁은 소견으로 마치 전체를 아는 것처럼 떠드는 것

故事逸話 불교 설화에 이런 얘기가 있다. 어느 나라의 왕이 몇 사람의 맹인을 불러 명을 내렸다. 그들 앞에 코끼리를 끌어와 만지게 한 후 왕이 물었다.

"어떤가, 만져보니?"

상아를 만져본 맹인이 말했다.

"코끼리는 마치 무와 같습니다."

이번에는 머리를 만져본 맹인이 말했다.

"코끼리는 바위와 같습니다."

코를 만져본 맹인이 말했다.

"코끼리는 방앗공이와 같습니다."

다리를 만진 맹인이 말했다.

"코끼리는 나무토막 같습니다."

등을 만진 맹인이 말했다.

"코끼리는 널빤지 같습니다."

코끼리는 하나인데 맹인들의 답변은 제각각이었다.

說文解字 ＊群(무리 군, 많을 군. 羊부 7획, 총 13획. *flock*) ＊盲(장님 맹, 어둘 맹. 目부 3획, 총 8획. *blind*) ＊評(헤아릴 평, 고칠 평, 평론할 평. *critigize*) ＊象(코끼리 상, 벌받을 상, 빛날 상. 豕부 5획, 총 12획. *elephant*)

장수는 때로 임금의 명을 듣지 않는다
君 命 不 受 군명불수

- 出典 : 『사기』의 「사마양저열전」
- 文意 : 장수는 전쟁 중엔 군왕의 명을 따르지 않을 수 있다는 것

　　故事逸話　　제나라의 경공 때에 안영(晏嬰)이 사마양저(司馬穰苴)를 추천했다. 그것은 진(晉)과 연(燕)과의 싸움에서 패한 후의 일이다. 그런데 양저는 스스로 미천한 몸 임을 내세워 다른 사람을 감군(監軍)으로 보내라는 청을 넣었다. 그렇게하여 장가(莊賈)라는 자가 가게 되었는데 그는 무척 교만·방자하여 한나절이나 늦게 군문에 도착했다.

　"군율을 어기고 늦게 온 자는 어찌 처리하느냐?"

　"목을 베게 돼 있습니다."

　장가는 겁이 나서 급히 경공에게 사람을 보내 목숨을 빌었다. 그러나 임금의 특사가 오기 전에 이미 장가의 머리는 베어졌다. 그것을 보고 특사는 혼비백산 군중 속에 뛰어들었다.

　"장수가 군중에 있을 때엔 군주의 명을 받지 않을 때도 있다. 내 군정에게 묻겠다. 군중에선 수레를 타고 달릴 수 없다. 사자가 그리했다면 어찌 해야 하는가?"

　당연히 목을 베야 한다는 답이 떨어졌다. 그러나 군주의 사신을 죽일 수 없으니 말을 몬 사람과 왼쪽에 있는 말을 베었다. 소문을 들은 적병은 싸우기도 전에 도망쳐버렸다.

　　說文解字　　＊君(스승 군, 군주 군, 아버지 군. 口부 4획, 총 7획. *king*) ＊命(목숨 명, 명할 명, 표적 명. 口부 5획, 총 8획. *life*) ＊不(아니 불, 금지 불, 없을 불. 一부 3획, 총 4획. *not*) ＊受(받을 수, 당할 수. 又부 6획, 총 8획. *receive*)

|088
군자에게는 세 가지 즐거움이 있다
君 子 三 樂 군자삼락

■ **出典** : 『맹자』의 「진심장(盡心章)」
■ **文意** : 인생삼락으로도 불린다

故事逸話 맹자는 지식층에 대한 인품을 넷으로 나누었다. 군왕을 섬기는 사람부터 단계별로 하나씩 높여가 나중에는 대인(大人)에 이르렀다고 보는 게 무난하다.

"천하에 도를 펴는 자의 위에 대인이 있다."

이게 맹자의 지론이다. 그는 다시 말한다.

"군자에게는 세 가지 즐거움이 있다. 그러나 군왕으로서 천하에 군림하는 것은 이 속에 포함되지 않는다."

그는 이렇게 말하고 나서 덧붙인다.

"부모가 함께 계시고 형제가 무고하면 첫째 즐거움이요, 공명 정대하여 하늘을 우러러 한점 부끄러움이 없다면 많은 사람에게 창피를 당하지 않을 것이므로 이게 두 가지 즐거움이다. 셋째는 천하의 수재들을 모아 교육하는 것이다."

이러한 세 가지 즐거움은 결코 군왕에게는 포함되지 않는 것이라고 다시 한 번 강조한다.

맹자는 덕을 완전히 닦으면 그 감화가 자연에까지 미치는 천인상관(天人相關) 사상을 주장했다.

說文解字 ＊君(스승 군, 군주 군, 아버지 군. 口부 4획, 총 7획. *king*) ＊子(남자 자, 당신 자. 子부 0획, 총 3획. *son*) ＊三(석 삼, 자주 삼. 一부 2획, 총 3획. *three*) ＊樂(즐거울 락, 풍류 악, 사람이름 요. 木부 11획, 총 15획. *music*)

|089
군자는 푸줏간을 멀리 한다
君 子 遠 庖 廚 군자원포주

■ 出典 : 『맹자』의 「양혜왕편」
■ 文意 : 어진 마음 때문에 짐승 죽이는 것을 보지 못함

故事逸話 맹자가 제선왕을 만난 자리에서 이런 얘기를 했다.
"사람에게는 누구나 차마 하지 못하는 마음이 있습니다. 바로 인자하고 자비로운 마음입니다."
"인자하고 자비로운 마음이라?"
"그렇습니다. 그러한 마음이 왕도 정치를 하는 발판이 되는 것이죠."
그때 소의 피로 북에 바르는 일(흔종)을 하기 위해 끌려가는 소의 눈을 보았다. 왕은 일행을 불러 소를 양으로 바꿔 쓰라고 명령했다. 소의 눈물 흘리는 모양이 제선왕에게 측은케 하는 마음을 일으킨 것이다. 맹자는 말했다.
"왕께서는 왕도 정치를 하실 수 있는 분이십니다."
군자는 금수를 대할 때에 차마 그 죽는 모습을 보지 못한다. 금수의 죽는 소리를 듣고 그 고기를 먹지 못하기에 군자는 푸줏간을 멀리한다(君子遠庖廚)는 것이다.
이런 점은 공자도 마찬가지다. '낚시질은 하되 그물질은 아니하셨고, 주살은 하되 잠을 자는 새는 쏘지 않았다.'

說文解字 ＊君(스승 군, 군주 군, 아버지 군. 口부 4획, 총 7획. *king*)
＊子(남자 자, 당신 자. 子부 0획, 총 3획. *son*) ＊遠(멀리할 원, 멀 원. 辵부 10획, 총 14획. *distant*) ＊庖(부엌 포, 요리사 포, 푸주 포. 广부 5획, 총 8획. *kitchen*) ＊廚(부엌 주, 요리사 주, 주막 주. 广부 12획, 총 15획. *kitchen*)

|090
군자도 표범 가죽처럼 변해 간다
君 子 豹 變 군자표변

- **出典** : 『역경』의 「혁괘사(革卦辭)」
- **文意** : 표범의 가죽처럼 아름답게 변해가는 군자의 태도를 가리킴

故事逸話 군자(君子)는 어떤 사람인가? 공자는 『논어』에서 이렇게 말한다.

"군자는 이것을 자기에서 구하고 소인은 이것을 다른 사람에게서 구한다. 군자는 모든 것을 자기 탓으로 한다."

그렇다면 군자는 무엇을 두려워 하는가? 여기에는 세 가지가 있다.

"천명을 두려워하고 대인을 두려워하며 성인의 말씀을 두려워한다. 그러나 소인은 천명을 알지 못하여 두려워하지 않고 대인을 존경하지 않으며 성인의 말씀을 업신 여긴다."

무릇 군자는 자신에게 허물이 발견되면 아주 빠르게 개선시킨다. 마치 날랜 표범과 같이 행동한다. 그렇다면 대인은 어떤가? 호변(虎變)한다는 것이다. 이것은 군자 보다 몇 단계 위에 속한다.

호랑이는 표범에 비하여 힘이나 용력이 강하다. 그러므로 그 가죽도 표범에 비한다면 상당하다. 그런 이유로 대인은 호변한다는 것이다. 이 말의 근거는 『역경』이다. 무릇 군자는 자신의 허물을 고치는 데에 몹시 빠르고 그 결과는 표범의 무늬처럼 확실하게 외면에 나타난다는 것이다.

說文解字 ＊君(스승 군, 군주 군. 口부 4획, 총 7획. *king*) ＊子(남자 자, 아들 자. 子부 3획, 총 10획. *son*) ＊豹(표범 표, 아롱범 표. 豸부 3획, 총 10획. *leopard*) ＊變(변할 변, 고칠 변, 재앙 변. 言부 16획, 총 23획. *change*)

|091
신하에게 지는 게 천하를 잡는 것
屈 臣 制 天 下 굴신제천하

■ 出典 : 『사기(史記)』
■ 文意 : 부하의 진언을 듣지 않는 것을 나타낸다

故事逸話 전국시대에 진(秦)나라와 조(趙)나라의 장평(長平) 싸움은 대단한 것이었다. 비록 진나라가 승리를 거두었으나 사상자에 대한 뒷처리를 해주는 바람에 국고는 바닥이 나고 말았다.

1년이 지나가는 동안 어느 정도 국세가 회복기에 접어들자 진의 소왕(昭王)은 다시 한 번 조나라를 공격하려는 몸짓을 나타냈다. 무안군(武安君)이 말했다.

"장평의 싸움은 결과적으로 우리에게 승리를 주었습니다만, 그 여파는 진나라 조정의 뿌리까지 흔들리게 했습니다. 이제 겨우 나라의 기틀이 안정기에 접어들었는데 다시 군사를 일으켜 조나라를 공격하는 것은 도리에 어긋날 뿐만 아니라 실로 모험이 아닐 수 없습니다. 뜻을 돌려주십시오."

그러나 소왕은 끝내 고집을 부렸다. 왕릉(王陵) 장군을 보내 조나라를 공격케 했다. 왕릉이 패하자 무안군을 불렀다. 그러나 병을 핑계삼아 나서지 않자 이번에는 왕흘(王齕)을 대장으로 삼아 공격했으나 실패했다. 소왕이 다시 부탁했으나 무안군은 거절했다. 신하의 말을 듣지 않은 소왕은 크게 낭패를 본 것이다.

說文解字 ＊屈(굽을 굴, 짧을 굴. 尸부 5획, 총 8획. bow) ＊臣(신하 신, 두려울 신. 臣부 0획, 총 6획. subject) ＊制(지을 제, 마를 제. 刀부 6획, 총 8획. enactment) ＊天(하늘 천, 진리 천. 大부 1획, 총 4획. sky) ＊下(아래 하, 내릴 하. 一부 2획, 총 3획. under)

|092

착한 것은 권하고 악한 것은 징계함

勸 善 懲 惡 권선징악

- **出典** : 『춘추좌씨전(春秋左氏傳)』
- **文意** : 선한 사람을 권면하고 악한 행위를 한 자는 징계함

　故事逸話　진나라의 문공이 19년간의 망명생활을 마치고 돌아온 뒤에 공을 세운 조최에게 누이를 시집보냈다. 조최는 이 무렵 혼인한 뒤였다. 그러나 군왕의 누이를 아내로 맞았으므로 적(翟)나라에 살고 있는 본부인 숙외(叔隗)를 감히 데려올 수 없었다.

　마음은 간절했지만 아내의 마음을 몰라 늘 마음이 편치 못했다. 그것을 알고 있는 부인이 남편을 공격했다.

　"총(寵)을 얻어 옛(舊)을 잊으면 무엇으로 다스리겠는가."

　이것은 무슨 말인가. 새로운 사랑을 얻어 옛사람을 잊어버린다면 어찌 재상 자리에 앉아있는가. 그런 의미다. 조최는 이 일을 진문공에게 고하였고, 누이의 마음을 알고 있는 문공은 허락했다. 이렇게하여 숙외를 데려왔는데, 사자에 대한 칭호는 숙손이라 했다. 물론 상대를 높이는 말이다.

　춘추시대의 존칭은 참으로 번거롭다. 그러나 자세히 들여다보면 알기 쉽고 뜻은 깊이 정돈되어 있다. 아무리 노골적인 표현을 쓴다 해도 거기엔 품위가 있으며 자세히 보면 선을 권하고 악을 징계(勸善懲惡)하는 것이다.

　說文解字　＊勸(권할 권, 도울 권. 力부 18획, 총 20획. *advise*) ＊善(착할 선, 길할 선. 口부 9획, 총 12획. *good*) ＊懲(징계할 징. 心부 15획, 총 19획. *punish*) ＊惡(악할 악, 더러울 악, 나쁠 악. 心부 8획, 총 12획. *evil*)

|093
흙먼지를 날리며 다시 온다
捲 土 重 來 권토중래

- **出典** : 두목의 「제오강정(題烏江亭)」
- **文意** : 한 번 실패한 사람이 세력을 얻어 다시 온다

故事逸話 항우와 유방의 초한 전쟁. 항우는 강동의 8천 자제를 거느리고 천하를 호령한 8년간 승승장구했다. 그러나 마지막을 장식한 구리산(九里山) 변의 싸움. 유방은 사면을 겹겹으로 포위한 채 곳곳에서 초가(楚歌)를 부르며 매복병을 두었다.

개미 새끼 한 마리 빠져나갈 수 없는 상황이었지만 항우는 탈출했다. 그리고 다시 세를 얻어 '흙먼지 날리며 다시 오리라'는 결의는 정장(亭長)이라는 사람의 권고에 따라 강의 동쪽을 건너려 했다. 이에 대해 천년 뒤의 시인 두목(杜牧)이 시를 지었다.

지고 이기는 것은 병가로도 알 수 없는 일
분함을 참고 욕됨을 이기는 것이 남자대장부라
강동의 자제들에겐 인재가 많으니
흙먼지 날리며 돌아오는 날을 알 수 없구나

전연 가망이 없는 것이 아니라는 것이다. 오강(烏江)을 건너가 국력을 길러 다시 싸운다면 이길 수 있다는 말이었다.

說文解字 ＊捲(말 권, 걸을 권. 水부 8획, 총 11획. *clench one's fist*) ＊土(흙 토, 나라 토, 고향 토. 土부 0획, 총 3획. *earth*) ＊重(무거울 중, 거듭 중. 里부 2획, 총 9획. *village*) ＊來(올래, 부를 래, 돌아올 래. 人부 6획, 총 8획. *come*)

|094

귀신과 도깨비가 가장 쉽다

鬼 魅 最 易 귀매최이

■ **出典** : 『한비자(韓非子)』
■ **文意** : 그림을 감상하는 자가 알 수 없으므로 귀신이나 도깨비가 가장 쉽다

　　故事逸話 　　제(齊)나라의 임금이 궁안에 들어온 화공에게 물었다.
　"그대는 어떤 그림이 가장 그리기 어려운가?"
　갑작스러운 질문에 화공은 머뭇거렸다.
　"어찌 대답이 없는가?"
　"아뢰옵기 황공하오나, 그것은 자주 보는 것입니다."
　"자주 보는 것?"
　"그러하옵니다. 예를 들면 소나 말과 같은 것입니다."
　"그렇다면, 어떤 그림이 가장 그리기 쉬운가?"
　"귀신이나 도깨비 같은 것이 그리기 쉽습니다(鬼魅最易)."
　"어째서 그런가?"
　"폐하, 소나 말 같은 것은 사람들이 너무나 잘 아는 것들입니다. 그러나 귀신이나 도깨비는 구경한 사람이 많지도 않고 또한 그것들의 모양을 전하는 이의 말도 각양각색입니다. 그러므로 화가가 어떻게 그리든 시비를 걸 일이 없습니다."
　평소 자주 보아온 것과 그렇지 않은 것에 대한 차이를 묻는 것과 같다. 그러므로 옛사람들은 '그림은 말없는 시'로 표현했다.

　　說文解字 　　＊鬼(귀신 귀, 도깨비 귀. 鬼부 0획, 총 10획. *ghost*) ＊魅(도깨비 매, 산매 매. 鬼부 5획, 총 15획. *ghost*) ＊最(가장 최, 극진할 최, 나을 최. 曰부 8획, 총 12획. *superior*) ＊易(쉬울 이, 쉽게 여길 이. 日부 4획, 총 8획. *easy*)

|095

거북 껍질과 거울
龜 鑑 귀 감

■ **出典** : 『북사』의 「장손소원전」
■ **文意** : 거북은 길흉을 점치고 거울은 사물의 그림자를 비춘다

故事逸話 거북의 껍질과 거울. 이것들은 징조를 살피고 사물의 형태를 비추는 도구다. 사마천의 『사기』에는 귀책(龜策)에 대한 설명이 있다. '거북을 쓰는 것은 복(卜)이며, 책(策)을 쓰는 것은 서(筮)다.'

예전에는 길흉을 판단하는 방법으로 두 가지가 있다. 하나는 거북의 등을 말려 굽는 것이다. 이렇게 하면 여러 금이 나타난다. 이른바 균열(龜裂)이다. 이때 생겨난 금이 조(兆)인데, 징조(徵兆) · 흉조(凶兆) · 길조(吉兆)의 기미다. 또 다른 쪽으로 보면 서죽이다. 이것은 대나무를 사용했기 때문에 우리나라에서는 산가지라는 이름으로 불린다. 산가지는 점을 치는 점쟁이가 산통(算筒)에 넣어 길흉을 헤아릴 때 사용한다. 스스로가 추함과 아름다움을 볼 때엔 무엇이 있을까? 그것은 거울이다. 예전에는 거울이 귀했기 때문에 물을 세숫대야와 같은 것에 넣고 얼굴이며 몸을 비춰보았다. 그것을 감(鑑)이라 했다. 다시말해 이러한 감으로써 추하고 아름다움을 판단한 것이다.

『묵자』에 이런 말이 있다.

"군자는 물을 거울로 하지 않고 사람을 거울로 한다. 물에 비치면 얼굴을 본다. 또한 사람에 비치면 길흉을 안다."

물을 거울로 하는 것은 외형만을 따진다. 그러나 사람을 거울로 하면 선악을 알 수 있다.

說文解字 ＊龜(거북 귀, 점칠 귀. 龜부 0획, 총 16획. *tortoies*) ＊鑑 (거울 감. 金부 14획, 총 22획. *mirrow of metal*)

|096
자기를 극복하고 예로 돌아감
克 己 復 禮 극기복례

- **出典** : 『논어』의 「안연편(顔淵篇)」
- **文意** : 스스로의 욕망을 제어시키고 예로 돌아감

__故事逸話__ 안연이 인(仁)에 대하여 물었다.

"내 몸의 욕망을 삼가 예로 돌아가는 것(克己復禮)이 인이다. 하루라도 몸을 삼가 예의 규범으로 돌아가면 천하가 모두 인의 덕을 지닌 사람에게 돌아올 것이다. 인의 덕을 행하는 것은 자신에게 달렸다. 어떻게 다른 사람에게 의지하겠느냐."

안연이 다시 말했다.

"스승님, 요점을 일러 주십시오."

"무릇 예에 어긋난 것은 보지 말 것이다. 예에 어긋난 것은 듣지를 말 것이며, 예에 어긋난 것은 말하지 말며, 예에 어긋난 것은 행하지를 않는다."

안연이 머리를 조아렸다.

"제가 어리석으나 반드시 그 말씀은 지키겠습니다."

인(仁)은 공자의 중심 사상이다. 물론 이에 대한 답안은 『논어』에 나온다. 자아를 극복하여 예로 돌아간다든지 하는 문제는 자기의 욕망을 벗어나는 것이다. 공자는 자신의 욕망을 없앤다거나 극복한다거나 하는 사상은 없다.

__說文解字__ ＊克(이길 극, 능할 극. 儿부 5획, 총 7획. *overcome*) ＊己(몸 기, 마련할 기. 己부 0획, 총 3획. *self*) ＊復(돌아갈 복, 되풀이할 복. 彳부 9획, 총 12획. *revive*) ＊禮(예 례, 예도 례. 示부 13획, 총 18획. *good manners*)

무궁화꽃처럼 덧 없는 영화

槿 花 一 日 榮 근화일일영

■ 出典 : 백락천(白樂天)의 시
■ 文意 : 아침에 피었다가 저녁에 시드는 무궁화꽃같은 덧없는 영화

故事逸話 백락천의 나이가 마흔 넷이 되었을 때에 황제의 미움을 받아 강주의 사마(司馬)로 좌천되었다. 이때 절친하게 지내던 원진(元稹)이라는 이가 「방언(方言)」이라는 시를 지어 보내오자 백락천은 같은 제목으로 화답하였다. 그 역시 강릉으로 좌천되어 슬픔에 싸여 있었다.

태산은 터럭 끝을 속일 필요가 없으며
서른 둘에 죽은 안자가 8백년을 산 팽조를 부러워하지 않는다
소나무는 천년을 지내도 종내는 썩고
무궁화꽃은 하루를 피어도 스스로 영화로 여긴다
어찌 세상을 그리워하며 언제나 걱정만 하리
그렇다고 어떻게 함부로 살 것인가
삶이 가고 죽음이 오는 것도 착각이니
착각 속의 인간이 어찌 슬픔과 즐거움에 정을 맬 것인가

說文解字 ＊槿(무궁화나무 근. 木부 11획, 총 15획. *rose of sharon*) ＊花(꽃 화, 꽃다울 화. 艸부 4획, 총 8획. *flower*) ＊一(한 일, 첫째 일. 一부 0획, 총 1획. *one, first*) ＊日(날 일, 햇볕 일, 해 일. 낮의 길이 일. 日부 0획, 총 4획. *day*) ＊榮(영화 영, 성할 영, 명예 영. 木부 10획, 14획. *glory*)

|098
견고한 금과 난초같은 우정
金 蘭 之 交 금란지교

■ 出典 : 『역경』의 「계사상전」
■ 文意 : 견고한 금과 난초같은 우정

__故事逸話__ 『역경(易經)』의 「계사상전(繫辭上傳)」에 있는 얘기다. 「금란지교」는 여기에서 나온 말이다.

공자가 말했다.

"군자의 도는 혹은 나가 벼슬을 하고 혹은 물러나 집에 있으며 혹은 침묵을 지키지만 혹은 크게 말한다. 두 사람이 마음을 하나로 하면 그 날카로움이 쇠를 끊고 마음을 하나로 하여 말하면 그 향기가 난초와 같다."

여기에서 금란지교(金蘭之交)라는 말이 나왔다. 「세설(世說)」에는 '백락천의 시에 친구 사이의 사귀는 것이 굳어짐을 금란지계(金蘭之契)라 한다' 고 하였다.

「선무성사(宣武盛事)」에 의하면,

<대홍정(戴洪正)이라는 사람은 친구를 얻을 때마다 그것을 장부에 기록하고 향을 피워 조상님에게 고했다.>

바로 이 장부의 이름을 「금란부(金蘭簿)」라 하였다. 금은 지극히 굳고 단단하지만 친구 사이의 우정으로 그것을 끊을 수 있으며, 둘 사이의 우정어린 말은 향기로운 난초와 같다는 뜻이다.

__說文解字__ ＊金(쇠 금, 성 김, 황금색 김. 金부 0획, 총 8획. *gold*) ＊蘭(난초 란. 艸부 17획, 총 21획) ＊之(갈 지, 이 지, 소유격 조사 지. ノ부 3획, 총 4획. *go, this*) ＊交(사귈 교, 엇갈릴 교, 바꿀 교. 亠부 4획, 총 6획. *company*)

|099
비단 위에 꽃을 놓는다
錦 上 添 花 금상첨화

■ **出典** : 왕안석의 「즉사(卽事)」
■ **文意** : 좋은 일에 좋은 일을 더한다

故事逸話 왕안석(王安石)은 자가 개보(介甫)인데 강서군 임강군에서 태어났다. 주의 부지사를 지낸 부친의 영향으로 면학 분위기에 집안은 항상 들떠 있었다. 이러한 영향은 그가 23세 때 과거에 급제하게 만들었으며 벼슬길에 나선 후에는 지방장관을 역임하였다.

신종이 보위에 오른 후에는 한림학사로 발탁되었는데 왕안석은 신종의 의도를 알아차리고 신법(新法)으로 불리우는 새로운 법을 내세웠다. 이러한 그의 입장에 맞선 것은 구법파의 사마광(司馬光)이었다. 당시 그의 힘은 너무 미약했다.

그는 가끔 한가한 여유를 틈타 한적한 곳을 찾아가 여흥을 즐겼는데 그 당시에 지은 시가 바로 「즉사」다.

좋은 모임에서 술잔을 거듭 비우려는 데
아름다운 노래는 비단 위에 꽃을 더한 듯하네
문득 무릉의 술과 안주를 즐기는 객이 되어
내 근원에 의당 붉은 노을이 적지 않으리

說文解字 *錦(비단 금. 金부 8획, 총 16획. *silk*) *上(윗 상, 물건 위의 상, 바깥 상. 一부 2획, 총 3획. *upper*) *添(더할 첨, 덧붙일 첨. 水부 8획, 총 11획. *add*) *花(꽃 화, 천연두 화, 씨 없앨 화. 艸부 4획, 총 8획. *flower*)

철벽으로 된 성과 끓는 못
金 城 湯 池 금성탕지

■ **出典** : 『한서』의 「괴통전(蒯通傳)」
■ **文意** : 아주 견고한 성을 이르는 말

故事逸話 진시황이 세상을 떠난 후 천하의 영웅과 호걸들은 진나라를 타도하기 위해 일어났다. 진나라의 위세는 하루 아침에 곤두박질쳤다. 이 당시 무신(武信)이라는 이가 조나라를 평정하고 무신군(武信君)을 칭했다.

이렇게 되자 범양에 있던 변설가 괴통이 서공(徐公)을 찾아가 사태의 심각성을 설명했다.

"당신은 위험에 처해 있습니다. 십여년 동안 관직에 있으면서 진나라의 혹독한 법을 시행했거든요. 그 덕분에 몸이 상하거나 재산을 빼앗긴 사람들로 인해 원망하는 마음이 깊어졌을 게 아닙니까. 이제는 진나라가 무너졌기 때문에 당신을 죽여 원한을 풀려 할 것입니다."

방책을 묻는 서공에게 괴통은 말했다.

"당신을 대신하여 무신군을 만날 것입니다. 항복을 한 현령을 함부로 대한다면 그는 죽기를 각오하고 싸울 것이오. 마치 '끓는 물에 둘러싸인 강철 성(金城湯池)'처럼 견고하게 수비할 것이라고 말입니다. 그러나 당신이 각국 현령들을 대접한다면 그들은 앞다투어 항복해 올 것이라는 것도 말하겠습니다."

說文解字 ＊金(쇠 금, 금나라 금. 金부 0획, 총 8획. *gold*) ＊城(서울 성, 재 성, 보루 성. 土부 7획, 총 10획. *castle*) ＊湯(끓을 탕, 거꾸러질 탕. 氵부 9획, 총 12획. *fall prone*) ＊池(못 지, 증류이름 지. 水부 3획, 총 6획. *pond*)

거문고와 비파의 음이 화합한다
琴 瑟 相 和 금슬상화

■ **出典** : 『시경』의 「소아(小雅)」
■ **文意** : 부부 사이에 의가 좋음을 이르는 말

故事逸話 「소아」의 상체편(常棣篇)에는 한 집안의 화목함을 노래한 여덟 장의 시가 있다. 그 7장과 8장은 다음 같다.

처자들이 한 뜻이 되어
금과 슬 같으려면
형제들 한자리에 모여
기쁨이 앞서야 하네
집마다 화목하여서
처자들이 즐거우려면
형제의 도리 생각해보게
그게 앞섬을 알게 되리

그런가하면 『시경』의 「관저편」은 5장으로 되어 있다. 여기의 4장에 '요조숙녀(窈窕淑女) 금슬로써 벗한다(琴瑟之友)'고 노래하고 있다. 거문고와 비파를 타듯 얌전한 처녀를 아내로 맞이하여 사이좋게 지낸다는 뜻이다.

─────────────────────────────

說文解字 ＊琴(거문고 금. 玉부 8획, 총 12획) ＊瑟(큰 거문고 슬, 쓸쓸할 슬, 엄숙할 슬. 玉부 9획, 총 13획) ＊相(서로 상, 볼 상, 형상 상, 인도할 상. 目부 4획, 총 9획. *mutually*) ＊和(화할 화, 고를 화, 답할 화. 口부 5획, 총 8획. *even*)

|102
비단 옷을 입고 밤길 걷기
金 衣 夜 行 금의야행

■ 出典 : 『한서』의 「항우전」
■ 文意 : 남들이 나를 알아주지 않는 보람없는 일을 함

___故事逸話___ 홍문연(鴻門宴)의 잔치에서 모처럼 유방을 죽일 기회를
놓친 항우는 진나라의 성안으로 들어가 아방궁에 불을 지르고 진왕의 아
들 영(嬰)을 살해하였다. 사흘 동안 타오르는 아방궁을 술취한 낮으로 바
라보며 손에 넣은 미인들과 향연을 벌였다. 항우의 머릿속에는 한시라도
빨리 고향으로 돌아가 자신의 성공한 모습을 고향 사람들에게 보고 주고
싶은 심정이었다. 그때 한생(韓生)이라는 자가 말했다.

"이곳 관중은 산으로 막힌데다 지세가 견고합니다. 토지 또한 비옥하
므로 이곳에 도읍을 삼아 천하를 호령하는 것이 좋습니다."

그러나 항우의 생각은 달랐다. 불타는 아방궁이 있는 함양. 이곳은 폐
허에 불과할 뿐이었다.

"부귀를 얻고도 고향으로 돌아가지 않는다면 비단옷을 입고 밤길을
걷는 것(錦衣夜行)과 다름없는 일. 어느 누가 나를 알아줄 것인가?"

한생은 그 자리를 물러나 코웃음쳤다. 그는 항우를 원숭이에게 옷을
입히고 관을 씌운 것이라 비웃었다. 원숭이는 그러한 것을 오래 참고 견
디지 못하니, 바로 항우와 같은 초나라 사람의 성질이라 한 것이다. 그 말
을 들은 항우는 한생을 죽였다.

___說文解字___ ＊錦(비단 금, 金부 8획, 총 16획. *silk*) ＊衣(옷 의, 입을
의. 衣부 0획, 총 6획. *clothes*) ＊夜(밤 야, 혜질 야, 어두울 야. 夕부 5획,
총 8획. *night*) ＊行(갈 행, 행서 행, 순행할 행, 쓸 행. 行부 0획, 총 8획.
go)

103

죽었다가 다시 살아남

起 死 回 生 기사회생

■ **出典** : 『오월춘추』, 『여씨춘추』
■ **文意** : 죽음에 이른 환자를 살리거나 은혜를 베푸는 것

故事逸話 월(越)나라는 윤상(允常) 때에 눈부신 발전을 했다. 뒤를 이은 구천은 오왕 합려의 아들 부차와 한판을 벌인 것으로 역사의 한 페이지를 적신다.

합려의 공격을 받은 부천은 능수능란하게 응수하여 오왕 합려에게 부상을 입혔다. 이러한 전공을 올린 것은 '자살 부대' 덕분이었다. 오나라의 진영에 들어간 자살부대는 전투가 시작될 때에 갑자기 제 목을 찔러 분수처럼 피를 쏟았다. 군영 안에 어수선해지면 물밀 듯이 월나라의 병사들이 공격해 들어가 승리를 일궈낸 것이다.

이러한 작전에 의하여 오왕 합려는 부상을 입었으며 눈을 감기 전에 자신의 원수를 갚아줄 것을 태자인 부차에게 당부했다.

마침내 기원전 494년에 오나라의 왕이 된 부차는 월나라를 공격하여 구천의 항복을 받아냈다. 부인을 첩으로 바치고 나라의 모든 것을 주겠다는 굴욕적인 항복이었다. 오자서의 반대를 무릅쓰고 구천을 살려주겠다고 약속했다. 구천이 말했다.

"대왕께서 나를 살려주신 것은 마치 죽은 사람에게 살을 입혀준 것이나 다름없습니다(起死回生). 어찌 은혜를 잊겠습니까."

說文解字 ＊起(일어날 기, 기동할 기. 走부 3획, 총 10획. *rise*) ＊死(죽을 사, 마칠 사. 歹부 2획, 총 6획. *die*) ＊回(돌아올 회, 간사할 회. 口부 3획, 총 6획. *turn*) ＊生(목숨 생, 날 생, 잊지않을 생. 生부 0획, 총 5획. *born*)

갈림길에서 양을 잃다
岐 路 亡 羊 기로망양

■ 出典 : 『열자』 「양주편(楊朱篇)」
■ 文意 : 학문의 올바른 방법을 구하지 못하고 맹목적으로 나아감

故事逸話 ┃ 전국시대의 대학자인 양자의 이웃집에서 양 한 마리를 잃어버렸다. 그는 집안 식구들과 친척들을 데리고 찾아 나섰다. 양자가 그에게 말했다.

"양 한 마리를 찾는데 이토록 많은 사람이 필요합니까?"

"그곳은 갈림길이기 때문에 혼자서는 찾기가 어렵습니다."

상당한 시간이 지나 양을 찾으러 갔던 사람들이 빈손으로 돌아왔다. 양자가 그들에게 물었다.

"많은 사람들이 갔는데 어찌 양을 찾지 못했습니까?"

"갈림길이 너무 많아 할 수 없이 돌아왔습니다."

이 말을 들은 양자는 온종일 마음이 답답하였다. 그 모습을 지켜보던 한 학생이 그에게 말했다.

"선생님과 상관없는 일에 어찌 근심하십니까?"

"내가 생각하고 있는 것은 잃은 양이 아니라 학문을 추구하는 도리였다. 학문을 하는 데에 정확한 방향 없이 맹목적으로 이리저리 뚫고 나가는 것은 시간과 정력을 낭비할 뿐만 아니라 마치 갈림길에서 양을 잃은 것처럼 원하는 것을 찾을 수가 없다. 너희들은 이걸 모른다."

說文解字 ┃ ＊岐(갈림길 기, 산 이름 기, 날아가는 모양 기. 山부 4획, 총 7획. beanch) ＊路(길 로. 足부 6획, 총 13획. road) ＊亡(잃을 망, 없을 무. 亠부 1획, 총 3획. lose) ＊羊(양 양. 羊부 0획, 총 6획. sheep)

|105
기나라 사내의 걱정
杞 憂 기우

■ 出典 : 『열자』의 「천서편(天瑞篇)」
■ 文意 : 쓸데없는 근심과 걱정을 뜻하는 말

__故事逸話__ 주(周)나라 때에 하남성 가까이에 기(杞)나라가 있었다. 아주 작은 이 나라에 사는 한 사내는 자나깨나 걱정이 한아름이었다. 그 것은 하늘이 갑자기 무너지면 어찌하나 땅이 꺼지면 어찌 하나 등 등의 전연 불필요한 걱정이었다. 보다못해 친구가 충고했다.

"이보게, 하늘이 어찌 무너진단 말인가. 하늘은 공기가 있어 결코 그런 일은 생기지 않을 것이야."

"그럼 땅은 어떨까? 많은 사람과 짐을 실은 마차들이 오고 가므로 무너지지 않을까?"

"땅은 흙더미가 쌓였으므로 우리가 아무리 뛰고 달려도 끄떡없어. 그러니 안심하게."

그제야 이 사내는 근심을 덜어냈다. 열자는 이 얘기를 하고 나서 덧붙였다.

"그러나 다시 생각해보면 하늘과 땅이 무너지지 않는다고 생각하는 것은 옳은 일이 아니야. 하늘과 땅도 언젠가는 무너지겠지. 다만 그 시기를 우리가 모를 뿐이야. 그것은 우리가 생각할 수 없는 아득한 날의 문제니까. 살아가는 것도 그래. 죽음이 언제 온다는 사실을 모르니까 의욕이 있는 거지. 자신이 언제 죽는다는 통고라도 받았다면 삶이라는 게 얼마나 분안정 하겠는가 말이야."

___

__說文解字__ *杞(나라 기, 산버들 기. 木부 3획, 총 7획. *willow*) *憂 (근심 우, 걱정할 우. 心부 11획, 총 15획. *anxieous*)

|106
호랑이 등에 탄 형세
騎 虎 之 勢 기호지세

■ 出典 : 『수서』의 「독고황후전」
■ 文意 : 일을 중도에 그만둘 수 없는 형세를 가리킴

　　故事逸話　『삼국지』의 주역들이 하나둘 역사의 전면에서 사라지고 천하는 위(魏)나라의 수중으로 들어갔다. 다시 위나라는 진(晉)으로 이어졌으며 고작 50년을 버티다가, 오랑캐의 침공으로 진의 옛땅은 흉노 · 갈 · 선비 · 저 · 강의 오호(五胡)에 의해 점령되었고 이들은 추후 130년 동안이나 한민족에 대항하였다. 나라가 생겨나고 망하기가 여름날 팥죽 끓듯 한 이 때를 오호16국 시대라 하였으며, 이후 세월이 흘러 북방에서는 선비가 후위를 세웠으며 다시 동위 · 서위 · 북주 등으로 이어졌는데 이를 역사상 남북조 시대라 한다. 이 남북조 시대의 최후의 왕조인 북주의 의제가 죽자 외척인 양견이 실권을 잡았다. 당시 의제의 아들은 어렸으므로 실권은 양견에게 넘어갔다. 마침내 그는 선양 형식으로 어린 황제에게 보위를 이어받아 수(隋)나라를 세웠다. 이러한 성공의 이면에는 독고황후의 내조가 있었다.

　　"당신은 지금 호랑이 등에 올라탄 형세랍니다. 목적지까지 가지 않으면 결국은 호랑이에게 잡아먹히게 될 것입니다. 어떤 일이 있더라도 목적지까지 가야합니다."

　　아내의 격려에 양견은 힘을 얻었다.

　　說文解字　＊騎(말탈 기. 馬부 8획 총 18획. *ride*) ＊虎(범 호. 虍부 2획, 총 8획. *tiger*) ＊之(어조사 지, 갈 지, 이를 지. ノ부 3획, 총 4획. *this*) ＊勢(기세 세, 권세 세, 세도 세, 기회 세. 力부 11획, 총 13획. *power*)

기이한 보화는 잘 두면 큰 이득이 됨
奇 貨 可 居 기화가거

▪ **出典** : 『사기』의 「여불위열전」
▪ **文意** : 사람에게 투자하면 장차 큰 이득을 얻는다는 말

故事逸話 여불위(呂不韋)는 전국시대 말엽의 인물이다. 그는 막대한 자금을 투자할 사람을 찾아 나섰다. 언젠가 천하의 지도를 펼치고 들여다보다가 진(秦)나라에 뜻을 두었다. 당시의 진은 소왕(昭王)이 즉위하여 50년이 되었는데 실제 정치는 안국군이 하고 있었다. 여불위는 안국군의 서자 이인(異人) 공자가 조나라에 볼모잡혀 있다는 사실을 알아냈다. 여불위의 입에서 탄성이 쏟아졌다.

"참으로 진귀한 보물이야(奇貨可居). 잡아두어야지."

여불위는 계책을 꾸며 나갔다. 안국군에게는 20명의 아들이 있었는데 그가 총애하는 화양부인에게는 소생이 없었다. 여불위는 이인 공자를 화양부인의 양자로 삼아 장차를 도모하려는 생각이었다. 당시 이인 공자는 조나라의 공손건(公孫乾)이라는 장군의 집에 머물러 있었다. 그러므로 여불위는 그 집을 찾아갈 때마다 많은 선물과 재물을 가져가 환심을 샀다. 그리고 이인 공자에게서 언질을 받았다.

"내가 진나라로 들어가 화양부인의 양자가 되게 했습니다. 또한 그대를 이곳에서 탈출시켜 장차 진나라의 왕이 되게 할 것입니다. 장차 나의 공을 잊지 말아 주십시오."

說文解字 ❋奇(이상할 기, 숨길 기. 大부 5획, 총 8획. *strange*) ❋貨(재물 화, 팔 화, 물건 화. 貝부 4획, 총 11획. *property*) ❋可(옳을 가, 허락할 가, 가히 가. 口부 2획, 총 5획. *right*) ❋居(살 거, 곳 거, 항상 있을 거. 尸부 5획, 총 8획. *dwell*)

그물로 새를 굴에서 쥐를 잡는다
羅 雀 掘 鼠 나작굴서

■ **出典** : 『당서(唐書)』
■ **文意** : 재정이 극도로 악화되어 있음을 비유

故事逸話 안록난의 난이 일어나자 현종은 촉나라로 향하던 길에 마외파(馬嵬坡)에서 양귀비를 잃었다. 당시에 지금의 하남성 상구(商邱)는 장순(張巡)이라는 장수가 허원일(許遠一)과 함께 성을 사수하고 있었다. 그의 수하에는 3천여명이 있었는데 성을 포위한 반란군의 병력은 10여만이었다.

총력을 다한 반란군의 공격에도 성은 끄떡하지 않았다. 반란군들은 온갖 회유의 말을 해보았으나 그것도 헛수고였다. 시일이 경과되어 군량미는 바닥나고 병사들은 나무 껍질을 벗기고 종이를 끓여 마시며 허기를 달랬다. 또한 그물을 쳐 하늘을 나는 참새는 물론이려니와 굴 속의 쥐까지 잡아먹었다. 또한 장순은 자기의 아내를 죽여 국을 끓인 후 병사들에게 먹게 하였다.

마침내 반란군들이 성을 함락하고 장순은 죽임을 당하였다. 그러나 장순의 이 얘기는 많은 사람들에게 감명을 주었다. 대의가 분명한 사람은 어떠한 무력에도 굴하지 않는 기개가 있음을 알게 한 것이다. 그후 사람들은 이 얘기를 부분적으로 인용하여 재정이 극도로 악화된 상태를 '나작굴서' 또는 '나굴구궁(羅掘俱窮)'이라 하였다.

說文解字 *羅(그물 라, 늘어설 라. 网부 14획, 총 19획. *fowler's net*) *雀(참새 작, 검붉은 빛깔 작. 隹부 3획, 총 11획. *sparrow*) *掘(팔 굴, 움푹패일 굴. 手부 8획, 총 11획. *dig*) *鼠(쥐 서, 질병 이름 서. 鼠부 0획, 총 13획. *rat*)

|109
혼백이 땅에 떨어지다
落 魄 낙백

■ **出典** : 『사기』의 「역생육가열전」
■ **文意** : 뜻을 얻지 못한 사람에 대한 비유

故事逸話　역이기(酈食其;酈生)는 진류현 고양 사람으로 독서는 즐겨 했으나 끼니를 걱정할만큼 가난하여 먹을 것이 없었다(家貧落魄 無以爲依食業)는 것이다. 『사기』에 의하면, 그가 어떤 능력을 가졌는지 성안 사람들은 알아보지 못하였으며 모두들 미치광이 선생이라 조롱했다는 기록이다.

바로 이 무렵에 진승과 오광의 난이 일어났고 뒤이어 항우가 득세하고 또 얼마 뒤에는 유방이 군사를 이끌고 진류를 공격하고 있다는 소문을 들었다. 소문에는 이런 것도 있었다. 유방은 선비를 싫어하는데 어느때인가는 그들의 방문을 받자 얼른 갓을 벗겨 거기에 오줌을 누웠다고도 했다. 얼마후 역이기는 유방을 만나게 되었다. 이때 유방이 쉬고 있는 여사(旅舍)에는 두 여자가 발을 씻기고 있었다.

역이기가 자신을 소개했으나 유방은 못들은 척했다. 역이기는 쏘아부쳤다.

"그대는 진나라를 도와 봉기한 장수들을 치는 것이오!"

"무어라, 천하가 진나라의 학정에서 벗어나려고 몸부림을 치는데 그런 말을 하다니 미친놈 아닌가?"

"그렇게 잘 아는 놈이 손님맞이가 그 모양이냐?"

그제야 유방의 태도는 공손해졌다.

說文解字　＊落(떨어질 락, 하늘 락. 艸부 9획, 총 13획. *fall*) ＊魄(넋백, 넋잃을 탁. 鬼부 5획, 총 15획. *soul*).

|110
즐거워서 촉을 생각하지 않는다
樂 不 思 蜀 낙불사촉

■ 出典 : 『삼국지』

■ 文意 : 즐거움으로 인해 돌아감을 잊어버리다

故事逸話 오장원에서 제갈량이 죽은 이후 촉나라의 운세는 급격히 기울었다. 마침내 위의 대군이 촉의 성도를 무너뜨리자 유선은 항복할 수밖에 없었다. 위왕은 그를 안락공(安樂公)에 봉하고 위나라의 수도에서 살게 하였다. 당시 위나라에는 사마소가 득세하여 위왕 조모(曹髦)도 그를 다루는데 어려움이 많았다.

어느 날 사마소가 마련한 주연에서 촉나라의 음악이 연주되었다. 그때 유선을 따르던 촉나라 사람들은 깊은 상심에 젖었으나 유선의 표정에는 아무런 변화도 일어나지 않았다. 그를 향해 사마소가 물었다.

"공은 촉나라가 그립지 않소?"

"제가 이토록 즐거우니 촉이 생각나지 않습니다(樂不思蜀)."

연회가 끝나고 처소로 돌아오는 길에 측근들은 유선에게 따졌다.

"주군은 이곳 생활이 그토록 즐거우십니까?"

"어찌 즐겁겠는가. 사마소가 실권자니 나의 대답 여하에 따라 우리를 의심할 것이고, 그리되면 그대나 나 역시 위험해지지 않겠는가."

측근들은 자신들의 성급한 판단을 부끄럽게 여겼다. 또한 희로애락조차도 마음대로 표현하지 못하는 것에 목을 메었다.

說文解字 *樂(즐길 락, 풍류 악, 좋아할 요. 木부 11획, 총 15획. *enjoy*) *不(아니 불, 아니 부. 一부 3획, 총 4획. *not*) *思(생각 사, 생각할 사. 心부 5획, 총 9획. *think*) *蜀(나라 이름 촉, 애벌레 촉. 虫부 7획, 총 13획)

|111

낙양에 종이가 귀해지다
洛 陽 紙 貴 낙양지귀

■ 出典 : 『진서(晉書)』의 「문원전」
■ 文意 : 출판된 내용을 베끼므로 종이값이 오르다

__故事逸話__ 진나라의 대문호인 좌사(左思)는 자가 태충(太冲)으로 임치 사람이다. 그의 부친은 큰 기대를 하지 않았으나 훗날 열심히 학업에 정진하여 문장력이 풍부해졌다. 그는 고향인 임치를 노래한 「제도부(帝都賦)」를 1년여에 완성하였고, 이후 촉의 성도, 오의 건업, 위의 업을 노래한 3편의 부를 쓰기로 결심했다. 바로 이것이 중국 역사상 이름을 떨친 「삼도부(三都賦)」이다.. 이 부는 삼국의 수도 형세와 풍토 · 산물 등을 자세히 그려놓은 작품이었다. 당시 유명한 작가 육기(陸機)는 동생 육운(陸雲)에게 보내는 편지에서 좌사를 비웃는 글을 썼다.

"요즘 어떤 사람이 「삼도부」라는 글을 쓰는 모양인데 그것이 완성되면 그 종이로 술 항아리를 덮으면 될 것이다."

이윽고 좌사는 10여년의 노력 끝에 「삼도부」를 완성시켰다. 주목을 받지 못한 그는 황보밀(皇甫謐)에게 서문을 부탁했다. 이렇게 완성된 「삼도부」를 본 장화(張華)라는 학자는 '반고에 버금갈만한 최고의 작가'라고 추켜 세웠다. 이 말을 들은 낙양의 귀족들은 「삼도부」를 베끼기 위해 너도 나도 종이를 사는 바람에 값이 폭등했다.

__說文解字__ ＊洛(서울 락, 몰 락. 水부 6획, 총 9획. *capital*) ＊陽(볕 양, 밝을 양, 거짓 양. 阜부 9획, 총 12획. *sunlight*) ＊紙(종이 지, 편지 지. 糸부 4획, 총 10획. *paper*) ＊貴(귀할 귀, 존칭의 전두사 귀. 貝부 5획, 총 12획. *honorable*)

우물에 빠진 사람에게 돌을 던지다
落 井 下 石 낙정하석

■ **出典** : 유자후의 「묘지명(墓誌銘)」
■ **文意** : 화를 당한 사람에게 타격을 주다

故事逸話 유종원(柳宗元)의 자는 자후(子厚)다. 당송팔대가의 한사람인 그는 소년시절부터 문장을 잘 써서 이름이 널리 알려졌다. 뒷날 어사대부(御史大夫)가 되었을 때에 잘못을 범하여 옹주(雍州)로 죄천되어 사마를 지냈다가 유주자사가 되었다. 그 지방 사람들은 생전의 업적을 기려 나지현(羅池縣)에 사당을 건립하여 제사를 지냈다.

얼마후 한유는 소인배의 모함에 빠져 유종원이 죽자 그를 위하여 묘지명에 다음 같은 구절을 썼다.

<아, 선비는 곤궁할 때에 그 지조를 알겠도다. 오느날 어떤 사람들이 어두운 골목에 머물면서 서로 아껴주고 술과 음식을 나누며 노닐며, 마치 자기의 심장이라도 꺼내줄 듯이 친구라 하고, 천지를 가리키며 생사를 함께 하겠노라 말한다. 그러나 머리털만한 작은 이익이라도 생기면 서로 눈을 부릅뜨고 사람을 구분할 줄도 모른다. 그대가 만약 남에 의해 함정에 빠졌다면 그대를 구해주지 않을 뿐만 아니라 도리어 돌을 들어 그대에게 던지는(落井下石) 이런 사람이 아주 많다. 이렇게 개화되지 않은 금수와 같은 사람들은 그러면서도 스스로 가서 일하지 않으면서도 자기가 한 것이 옳다고 여기는가?>

說文解字 *落(떨어질 락, 마을 락, 쓸쓸할 락. 艸부 9획, 총 13획. *fail*) *井(우물 정, 저자 정. 二부 2획, 총 4획. *well*) *下(아래 하, 내릴 하. 一부 2획, 총 3획. *lower part*) *石(돌 석, 운석 석, 비석 석. 石부 0획, 총 5획. *stone*)

따뜻한 옷에 음식을 배불리 먹음
暖 衣 飽 食 난의포식

■**出典** : 『맹자(孟子)』
■**文意** : 생활에 불편함이 없음

故事逸話 맹자가 60세 때에 등문공(滕文公)이 그를 초청하여 나라를 살찌게 하는 방법을 물었다. 맹자는 무엇보다 백성들의 생업에 관해 들려주었다. 맹자가 돌아간 후 필전(畢戰)이라는 신하를 보내 다시 물었다.

"어진 정치는 먼저 밭의 경계를 명확히 하는 데서 시작합니다. 경계가 분명하지 못하면 아무리 정전법(井田法)을 시행한다 해도 균형이 깨어지고 불공평한 일이 생기게 됩니다. 역대의 탐관이나 폭군들의 특징은 거의 불확실한 점이 특징입니다."

맹자는 다시 말한다.

"인간의 생활은 분업을 하는 것입니다. 어찌 자급자족 만으로 나라의 기틀을 공고히 하겠습니까?"

당시 허행이라는 이가 송나라에서 들어와 살고 있었다. 그는 묵자의 영향을 받은 인물로 등문공에게 이렇게 말했다.

"쓰지 않은 물건은 서로 바꾸는 것이 좋습니다. 군왕과 선각자들이 강을 막고 농사짓는 법을 가르쳐 주어 백성들은 따뜻한 옷을 입고 배불리 먹고사는 것(暖衣飽食)입니다."

說文解字 ＊暖(따뜻할 난, 더울 난. 日부 9획, 총 13획. *warm*) ＊衣(옷 의, 입을 의. 衣부 0획, 총 6획. *clothes*) ＊飽(배부를 포, 물릴 포. 食부 5획, 총 14획. *be fed up*) ＊食(먹을 식, 밥 식, 먹을 사. 食부 0획, 총 9획. *eat*)

누가 형인지 동생인지 분간이 어려움
難 兄 難 弟 난형난제

■ 出典 : 『세설신어』의 「덕행편」
■ 文意 : 서로가 비슷할 때에 쓰는 말

故事逸話 후한 때의 인물 진식(陳寔)은 방에 들어온 대들보 위의
도둑을 감화시켜 내보냈다는 유명한 일화가 있다. 바로 이 진식이라는
인물이 낭능후(郞陵侯)를 지낸 순숙(荀淑)의 집을 찾아갔다. 그와 동행한
세 아들은 진기(陳紀) · 진심(陳諶) · 진군(陳群)이었다.

순숙은 워낙 검소하여 노복도 없이 손님을 맞아들였다. 어린 막내딸만
을 방에 두고 나머지 일곱 아들은 심부름 시켰다. 이때 궁성의 점쟁이 태
사(太史)가 임금에게 아뢰었다.

"덕성이 동쪽 순의 집에 다 모여 있습니다."

한 번은 진식이 친구와 어디를 가기로 기다렸는데 늦게 오자 먼저 출
발했다. 나중에 온 친구가 진식을 욕하자 진기는 아버지와 정오에 약속
하고 늦게 온 사람이 신의를 져버렸다고 따졌었다.

진기의 아들과 사촌들 간에는 항상 자기 아버지의 공적과 덕행에 관하
여 논쟁을 벌였다. 그들은 결말이 나지 않자 할아버지 순식에게 판정을
내려달라고 요구했다. 이때 진식은 이렇게 말했다.

"원방도 형 되기도 어렵고 계방도 동생 되기가 어렵다(元方難爲兄 季
方難爲弟)"

說文解字 ＊難(어려울 난, 근심 난, 꾸짖을 난. 隹부 11획, 총 19획.
difficult) ＊兄(어른 형, 맏 형. 儿부 3획, 총 5획. *elder brother*) ＊難(어
려울 난, 근심 난, 꾸짖을 난. 隹부 11획, 총 19획. *difficult*) ＊弟(아우 제,
동생 제. 弓부 4획, 총 8획. *younger brother*)

|115

남쪽 나무가지 아래의 꿈
南 柯 一 夢 남가일몽

■ **出典** : 이공좌의 『남가기(南柯記)』
■ **文意** : 인생의 부귀 영화가 덧없음

___故事逸話___ 당나라 덕종 때에 광릉 지방에 순우분(淳于雰)이라는 사람이 있었다. 그의 집 남쪽에는 큰 느티나무가 있었는데 술이 취하면 이따금씩 고목이 만들어 주는 그늘에서 잠을 자곤 하였다.

하루는 친구들과 술을 마시고 잠이 들었는데 자줏빛 의복을 입은 사람이 나타났다. 그 사내는 땅속 나라 괴안국(槐安國) 사람이었다. 순우분이 따라가자 성문이 있고 현판에는 「대괴안국」이라고 씌어 있었다.

성문이 열리고 몇 번이나 사람들이 오락가락 뛰어다니더니 마치 오래된 친구처럼 왕이 나와 반겼다. 이곳에서 국왕의 사위가 된 순우분은 남가지방에 내려가 정치에 힘을 써 그 고장을 살기좋게 만들었다.

바로 그 무렵에 단라국(檀羅國)의 군대가 쳐들어왔다. 나라에서는 순우분을 총사령관으로 삼아 막게 하였다. 적은 순우분을 깔보고 공격해 왔으나 여지없이 참패를 당했다. 다시 중앙으로 올라온 순우분은 더욱 세력이 확장되었다. 위협을 느낀 왕은 그를 가두었다. 순우분은 이러는 와중에 깨어났다.

그리고는 느티나무 밑동을 파보았다. 거기에는 수많은 개미들이 움직거리고 있었다.

___說文解字___ *南(남쪽 남, 앞 남. 十부 7획, 총 9획. *south*) *柯(가지 가, 도끼자루 가. 木부 5획, 총 9획. *branch*) *一(한 일, 정성스러울 일, 오로지 일. 一부 0획, 총 1획. *one*) *夢(꿈 몽, 어두울 몽, 환상 몽. 夕부 8획, 총 11획. *dream*)

140 남가일몽(南柯一夢)

강남의 귤이 강북에 심으면 탱자
南 橘 北 枳 남귤북지

■ **出典** : 『안자춘추』
■ **文意** : 기후와 풍토에 따라 달라짐을 비웃는 말

故事逸話 춘추시대에 유명한 안영(晏嬰)의 소문을 듣고 초나라의 영왕(靈王)이 초청했다. 수인사가 끝난 뒤 영왕이 말문을 열었다.

"제나라에는 그렇게 사람이 없습니까?"

빈정거리는 물음은 안영의 키가 너무 작았기 때문이었다.

"무슨 말씀입니까?"

"제나라 사신으로 선생을 보낸 걸 보면 어지간히 사람이 없었던 모양입니다."

"제나라에서 사신을 보낼 때 상대편 나라에 맞게 사람을 선별합니다. 작은 나라에는 키가 작은 사람을 큰나라는 키큰 자를 보냅니다."

그때 포교가 죄인 한사람을 끌고 지나갔다. 죄인은 물건 훔친 자로서 제나라 사람이라는 것이었다. 영왕은 코웃음치며 빈정댔다.

"제나라 사람들은 도둑질을 잘 하는 모양입니다. 어떻게 잡혀오는 사람이 한결같이 제나라 사람입니다."

"강남에 있는 귤을 강북에 심으면 탱자가 됩니다. 선량한 제나라 사람이 도둑질하는 것은 분명 기후나 토질 탓일 것입니다."

그제야 영공은 자신의 무례를 사과했다.

說文解字 *南(남녘 남, 앞 남, 금 남. 十부 획, 총 9획. *south*) *橘 (귤 귤. 木부 12획, 총 16획. *orange*) *北(북녘 북, 북쪽에 갈 북. 匕부 3 획, 총 5획. *north*) *枳(탱자 지, 해할 기, 사다리 기. 木부 5획, 총 9획. *hedge*)

큰 강도 처음에는 잔을 띄울 정도
濫 觴 남상

■ 出典 : 『순자』의 「자도편」
■ 文意 : 모든 일은 가장 작은 것에서부터 시작된다

故事逸話 공자의 제자 가운데 자로(子路)라는 인물이다. 그는 다혈질인 탓에 무엇에나 불쑥 화를 잘 내었다. 언제나 어린애처럼 굴었으며 칭찬해 주면 무척 좋아했다. 스승이 말했다.

"온통 헤어지고 낡은 옷을 입고도 표범 가죽으로 만든 값비싼 옷을 입은 사람과 나란이 서도 부끄러운 줄을 모르는 이는 자로뿐이다. 내 도가 행치를 못하니 차라리 배를 타고 어디론가 정처없이 떠나고 싶다. 따라나설 사람은 역시 자로 뿐이다."

스승의 말은 이어졌다.

"양자강의 근원은 민산(岷山)에서 시작되었다. 그 시작은 극히 미미했다. 분량도 적었고 물의 흐름도 고요했다. 이를테면 겨우 '잔을 띄울 정도(濫觴)라고나 할까?' 그러나 차츰 아래로 내려올수록 물의 양이 불어 빠름은 급해지고, 사람은 배를 타고 다니며 이곳에 빠질까를 근심하였다. 세상 이치도 이와 같은 것이다. 처음에는 선한 일을 하지 않고 나쁜 쪽으로 기울어지면 나중에는 걷잡을 수 없는 지경에 처해지는 것이다. 지금 자로 너는 좋은 옷을 입고 좋아하고 있으나 그 허물을 말할 사람은 나밖에 없는 것 같다."

자로는 즉시 밖으로 나갔다. 그리고는 좋은 옷을 벗어버리고 평소에 입었던 허름한 옷으로 갈아입고 들어왔다.

說文解字 *濫(넘칠 람, 담글 람. 번질 람. 氵부 14획, 총 17획. *over flow*) *觴(잔 상, 술 마실 상. 角부 11획, 총 18획. *wine cup*)

|118
수레는 남쪽으로 바퀴는 북으로 간다
南 轅 北 轍 남원북철

■ 出典 : 『사기』
■ 文意 : 실제의 행동과 주관이 반대되는 경우

　　故事逸話　전국시대에 위(魏)나라의 왕이 조나라의 수도 한단을 공격했다. 이때 여행중인 계량(季梁)이 급히 돌아와 말했다.

　　"제가 길에서 어떤 사람을 만났는데 그는 마차를 타고 북쪽으로 가고 있었습니다. 그런데 말머리는 남쪽을 향하고 있었습니다. 이상한 일이잖습니까, 그래서 다시 물었더니 그 사람은 '나는 노자가 넉넉하고 내 마부도 마차를 모는 기술이 넉넉합니다' 하잖습니까. 그리고는 쏜살같이 마치를 몰고 달려가 버리지 뭡니까."

　　계량은 이번에는 위왕에게 말했다.

　　"지금 대왕께서는 나라가 크다는 것을 이유로 조나라의 한단을 공격하려고 합니다. 이것은 이름을 세상에 널리 떨칠 수 없을 뿐만 아니라 이런 방법으로 나아가는 것은 대왕의 목표와는 멀어지게 됩니다. 조금 전에 수레를 끌고 가던 사람처럼 생각하는 것과 마차가 가는 방향이 다른 이치와 같습니다."

　　이것은 상대를 굴복시키는 것은 무력이 아니라 모름지기 덕이어야 한다는 의미였다. 여기에서 '원(轅)'은 고대 마차 앞면의 지렛대를 말하고, '철(轍)'은 땅에 패인 마차 바퀴의 흔적을 가리킨다.

　　說文解字　＊南(남녘 남, 남으로 향할 남. 十부 7획, 총 9획. *south*) ＊轅(끌채 원. 車부 10획, 총 17획. *thill*) ＊北(북녘 북, 달아날 배. 匕부 3획, 총 5획. *north, run away*) ＊轍(바퀴자국 청, 흔적 철. 車부 12획, 총 19획)

엉터리로 불어댐
濫 吹 남취

- **出典** : 『한비자(韓非子)』
- **文意** : 무능한 사람이 유능한 체 하는 것을 나타냄

故事逸話 제나라의 선왕(宣王)이 사람들에게 우(芋)라는 악기를 불게 하였는데 인원은 3백여명이었다. 이러한 합주에 남곽처사라는 이가 악기를 불겠다고 나섰다. 선왕은 기뻐하며 그를 합주에 끼어넣었는데 어떤 이가 옳지 않음을 주장했다.

"많은 인원이 합주를 하면 악공 가운데 누가 진짜이고 거짓인지를 분간할 수 없습니다. 마땅히 이들 가운데 엉터리 악사들을 가려내야 합니다."

그러나 선왕은 못들은 척했다. 선왕이 세상을 떠나고 민왕이 즉위했다. 다시 예전의 신하가 나섰다.

"대왕마마, 합주를 하는 악사 가운데 엉터리가 있습니다. 마땅히 그들 가운데 엉터리를 가려내야 합니다."

"그리하라."

민왕은 그 말을 옳게 여기고 한사람씩 독주(獨奏)를 시켰다. 그러자 뜻밖의 일이 벌어졌다. 3백여명 가운데 상당수의 악사들이 야반도주를 한 것이다. 그 중에는 남곽처사도 끼어 있었다. 이를 빗대어 한비자가 말했다.

"나라를 잘 다스리려면 각각 개인별 능력을 헤아리는 것도 중요한 일이다."

說文解字 *濫(함부로 남, 담글 람, 넘칠 람. 水부 14획, 총 18획. *overflow*) *吹(불 취, 숨쉴 취. 口부 4획, 총 7획. *blow*)

120

남방의 풍악은 미약하다
南 風 不 競 남풍불경

■ 出典 : 『춘추좌씨전』
■ 文意 : 힘이나 기세가 약한 것을 나타냄

故事逸話 초의 장왕 17년에 초나라는 진(晉)나라를 따르던 정나라를 공격하였다. 3개월 여의 공격 끝에 정나라가 무너지자 군주인 양공은 옷을 벗어 던지고 항복하였다. 이것은 역대의 제후들이 하던 습속을 따르는 방법이었다. 이 당시 진나라는 정나라를 도우려고 군사를 파견했으나 이미 초나라에 공략당했다는 보고를 받고 크게 의기소침하였다. 이를 본 초장왕은 손수 군대를 끌고 나와 진의 군사를 공격하여 대승을 거두었다. 이렇게 되고 보니 이미 초나라에 항복한 정나라는 자기를 구하러 온 나라와 달갑지 않은 싸움을 벌인 셈이다. 이것을 역사서에서는 '필(邲)의 싸움' 이라하여 진 · 초의 패권 다툼에 버금 가는 큰 전투로 여겼다.

홍미로운 것은 초장왕 5년 때의 일이다. 재상인 자경에게 정나라를 공격하게 하였다. 그러나 정나라에서는 성문을 굳게 잠근 채 응전을 하지 않자 동사자만 속출했다. 소식을 들은 악공 사광이 말했다.

"남방의 음악은 미미하고 힘이 없어 처음에는 요란하지만 미미해. 아무 소득이 없을 거야."

결과는 사광의 말처럼 되었다.

說文解字 *南(남녘 남, 앞 남, 성 남. 十부 7획, 총 9획. *south*) *風(바람 풍, 풍속 풍, 경치 풍. 風부 0획, 총 9획. *wind*) *不(아니 불, 않을 불. 一부 3획, 총 4획. *not*) *競(다툴 경, 굳셀 경, 성할 경. 立부 15획, 총 20획. *complete*)

|121
주머니 속의 송곳
囊 中 之 錐 낭중지추

■ 出典 : 『사기』의 「평원군열전」
■ 文意 : 유능한 사람은 어디에 있어도 존재가 드러남

故事逸話 진나라가 조나라의 수도 한단을 포위하자 왕은 급히 평원군(平原君)을 초나라에 보내 동맹을 맺게 하고 원병을 청하였다. 이때 평원군은 급히 스무 명의 식객들을 가려 뽑았는데 뽑혀진 인원은 열아홉 명이었다. 이때 식객 중의 한사람인 모수(毛遂)라는 이가 평원군을 찾아왔다.

"부족한 한 명은 저를 뽑아 주십시오."

"그대는 우리집에 온 지 얼마나 됐는가?"

"3년입니다."

평원군은 달가운 표정이 아니었다. 3년 동안 있으면서 드러나지 않은 것은 특별한 재주가 없어 그러는 것이라는 생각이었다. 그런데도 모수는 고집을 피웠다.

"어허, 고집을 피울 때가 아니래도 그러는구만."

모수가 말했다.

"저를 주머니에 넣어주셨다면 진즉에 뚫고 나왔을 것입니다. 그러므로 이번에는 나으리께서 주머니에 넣어 주십사 청을 드린 것입니다."

허락을 받은 모수는 임기응변에 능하여 일을 성사시켰다.

說文解字 ＊囊(주머니 낭, 떠들썩할 낭. 口부 19획, 총 22획. *sack*) ＊中(가운데 중, 안쪽 중. ㅣ부 3획, 총 4획. *midst*) ＊之(갈 지, 의지 지, 어조사 지. ノ부 3획, 총 4획. *this*) ＊錐(송곳 추, 金부 8획, 총 16획. *gimlet*)

|122
다리 없는 두 마리 이리의 곤경
狼 狽 不 堪 낭패불감

■ **出典** : 『후한서』의 「이고전(李固傳)」
■ **文意** : 조급한 나머지 조치를 잘못함

故事逸話 ┃ 낭패(狼狽)는 전설상의 동물이다. '낭'은 태어날 때부터 뒷다리 두 개가 없거나 아주 짧다. 그런가하면 '패'는 앞다리 두 개가 없거나 너무 짧다. 그러므로 두 녀석이 걷기 위해서는 서로 철저한 보조를 맞추어야 한다.

그런데 이 두 녀석은 성격이 전연 다르다. '낭'은 성질이 흉폭하지만 지모가 부족하고, 반대로 '패'는 순한 듯 싶으면서도 지모가 뛰어나다. 그러므로 함께 먹이를 찾아 나갈 때에는 '패'의 말을 따르지 않을 수 없다. 그러다가도 마음이 바뀌지면 문제가 생긴다. 만약에 서로 고집을 피운다면 움직일 수가 없으므로 어느 구석에 쳐박혀 굶어죽을 수밖에 없는 노릇이다.

이러한 '낭'이나 '패'는 한결같이 犭(犬) 변으로 이루어졌다. 옥편을 뒤적이면 한자에서 犭(犬) 변이 붙은 글자는 모두 동물이거나 동물의 특성을 함축시킨 글자임을 알 수 있다. 이를테면 여우(狐)나 개(狗), 돼지(狙), 삵쾡이(狸), 고양이(猫) 등등이다.

또 『산해경』에 교활(狡猾)이라는 말도 나온다. '교'나 '활'도 犭(犬) 변이다. 이것들 역시 동물 이름이다.

說文解字 ┃ ＊狼(이리 랑, 거스를 랑. 犬부 7획, 총 10획) ＊狽(짐승이름 패. 犬부 7획, 총 10획) ＊不(아니 불, 없을 불, 아니 부. 一부 3획, 총 4획. *not*) ＊堪(견딜 감, 이길 감, 하늘 감. 土부 9획, 총 12획. *endure*)

|123
안의 근심과 밖의 재난
內 憂 外 患 내우외환

▪ **出典** : 『사기』
▪ **文意** : 근심과 걱정 속에 살아감

　　故事逸話 │ 기원전 579년. 송나라는 서문 밖에서 진(晉) · 초(楚)를 설득하여 맹약을 체결했다. 서로 불가침의 규약을 지킴으로써 평화를 도모하고 한쪽이 이를 어길 때엔 나머지 두 나라가 연합하여 공격한다는 것이 골자였다. 화원이라는 대부가 조인한 지 3년만에 맹약은 깨어졌다. 또 이듬해인 575년에는 진의 영공과 초의 공왕 사이에 마찰이 생겨 언릉(焉陵)이라는 곳에 대치했다.
　　이 전투에서 초나라 공왕이 눈에 화살을 맞고 패주하더니 나라의 기세가 크게 꺾이는 비운을 맞이했다.
　　이러한 일이 있기 전 낙서(樂書)라는 이는 진나라에 항거하는 정나라를 치기 위해 동원령을 내렸다. 초나라와 일전불사를 외치자 범문자가 반대했다.
　　"제후로 있던 자가 반란한다면야 당연히 토벌해야 하지만 그렇지 않은 상태라면 나라가 혼란해 집니다."
　　그러나 낙서의 생각은 달랐다.
　　"성인이라면 견딜 것이오. 우리는 밖으로 재난이 없으니 반드시 안으로 우환이 있을 것이오."

　　說文解字 │ ＊內(안 내, 들일 납, 여관 나. 入부 2획, 총 4획. *inside*) ＊憂(근심 우, 병 우, 앓을 우. 心부 11획, 총 15획. *anxiety*) ＊外(바깥 외, 처가 외. 夕부 2획, 5획. *outside*) ＊患(걱정할 환, 앓을 환, 근심할 환. 心부 7획, 총 11획. *anxiety*)

아내가 돕는 공을 가리킴
內 助 之 功 내조지공

■ **出典** : 『삼국지』의 「위서(魏書)」
■ **文意** : 아내가 집안 일을 잘 다스려 남편을 도움

故事逸話 | 조조(曹操)가 왕이 된 후 후계자를 누구로 삼을 것인가를 놓고 고민했다. 장자인 조비(曹丕)로 할 것인가, 아니면 문장에 뛰어난 조식(曹植)으로 할 것인가가 그의 고충이었다. 그러나 대세를 살펴보면 아무래도 장자를 택하는 것이 옳다는 생각에 보위는 조비에게 넘어갔다. 나중에 조비의 황후가 된 곽(郭)씨가 책략을 썼다는 소문이 돌았다.

그녀는 군(郡)의 장관 곽영의 딸이었다. 평소 영민한 딸의 품성을 알고 있었으므로 곽영은 이렇게 말할 정도였다.

"나의 딸은 여자의 왕이다."

조비는 즉위한 후에 3대 명제를 낳은 원후를 참소하여 죽게 하였다. 머리를 풀어 얼굴을 덮고 겨로 입을 틀어막아 죽였다. 문제가 원후를 폐하고 곽씨를 황후로 삼으려 들자 중랑으로 있던 잔잠이 상소했다.

"옛날의 제왕의 정치로는 겉으로 정치를 사람들뿐만이 아니라 내조지공도 있습니다."

이렇게 말하며 『역경』이나 『춘추좌씨전』에 대해 설명하고 곽황후를 세웠다. 내조지공에서 유래하였다.

說文解字 | *內(안 내, 들일 납, 여관 나. 入부 2획, 총 4획. *inside*)
*助(도울 조. 力부 5획, 총 7획. *help*) *之(이를 지, 이 지, 소유격 지, 갈 지. /부 3획, 총 4획. *go, this*) *功(공 공, 일 공, 공치사할 공. 力부 3획, 총 5획. *merits*)

늙은 말의 지혜
老馬之智 노마지지

■ 出典 : 『한비자』의 「설림편」
■ 文意 : 세상살이에는 경험에 의해 축적된 지혜가 도움된다

故事逸話 제환공이 고죽국 정벌에 나섰을 때였다. 정벌은 봄에 나 갔으나 전투는 한겨울까지 이어지는 등 시간을 끌었다. 당연히 길을 잃 어버리는 것은 당연했다.

"이런 때는 말의 지혜를 빌려야 합니다."

재상으로 있던 관중은 늙은 말을 풀어놓았다. 처음엔 이쪽 저쪽으로 어슬렁거리던 늙은 말은 천천히 길을 찾아나섰다.

한 번은 이런 일이 있었다. 어느 때인가 깊은 산속에서 먹을 물이 떨어 져 곤욕을 치렀다. 그러자 습붕이 말했다.

"개미란 녀석은 겨울에는 양지쪽에서 살고 여름에는 음지에서 삽니 다. 만약에 개미집이 땅 위의 한 치 높이에 있으면 반드시 여덟 자 밑에 는 물에 있습니다."

"어서 그런 곳을 찾아라!"

사람들은 얼마 후 개미집을 찾았다. 과연 습붕의 말대로 개미집 아래 를 팠더니 물을 얻을 수 있었다. 이렇듯 하찮은 개미집을 통해 귀한 물을 얻을 수 있었던 것이 이른바 '산지식'이다. 이것은 비록 미물이라도 움직임을 주시하여 결과를 예측할 수 있는 것이다.

說文解字 *老(늙을 로, 어른 로. 老부 0획, 총 6획. *old*) *馬(말 마, 추녀끝 마, 아지랑이 마. 馬부 0획, 총 10획. *horse*) *之(이를 지, 갈 지, 어조사 지. ノ부 3획, 총 4획. *this*) *智(지혜 지, 슬기 지. 日부 8획, 총 12획. *wisdom*)

|126

노서생이 늘 하는 말
老 生 常 譚 노생상담

■ **出典** : 『위서(魏書)』의 「관로전」
■ **文意** : 새로운 의견이 없는 늘 상투적인 말

故事逸話 위나라에 관로(管輅)라는 사람이 있었다. 그는 어려서부터 하늘에 떠 있는 별을 쳐다보는 것을 몹시 즐겼다. 점차 나이가 들어서는 『주역』의 오묘한 묘리에 빠져들었다. 어느날 이부상서 하안(何晏)이 그를 청하러 갔더니 상서인 등양이 관로와 환담 중이었다.

"요즘에 10여마리의 청파리가 내 코 위에 앉아 있지 뭡니까. 그것들은 아무리 쫓아도 날아가지를 않아요. 도대체 이 꿈이 뭔지를 해몽해 주십시오."

관로가 대답했다.

"옛날에 주나라 성왕을 보좌하던 주공께서는 항상 충심으로 직무를 수행하느라 앉아서 날을 밝히는 예가 많았습니다. 이로 인해 나라의 기틀을 공고히 할 수 있는 방법을 찾아내었으며, 각국의 제후들 역시 추앙했습니다. 이것은 모두가 제 도리를 지킨 것이지 점을 쳐서 액막이를 한 결과는 결코 아니었습니다. 현재 당신의 권위는 벌써 높은 데에 이르렀습니다. 그러나 덕행이 부족하여 위세를 부리는 경우가 많으니 이것은 좋은 현상이 아닙니다. 코는 하늘 가운데인데 청파리가 붙었으니 위험합니다."

說文解字 ＊老(늙을 로, 오래될 로. 老부 0획, 총 6획. *old*) ＊生(날 생, 살 생, 서투를 생. 生부 0획, 총 5획. *born*) ＊常(항상 상, 법 상, 정해진 바 상. 巾부 8획, 총 11획. *always*) ＊譚(이야기 담, 클 담. 言부 12획, 총 19획. *talk*)

|127

어미소가 송아지를 핥다

老 牛 舐 犢 노우지독

■ 出典 : 『위서』
■ 文意 : 자식에 대한 부모님의 사랑

故事逸話 건안 24년. 서기 294년에 유비와 조조가 한중을 놓고 쟁탈전을 벌였다. 군량미가 떨어진 조조는 견디기가 힘들었지만 물러서자니 아깝다는 생각을 하고 있었다. 그때 요리사가 닭국을 가져왔다. 국 속에는 몇 조각의 닭고기와 갈비뼈가 들어 있었다. 그날 저녁 하후돈이 들어와 암호를 물었을 때 '계륵(鷄肋)'이라 말해 주었다.

때마침 암호를 들은 양수는 회군하기 위해 서둘러 짐을 쌌다. 그것을 보고 하후돈이 묻자 양수가 대답했다.

"이곳은 싸워서 쉬이 승리를 얻지 못하고, 오래 머무른다 해도 별 이득이 없는 곳이네. 그러니 일찌감치 물러가려는 것이 바로 승상의 뜻이네."

군영을 순찰하던 조조는 그의 총명함에 감탄했다. 그러나 군영을 어지럽혔다는 이유로 처형했다. 일이 끝난 후 양수의 부친 양표(楊彪)가 몹시 초췌한 낯으로 조조에게 말했다.

"일찍부터 내 아들에 대한 선견지명이 없었던 탓에 잘 가르치지를 못했습니다. 그러나 지금은 아들을 잃고 보니 어미 소가 송아지를 핥는(老牛舐犢) 부모된 마음으로서의 슬픔만이 남아 있을 따름입니다. 참으로 가누기가 힘듭니다."

說文解字 *老(늙을 로, 오래될 로. 老부 0획, 총 6획. *old*) *牛(소 우, 별이름 우. 牛부 0획, 총 4획. *cow*) *舐(핥을 지. 舌부 4획, 총 10획. *lick*) *犢(송아지 독. 牛부 15획, 총 19획)

|128
공연히 애만 쓰는 것
勞 而 無 功 노이무공

■ **出典** : 『장자』의 「천운편」
■ **文意** : 수고를 했는데 공이 없음

故事逸話 공자가 위나라에 갔을 때였다. 사금(師金)이라는 이가 공자의 제자 안연(顔淵)에게 말했다.

"노나라와 주나라는 수레와 배만큼의 차이가 있습니다. 그런데 지금 주나라 때에 행하여겼던 도를 노나라에서 시행하고 있으니 이것은 마치 배를 육지에서 밀고 있는 것처럼 공연히 힘만 쓸 뿐 소득이 없으며(勞而無功) 몸에도 반드시 화가 미칠 것입니다."

그런가하면 『순자』의 「정명편」에도,

"어리석은 사람은 갈피를 잡을 수 없다."

이렇게 말했으며 덧붙이기를,

"이런 사람은 요령도 부족하여 무언가를 열심히 말하는 것 같지만 공이 없다."

그런가하면 『관자』의 「형세편」에는,

"옳지 못한 것에는 편을 들지 말라."

이것은 경고의 말이다. 옳지 못한 일에 편을 드는 것은 공연히 수고스러울 뿐 전연 공이 없다는 것이다. 그런데도 사람들은 알게 모르게 이것을 지키지 않는다.

說文解字 ＊勞(일할 로, 위로할 로. 力부 10획, 총 12획. *work*) ＊而(말 이을 이. 而부 0획, 총 6획) ＊無(없을 무, 대체로 무, 허무의 도 무. 火부 8획, 총 12획. *not exist*) ＊功(공 공, 공치사할 공, 일 공. 力부 3획, 총 5획. *merits*)

|129
나이가 들수록 건강해야 한다
老 益 壯 노익장

■ **出典**: 『후한서』의 「마원전(馬援傳)」
■ **文意**: 늙을수록 건강에 힘써야 함

故事逸話 후한 때의 인물인 마원(馬援)은 어려서부터 큰 뜻을 품었었다. 글을 배우고 무예를 익혀 문무겸존의 명장이었으나 부풍군의 하급 관리로 있었다. 그의 직책은 죄수들을 호송 · 관리하는 것이었다. 언젠가 죄수들을 호송할 때에 그들이 너무 가엾다는 생각이 들어 앞 뒤 볼 것이 풀어주었다.

"여기서 어물거리지 말고 멀리 도망 가라."

마원은 북방으로 도망가 목축을 하여 큰 부자가 되었다. 많은 재산을 친구와 친척들에게 나누어주고 스스로 검소한 생활을 즐겼다. 그는 친구들에게 말했다.

"대장부의 의지는 어려울 때엔 더욱 견고하며 늙었을 때는 더욱 군세어야 한다(大丈夫爲志 窮當益堅 老當益壯)."

이 무렵은 신(新)나라를 세운 왕망의 폭정이 극에 달했었다. 곳곳에서는 폭정에 항거하는 반란이 일어났다. 이때 마원은 훗날 광무제가 된 유수를 찾아가 중용되었다. 62세가 되었을 때 먼길을 삼가라는 광무제의 말에 마원은 펄쩍 뛰었다.

"소신이 62세이나 아직은 갑옷을 입고 말을 탈 수 있습니다."

이로인해 후세 사람들은 노익장(老益壯)이라 표현했다.

說文解字 ＊老(늙을 로, 오래될 로. 老부 0획, 총 6획. *old*) ＊益(더할 익, 보탬 익, 보람 익. 皿부 5획, 총 10획. *dish*) ＊壯(씩씩할 장, 장할 장. 士부 4획, 총 7획. *manly*)

푸른 숲에 사는 사람들
綠 林 녹림

■ 出典 : 『한서』의 「왕망전」
■ 文意 : 도적들의 소굴을 빗대어 이르는 말

故事逸話 | 전한을 강탈하여 세운 나라가 신(新)나라다. 신은 왕망이 세워 15년간 이어졌다. 그는 한나라를 강탈하여 황제가 된 후에도 모든 제도를 개혁하고 새로운 정책을 실현하였다. 그러므로 시대 상황에 따른 적절한 조치를 무시한 우격다짐식 개혁은 급기야 많은 부작용을 남기며 백성들을 혼란 속으로 몰고 갔다. 각지에서 반란이 일어난 것은 지극히 당연스러운 결과였다.

이때 신시(新市) 사람 왕광과 왕봉은 난민들을 잘 조정하여 추대를 받아 수령이 되었다. 그들은 관군에게 쫓겨 다니다가 이향취(離鄕聚)라는 마을을 공략하여 녹림산 속에 근거지를 마련하였다. 이들은 순식간에 8천여명으로 늘어났다.

한때 형주자사의 공격을 받아 위험하기는 했으나 그들을 잘 물리쳐 강하다는 소문이 난 탓에 각지에서 사람들이 모여들어 어느새 5만여의 큰 세력으로 발전했다. 이때 유수와 유현이 봉기하자 녹림의 지도자격인 왕광 등이 합세하여 큰 세력으로 봉기하였다.

녹림이라는 말은 글자 뜻풀이를 하면 '푸른숲'을 나타낸다. 그러나 이 말은 '산림(山林)'과는 다르다. 진나라 때의 청담파들처럼 산 속에 묻혀 지내는 이들을 '녹림처사'라고 하는 것은 대단히 잘못된 표현이다. 왜냐하면 그들은 도둑놈이 아니기 때문이다.

說文解字 | ＊綠(초록빛 록, 조개풀 록. 糸부 8획, 총 14획. *grass green*) ＊林(수풀 림, 많을 림. 木부 4획, 총 8획. *forest*)

사슴이 누구 손에 죽는가
鹿 死 誰 手 녹사수수

■ 出典 : 『사기』
■ 文意 : 누가 진나라를 탈취할 것인가

故事逸話 　중국의 북부 지역에는 오호(五胡)라 이름하는 흉노 · 갈 · 선비 · 저 · 강의 일곱 부족이 거주하고 있었다. 이들 오호 중의 갈 족 가운데 석륵(石勒)이라는 이가 있었다. 그는 처음에 병주 땅의 산서성 에서 살았으나 흉년이 들자 스스로 어떤 부자의 노예가 되었다. 석륵의 주인은 그의 언행을 보고 범상치 않음을 느끼고 각별하게 대해 주었다. 훗날 석륵은 낙양을 함락시키는 등의 공을 세우고 전조(前趙)의 대신이 되었으나 반란을 일으켜 왕이 되었다. 이른바 후조(後趙)라는 나라다. 그 가 어느날 대신들과 이런 얘기를 했다.

"내가 한고조와 같은 시기에 태어났다면 글세…, 그와 경쟁하기는 힘 들었겠지. 그러나 광무제 시대에 중원을 차지하기 위해 각축을 벌인다면 사슴이 누구 손에 죽을 지를 모르지(不知鹿死誰手)."

여기에서 말하는 사슴은 진(秦)나라다. 한때 한신의 모사였던 괴통(蒯 通)이 망해가던 진나라를 보고 말한 적이 있었다.

"진나라가 사슴을 잃었으니 천하의 호걸들이 모두 일어나 그 사슴을 차지하려고 쫓는구나."

이렇게 보면 석륵은 자신을 광무제에 비견한 것이다.

說文解字 　＊鹿(사슴 록, 권좌 록. 鹿부 0획, 총 11획. *deer*) ＊死(죽 을 사, 죽일 사. 歹부 2획, 총 6획. *kill*) ＊誰(누구 수, 옛날 수. 言부 8획, 총 15획. *who*) ＊手(손 수, 손바닥 수, 사람 수, 솜씨 수, 수단 수. 手부 0획, 총 4획. *hand*)

|132
푸른 잎이 무성하여 그늘이 지다
綠 葉 成 陰 녹엽성음

■ **出典** : 「두목(杜牧)의 시」

■ **文意** : 여자가 결혼을 하여 이미 자식이 많음을 비유

故事逸話 ┃ 당나라 때의 유명한 시인 두목(杜牧)은 할아버지 두우(杜佑)가 일찍이 대종과 덕종 때에 고관을 지낸 명문가의 출신이었다. 그는 어려서부터 성품이 강직하고 작은 일에 신중하였다.

그의 시정(詩情)은 호기롭고 씩씩하여 사람을 놀라게 하였다. 그러므로 당시의 사람들은 그를 두보(杜甫)와 비교하여 '대두', 두목을 '소두' 라 하였다.

태화 말년에 두목이 호주(湖州)를 여행할 때에 한 노파가 10여세 남짓의 여자 아이를 데리고 지나가는 것을 보았다. 마음이 끌린 그는 10년 후에 그녀를 맞아들이겠다고 말하고, 장차 그가 찾아오지 않으면 시집을 가도 좋다고 하였다.

두목이 호주로 가서 그 소녀를 찾은 것은 14년이 지난 뒤였다. 그 소녀는 이미 3년 전에 다른 사람에게 시집을 가 두 아이의 어머니가 되었다. 두목은 몹시 실망하여 한 수의 시를 지었다.

봄을 찾아감이 너무 늦었으니 / 꽃을 보지 못함을 원망할 수 없도다
광풍이 몰아쳐 붉은 꽃이 다 지고 / 녹음 무성한 가지에 열매만 가득하구나(綠葉成陰子滿枝)

說文解字 ┃ *綠(초록빛 록, 조개풀 록. 糸부 8획, 총 1획. *grass green*) *葉(잎 엽, 땅 이름 섭(艸부 9획, 총 13획. *leaf*) *成(이룰 성, 무성할 성. 戈부 3획, 총 7획. *accomplish*) *陰(응달 음, 가릴 음, 어두울 음. 阜부 8획, 11획. *shadow*)

|133

공을 따져 상을 내림

論 功 行 賞 논공행상

■ **出典** : 『삼국지』「위지 명제기」
■ **文意** : 공로의 크고 작음을 조사하여 상을 내림

故事逸話 ┃ 위(魏)나라의 2대왕 문제(文帝)는 한황실을 무너뜨리고 일종의 선위 형식을 빌어 천자에 올랐다. 그러나 이 당시는 삼국통일을 이룩하여 천자가 된 것이 아닌 삼국정립(三國鼎立)의 상태였다.

그런데 황태자 조예(曹叡)는 변변치 못한 인물이었다. 그러므로 문제 는 죽기 전에 맹장인 조진과 조휴, 또 유교에 밝은 진군, 백전노장 사마의 에게 자신의 사후의 일 처리를 부탁했다.

이로부터 3개월 후. 오나라의 손권이 스스로 군대를 이끌고 강하군을 공격하고, 제갈근과 장패 등이 양양 땅을 공격했다.

이때 강하에서는 태수 문빙이 손권을 격퇴시키고, 양양은 사마의가 오 군을 격파하여 장패의 목을 베었다. 그런가 하면 조휴는 심양에서 오나 라의 별장을 깨뜨리는 공을 세운다.

그러므로 명제는 장수들의 공적을 조사하여 상을 주었는데(論功行賞) '그 공에 따라 행하였다'고 기록되어 있다.

역사서를 살펴보면 나라를 새로 열거나 전쟁을 치르고 승리한 후에는 논공행상이 있었다. 이러한 논공행상에는 항상 소란스러운 잡음이 있었 다.

說文解字 ┃ ＊論(의론할 론, 정할 론. 言부 8획, 총 15획. *consult*) ＊ 功(공 공, 공치사할 공. 力부 3획, 총 5획. *merits*) ＊行(갈 행, 행위 행, 줄 항. 行부 0획, 총 6획. *walk*) ＊賞(상줄 상, 즐길 상, 기릴 상. 貝부 8획, 총 15획. *praise*)

134
높이 솟은 언덕
壟 斷 농단

■ 出典 : 『맹자』의 「공손축장구 하」
■ 文意 : 시장 등에서 이익을 독점하듯 판세를 좌지우지 함

故事逸話 맹자가 제나라의 선왕을 떠나 고향으로 가려 할 때였다. 왕은 시자(時子)라는 신하에게 조건을 붙여 급히 보냈다.

"잠시만 기다리십시오. 지금 대왕께서는 선생을 위해 집을 마련해 주시고 만종의 녹을 주겠다고 하십니다."

맹자가 대꾸했다.

"어허허, 내가 어찌 그런 일을 하겠는가. 내가 정작 부를 원했다면 어찌 십만종을 사양하고 만종만을 받겠는가."

이것은 10만종에 상당하는 객경이라는 벼슬을 사임한 것을 말한다. 맹자는 덧붙인다.

"그 옛날 계손이라는 이가 자숙의(子叔疑)를 평하였소. '벼슬이라는 것은 자신이 하기 싫으면 그만이지 어찌 제자로 하여금 그 자리를 잇게 하는가?' 하고 말일세. 부귀는 누구나 좋아하네. 싫어하는 사람이 없지. 그러나 말일세. 만약에 마음이 천박한 사내가 있어서 어느 '우뚝한 지점'을 찾아가 거기에서 좌우로 보면서 시장을 독점했었네. 사람들은 그것을 천박하게 보았으므로 그때부터 세금을 징수하게 되었다는 것이야."

이러한 '농단'은 시대 상황의 조류를 타고 내려오면서 어떤 특정한 자가 권력을 한손에 쥐고 좌지우지 하는 것을 뜻한다.

說文解字 *壟(언덕 롱, 밭두둑 롱, 무덤 롱. 土부 16획, 총 19획. *hill*) *斷(끊을 단, 결단할 단. 斤부 14획, 총 18획. *cut*)

|135
계란을 위태롭게 쌓아올린 위험
累 卵 之 危 누란지위

■ **出典** : 『사기』의 「범수채택열전」
■ **文意** : 약각만 건드려도 금방 무너질 위험한 상태

故事逸話 국가존망위기(國家存亡危機)라는 말은 자주 등장하는 말이다. 뜻으로 보면 '누란지위'와 비슷하다.

위(魏)나라의 범수(范雎)가 중대부인 수가(須賈)의 부하로 있을 때였다. 수가의 종자로 제(齊)나라에 간적이 있었다. 제나라에서는 수가보다는 오히려 범수의 재능을 인정하자, 그 바람에 소견이 좁은 수하의 무함을 받아 죽을 처지에 빠졌다.

이때 위나라를 다녀와 진나라로 돌아가는 왕계(王季)라는 사신의 도움을 받아 장록(張祿)이라는 이름으로 진나라에 망명하게 되었다. 당시에 왕계는 진왕에게 말했다.

"위나라에서 온 장록 선생은 사세 파악에 혜안을 가지신 분입니다. 그분께서는 진나라는 계란을 쌓아놓은 것보다 위태롭다(累卵之危)고 합니다. 만약 진나라가 자신을 받아들인다면 평안을 유지할 수 있다는 것입니다. 이런 내용을 알릴 수 없기에 신이 모시고 왔습니다."

이렇게 하여 범수는 훗날에 '원교근공'이라는 계책을 내놓기도 하여 일을 성사시킨다. 그의 변론은 대외정책에 크게 작용하여 나라에 큰 공을 세운다.

說文解字 ＊累(묶을 루, 포갤 루, 괴롭힐 루. 糸부 5획, 총 11획. *tie*) ＊卵(알 란, 클 란. 卩부 5획, 총 7획. *egg*) ＊之(이를 지, 갈 지, 이 지. 丿부 3획, 총 4획. *go, this*) ＊危(위태할 위, 병이 중할 위, 험할 위. 卩부 4획, 총 6획. *dangerous*)

|136
글씨에 능해 붓을 가리지 않는다
能 書 不 擇 筆 능서불택필

■ **出典** : 『당서』의 「구양순전」
■ **文意** : 참다운 서예가는 도구의 구애를 받지 않는다

___故事逸話___ 당나라의 문화는 남북 뿐만이 아니라 주변국까지도 흡수시켜 총체적인 완성을 보였다. 이때에 서도(書道) 역시 발전하였는데, 우세남을 비롯하여 저수량, 안진경, 구양순 등이 유명하였다. 이들 가운데 가장 나이가 어린 저수량이 우세남에게 물었다.

"제 글씨를 지영(智英) 선생과 비교하면 어떻습니까?"

지영 선생이란 우세남이 글씨를 배웠던 중의 이름이다.

"지영 선생의 글씨는 한 자에 5만전을 주고 사겠다는 사람이 있었다. 아직 비교가 되지 않네."

"그럼 구양순 선생과 비교하면 어떻습니까?"

"내가 듣기로 구양순 선생은 결코 종이와 붓을 가리지 않고(能書不擇筆) 어떤 종이에 무슨 붓을 가지고 쓰든지 자기 마음 먹은 대로 썼다는 것이네. 자네도 그럴 수 있는가?"

우세남은 다시 지적해 주었다.

"자네는 손과 붓이 굳어 있네. 그것을 완전히 없앤다면 성공할 수 있을 것이네."

___說文解字___ *能(능할 능, 착할 능, 곰 능. 肉부 6획, 총 10획. *able to*) *書(글 서, 쓸 서, 글지을 서. 日부 6획, 총 10획. *write*) *不(아니 불, 않을 불. 一부 3획, 총 4획. *not*) *擇(택할 택, 차별할 택. 手부 13획, 총 16획. *select*) *筆(붓 필, 오랑캐 이름 필. 竹부 6획, 총 12획. *writing brush*)

술에 취해 진흙처럼 흐느적거림
泥 醉 니취

■ **出典** : 이백의 「양양가(襄陽歌)」
■ **文意** : 몹시 술에 취해 있는 상태를 가리킴

故事逸話 장경성(長庚星)이라는 별이 품안으로 들어오는 꿈을 꾸고 나서 아들을 얻었으므로 태백(太白)이라는 이름을 얻은 이백. 그의 용모는 수려하였으며 문학과 역사에도 조예가 깊었다. 그의 뛰어난 문재(文才)를 알게 된 현종은 이백에게만은 특별히 궁 안 법도를 따르지 않고 술을 마실 수 있는 특권을 부여하며 한림학사에 임명하였다. 그는 항상 술에 취해 있었다.

> 석잔을 마시면 크게 깨우치고
> 다섯 말을 마시면 자연과 합하네
> 술 세계의 오묘한 맛은
> 취하지 않으면 모르리라

언젠가 이구년이 주루에 올라가니 이백이 꽃을 앞에 놓고 그것을 감상하며 술을 마시고 있었다. 이러한 이백이 말년에는 호북성을 중심으로하여 양양의 명소를 돌아보았는데 그 당시 읊은 「양양가」의 내용이 그러했다. 주석서를 보면 '니취(泥醉)'는 술벌레로 표현한다. 뼈가 없는 이 벌레는 물을 만나면 활발히 움직이는데, 사람이 술에 취하면 흐느적거리는 것은 이 벌레 때문으로 풀이한다.

說文解字 ＊泥(진흙 니, 이슬맺힐 니. 水부 5획, 총 8획. *mud*) ＊醉(술 취할 취, 참혹할 취. 酉부 8획, 총 15획. *get drunk*)

|138
무엇이든 많을수록 좋다
多多益善 다다익선

- **出典** : 『사기』의 「회음후열전」
- **文意** : 감당할 능력이 있으므로 많을수록 좋다

故事逸話 ┃ 한(漢)나라를 세운 유방은 의심이 많은 인물이었다. 항우와 천하를 놓고 패권을 겨룰 때에는 틈을 찾지않았지만, 일단 천하가 통일되고 나자 생각이 달라졌다. 다시말해 천하가 통일된 시점에서는 한결같이 자신의 자리를 노리는 이리나 늑대쯤으로 생각된 것이다. 그러므로 어떻게든 꼬투리를 잡아 처형시킬 궁리를 모색하고 나섰다.

이점을 눈치챈 장량(張良)은 깊은 산속에 숨어 신선이 되기 위한 공부에 열중하였으나, 한신(韓信)은 여전히 한중에 머물러 있었다. 어느 날 유방이 이런 말을 했었다.

"짐은 장막 안에서 계산하는 것은 장량만 못하고, 백성을 굶주리지 않게 하는 것은 소하만 못하다. 또한 싸우면 이기는 방법은 한신을 따를 수 없다."

그러면서 유방은 자신이 얼마나 거느릴 수 있겠느냐고 한신에게 물었다. 그것은 지나간 날들을 회고해 보는 자리였다.

"폐하는 10만명쯤이 적당합니다. 반면에 소장은 많을수록 좋습니다 (多多益善)."

병사의 수효가 많을수록 좋다는 뜻이다.

說文解字 ┃ ＊多(많을 다, 뛰어날 다. 夕부 3획, 총 6획. *abundant*) ＊多(많을 다, 넓을 다, 아름다울 다. 夕부 3획, 총 6획. *abundant*) ＊益(더할 익, 많을 익, 넘칠 익. 皿부 5획, 총 10획. *increase*) ＊善(착할 선, 많을 선, 길할 선. 口부 9획, 총 12획. *good*)

|139
인재가 아주 많다
多 士 濟 濟 다사제제

■ **出典** : 『시경』의 「대아(大雅)」
■ **文意** : 아무리 훌륭한 사람도 인재 없이는 일할 수가 없다

故事逸話 『시경』의 「대아편」에 있는 문왕(文王)이라는 시에는 하늘이 주(周)나라를 주었으니 당연히 덕이 있어야 유지됨을 훈계하는 내용이다.

문왕의 명성 온누리에 그칠 날이 없고
아, 이 나라 문왕의 자손. 무왕은 그 현손
무궁히 뻗어가며 이 땅의 모든 신하들
대대로 섬기어 받드는도다
대대로 빛나는 치적 매사는 한층 삼가도다
아, 훌륭한 인재들 있어 이 나라에 태어났도다
많은 인재들이 있으니 모두 나라의 기둥으로세
많은 인재들 있으니(多士濟濟) 문왕께선 마음 놓으시라

천명 사상이 강조된 위의 시에서 주회(朱熹)는 문왕이라는 시를 써왕을 훈계하기 위해 지었다고 풀이했다. 근거는 『여씨춘추』의 「고악편」에서 시를 인용한 점이다.

說文解字 ＊多(많을 다, 뛰어날 다. 夕부 3획, 총 6획. *abundant*) ＊士(선비 사, 무사 사, 일 사, 벼슬 사. 士부 0획, 총 3획. *scholer*) ＊濟(정할 제, 그칠 제, 단정할 제. 水부 14획, 총 17획. *cross*) ＊濟(정할 제. 水부 14획, 총 17획. *cross*)

짜던 베를 잘라 가르침
斷 機 之 交 단기지교

■ 出典 : 『후한서』의 「열녀전」
■ 文意 : 학업을 그만두는 것은 짜던 베를 끊음과 같다

故事逸話 ┃ 맹자가 집을 떠나 공자의 손자 자사(子思)의 문하에 들어가 공부를 한 지 얼마 안되어 '어머니가 보고싶다'는 이유를 들어 집으로 돌아왔다. 가난한 살림에 쪼들리면서도 자식만은 어떻게든 학업에 정진시켜 훌륭한 인재를 만들려는 어머니의 소망은 한순간 암담해졌다. 맹자의 어머니는 나직이 물었다.

"공부는 다 마쳤느냐?"

"아닙니다. 어머니가 보고 싶어 잠시 다니러 왔습니다."

맹자의 어머니는 말없이 한쪽에 놓인 칼을 들어 짜던 베를 잘라버렸다. 몇 길이나 된 베는 순식간에 무용지물로 변해버렸다. 맹자는 깜짝 놀라 물었다.

"어머니, 어찌된 일입니까?"

"네가 공부를 그만둔 것은 오랫동안 열심히 짜던 베를 중도에 자르는 것과 같다."

맹자는 방에 들어가지도 못하고 돌아서지 않으면 안되었다. 이러한 맹모의 가르침에 그는 공자 다음 가는 아성(亞聖)이 된 것이다. 요즘에도 많이 사용되는 단락이다. 원문에는 '단직(斷織)'으로 나와 있다.

說文解字 ┃ *斷(끊을 단, 조각 단. 斤부 14획, 총 18획. *cut*) *機(베틀 기, 기미 기, 계기 기. 木부 12획, 총 16획. *loom*) *之(이를 지, 갈 지, 이 지. ノ부 3획, 총 4획. *go, this*) *交(사귈 교, 바꿀 교, 섞일 교. 亠부 4획, 총 6획. *company*)

|141
창자가 끊어지는 슬픔
斷 腸 단장

■ 出典 : 『세설신어(世說新語)』
■ 文意 : 창자가 끊어지는 것같은 비통한 슬픔이나 마음의 상처

　　故事逸話　위의 '단장'이라는 말은 흔히 '단장지사'로 알려져 있다. 이를테면 애가 끊는다는 말이다.

　진나라의 환온(桓溫)이 촉나라로 가던 중, 삼협(三峽)이라는 곳을 지날 때였다. 그를 따라오며 시종 하던 사내가 숲속에서 원숭이 새끼 한 마리를 잡아왔다. 배가 떠나자 어미 원숭이가 울부짖으며 달려왔다. 뱃길은 백여리를 훨씬 지나 포구에 이르렀다. 그때 먼길을 달려온 어미 원숭이가 크게 소리 지르며 훌쩍 배에 올라탔다. 그러나 어미 원숭이는 이내 죽고 말았다. 배 안에 있던 사람들이 원숭이의 배를 갈라보니 창자가 한 치 어림으로 토막토막 끊겨 있었다. 어찌나 슬퍼했던 지 창자가 토막토막 끊긴 것이다. 소식을 들은 환온은 시종을 크게 꾸짖고 쫓아버렸다. '단장'이라는 단어에 대해 백락천의 「장한가」에는 다음과 같은 구절에 눈에 보인다.

　　촉나라의 산과 물은 푸르렀지만
　　성주의 마음은 아침저녁으로 어떠했을까
　　행궁에서 달을 보니 상심은 더하고
　　밤비에 방울 소리 들으니 창자가 에이누나

　　說文解字　＊斷(끊을 단, 조각낼 단, 갈길 단. 斤부 14획, 총 18획. cut) ＊腸(창자 장, 마음 장. 肉부 9획, 총 13획. intestiness)

|142
서시를 거스르다
唐 突 西 施 당돌서시

■ 出典 : 『진서』
■ 文意 : 자기를 낮추는 겸손한 말을 가리킴

故事逸話 서시(西施). 중국의 춘추시대에 월나라의 미인이다. 월왕 구천이 오나라의 부차에게 패한 후에 보내진 미인이다. 이 미인으로 인하여 부차는 정치를 돌보지 않고 날마다 가무 연락으로 세월을 보내다가 구천의 침입을 받아 멸망케 된다.

그런데 이 '당돌서시'는 진나라 주의(周顗)의 고사이다. 주의의 친구인 강량(康亮)이 어느 날 많은 친구들이 주의를 악광(樂廣)과 비교한다고 말했다.

악광은 진나라의 현인으로 그가 죽은 후에는 많은 사람들이 추모한 인물이었다. 본래 겸손하기 이를 데 없는 주의는 강량의 말을 듣고 난 후에 어떻게 자신이 악광과 비교하는가를 불안해하였다.

"이보시게, 무염(巫炎)은 본시 용모가 추악한 부인이시네. 또한 서시는 재색을 겸비한 미인이네. 그것을 갓난아이도 아는데 어찌 자네는 나를 악광과 비교한단 말인가? 그대가 그런 주장을 하면 무염을 서시와 똑같다고 말하는 것이니 이 어찌 서시를 거스르는 일(唐突西施)이 아닌가 말일세."

이 성어는 자신을 낮추는 말이다.

說文解字 ＊唐(당나라 당, 중국 당. 口부 7획, 10획) ＊突(갑자기 돌, 찌를 돌, 굴뚝 돌. 穴부 4획, 총 9획. *suddenly*) ＊西(서녘 서, 서양 서. 襾부 0획, 총 6획. *west*) ＊施(베풀 시, 퍼질 시, 옮을 이. 方부 5획, 총 9획. *hold*)

|143

사마귀가 앞발로 수레를 막음
螳 螂 拒 轍 당랑거철

■ **出典** : 『회남자』의 「인간훈」
■ **文意** : 분수를 모르고 날뜀

　故事逸話 　춘추시대 제나라 영공(靈公)의 큰아들인 광(光)은 훗날에 제장공(齊莊公)이 된다. 어느날 장공이 사냥을 나갔는데 백성들은 혹여 방해가 될새라 멀찍이 떨어져 왕의 행차에 지장을 주지 않으려 했다. 세상이 온갖 초록의 푸르름으로 물들어 있으니 마음까지도 넉넉해진 것이다.

　이때 장공이 탄 수레 앞에 처음 보는 벌레가 막아섰다. 풀빛 색깔을 가진 그 벌레는 기다란 몸을 쳐들고 바퀴를 구르지 못하도록 막는 시늉을 하며 막아섰다. 장공이 물었다.

　"어허, 쌍칼같은 팔을 휘두르는 저 벌레의 이름이 무엇이냐?"

　"사마귀입니다."

　"사마귀? 한데, 어찌 저러고 있는고?"

　"저 벌레는 앞으로 나아갈 줄만 알뿐 도무지 후퇴를 모릅니다. 그래서 저러고 있는 것입니다."

　장공은 너털웃음을 터뜨렸다. 무모하지만 용감한 병사와 같은 사마귀를 그냥 죽게 할 수 없다는 생각이었다. 그런 이유로 수레를 돌려 다음 목적지로 향하였다.

　說文解字 　＊螳(버마재비 당. 虫부 11획, 총 17획) ＊螂(버마재비 랑. 虫부 10획. 총 16획. 正字는 蜋) ＊拒(막을 거, 겨룰 거, 어긋날 거. 手부 5획, 총 8획. *defend*) ＊轍(바퀴자국 철, 옛날의 법도 철, 흔적 철. 車부 12획, 총 19획)

모든 일처리가 공평하다
大 公 無 邪 대공무사

■ **出典** : 『사기』

■ **文意** : 공명정대하게 일을 처리하다

故事逸話 춘추시대에 진(晉)의 평공이 어느 날 기황양(祁黃羊)에게 말하였다.

"남양현의 현장 자리가 비어 있는데 그대가 보시기에 누구를 보내면 좋겠소?"

기황양은 조금도 주저함이 없었다.

"해호(解狐)를 보내는 것이 좋겠습니다. 그러면 반드시 훌륭히 일을 처리할 것입니다."

"해호는 그대의 원수가 아닌가? 어찌 해호를 추천하는가?"

"공께서는 어느 누가 임무를 훌륭히 처리할 것인지를 물었지, 저의 원수가 누군가를 묻지 않으셨습니다."

평공은 곧 남양현으로 해호를 파견하였다. 임지에 도착한 해호는 맡은 바 임무를 충실히 이행하였다. 어느 정도 시간이 지난 뒤 궁안의 비어있는 법관자리에는 자신의 아들 기오(祁午)를 추천하였다. 평공은 곧 기오를 임명하였다. 기오는 법관으로서 매사를 공명정대하게 처리하여 백성들은 믿고 따랐다.

說文解字 ＊大(큰 대, 대개 대. 大부 0획, 총 3획. *big, great*) ＊公(공변될 공, 드러낼 공, 공적 공. 八부 2획, 총 4획. *fair, public*) ＊無(없을 무, 대체로 무. 火부 8획, 총 12획. *not exist*) ＊私(사사 사, 사사로이할 사, 은밀할 사. 禾부 2획, 총 7획)

|145
큰 그릇은 늦게 이루어진다
大 器 晩 成 대기만성

■ 出典 : 『삼국지』, 『후한서』
■ 文意 : 큰인물이나 그릇은 온갖 시련을 거친 후에 이루어진다

故事逸話 위(魏)나라에 최염(崔琰)이라는 장수가 있었다. 수염은 좋이 넉 자가 되었으며, 한눈에 대인의 기품이 있는 산동성 태생의 호걸이었다. 이 최염에게는 최림(崔林)이라는 사촌 동생이 있었다. 그는 젊었을 때에 주위로부터 업신여김을 받았다. 그때마다 그는 동생의 됨됨이를 알고 도와주었다.

"큰 종이나 그릇은 쉽게 만들어지는 게 아니야. 최림 역시 큰그릇이나 종처럼 오랜 시간을 걸려 만들어 지는 경우지."

최염의 예측대로 최염은 훗날 삼공의 자리에 올라 천자를 보필하였다. 그런가 하면 후한의 광무제 때에 북파장군 마원(馬援)은 시골을 떠날 때에 인사차 들르자 그의 형이 말했다.

"너는 대기만성형이다. 양공은 다듬지 않은 재목을 함부로 보이지를 않고 스스로 마음에 잘 들도록 다듬는다. 너도 자신의 재질을 잘 닦으면 나라의 동량이 될 것이다."

"알겠습니다."

그의 형은 마원이 '대기만성형'의 인물이라는 걸 알아보았던 것이다. 마원은 형의 격려를 벗어나지 않았다.

說文解字 ＊大(큰 대, 지날 대, 날 대. 大부 0획, 총 3획. *big*) ＊器(그릇 기, 도량 기, 쓰일 기. 口부 13획, 총 16획. *vessel*) ＊晩(늦을 만, 저물 만. 日부 7획, 총 11획. *evening*) ＊成(이룰 성, 평할 성, 거듭 성. 戈부 3획, 총 7획. *complete*)

|146
보름달처럼 둥그스름한 미인의 얼굴
大 團 圓 대단원

■ 出典 : 『당서(唐書)』
■ 文意 : 일의 마무리를 원만하게 짓다

<u>故事逸話</u> 백낙천의 「장한가」에는 현종과 양귀비의 사랑을 그리고 있다. 수왕 이모의 비인 양귀비를 불륜의 상대자로서 그린 것이 아니었기에 더욱 애틋하다.

「장한가」에는 양옥환의 살결을 읊을 때에 '온천수활세응지(溫泉水滑洗凝脂)'라고 읊고 있다. 즉, 미끄러운 온천물에 옥같은 살결을 씻었다는 것이다.

현종이 사랑한 양귀비. 그녀에 대한 현종의 마음은 절대적으로 빼앗겼다. 그러므로 잠시 그녀가 자리를 비우면 주위가 허전하여 견디기가 힘들었으니, 현종의 하루하루는 그녀로 인하여 천당과 지옥을 오락가락한 셈이다.

조정에서는 간신배들이 날뛰었다. 특히 이임보의 전횡은 국정을 도마 위에 올려놓은 듯 위태롭기 그지없었다. 따라서 '개원의 치'는 이미 빛바랜 뒤였다. 초기의 어진 정치는 퇴색할 대로 퇴색하였으며 간신배가 날뛰는 황궁을 향해 3도 절도사 안록산이 반기를 들었다. 난을 진정시키는 조건으로 양귀는 고력사에게 액살당하는 신세가 된다.

세상 사람들은 양귀비의 얼굴을 둥굴둥굴하고 원만하다고 평한다. 그것이 대단원이다.

<u>說文解字</u> *大(큰 대, 길 대. 大부 0획, 총 3획. *big*) *團(둥글 단, 덩이질 단, 모을 단. 口부 11획, 총 14획. *group*) *圓(둥글 원, 둘레 원, 원만할 원. 口부 10획, 총 13획. *round*)

크게는 같고 작게는 다르다
大 同 小 異 대동소이

■ 出典 : 『장자』의 「천하편」
■ 文意 : 그것이 그것 정도로 쓰임

　　__故事逸話__　천지만물은 '크게는 같고 작게는 다르다'고 하는 것이 장자(莊子)의 시각이다. 언젠가 장자의 친구 혜시(惠施)가 말했다.

　　"하늘은 땅보다 낮고 산은 연못보다는 평평하다. 해는 중천에 떠오르지만 장차는 기울어지고 만물은 태어나지만 언젠가 죽는다. 크게 보면 한가지지만 작게 보면 각기 다르다."

　　『장자』의 「소요유편」에 의하면, 인간의 기관은 육체적인 부분만이 듣거나 보는 것이 아니라 하였다. 정신적인 기관도 능히 들을 수 있다는 관점이다. 사람은 천박한 지식으로 인해 생각이 어두워지고 귀가 막히며 사물의 밝은 철리를 볼 수 없는 것이다. 그러므로 세상에서 말하는 지혜라는 것은 큰 도둑의 심부름꾼이라는 것이다.

　　『장자』의 「제물편」에 의하면, '모든 존재는 저것과 이것으로 구분된다. 그러나 저쪽 편에서 보면 이것이 저것이 되고 저것이 이것이 된다. 다시 말해 이것과 저것은 상대적이라는 말이다. 공자 역시 중용에서 말했다.

　　"세상에서는 크게 보면 같은데 그것을 작게 보면 다른 것을 알 수 있다. 이것을 대동소이(大同小異)라 한다."

　　__說文解字__　＊大(큰 대, 지날 대. 大부 0획, 총 3획. *big*) ＊同(한가지 동, 같을 동. 口부 3획, 총 6획. *same*) ＊小(작을 소, 짧을 소. 小부 0획, 총 3획. *small*) ＊異(다를 이, 나눌 이, 괴이할 이. 田부 6획, 총 11획. *different*)

대의를 위해 육친의 정을 희생함
大 義 滅 親 대의멸친

■ 出典 : 『춘추좌씨전』
■ 文意 : 큰일을 도모하기 위하여 사사로운 정을 물리침

<u>故事逸話</u> 위(衛)나라의 공자 주우(州吁)가 장공(莊公)의 사랑을 한 몸에 받고 태어났다. 그러나 장공의 뒤를 이어 환공이 보위에 오르자 난을 일으켜 그 자리를 빼앗았다. 나라의 인심이 어수선해졌다. 이것을 무마하기 위해 주변국과 연합하여 애꿎은 정나라를 공벌했다. 이러한 주우 곁에는 항상 책동하기를 좋아하는 석후(石厚)가 있었다. 그의 부친 석작(石碏)의 근심은 이만저만이 아니었다.

"싸우기만을 좋아하는 것은 장차 나라에 큰 화를 미칠 것이다."

그러므로 석작은 기회있을 때마다 이들의 과격한 행위를 나무랬지만 귀담아 듣지않자 방법을 생각할 수밖에 없었다.

이때 주우와 석작 일행은 모든 것을 자기들 뜻대로 꾸며갔으나 민심을 얻지 못하자 부친에게 가서 방책을 물었다.

"황실에 가서 천자를 뵈어야 할 것이다."

그렇게 하여 주우와 석후는 진나라로 출발했다. 이들이 떠나기에 앞서 석작은 한통의 편지를 진나라에 전했다. 불원간 진나라를 방문하는 주우와 석작은 군주를 죽인 무도한 자이므로 망설이지 말고 그들을 처리해 달라는 것이었다. 그들은 도착한 즉시 목이 달아났다.

<u>說文解字</u> *大(큰 대, 지날 대, 길 대. 大부 0획, 총 3획. *big*) *義(옳을 의, 의리 의, 뜻 의. 羊부 7획, 총 13획. *right*) *滅(다할 멸, 끊을 멸, 불꺼질 멸. 水부 10획, 총 13획. *ruin*) *親(친할 친, 몸소 친, 사랑할 친. 見부 9획, 총 16획. *parents*)

|149
남자다운 남자
大 丈 夫 대장부

- **出典** : 『맹자』의 「등문공 하」
- **文意** : 큰남자, 곧 남자다운 남자를 가리킴

故事逸話 경춘(景春)이라는 이가 맹자에게 물었다.

"공손연이나 장의는 대장부가 분명하지요? 그들이 한 번 화를 내면 천하의 제후들이 잔뜩 겁을 집어먹으니까요."

맹자는 고개를 저었다.

"어찌 그들이 대장부겠는가. 그것은 여자들이나 할 수 있는 일이다. 그대는 예(禮)를 배우지 않았는가. 대장부라면 모름지기 천하의 넓은 집에서 살며 천하의 큰 길에서 선다. 또한 큰 덕을 행하여 이루어지면 백성과 더불어 즐기고, 뜻을 얻지 못하면 혼자서 즐긴다. 또한 아무리 가난하고 천한 자리에 섰더라도 내 마음이 옮겨가지 않아야 하는 것, 모름지기 이러해야만 대장부라 한다."

바로 그런 점에서 장의와 공손연은 정도를 걷지 않고 옆길로 갔으며, 큰문을 통과하지 않고 도둑처럼 담을 넘었다는 것이다. 그러므로 공손연이나 장의는 대장부가 될 수 없다는 논지였다. 이러한 대장부에 대한 맹자의 정의는 어떤 의미가 있는가? 맹자도 공자처럼 천하를 떠돌며 자신을 알아줄 군주를 찾아 나섰다. 그런 군주로 제나라 선왕을 꼽았다. 선왕은 그를 객경에 임명했으나 맹자는 거절했다. 그런데도 떠나지 않았던 것은 나라를 맡겨주지 않을까 하는 기대 때문이었다.

說文解字 *大(큰 대, 길 대, 지날 대. 大부 0획, 총 3획. *big*) *丈 (어른 장, 一부 2획, 총 3획. *length*) *夫(지아비 부, 사내 부, 어조사 부. 大부 1획, 총 4획. *man*)

|150
적에게 이로움을 주는 식량
盜 糧 도량

■ **出典** : 『사기』의 「범수채택열전」
■ **文意** : 소득없는 전쟁을 하면서 적에게 이로움을 줌

故事逸話 위나라 사람 범수(范雎)의 자(字)는 숙(叔)이다. 그는 처음에 수가(須賈)를 섬겼으나 그의 재간을 시기하여 심하게 때리는 바람에 갈비뼈가 부러지는 상해를 입었다. 겨우 목숨을 부지한 범수는 진나라로 들어가 이름을 장록(張祿)으로 고치고 때를 기다렸다. 시간이 흘러왕의 신임이 두터워진 범수는 말했다.

"제나 위나라에 있을 때, 제나라에는 맹상군이 있을 뿐 왕이 있다는 말을 듣지 못했습니다. 또한 이곳 진나라에는 태후와 양공의 소문만 있을 뿐 대왕의 명성을 듣지 못했습니다."

진나라가 강한 병력을 가지고 있으면서도 허약한 것은 모두가 양공 때문으로 풀이했다. 그 말을 듣고 왕은 범수를 재상 자리에 올리고 위나라를 치고 형구(刑丘)까지 손에 넣었다.

사마천의 『사기』에는 이렇게 분석한다.

"제나라가 패한 원인은 어디에 있는가. 그것은 초를 정벌함으로써 한(韓)과 위(魏)를 살찌웠기 때문이다. 이것은 적의 병력을 빌어서 도둑에게 식량을 가져다 준 것과 같다."

그러므로 범수는 가까운 곳을 공격하고 먼곳은 사귀어 두는 작전상의 이중대를 사용한 것이다. 이러한 방책은 곧 채택하여 범수는 큰 공을 세웠다.

說文解字 ＊盜(도적 도, 훔칠 도. 皿부 7획, 총 12획. *steal*) ＊糧(양식 량, 먹일 량. 米부 12획, 총 18획. *food*)

|151
복숭아와 오얏
桃 李 도리

■ 出典 : 『사기』
■ 文意 : 훌륭한 인재나 재자를 가리킴

故事逸話 춘추시대 위(魏)나라의 대부에 자질(子質)이라는 사람이 있었다. 실권이 있었을 때에는 똑똑한 인재들을 추천하여 관직에 나서는 이가 많았으나 위문후(魏文侯)에게 죄를 짓고 북방으로 쫓기게 되자 누구 한사람 도와주는 이가 없었다.

화려했던 지난날의 권세는 어디로 가고 내일 일을 한치 앞도 모르게 되자 절로 한숨이 쏟아져 나왔다. 그러던 중에 우연히 자간(子簡)이라는 친구를 만났다. 당연히 그에게 푸념을 쏟아놓았다.

"이보게 어찌 이럴 수 있단 말인가. 내가 세도가 있었을 때에는 모두 찾아와 별의별 부탁을 다 하더니만 내 신세가 이렇게 되자 누구 하나 거들떠보지도 않는단 말일세."

그러자 자간이 말했다.

"이보게 봄에 복숭아나무나 오얏나무를 심어보게. 그것들은 자라면 여름에 시원한 그늘을 만들어 주고 가을이면 열매까지 주지를 않는가. 자네도 봄엔 나무를 심었지. 그러나 그 나무는 가시나무였지않은가. 가을이 와서 열매를 맺을 수도 없을 뿐만 아니라, 또한 여름에는 시원한 그늘은커녕 오히려 가시게 찔리게 되네. 다시말해 인재의 육성은 나무를 심는 것과 같네. 먼저는 대상을 엄격히 선발한 다음 가르쳐야 하네."

說文解字 *桃(복숭아나무 도. 木부 6획, 총 10획) *李(오얏나무 리, 심부름꾼 리. 木부 3획, 총 7획. *plum*)

152
길에 떨어진 것을 줍지 않는다
道 不 拾 遺 도불습유

■ 出典 : 『사기』의 「상군전(商君傳)」
■ 文意 : 나라가 잘 다스려져 남의 물건을 줍지 않음

故事逸話 전국시대에 진나라의 효공이 상앙(商鞅)을 중용하여 부
국강병의 정책을 시행했다. 상앙은 집권하게 되면서 혹독한 법을 집행하
기 시행했다. 이보다 앞서 상앙은 열 여덟 자나 되는 나무를 도성의 남문
에 세우고, 그것을 북문으로 옮기는 자에게 10금을 준다고 방을 붙였다.
그러나 백성들이 건들이지 않자 이번에는 50금을 준다고 방을 고쳤다.
이때 한 사내가 그것을 남문 쪽에 옮기자 상앙은 그에게 야곡된 액수를
주고 나서 신법을 발표했다.

이러한 신법에 대한 평가는 두 가지였다. 어떤 자는 좋다 하였고 또 어
떤 자는 나쁘다고 하였다. 그런데 이러한 신법을 태자가 범했다. 어떻게
처리할 것인가를 놓고 사람들은 예의 주시하였다.

"들으라, 아무리 태자라 해도 법을 어긴 이상엔 벌을 피할 수는 없는
일. 보육관(保育官)인 공자 건을 사사하고 사부인 공손가에겐 자자형(刺
字刑)에 처하노라."

법령이 시행된 지 10년이 되었다. 진나라의 백성들은 마음으로 복종하
였으며 길에 떨어진 물건을 줍는 자도 없었고 산에는 도적이 없을 만큼
살림살이가 풍족해졌다.

說文解字 *道(길 도, 이치 도, 순할 도. 辵부 9획, 총 13획. *way*) *
不(아니 불, 많을 불. 一부 3획, 총 4획. *not*) *拾(주을 습, 거둘 습, 팔지
습. 手부 6획, 총 9획. *pick up*) *遺(잃을 유, 남을 유, 더할 유. 辵부 12
획, 총 16획. *survive*)

복숭아 동산에서 의형제를 맺음
桃 園 結 義 도원결의

■ 出典 : 『삼국지연의』
■ 文意 : 유비 · 관우 · 장비가 복숭아 정원에서 의형제를 맺음

故事逸話 훗날 촉한(蜀漢)의 주인이 된 유비(劉備)는 지금의 북평 서남쪽에서 태어났다. 그는 전한 경제(景帝)의 아들로 중산왕(中山王)으로 봉해진 유승(劉勝)의 후예였다. 남달리 팔이 길어 다리 아래에까지 내려왔으며 어릴 때부터 감정 표현을 잘하지 않은 특별한 성격이었다.

그의 조부(유웅)는 겨우 현령에 미쳤으며 부친 유승은 일찌감치 세상을 떠났으므로 편모 슬하에서 돗자리를 짜며 생활을 꾸려나갔다. 그는 친척의 도움으로 학문을 익힐 수 있었으며, 점차 나이 들어서는 협객들과 교우하였다.

이러한 인물 중에 관우와 장비가 있었다. 서로의 뜻이 맞은 세사람은 복숭아꽃이 만발한 화원에서 의형제를 맺었는데 훗날에 이르기를 '도원결의'라 하는 의식이었다. 유비는 맏형이 되고 그 다음이 관우, 막내가 장비였다.

세상이 어지러워지면 부자나 가난한 자가 똑같다. 다함께 위험에 놓인다는 말이다. 이렇듯 어지러워진 후한의 붕괴원인은 황건적의 난이지만, 이로 인해 도원의 결의가 생겨나는 배경이 되었다.

說文解字 ＊桃(복숭아도, 대나무이름 도. 木부 6획, 총 10획. *peach*) ＊園(동산 원, 울타리 원. 口부 10획, 총 13획. *garden*) ＊結(맺을 결, 마칠 결, 마중 결. 糸부 6획, 총 12획. *bind*) ＊義(의 의, 의리 의, 뜻 의. 羊부 7획, 총 13획. *rightness*)

복숭아숲이 펼쳐진 별천지

桃 源 境 도원경

- **出典** : 도연명의 「도화원시병기」
- **文意** : 속세를 떠난 이상향의 세계

故事逸話 진(晉)나라의 태원(太元) 연간에 무릉에 한 어부가 살고 있었다. 그는 평소 하던 대로 작은 배를 이끌고 좁은 강을 따라 올라갔다. 얼마나 왔는 지 모르지만 정신을 차리고 보니 주위가 낯설었다. 근처엔 복숭아 숲이 있었는데 그곳에서 풍기는 그윽한 향기가 코를 찔렀다. 복숭아 숲의 막다른 곳에는 작은 동굴이 있었다. 어부가 그 안으로 들어가니 멀지 않은 곳에서 닭이 우는소리와 개 짖는 소리가 들려왔다. 한 사람 두 사람이 어부 가까이 다가왔다. 그들은 진(秦)나라의 폭정을 피해 이곳에 숨었던 사람들이었다. 어떤 사람이 말했다.

"우리 조상들이 이곳으로 온 것은 진나라 때의 혹독한 학정 때문이었습니다. 그 이후 우리는 한 번도 밖으로 나간 적이 없습니다."

그러다 보니 한(漢)나라도 모르고 위(魏)와 진(晉)에서도 알지 못했다. 그들은 어부의 설명을 들으며 감개무량한 표정이었다. 그곳에서 며칠을 지내고 돌아갈 즈음에 노인이 말했다.

"우리는 이곳이 밖에 알려지는 것을 원치 않습니다. 우리들에 대한 얘기는 말아주십시오."

어부는 군데군데 표시를 해두고 집으로 돌아왔다. 우선 관가에 들러 이같은 일을 보고하고 다시 찾아 나섰으나 헛수고였다.

說文解字 ＊桃(복숭아 도, 앵도 도. 木부 6획, 총 10획. *deach*) ＊源(근원 원, 계속할 원. 水부 10획, 총 14획. *source*) ＊境(지경 경, 마칠 경, 곳 경. 土부 11획, 총 14획. *boundary*)

도주공의 부
陶 朱 之 富 도주지부

■ 出典 : 『사기』의 「화식전」
■ 文意 : 중국에서 최고의 부자인 도주공

故事逸話 서시(西施)라는 여인으로 미인계를 사용하여 오나라를 무너뜨린 월왕 구천은 나중엔 춘추오패(春秋五覇)로 불릴만큼 성장하였다. 이러한 작전을 성공시킨 책략가 범려(范蠡)는 구천의 관골을 보고 평하였다.

"환란은 같이할 수 있어도 영화는 함께 누릴 수 없는 인물이다."

그의 눈은 정확했다. 구천은 크고 작은 전투를 지휘했던 문종에게 자살할 것을 명하여 죽게 했다.

이후 범려는 서호(西湖)로 나갔다. 제나라에 가서는 치이자피(鴟夷子皮)라 하였으며, 산동성 정도현으로 가서는 도주공(陶朱公)이라 하였다. 그는 장사를 시작했다. 화물을 사들였다가 적당한 시기에 내다 팔아 천금을 벌었다. 그는 열 아홉 해 만에 세 번이나 천금을 모았다. 그러면 가난한 친구와 이웃에게 재물을 나누어주었다.

"부유해 지면 덕을 행하는 것이야."

도주공은 자신이 말한 것처럼 두 차례나 가난한 친구와 멀리 떨어진 친척들에게 재물을 나누어주었다. 그는 부유해지면 덕을 행하기를 즐겨 하였으므로 중국에서는 도주공을 앞자리에 놓았다.

說文解字 ＊陶(질그릇 도, 통할 도. 阜부 8획, 총 10획. *dorcelain*) ＊朱(붉을 주. 木부 2획, 총 6획. *red*) ＊之(갈 지, 의지 지, 어조사 지. ノ부 3획, 총 4획. *this*) ＊富(부자 부, 많을 부, 충실할 부. 宀부 9획, 총 12획. *rich*)

|156
큰 길에서 듣고 작은 길에서 말한다
道 聽 塗 說 도청도설

■ **出典** : 『논어』의 「양화편(陽貨篇)」
■ **文意** : 길에서 듣고 말하는 것은 경박한 행동이라는 뜻

故事逸話 공자는 『논어』의 「양화편」에서 말했다.

"길에서 어떤 말을 들었을 때에 그것을 자신의 마음속에 넣어 수양의 양식으로 삼아야 한다. 그런데도 그것을 길에서 다 지껄여버리는 것은 결코 도움이 되지 않는다. 좋은 말은 마음에 잘 간직해 두었다가 자기 것으로 삼아야 덕을 쌓을 수 있다."

그런가하면 『순자』의 「권학편」에는 다음같이 말한다.

"소인의 학문은 귀로 들으면 입으로 빠져나간다."

이것은 조금도 마음에 두지 않는다는 뜻이다. 입과 귀의 사이는 네 치다. 그런데 사람들은 이러한 거리를 통하여 칠 척이나 되는 몸을 뉘려고 한다. 그러므로 순자는 말한다.

"옛날 사람들은 배운 학문을 자기 것으로 만들려고 대단한 노력을 한다. 그러나 요즘 사람들은 어찌된 셈인지 입으로 중언부언 지껄여버린다. 그것은 마치 허공에 삿대질을 하는 것처럼 불필요한 것이다. 어찌 그것이 군자의 학문이겠는가."

군자의 학문은 묻지도 않는 것에 대해 수다를 결코 떨지 않으며 단지 묻는 것에만 답해야 한다.

說文解字 ＊道(길 도, 이치 도, 순할 도. 辶부 9획, 총 13획. *way*) ＊聽(들을 청, 받을 청, 좇을 청. 耳부 16획, 총 22획. *hear*) ＊塗(길 도, 진흙 도, 바를 도. 土부 10획, 총 13획. *coat*) ＊說(말씀 설, 글 설, 고할 설. 言부 7획, 총 14획. *theory*)

|157

진흙수렁이나 숯불에 떨어진 고통
塗 炭 之 苦 도탄지고

■ **出典** : 『서경』의 「탕서편(湯誓篇)」
■ **文意** : 견디기 힘든 학정을 뜻함

故事逸話 ┃ 하(夏)나라의 걸왕(桀王)과 은나라의 주왕(紂王)은 역사
적으로 가장 황음무도한 혼군이었다고 기록하고 있다. 그들은 백성들을
학정으로 몰아넣었다. 그 이유는 한결같이 여인들 때문이었다. 걸왕은 시
매회를, 주왕은 달기를 총애하여 주지육림과 포락지형을 즐기며 백성들
을 괴롭힌 것이다.

하나라의 마지막 임금인 걸왕을 타도한 것은 은나라의 탕왕이다. 탕왕
은 반란을 일으킬 때마다 병사들에게 소리쳤다.

"지금 천하 만민은 도탄에 빠져 있다!"

걸왕의 죄가 많아 하늘이 그를 치게 한 것이라고 목청을 돋구었다. 병
사들을 이끌고 걸왕을 공벌한 탕왕은 고향 박(亳) 땅에 돌아왔을 때 제후
들을 모아놓고 일장 연설을 한다.

"걸왕은 덕을 더욱 멀리 하고 폭위만을 떨치어 백성들을 괴롭혔다.
백성들은 흉측한 해를 입어 그 쓰라림은 차마 말로 표현할 수 없을 정도
였다. 하늘의 도는 무심치 않아 선한 자에게 복을 주고 악한 자에게는 벌
을 내린다. 그러므로 이제 하늘은 무도한 걸왕에게 재앙을 내려 그의 죄
를 밝힌 것이다."

說文解字 ┃ ＊塗(진흙 도, 바를 도, 더럽힐 도. 土부 10획, 총 13획.
coat) ＊炭(숯 탄, 석탄 탄, 불똥 탄. 火부 5획, 총 9획. *charcoal*) ＊之(이
를 지, 어조사 지. ノ부 3획, 총 4획. this) ＊苦(괴로울 고, 쓸 고. ++부 5
획, 총 9획)

|158
도리에 맞지 않은 일을 하다
倒 行 逆 施 도행역시

- **出典** : 『사기』의 「오자서열전」
- **文意** : 자기 멋대로 해서는 안될 일을 함

故事逸話 춘추시대에 초나라의 평왕(平王)은 무도했다. 그의 곁에는 항상 아첨배들이 들끓어 황실의 기강은 무너지고 황음은 도를 더해갔다. 이때 평왕은 간신들의 모함을 받아 태자가 모함할 것이라는 말을 듣고 스승 오사(伍奢)를 불러 고문했다. 오사가 말했다.

"대왕께서는 아첨배들의 말에 현혹되어 혈육을 죽이시렵니까?"

평왕은 일단 오사를 감옥에 가두었다. 이때 아첨꾼들은 자신들의 죄과가 드러나는 것이 두려워 오상(伍尙)과 오원(伍員)을 불러들여 죽여야 한다는 계책을 내놓았다. 그들이 오면 함께 살해하자는 계책이었다. 평왕은 오사에게 자식들을 불러들이는 글을 쓰게 하였다.

"큰 아들 오상은 인후하고 효성이 극진하므로 죽는다 해도 올 것이오. 그러나 둘째 오원(伍員;子胥)은 결코 오지 않을 것이오."

과연 그렇게 되었다. 오상은 궁문에 도착하여 부친과 함께 처형 당하고 오원은 초나라의 적국인 오나라로 도망쳐 장군이 되었다. 오자서는 병력을 이끌고 초나라를 무너뜨리고 죽은 평왕의 주검을 끌어내 3백대의 매를 쳤다. 그때 오자서는 평왕을 향해 말했다.

"이 자는 해서는 안될 짓을 많이 하였다."

說文解字 *倒(넘어질 도, 거꾸로 도. 人부 8획, 10획. *fall*) *行(갈 행, 행위 행, 줄 항. 行부 총 6획. *walk*) *逆(거스를 역, 맞이할 역, 거꾸로 역. 辶부 6획, 총 10획. *disobey*) *施(베풀 시, 옮을 이, 은혜 시. 方부 5획, 총 9획. *hold*)

책을 읽다가 양을 잃어버림
讀 書 亡 羊 독서망양

■ **出典** : 『장자』의 「병무편」
■ **文意** : 어떤 일에 정신을 빼앗겨 중요한 것을 잃어버림

故事逸話 『장자』의 「병무편(騈拇篇)」에는 다음과 같은 이야기가 실려 있다.

남자 하인 장(臧)과 여자 하인 곡(穀) 두 사람이 한 집에 살면서 양을 돌보는 일을 하고 있었다. 그런데 어느 날 두 사람이 함께 양을 잃어버렸다. 장에게 그 이유를 물었다.

"너는 왜 양을 잃어버렸느냐?"

"저는 대나무 쪽을 들고 글을 읽고 있었습니다. 그러다 보니 어느 순간에 양이 보이지를 않았습니다."

이번엔 여자 하인 곡에게 물었다.

"너는 어떻게 양을 잃어버렸느냐?"

"재미있는 주사위 놀이에 정신이 팔렸다가 나중에 양을 찾아보니 없었습니다."

두 사람이 하는 놀이는 달랐지만 양을 잃어버린 것은 같았다. 이것은 마음이 밖에 있어 도리를 잃어버린 것이라고 『장자』는 말한다. 그러므로 다른 일에 정신이 팔려 하던 일을 소홀히 하면 결과적으로 일을 망치게 된다.

說文解字 *讀(읽을 독, 풍류이름 독. 言부 15획, 총 22획. *read*) * 書(글지을 서, 책 서. 日부 6획, 총 10획. *write*) *亡(잃을 망, 없어질 망. ㅗ부 1획, 총 3획. *perish*) *羊(양 양, 노닐 양, 상양새 양. 羊부 총 6획. *sheep*)

글을 백 번 읽으면 뜻이 통한다
讀 書 百 遍 독서백편

- **出典** : 『삼국지』의 「위지(魏志)」
- **文意** : 글의 뜻을 이해하려면 반복하여 읽어야 한다.

故事逸話 후한 말기는 누구 역시 자신의 조그만 재주라도 인정해 주는 이에게 팔아 생계를 구하는 시기였다. 천하가 위나라의 수중에 들어가자 동우는 시중(侍中)을 비롯하여 대사농(大司農) 등의 지위에 올랐으며 『노자(老子)』나 『춘추좌씨전(春秋左氏傳)』을 강의할 만큼 학문이 깊었다. 그는 글을 배우겠다고 찾아오는 사람에게 늘 같은 말을 했다.

"내게서 글을 배우기보다는 그대 혼자서 읽어보게. 글을 읽고 또 읽으면 자연 뜻이 통하게 될 걸세."

그러므로 「위지(魏志)」 13편에는 그에 대해 이런 해설을 기록해놓았다.

<동우는 가르치기를 즐겨하지 않았다. 그는 찾아오는 사람에게 모름지기 글을 백번 읽으라고 권면했다.>

이렇게 하여 생겨난 성어가 독서백편의자현(讀書百遍義自見)이다. 글이라는 것은 그 뜻을 알게 될 때까지 반복하여 끈기 있게 읽어야 한다는 의미다. 이러한 대오(大悟)의 경지는 섣불리 아는 체 하는 요즘 날의 교육관과는 사뭇 다름을 알 수 있다.

說文解字 *讀(읽을 독, 풍류이름 독. 言부 15획, 총 22획. *read*) *書(책 서, 글지을 서. 曰부 6획, 총 10획. *write*) *百(일백 백, 모든 백, 백번할 백. 白부 1획, 총 6획. *hundred*) *遍(두루 편, 널리 미칠 편. 辶부 9획, 총 13획)

|161
눈이 하나뿐이면서 용기 있는 사람

獨 眼 龍 독안룡

- **出典** : 『오대사』의 당기(唐記)
- **文意** : 눈이 하나 뿐이면서도 용맹하고 사나운 사람을 일컬음

故事逸話 당(唐)의 희종(僖宗) 8년에는 천하를 소동시키는 황소(黃巢)의 난이 있었다. 대홍수가 일어나고 천하는 가뭄이 들어 백성들은 먹을 것을 찾아 떠돌았다. 인심은 흉흉해지고 떠돌이 백성들은 뭉치어 몰려다녔다. 이들의 우두머리가 황소였으므로 역사상 '황소의 난'이라 칭한다.

난을 일으킨 무리들은 점차 그 수효가 더해지더니 급기야 수십만으로 불어났다. 황소는 낙양을 점령하고 수도 장안으로 밀고 들어와 스스로 황제를 칭하고 대제국(大齊國)을 세웠다.

당시 성도로 몸을 피한 희종은 돌궐의 사타족 출신인 이극용(李克用; 나중에 후당의 태조가 됨)을 발탁했다. 이때 이극용은 황소들을 맹렬히 공격하여 장안에서 몰아냈다. 이 당시 이극용은 나이가 고작 28세 였다.

독안이라는 것은 본래 '애꾸눈'을 의미한다. 그러나 이극용은 애꾸는 아니었다. 그는 남들이 보면 애꾸눈이라고 할만큼 한쪽 눈이 찌그러져 있었으므로 당시 사람들은 그의 무명(武名)을 높여 독안룡이라 부른 것이다. 당나라는 문을 숭상하고 무를 천시했으므로 난이 일어났을 때에 이런 곤욕을 치른 것이다.

說文解字 *獨(홀로 독, 외로울 독. 犬부 13획, 총 16획. *dolitary*) *眼(눈 안, 볼 안, 과실이름 안. 目부 6획, 총 11획. *eye*) *龍(용 룡, 귀신이름 룡, 별 이름 룡. 龍부 0획, 총 16획. *dragon*)

지은 것과 만들어진 것은 차이가 남
同 工 異 曲 동공이곡

■ 出典 : 한유의 「진학해(進學解)」
■ 文意 : 만든 것은 같지만 곡조가 다르다

故事逸話 당송팔대가의 한사람인 한유(韓愈)는 하양 출신으로 자
(字)는 퇴지(退之)다. 집안은 가난했으나 그런 것에는 전연 구애받지 않
고 학문에 정진하여 스물 다섯에 진사시험에 합격하여 관직에 오른 뒤에
는 국가좨주에 있었다. 한유는 유학을 올바르게 가르치려고 노력한 학자
였다. 그는 기회가 주어지는 대로 학생들과 문답식 교육을 했다. 언젠가
학생이 말했다.

"선생님은 대문장가이십니다. 인격자이신 선생님께서 다른 사람의 죄
를 뒤집어 쓰고 벌을 받는다는 것은 참으로 옳지않은 일입니다."
한유가 답했다.
"무슨 소리. 공자나 맹자와 같으신 분도 불우했는데 내가 벼슬자리에
한가롭게 붙어 있는 것은 과분하지 않은가."
한유가 학생들을 가르치는 「진학해」의 줄거리에 다음과 같은 말이 나
온다.
"한유의 시는 올바르고 빛이 난다. 장자와 굴원의 『이소(離騷)』에 미
치고 기록되어 있는 양웅이나 사마상여와 같되 곡을 달리한다(同工異
曲). 선생의 글에는 그 가운데를 덮는다."

說文解字 ＊同(한가지 동, 모을 동, 무리 동. 口부 3획, 총 6획.
same) ＊工(장인 공, 공장 공, 벼슬 공. 工부 0획, 총 3획. *make)* ＊異(다
를 이, 나눌 이. 田부 6획, 총 11획. *different)* ＊曲(굽을 곡, 곡절 곡, 누에
발 곡. 曰부, 2획. 총 6획. *bent)*

같은 병을 앓는 사람 끼리 서로 동정함
同 病 相 憐 동병상련

■ 出典 : 『오월춘추(吳越春秋)』
■ 文意 : 처지가 비슷한 사람끼리 상대방을 동정함

故事逸話 초평왕에게 아버지와 형을 잃고 오나라로 도망쳐 온 오자서(吳子胥)는 관상을 잘 보는 피리(被離)라는 이의 추천에 의해 오나라의 공자 광에게 안내되었다. 보위에 욕심이 있었던 광은 오자서의 지략에 힘 입어 왕위에 올라 이름을 합려(闔閭)라 했다.

오자서가 오나라의 사실적인 실권자가 되었을 때에 초나라에서 한 인물이 찾아왔다. 그는 억울한 누명을 쓰고 도망쳐 온 백비라는 장수였다. 오자서는 그를 합려에게 추천하여 대부 벼슬에 임명하게 하였다. 그것을 보고 피리가 물었다.

"당신은 어찌하여 백비를 한 번 보고 믿은 것이오?"
"나와 같은 처지에 있기 때문이오."
"처지? 어떤 처지?"
오자서는 나직히 읊조렸다.

"같은 병은 서로 불쌍히 여기고(同病相憐), 같은 근심은 서로 구원하는 법(同憂相求). 나는 새는 서로 따라서 날고, 여울 아래 물은 함께 흐르네."

피리는 백비가 반역의 상이라고 경고하였다. 예언은 맞아떨어졌다.

說文解字 *同(같을 동, 모을 동. 口부 3획, 총 6획. *same*) *病(병들 병, 근심할 병, 괴로울 병. 疒부 5획, 총 10획. *illness*) *相(서로 상, 바탕 상, 볼 상. 目부 4획, 총 9획. *nutual*) *憐(불쌍할 련, 사랑할 련, 가련할 련. 心부 12획, 총 15획. *pitiful*)

164

동쪽의 서시를 흉내 내다

東 西 效 顰 동서효빈

■ **出典** : 『오월춘추(吳越春秋)』

■ **文意** : 함부로 남의 흉내를 내는 것을 말함

故事逸話 서시(西施)가 범려에게 발탁이 되기 전에 그녀는 저라산 깊숙히에서 깁옷을 빠는 평범한 처녀였다. 미색은 뛰어났지만 체신이 버들개지처럼 가냘퍼 보는 이의 눈길에 측은해 보이기 십상이었다. 그래서인지 그녀를 보는 사내들의 시선은 한결같이 고금에 등장하는 미인의 모습으로 비잠을 찍기에 충분했다. 그녀가 사는 마을에 동시(東施)라는 처녀가 있었다. 용모가 너무 추하여 사내들의 관심 밖으로 밀려났지만, 유난히 서시에게 사내들의 눈길이 향하자 그녀는 분명 어떤 비밀이 있을 것이라는 생각을 해보았다.

그런 이유로 다음날부터 서시의 움직임을 면밀히 살펴보았다. 몸치장을 하는 방법에서부터 밥을 먹는 습관 등등 무엇이든 빼놓지 않고 살폈다. 그리고 다음날부터 그녀가 하는 그대로 따라 했다.

본래 서시는 위장병을 앓았다. 그러므로 고통이 밀려올 때엔 한손으로 볼을 만지고 다른 손으로 가만이 가슴을 쓸어내렸다. 이 모습을 보고 사내들은 넋을 빼앗겼다. 동시는 재빨리 이 모습을 흉내내었다. 서시가 고통스러워하는 모습 그대로, 여러 각도에서 표정을 움직였다. 그러나 사내들은 냉소를 띨 뿐이었다.

說文解字 *東(동녘 동, 오른쪽 동. 木부 4획, 총 8획. *east*) *西(서녘 서, 나라 이름 서. 襾부 1획, 총 7획. *west*) *效(효험 효, 닮을 효, 공효. 攴부 6획, 총 10획. *effect*) *顰(흉내 낼 빈, 눈살 찌푸릴 빈. 頁부 15획, 총 24획. *frown*)

|165
동쪽에서 먹고 서쪽에서 잔다
東 食 西 宿 동식서숙

■ 出典 : 『태평어람(太平御覽)』
■ 文意 : 부평초와 같은 떠돌이 신세를 의미함

故事逸話 제(齊)나라에 혼기를 놓친 처녀가 있었다. 때마침 두 곳에서 청혼이 들어왔다. 동쪽에 있는 집은 얼굴이 못생겼으나 집안이 부유했으며, 서쪽 집안의 총각은 집은 가난했으나 빼어난 용모를 지녔다. 그러므로 처녀는 이쪽 저쪽을 저울질 해 보았으나 결정을 내리지 못하고 머뭇거렸다. 보다못해 부모가 나섰다.

"얘야, 어서 결정을 해야 잖느냐."

"해야지요."

"네가 동쪽 집으로 시집을 가고 싶으면 왼쪽 어깨에 걸친 옷을 벗고, 서쪽 집으로 시집가고 싶으면 오른쪽 어깨에 걸친 옷을 벗어라. 알겠느냐?"

"예."

대답을 했지만 처녀는 한동안 그대로 있었다. 그러다가 슬며시 양쪽 어깨에 걸친 옷을 한꺼번에 벗어버렸다. 부모가 놀라 물었다.

"얘야, 어떻게 하자는 것이냐?"

"낮에는 동쪽 집에 가서 먹고 잠은 서쪽 집에서 자고 싶어요."

지극히 어색하고 탐욕스러운 답변이었다.

說文解字 ＊東(동녘 동, 봄 동. 木부 4획, 총 8획. *east*) ＊食(먹을 식, 밥 식, 제 식. 食부 0획, 총 9획. *eat*) ＊西(서녘 서, 수박 서, 나라이름 서, 서양 서. 襾부 1획, 총 6획. *west*) ＊宿(잘 숙, 드셀 숙, 머물 숙. 宀부 8획, 총 11획. *lodge*)

구리 냄새가 난다
銅 臭 동취

■ 出典 : 『구당서(舊唐書)』
■ 文意 : 돈으로 관직을 사거나 장사꾼을 비웃는 말

故事逸話 돈으로 관직을 산다는 것은 뇌물과는 다르다. 중국에서는 공식적으로 사용되어 왔기 때문이다. 그러나 사람들은 한결같은 생각을 가지고 있다. 그것은 관직을 돈으로 살 경우 상대방을 멀리한다는 점이다. 그것을 '동취'라 했다.

이러한 동취의 대표적 인물이 수(隋)나라 말기의 무사확이라는 상인이었다. 그는 태원에서 일어난 이연이라는 장수에게 군자금을 주어 당나라가 들어서는 데 일조한 인물이다. 훗날 당나라가 들어섰을 때에 그는 이주도독 자리에 올랐다. 그러므로 사람들은 그를 '동취'라고 놀린 것이다. 이것은 과거에 장사꾼이었던 무사확의 신분을 비웃는 말이었다.

그러므로 무사확은 반드시 '동취'를 씻어내겠다고 다짐했다. 그렇게 되기 위해서는 귀조과 혼인을 해야 했으며, 이로써 황실과 연결고리를 갖게 된 것이다. 이런 점으로 인하여 무사확은 조강지처를 과감히 버리고 후한 광무제의 누님인 어린 양씨를 후처로 맞아들였다.

이러한 인연은 무조(武照)라는 딸을 낳게 되었고, 당나라 3대 후에 무씨가 천하의 주인이 된다는 예언을 성취시킨 측천무후라는 바로 그 여인이었다. 이러한 동취는 후한 영제 때에 5백만금이라는 거금으로 사도(司徒) 자리에 오른 최열을 들 수 있다.

說文解字 *銅(구리 동, 산골 동. 金부 6획, 총 12획. *copper*) *臭 (냄새 취, 향기 취. 自부 4획, 총 10획. *smell*)

167

동호의 붓은 곧다

董 狐 直 筆 동호직필

■ 出典 : 『춘추좌씨전(春秋左氏傳)』
■ 文意 : 죽음을 두려워하지 않고 역사를 그대로 기록한 동호의 곧은 붓

故事逸話 동호는 사관이다. 역사를 있는 그대로 집필했다. 이것은 결코 죽음을 두려워 하지 않은 용기있는 행동이었다. 그러므로 후대에 이르러 사관이 권력에 아부하지 않고 용기 있게 붓을 움직이는 것이 동호직필이다.

한 번은 조순(趙盾)이라는 대신이 왕의 치정에 대해 충간을 한 적이 있었다. 진영공(晉靈公)은 이를 괘씸하게 여겨 자객을 숨겨놓고 그를 살해하려 들었다. 어느 날 술자리에서 그것이 파하면 나오는 즉시 살해 한다는 계획을 세워둔 채였다. 정해진 시각에 조순이 나오자 계획대로 살해하려 했을 때에 한 병사가 자객을 막고 피하게 해주었다.

조순은 나라 밖으로 도망치기 위해 국경의 산에 도착했다. 이때 영공이 죽었다는 소문을 듣고 조순은 다시 돌아왔다. 태사인 동호가 '조순이 군왕을 죽였다'고 써놓았다. 조순은 틀렸다고 했다.

"당신은 한나라의 대부이면서 도망을 쳐서 국경을 넘지 않고 어찌 돌아왔습니까. 또한 하수인을 시켜 처치하려 들지 않았으니 장차 어찌 지겠습니까?"

그제야 조순은 한숨을 뿌렸다.

說文解字 *董(바로잡을 동, 감동할 동. 艸부 9획, 총 13획. *superintend*) *狐(여우 호, 의심할 호. 犬부 5획, 총 8획. *fox*) *直(곧을 직, 바를 직, 당할 직. 目부 3획, 총 8획. *honest*) *筆(붓 필, 오랑캐 이름 필. 竹부 6획, 총 12획. *writing brush*)

|168
말 술을 마다하지 않음
斗 酒 不 辭 두주불사

■ **出典** : 『사기(史記)』
■ **文意** : 주군을 구하려고 말 술을 마심

__故事逸話__ 진나라 말기에 천하가 어지러워졌다. 각지에서 일어난 영웅들 가운데 괄목할만한 인물은 항우와 유방이었다. 두 사람은 약속했다. 먼저 함양에 들어간 자가 관중왕(關中王)이 된다는 약속이었다. 당연히 진나라 병사들과의 전투는 치열할 수밖에 없었다. 이윽고 유방의 군사는 진나라를 무너뜨리고 자영(子嬰)의 항복을 받아냈다.

이때 항우의 모사 범증은 유방을 끌여들여 살해할 계획을 세웠다. 그것이 '홍문의 회담'이었다.

유방이 그곳에 나가 장차의 일을 약속하고 스스로 신하가 될 것을 재삼 다짐하자 항우의 의심은 웬만큼 풀어졌다. 이때 범증은 칼춤을 추는 장수로 하여금 유방을 살해하게 하였다. 그러자 번쾌가 즉시 나가 춤을 추었다. 항우가 깜짝 놀라 누구냐고 물었다.

"소장은 패공의 장수 번쾌입니다."

"호오, 장사로다. 내 술 한잔 대접하리라."

번쾌는 칼로 고기를 쓱쓱 썰어 입에 넣었다. 다시 한잔하겠느냐고 물었을 때에 번쾌는 호기롭게 대답했다.

"어찌 마다하겠습니까. 죽음도 불사한(斗酒不辭) 접니다."

__說文解字__ ＊斗(말 두, 별이름 두, 글씨 두. 斗부 0획, 총 4획. *huze*) ＊酒(술 주, 냉수 주. 酉부 3획, 총 10획. *wine*) ＊不(아니 불, 뜻을 정하지 않을 부. 一부 3획, 총 4획. *not*) ＊辭(말씀 사, 사례할 사. 사양할 사. 辛부 12획, 총 19획. *words*)

격이 떨어진 작품을 가리킴

杜 撰 두찬

■ **出典** : 『야객총서(夜客叢書)』
■ **文意** : 글을 지을 때에 자료가 확실치 못한 작품을 가리킴

故事逸話 ┃ 송나라 때에 구양수(歐陽修)와 쌍벽을 이루는 두묵(杜黙)
이라는 이가 있었다. 그는 글을 잘 지어 인기가 있었지만 율(律)이 맞지
않았다. 그런 이유로 후대에 내려와 격식에 맞지 않은 글을 두찬이라고
한다.

시문을 보면 오언고풍단편(五言古風短篇)의 고풍은 고시를 가리킨다.
이 시는 한무제(漢武帝) 때에 비롯되었는데 후대에 오면서 크게 성행하
였다. 이외에도 장단구(長短句)를 비롯하여 가류(歌類) · 행류(行類) ·
음류(吟類) · 인류(引類) · 곡류(曲類) 등이 없는 것은 아니지만 여기
에는 나름대로의 격식이 있다.

그런데 이러한 것들을 짓는데는 앞서 말한 대로 정해진 격식이 있게
마련인데 그렇지 않고 지은 작품도 적지 않았다.

본문에서 '두찬'이라고 한 것은 이러한 율을 무시하거나 맞지 않는
것을 뜻한다. 본문에는 다음과 같이 씌어 있다.

"두목은 시를 짓는데 있어서 율에 맞지 않은 것이 많았다. 그러므로
일에 맞지 않은 것을 두찬이라 한다."

본래 '두(杜)'라는 것은 별로 좋지않다는 의미로 널리 쓰인다. 본문
의 내용에서도 그러하지만 '두주(杜酒)'라고 하였을 때에는 상태(질)
가 좋지않은 술을 가리킨다.

說文解字 ┃ ＊杜(막을 두, 아가위 두. 木부 3획, 총 7획. *hawthorn*) ＊
撰(지을 찬, 갖출 찬. 手부 12획, 총 15획. *compose*)

|170

농서를 얻자 촉 땅을 바란다
得 隴 望 蜀 득롱망촉

■ 出典 : 『후한서』의 「광무기(光武記)」
■ 文意 : 사람의 욕심이 끝없음을 나타내는 말

故事逸話 후한 말기 신(新)나라를 세운 왕망은 몇 차례의 실정으로 백성들의 원망을 자아냈다. 그 결과 곳곳에서 반란의 무리들이 들불처럼 일어나 천하는 다시 혼란 속으로 빠져 들어갔다. 이 무렵 낭야의 번숭이 일으킨 반란군 중에 농민군이 있었는데 그들은 눈썹에 붉은 칠을 하였으므로 적미군(赤眉軍)이라 불렀다. 이들은 점차 세력을 얻자 장안으로 밀고 들어와 명문 거족들의 무덤을 도굴하는 등의 행패를 자행하였다. 이때 광무제 유수가 그들을 토벌하고 나자 일행 중 서선이라는 자가 말했다.

"저희들은 호랑이 입에서 벗어나 어머니 품으로 돌아온 것 같습니다. 후회는 없습니다."

유수는 그들에게 거처할 곳을 마련해 주고 전답을 내려주었다. 적미군을 제압하고 나서 이번에는 농(감숙성) 땅의 외효와 촉(사천) 땅의 공손술을 다스리는 일이었다. 유수는 농의 외효를 제압하고 촉을 공략하는 잠팽(岑彭)이란 장수에게 편지를 썼다.

"이제 농을 평정하고 나니 촉을 평정하고 싶어졌소. 정말 사람의 욕심은 끝이 없는가 보오."

說文解字 ＊得(얻을 득, 탐할 득. 彳부 8획, 총 11획. *gain*) ＊隴(언덕 롱, 무덤 롱. 土부 16획, 총 19획. *grave*) ＊望(바랄 망, 이름 망, 원망할 망. 月부 7획, 총 11획. *hope*) ＊蜀(땅이름 촉, 해바라기 벌레 촉, 큰닭 촉. 虫부 7획, 총 13획. *countury*)

고기를 잡으면 통발을 잊어버린다
得 魚 忘 筌 득어망전

■ 出典 : 『장자』의 「외물편(外物篇)」
■ 文意 : 목적하는 일이 달성되면 그것을 위해 사용되어온 것을 잊어버림

故事逸話 『장자(莊子)』에 실려 있는 내용이다.

"성인이 천하를 움직이는 연유에 대하여 신인은 문제를 삼지 않는다. 현인이 세상을 움직이는 연유에 대하여 성인은 문제를 삼지 않는다. 또 군자가 나라를 움직이는 연유에 대하여 현인은 문제를 삼지 않는다. 소인이 때에 따르는 것을 군자는 문제를 삼지 않으면, 소인은 군장에 미치지 못하고 군자는 현인에 미치지 못하며, 현인은 성인에 미치지 못한다. 또한 성인은 신인에 미치지 못한다."

전(筌)이라는 것은 대나무로 만든 통발이다. 이것은 물고기를 잡는 도구로서 오래 전부터 이용되어 왔다. 사람들은 통발을 이용하여 물고기를 잡고 나면 곧 그것을 잊어버린다. 이 말은 목적했던 바를 이루었다는 의미도 함축하지만, 한편으로는 '은혜'나 '사랑'에 배반하는 의미도 나타낸다.

또 다른 의미로는 '말(言)'을 들 수 있다. 말이라는 것은 전하는 것으로 그 소임을 다한 것이므로 금방 잊어버린다. 그렇다면 책(冊)은 어떤가? 이것 역시 마찬가지다. 상대에게 본래의 깊은 의미만 전하는 것이 소임이기 때문이다.

說文解字 ＊得(얻을 득, 탐할 득. 彳부 8획, 총 11획. *gain*) ＊魚(물고기 어, 생선 어. 魚부 0획, 총 11획. *fish*) ＊忘(잃어버릴 망, 기억이 없을 망, 없애버릴 망. 心부 3획, 총 6획. *forget*) ＊筌(통발 전. 竹부 6획, 총 12획. *weir*)

입신 출세의 관문

登 龍 門 등용문

- **出典** : 『후한서』의 「이응전(李膺傳)」
- **文意** : 뜻을 크게 펴서 영달하는 것을 비유

故事逸話 ┃ 후한 말기는 난세였다. 어느 시대나 왕조의 말에 이르면 정치는 혼탁해지고 백성들의 살림살이는 어려워졌다. 그러므로 기다렸다는 듯이 폭동이 일어나 세상은 어지러워지는 것이다.

특히 후한 말은 환관들의 세상이었다. 조정 중신들이 그들의 눈치를 살필 때에 오직 이응(李膺) 한사람만이 맞서 싸웠다. 이응은 영천 태생이다. 자(字)가 원례(元禮)인 그는 한때 하남지방으로 좌천되었으나 선배인 진번(陳蕃)의 천거로 다시 사예교위(司隷校尉)의 자리에 올랐다.

이때에도 궁안은 환관들이 득세하여 기강은 무너지고 조정은 부패의 악취를 풍기었다. 퇴폐풍조가 만연한 조정에서 오직 이응만이 절조를 지키며 환관들과 싸웠다. 그러므로 '천하의 모범은 이원례'라는 말이 생겨났다. 그러므로 어려운 난관을 돌파하여 도약의 발판을 삼을 계기를 마련한다는 의미로 '등용문'이란 말이 사용된다.

또한 등용문은 황하 상류의 협곡인 '용문'을 가리키기도 한다. 이 협곡을 뛰어넘는 물고기들은 용이 된다는 전설이 있으므로 수많은 물고기들이 죽음을 불사하며 뛰어넘었다. 이러한 등용문의 반대 개념은 '점액(點額)'이다. 온힘을 다해 협곡을 뛰어넘을 때에 바위에 부딪치거나 비느리 벗겨져 하류로 떠내려온 죽은 물고기를 가리킨다.

說文解字 ┃ ＊登(오를 등, 나아갈 등, 벼슬 등. 癶부 7획, 총 12획. *rise*) ＊龍(용 용, 별이름 용. 龍부 0획, 총 16획. *deagon*) ＊門(문 문, 가문 문, 집안 문. 門부 0획, 총 8획. *gate*)

태산에 오르면 천하가 작게 보인다
登 泰 小 天 등태소천

- **出典** : 『맹자』의 「진상 상」
- **文意** : 사람은 위치하는 곳에 따라 시선이 달라진다는 뜻

故事逸話 맹자가 뜻을 펴기 위해 천하를 떠돌 때, 당시 유력한 학파인 양주 · 묵적 · 자막 등의 학설에 비판을 가했다. 양주의 이기주의와 묵적의 박애주의는 어느 것이나 극단적으로 흐른 학설이었다. 그런 이유로 자막이라는 사람은 중간쯤의 입장을 취했다. 그것이 진리에 가깝다는 것은 인정하면서도 맹자는 융통성이 없다는 것을 지적하였다. 맹자는 말한다.

"순(舜)이 산에 있을 때에 돌과 나무와 함께 있었으며, 사슴과 산돼지와 노루 등과 노시므로 가히 시골의 촌부와 구별됨이 없었다. 그러나 착한 말 한마디를 듣고, 착한 행위를 하나 보시기만 하면 자기도 그것과 같이 실행하였다."

이것은 마치 큰 제방을 허물어뜨려 물을 흐르게 한 것이나 마찬가지다. 다시 말해 공자의 맹렬한 결의는 누구도 감히 막지 못한다는 것이다. 맹자는 말하려는 것은 노나라를 비롯하여 중국에 있는 크고 작은 산의 높낮이를 말하려는 것은 결코 아니다. 맹자는 성인의 말씀, 성인이 가리키는 지표가 무엇인지를 말하려는 것이다. 다시말해 그 교훈의 얕고 깊음을 말하는 것이다.

─────────────────────

說文解字 ＊登(오를 등, 나아갈 등, 이룰 등. 癶부 7획, 총 12획. *rise*) ＊泰(클 태, 통할 태, 심할 태. 水부 5획, 총 8획. *peaceful*) ＊小(작을 소, 짧을 소, 좁을 소. 小부 0획, 총 3획. *small*) ＊天(하늘 천, 조물주 천. 大부 1획, 총 4획. *heaven*)

말고삐를 잡고 맑은 정치를 다짐하다
攬 轡 澄 淸 람비징청

■ 出典 : 『후한서』 「범방전(范滂傳)」
■ 文意 : 어떤 일을 맡았을 때에 쇄신하려는 모습을 나타냄

__故事逸話__ 환제(桓帝) 재위시에 범방(范滂)이라는 인물이 있었다. 그는 여남 사람으로 자는 맹박(孟博)이었다. 어려서부터 정직하고 남의 물건에 대해서는 조금도 욕심을 낼 줄 모르는 인물이었다. 그가 벼슬길에 있을 때에 기주(冀州) 지방에 흉년이 든 데다 탐관들의 행패가 심하였다. 곳곳에서 폭동이 일어난 것은 살기 위한 백성들의 몸부림이었다. 조정에서는 위무사로 범방을 파견했다.

범방은 마차에 올라 출발하려고 할 때에 시국이 어지러워짐을 생각하여 난국을 수습할 절대적인 방책으로, 탐관들을 철저히 가려내야겠다는 생각을 굳혔다.

기주 지방의 관리들은 범방이 위무사가 되어 온다는 말을 듣고 스스로 관직에서 물러났다. 범방은 황경(黃瓊)의 부(府)에서 자신의 임무를 수행하며 악덕 관리들을 가려내 탄핵하였다. 그 수효는 20여명에 달했으며 거의가 조정의 권신 들에게 뇌물을 상납하는 연결고리를 갖고 있었다. 그러므로 조정의 관리들은 오히려 범방이 함부로 관리들을 탄핵한다고 상소했다. 직무수행에 어려움을 느낀 범방은 환제께 상소하고 관과 인은 걸어둔 채 관부를 떠났다.

__說文解字__ ＊攬(잡을 람(남), 딸 람. 手부 21획, 총 24획. *grasp*) ＊轡 (고삐 비. 車부 15획, 총 22획. *rein*) ＊澄(맑을 징, 맑게 할 징. 水부 12획, 총 15획. *clear*) ＊淸(맑을 청, 갚을 청, 산뜻할 청, 깨끗이 할 청, 왕조이름 청. 水부 8획, 총 11획. *clear*)

말의 귀에 스쳐가는 동풍
馬 耳 東 風 마이동풍

■ 出典 : 왕십이에게 보내는 답시
■ 文意 : 다른 사람의 말은 전연 귀담아 듣지 않음

故事逸話 이백의 친구 중에 왕십이(王十二)라는 이가 있었다. 오래 전부터 중국은 무(武)보다는 문(文)을 숭상했으므로 이백과 같은 이는 문장가로서 울분을 느낄 수밖에 없었다. 이백은 온갖 시름을 잊어버리고자 친구 왕십이에게 편지를 썼다.

<지금은 투계(鬪鷄;귀족들간에 유행했던 놀이)의 기술에 능한 자가 군왕의 총애를 받고 있던 때이네. 그들이 두 팔을 내젓고 활보하고 돌아다니는 곁에는 오랑캐의 침공에 서푼 어치의 공을 세워 충신인 것처럼 의기양양해 돌아다니는 자들이 있네. 자네나 나나 그런 자들을 흉내낼 수는 없지 않은가. 이렇듯 북창에 기대어 시를 짓고 노래나 불러보세. 아무리 우리의 글이 둘도 없이 빼어나도 그것은 냉수 한 잔의 값어치가 없다네. 세상 사람들은 이를 듣고 고개를 내젓지 않은가. 마치 동풍(東風)이 말의 귀(馬耳)를 스치고 가는 것이 아니고 무엇이겠는가.>

이백은 썩은 생선의 눈과 같은 무리들이 감히 명월과 같은 시인들의 존귀한 자리를 탐낸다고 꼬집었다. 이것은 자연스럽게 옥석이 뒤빠뀌었다고 탄식했다.

說文解字 ＊馬(말 마, 추녀끝 마, 벼슬이름 마. 馬부 0획, 총 10획. *horse*) ＊耳(귀 이, 조자리 이. 耳부 0획, 총 6획. *ear*) ＊東(동녘 동, 봄 동. 木부 4획, 총 8획. *east*) ＊風(바람 풍, 울릴 풍, 풍속 풍. 風부 0획, 총 9획. *wind*)

176

쇠공이를 갈아 바늘을 만들다
磨 杵 作 針 마저작침

■ 出典 : 『잠확유서(潛確類書)』
■ 文意 : 꾸준한 마음을 가지고 노력해야 뜻을 이룬다

故事逸話 흔히 시선(詩仙)으로 일컬어지는 이백은 자가 태백이고
호는 청련거사다. 그는 성격이 자유분방하여 놀기를 좋아하였는데 하루
는 길거리에서 노파 한사람을 만났다. 그 노파는 머리가 하얗게 셌는데
손에 둥근 쇠공이를 들고 있었는데 열심히 땅위로 솟아오른 돌에 그것을
가는 것이었다. 지나가던 이백이 물었다.

"할머니 쇠공이로 무엇 하시려구요?"
"이것을 갈아 바늘을 만들려 한다오."
"예에? 이것으로 바늘을 만들어요?"
"어찌 놀라나. 이것으로 바늘을 만들면 안되기라도 하는가?"
"그것은 아닙니다만."
그러자 노파는 하던 일을 계속하며 혼잣말처럼 중얼거렸다.
"이게 무에 그리 대단하다고 그러는거람. 열심히 하면 쇠공이도 바늘
이 되는 거지 뭘 그래."
이백은 무언가 머리에 떠오르는 게 있었다. 그는 집으로 돌아와 깊은
생각에 빠져들었다. 자기의 뜻을 굳게 세워 배우기에 힘을 써 중국 역사
상 가장 위대한 시인이 되었다.

說文解字 *磨(갈 마, 연자매 마. 石부 11획, 총 16획. *whet*) * 杵
(공이 저, 방망이 저, 방패 저. 木부 4획, 총 8획. *pestle*) * 作(지을 작, 될
작, 일어날 작. 人부 5획, 총 7획. *make*) * 針(바늘 침, 바느질할 침, 침
놓을 침. 金부 2획, 총 10획. *needle*)

말가죽으로 시체를 싸다
馬 革 裹 尸 마혁과시

■ **出典** : 『후한서』
■ **文意** : 병사는 모름지기 전쟁터에서 죽을 각오를 해야 한다

故事逸話 후한의 어지러운 시기에 광무제 유수(劉秀)를 찾아온 마원(馬援)은 나중에 복파장군(伏波將軍)이 되어 공을 쌓는다. 그는 유수를 도와 천하를 통일한 후에 지금의 월남인 교지(交趾)를 평정했다. 그가 개선하자 조정의 문무대신들을 비롯하여 백성들은 대대적으로 환영하였다.
이러한 환영 인파 속에 맹익(孟翼)이라는 장수도 끼어 있었다. 그는 마원에게 '수고 많았다'는 겉치레 인사를 해주었다. 그것을 마원은 달갑지 않게 여겼다.
"그대는 어찌 세상 사람들과 똑같은 인사를 한단 말인가. 내가 그대에게 판에 박은 인사를 받고 싶다 했는가?"
맹익은 뜻밖이라는 시선으로 바라보았다.
"그 옛날 복파장군 노박덕(路博德)은 큰공을 세웠는데도 수백호의 봉록을 받았었소. 그런데 나는 작은 공을 세우고 너무 큰 상을 받았소. 지금 오환(烏桓)과 흉노가 변경을 시끄럽게 하고 있으니 마땅히 그들의 청하는 게 옳은 일일 것이오. 장수는 마땅히 전장에 나가 죽어서, 말가죽으로 싸서 돌아와 장사지내야 하니까 말일세."

說文解字 ＊馬(말 마, 아지랑이 마. 馬부 0획, 총 10획. horse) ＊革(가죽 혁, 고칠 혁, 날개 벌릴 혁. 革부 0획, 총 9획. hides) ＊裹(쌀 과, 얽을 과. 衣부 8획, 총 14획. wrap) ＊尸(시체 시, 주관할 시. 尸부 0획, 총 3획. dead body)

혹 있을 지도 모른다
莫 須 有 막수유

■ 出典 : 『송사(宋史)』
■ 文意 : 없는 죄를 뒤집어 씌울 때 쓰는 말. '아마 있을 것이다'

<u>故事逸話</u>　금의 종필(宗弼;兀尤)은 계속되는 패전에 악전고투의 싸움을 하지 않으면 안되었다. 언성(郾城)을 잃은 후에도 계속된 패배로 인하여 형편없이 밀리자 눈물을 흘리며 통곡했다. 이러한 그에게도 하늘은 뜻밖에 살길을 마련해 놓고 있었다.

그것은 송황제 고종과 진회의 마음이었다. 일시적으로 운이 좋아 이긴 듯 보이지만, 언젠가는 전세가 역전되어 처지가 바뀔 수 있다는 점에 두려움을 느꼈다. 그러므로 어떻게든 종필에게 화의를 신청하려고 여러 길을 모색했다.

이러한 사정을 모르던 종필은 의외라는 생각을 하고 있었다. 전세가 불리하고 자신의 병사들이 형편없이 밀리고 있는데도 송나라 병사들이 후퇴하는 이유를 몰랐다. 그러다가 진회가 화의를 청해오자 비로소 자신을 두려워한다는 것을 눈치챈 것이다.

그는 이번 화의에 송나라가 어떤 요구도 받아들이리라는 것을 알고 있었다. 그러므로 혼쭐이 난 악비(岳飛)라는 송나라 장수를 처형해 달라는 조건을 붙였다. 진회는 악비가 반역을 꾀한다는 상소를 하고 곧 잡아들여 심문했다. 그러나 어떤 것도 나오지 않자 '막수유(莫須有;아마도 있을 것이다)'라는 죄명으로 처형했다.

<u>說文解字</u>　＊莫(없을 막, 저물 모. 艸부 7획, 총 11획. not) ＊須(모름지기 수, 수염 수, 기다릴 수. 頁부 3획, 총 12획) ＊有(있을 유, 또 유, 혹 유. 月부 2획, 총 6획. exist)

서로가 거리낄 것이 없는 친구
莫 逆 之 友 막역지우

■ **出典** : 『장자』의 「대종사편」
■ **文意** : 흉허물이 없는 친구를 가리킴

故事逸話 어느 때인가 자사(子祀) · 자여(子輿) · 자리(子犁) · 자래(子來) 등의 네 사람이 모여 환담을 나누는 자리였다. 그들은 한결같이 이렇게 말했다.

"누가 능히 무(無)로 머리를 삼으며 사람으로써 등을 삼고 죽음으로 엉덩이를 삼을까?"

이것은 어느 누가 생사 존망을 알겠느냐는 물음이었다. 그러므로 네 사람은 한몸이 되자고 의견을 모았다. 이렇게 하여 네 사람은 '서로 거리낄 것이 없는 친구'가 되었다. 그런가하면 이런 얘기도 있다. 어느 때인가 자상호(子桑戶) · 맹자반(孟子反) · 자금장(子琴張) 등의 세 사람이 얘기했다.

"누가 능히 서로 사귀지 않은 속에서 사귀고, 하는 일이 없는 가운데 행하는가. 누가 능히 하늘에 올라가 안개 속에서 놀고 무한한 우주속을 돌아다니며 삶을 잊고 무한히 즐길 수 있겠는가?"

그들은 서로를 바라보며 웃었다. 그런 연후에 서로가 친구되기를 즐겨하였다는 것이다. 친한 친구를 나타내는 '막역지우'는 여기에서 유래되었다.

說文解字 ＊莫(없을 막, 저물 모. 艸부 7획, 총 11획. *not*) ＊逆(맞이할 역, 거꾸로 역. 辵부 6획, 총 10획. *disobey*) ＊之(이를 지, 갈 지, 어조사 지. 丿부 3획, 총 4획. *this*) ＊友(벗 우, 우애 우. 又부 2획, 총 4획. *friend*)

수레를 끌며 부르는 노래
挽 歌 만가

■ 出典 : 『춘추좌씨전』
■ 文意 : 죽은 자의 관이 놓인 수레를 끌며 부르는 노래

__故事逸話__ 초한의 싸움에서 승리한 유방이 서한 왕조를 세워 고조가 되었다. 이때 제나라의 전횡(田橫)이라는 장수는 한신의 화목사로 온 역이기(酈食其)를 삶아 죽인 일이 있었다. 그는 유방이 통일한 이후 5백여명의 부하와 섬으로 도망쳤다.

이때 유방은 그들이 난을 일으킬 것을 번거롭게 생각하여 그들을 용서하겠다는 칙지를 내렸다. 일단 섬에서 나와 낙양의 삼십리 지점에 이른 전횡은 스스로 목을 찔러 자살했다. 소문을 들은 5백여명의 병사들도 모두 순사했다. 이때 전횡의 문인이 호리(蒿里)라는 곳에서 구슬픈 상가(喪歌)를 지었다.

호리는 누구의 집터인가
혼백을 거두는 데에 어질고 우매한 자가 없네
귀백이여, 재촉하지 마오
인명은 잠시도 지체를 못하네.

세월이 흘러 무제(武帝)의 시대가 왔다. 이때 이연년이라는 악인에게 노래를 부르게 하였는데, 『진서』 「예지」에 의하면 '만가'는 죽은 자를 장소하는 데 사용되었다고 쓰여있다. 만가(輓歌)로도 쓰인다.

__說文解字__ *挽(당길 만, 늦을 만, 상여꾼 노래 만. 手부 7획, 총 10획. *draw*) *歌(노래 가, 노래 부를 가. 欠부 10획, 총 14획. *song*)

|181
만번의 죽을 고비에서 살아나오다
萬 事 一 生 만사일생

■ 出典 : 『정관정요』, 『문선』
■ 文意 : 목숨이 위험한 처지에 놓이다

故事逸話 | 당태종 이세민은 부친을 도와 당(唐)나라를 세웠다. 그가 처음 부친을 따라 작전에 참여한 것은 한창 나이인 열여덟 살 때였다. 당시엔 수(隋)나라의 세상이었으나 말기에 일어나는 여러 증상처럼 세상은 혼란의 연속이었다. 장차 수나라가 무너진다는 것을 간파한 이세민은 부친을 움직여 태원에서 거병하였다.

이후 몇 번의 고비를 거치면서 수나라는 망했다. 비로소 천하를 손아귀에 넣으려는 영웅들의 싸움이 치열해졌다. 이세민은 설인고를 격퇴하여 투항케 하였으며 능동 지역을 제압한 데 이어 유무주(劉武周)의 싸움에서 승리를 거둔 이후 두건덕 등의 세력을 궤멸시키고 자리를 잡아갔다.

이러한 활약에 힘입어 당 제국이 반석처럼 자리를 잡아가자 급기야 형제간의 싸움이 일어났다. 662년에 일어난 이른바 '현무문의 변'이다. 그는 형과 동생을 살해하고 29세의 젊은 나이로 보위에 올랐다. 바로 당태종이다. 그는 이때까지의 사태에 대하여 말한다.

"옛날에 방현령은 나를 따라 천하를 평정하느라 고생을 했으며, 나도 만 번의 죽을 고비에서 살아 나왔다"

說文解字 | *萬(일만 만, 많을 만, 벌 만. 艸부 9획, 총 13획. *ten thousand*) *事(일 사, 섬길 사, 다스릴 사. ㅣ부 7획, 총 8획. *walk*) *一 (한 일, 온전할 일. 一부 총 1획. one) *生(날 생, 서투를 생, 싱싱할 생. 生부 총 5획. *born*)

182
모든 것을 체념한 상태
萬 事 休 矣 만사휴의

■ **出典** : 『송사』의 「형남고씨세가」

■ **文意** : 온갖 수단을 다해 보았지만 해결할 수 없는 상태

故事逸話 약소국 가운데 형남(荊南)이라는 나라가 있다. 나라를 연 고계창(高季昌)은 후량(後梁)의 시조를 섬겼는데 당의 마지막 군주인 애제를 폐하고 주전충이 후량의 태조로 등장하면서 형남절도사에 임명되었다. 그리고 여섯 해가 지나 발해왕이 되었는데, 후량이 망하고 후당이 들어섰을 때에는 남평왕(南平王)으로 봉지를 받았다.

이후 장종이 시해되면서 그는 오나라에 붙었다. 그러나 아들 종회는 지략이 뛰어나 후당에 줄을 대어 남평왕 자리를 고수했다. 그는 남한(南漢)·민·촉 등의 나라에서는 그들을 천하게 여겨 고무뢰(高無賴)라는 별명을 지어보낼 정도였다.

종회의 아들은 보융이다. 뒤이어 그의 아들 보훈 시대에 이르러 후주가 무너지고 송나라가 들어섰다. 그는 어릴 때부터 종회의 맹목적인 편애 속에서 성장하였다. 그것을 질투하는 사람이 있어서 흘겨보더라도 싱글벙글 웃었다. 그러므로 사람들은,

"만사휴의(萬事休矣;어떻게 할 수 없다)로다."

이것은 어쩔 수 없다는 뜻으로, 나중에는 모든 것이 끝이라는 뜻으로 고착되었다.

說文解字 ＊萬(일만 만, 춤 이름 만. 艸부 9획, 총 13획. *ten thousand*) ＊事(일 사, 섬길 사. ㅣ부 7획, 총 8획. *work*) ＊休(쉴 휴, 아름다울 휴. 人부 4획, 총 6획. *rest*) ＊矣(어조사 의, 말 그칠 의. 矢부 2획, 총 7획.)

|183

온 성을 가득 비바람이 덮는다
滿 城 風 雨 만성풍우

■ 出典 : 『냉재야화(冷齋夜話)』
■ 文意 : 끊임없이 많은 사람들 입에 오르내리다

故事逸話 송나라 때에 황주(黃州) 지방에 글을 짓는 청빈한 선비 중에 반대림(潘大臨)이라는 이가 있었다. 글을 짓기 위해 고심하던 그의 뇌에 좋은 구절이 떠올랐다.

滿城風雨近重陽(만성풍우근중양)
온 성의 비바람 소리는 중양절을 재촉한다

첫귀절을 쓰고 생각을 가다듬는데 벌컥 문이 열렸다. 집주인이었다. 그는 대뜸 을러대듯 말했다.
"이보게 젊은이, 집세는 마련됐는가?"
그 순간 머리에 머물렀던 좋은 생각은 어디론가 사라져 버렸다.
이로부터 얼마 후에 반대림은 사무일(謝無逸)이라는 친구에게 편지를 썼다.
"가을이 다가와 아름다운 시상은 흘러왔다 흘러가기 마련이네. 한가로이 걸상에 앉아 정신을 가다듬고 있노라니 좋은 시상이 떠올랐네."
그가 보낸 것은 바로 '만성풍우근중양' 이라는 한 구절이었다.

說文解字 *滿(가득할 만, 넘칠 만. 水부 11획, 총 14획. *full*) *城(성 성, 재 성, 보루 성. 土부 7획, 총 10획. *castle*) *風(바람 풍, 울릴 풍, 위엄 풍. 風부 0획, 총 10획. *wind*) *雨(비 우, 비올 우. 雨부 0획, 총 8획. *rain*)

|184
조그만 틈도 찾을 수 없는 계책
萬 全 之 策 만전지책

■ **出典** : 『후한서』의 「유표전」
■ **文意** : 상황에 맞는 계책

故事逸話 후한 말의 어지러운 시기에 나타난 간웅 조조(曹操). 그는 북방 세력인 원소를 공격하여 막대한 타격을 입힌다. 당시 원소의 병력은 10만이었으며 조조는 고작 3만이었다. 이들의 대전을 역사서에는 '관도의 대전'으로 알려져 있다.

『손자병법』에서도 적을 경시하지 말라는 문구가 있다. 그런데도 원소의 병사들은 숫적으로 우위를 믿고 교만하였다. 그 결과 첫 번째 전투에서 원소 군의 대장격인 안량(顔良)을 잃었으며, 2차에서는 명장 문추(文醜)를 잃었다. 이 두 번째 싸움에서 두 장수의 목숨을 빼앗은 것은 뜻밖에 관우(關羽)였다. 이때 원소 군의 감군인 저수(沮水)가 계책을 내놓았다.

"조조 군은 군량이 부족하므로 속전속결을 원할 것입니다. 지구전으로 나가야 합니다."

또한 허유(許由)는 병력을 나누어 허창을 습격한다면 성공할 수 있다는 방책을 내놓았다. 그러나 위의 계책들은 채택되지 않았다. 원소는 다급해지자 유표에게 원군을 청했다. 유표의 부하 한숭이 말했다.

"우리는 조조를 따르는 것이 '만전지책'이 될 것입니다."

說文解字 ＊萬(일만 만. 艸부 9획, 총 13획. *ten thousand*) ＊全(온전 전, 갖출 전, 순전할 전. 入부 4획, 총 6획. *all*) ＊之(의 지, 어조사 지, 갈 지. 丿부 3획, 총 4획. *this*) ＊策(꾀 책, 시조 책, 책 책. 竹부 6획, cd 12획. *plan*)

|185

나라를 망하게 하는 음악

亡 國 之 音 망국지음

■ **出典** : 『예기』의 「악기」, 『한비자』
■ **文意** : 망한 나라의 음악

故事逸話 춘추시대 위(衛)나라의 영공(靈公)이 진나라로 가려고 박수 물가에 이르렀다. 그런데 한 번도 들은 적이 없는 음악소리가 들려온 것이다.

"여봐라, 저 음악 소리가 어디서 들리는고?"

"물가인 듯 싶습니다."

"모두들 귀를 기울여라. 저토록 아름다운 소리가 어디에서 들린단 말인가?"

모두들 조용해졌다. 참으로 감미로운 곡조가 물가로 퍼져나갔다. 영공은 동행한 악공으로 하여금 즉시 그 곡을 익히게 했다.

다시 그곳을 떠나 진나라 궁에 도착하여 평공 앞에서 그 곡을 연주하게 하였다. 그리고 물었다.

"어떻습니까, 참으로 훌륭한 곡이지요?"

이때 사광(師曠)이라는 악공이 말했다.

"그 곡은 은(殷)나라의 음악입니다. 나라를 망하게 한 음악이므로 연주해선 안됩니다."

『예기』에는 '상간(桑間) 박수 물가의 음은 망국의 음이다' 라 했다.

說文解字 ＊亡(망할 망, 없어질 망. ㅗ부 1획, 총 3획. *perish*) ＊國 (나라 국, 고향 국. □부 8획, 총 11획. *nation*) ＊之(의 지, 어조사 지. ／부 3획, 총 4획. *this*) ＊音(소리 음, 말소리 음, 편지 음, 음악 음. 音부 0획, 총 9획. *sound*)

매실을 바라보며 갈증을 해소하다
望 梅 止 渴 망매지갈

■ **出典** : 『삼국지연의』

■ **文意** : 매실을 생각하게 하여 갈증을 해소시키다

故事逸話 여포의 공격으로 서주(徐州)와 소패(小沛)를 점령당한 유비는 부득이 허창(許昌)으로 향하여 잠시 조조에게 의탁하였다. 어느 날 조조는 허저(許褚)라는 무장에게 명하여 유비를 승상부로 데려오게 하였다. 조조는 다감하게 유비의 손을 잡으며 말했다.

"나는 후원에 있는 매실을 보면 작년에 있었던 일이 문득 생각이 난답니다."

"무슨 일이신데요?"

유비가 정중히 묻고 조조는 말을 이어갔다.

"작년에 장수(張繡)를 정벌하는 행군들 사이에 물이 떨어지는 바람에 병사들은 몹시 고통스러웠어요. 푹푹 찌는 무더위다 보니 갈증이 어지간히 심해야지요. 그래서 나는 말채찍으로 앞을 가리키며 말했답니다. '저 앞에 광활한 매실 숲이 있다. 매실은 시고 달아서 충분히 목을 축일 수 있다' 병사들은 신맛을 생각하고 입안에 침이 생겨 갈증을 느끼지 않게 되었답니다. 다행히 행군이 오래되지 않아서 물이 있는 곳을 찾아내 병사들은 갈증을 면할 수 있었습니다."

조조의 뛰어난 기지를 엿볼 수 있는 대목이다.

說文解字 ＊望(바랄 망, 우러를 망, 보름 망. 月부 7획, 총 11획. *hope*) ＊梅(매화나무 매, 절후이름 매. 木부 7획, 총 11획. *plum tree*) ＊止(그칠 지, 막을 지, 거동 지. 止부 총 4획. *stop*) ＊渴(목마를 갈, 갈증 갈. 水부 9획, 총 12획)

|187
먼지만 보고서는 따라잡지 못한다
望 塵 莫 及 망진막급

■ **出典** : 『사기』
■ **文意** : 앞사람이 일으킨 먼지만으로는 따라잡지 못한다

　　故事逸話 ┃ 자(字)가 문열(文悅)인 오경지(吳慶之)는 송나라 복양 사람이다. 왕의공(王義恭)이 양주에서 태수 자리에 있을 때에 오경지를 청하여 보좌해 줄 것을 부탁했다. 오경지는 몇 번을 사양하다가 그를 도와 양주를 다스렸다.

　　그런데 뒷날에 왕의경이 황제의 노여움을 사서 처형당하자 다시는 관직에 나서지 않을 심정으로 칩거하였다. 그러나 누구보다 오경지의 능력을 알고 있던 왕곤(王琨)은 오흥 태수로 부임하며 그에게 공조(工曹)를 맡아달라는 청을 넣었다. 그러자 오경지가 말했다.

　　"저는 능력이 없습니다. 지난번 왕의경 태수 때에도 분주하게 다녔을 뿐, 해놓은 일은 아무 것도 없습니다. 이런 저에게 공조를 맡으라 하심은 고기를 나무 위에서 기르고 새를 물속에서 기르는 것과 다름없습니다."

　　오경지는 그 말을 마치고 자리를 떠났다. 잠시 자리를 비웠던 왕곤이 그 사실을 알고 황급히 따라나섰으나 보이는 것은 뽀얗게 흙먼지만 일뿐이었다. 오경지는 벌써 먼 곳까지 갔으므로 더 이상 따라잡을 수가 없었다.

　　說文解字 ┃ ＊望(바랄 망, 우러를 망, 보름 망. 月부 7획, 총 11획. *hope*) ＊塵(티끌 진, 속세 진. 土부 11획, 총 14획. *mote*) ＊莫(없을 막, 저물 모. 艸부 7획, 총 11획. *not*) ＊及(미칠 급, 미치게 할 급, 및 급. 又부 2획, 총 4획. *reach*)

보리만 무성하다고 탄식함
麥秀之嘆 맥수지탄

■ 出典 : 『사기』의 「채미자세가」
■ 文意 : 나라가 망한 자리에 보리만 무성함을 탄식하는 말

故事逸話 폭군의 대명사로 알려진 은(殷)나라 주왕(紂王)에게는 명신으로 알려진 세 명의 신하가 있었다. 미자(微子) · 기자(箕子) · 비간(比干)이다. 공자 역시 이 점에 대해 이견이 없다. 『논어』에서 다음과 같이 말한다.

"미자는 떠나고 기자는 종이 되고 비간은 간하다가 죽었다."

이렇게 회고할 만큼 세 사람은 충직한 신하였다. 미자는 주왕의 이복 동생으로 몇 번 간하다가 주왕이 고집을 부리자 다른 나라로 망명했다. 기자는 몇 번 간했으나 주왕의 노여움이 있을 것을 염려하여 거짓으로 미친 척 하며 남의 집 종살이를 하며 목숨을 부지했다. 그러나 비간은 수차례의 충간으로 주왕을 괴롭히다가 죽임을 당했다.

"옛부터 충신은 간에 일곱 개의 구멍이 있다고 하는데 그것을 확인해 보겠다."

이것이 비간의 죽음이었다. 결국 은나라는 망하고 주(周)나라가 세워졌다. 기자는 주나라로 가는 도중에 은나라의 도읍을 지나게 되었다. 화려했던 자취는 오간 곳이 없고 그곳에 보리와 잡초만이 무성한 것을 보고 탄식한 말이었다.

說文解字 *麥(보리 맥, 묻을 막. 麥부 총 11획. *barley*) *秀(빼어날 수, 꽃이 필 수. 아름다울 수. 禾부 2획, 총 7획) *之(이를 지, 갈 지, 어조사 지. ノ부 3획, 총 4획. *this*) *嘆(탄식할 탄, 한숨쉴 탄. 口부 11획, 총 14획. *sigh*)

|189

맹자 어머니가 세 번 이사하다
孟 母 三 遷 맹모삼천

■ **出典** : 『후한서』의 「열녀전(烈女傳)」
■ **文意** : 맹자의 어머니가 자식 교육을 위해 세 번 이사하다

　　故事逸話 　맹자는 일찍 부친을 여의고 어머니 슬하에서 자라났다. 어떻게 보면 그의 어머니는 아주 평범한 여인이었다. 그러나 자식 교육에 있어서만은 어떤 회생을 겪고라도 훌륭한 인간으로 키우고자 노력하였다. 따라서 '현모양처'의 대명사로 알려진 맹모는 세 번이나 이사하여 자식 교육에 최선을 다하였다.

　　처음에는 묘지 근처에서 살았다. 언제나 그랬던 것처럼 동네 아이들과 상여를 메고 다니며 놀이했다. 곡(哭)을 하며 노는 아이를 보다 못해 맹모는 시장 근처로 이사했다. 맹자는 장사하는 이들의 흉내를 내며 놀았다. 그곳 역시 좋은 장소가 아니라는 생각에 이번에는 서당 곁으로 옮겼다.

　　눈만 뜨면 글 읽는 소리에 낭랑히 들려오는 곳. 맹자는 비로소 서당 아이처럼 단정히 앉아 글을 읽었다. 그제야 맹모는 안도의 숨을 몰아쉬었다.

　　자식을 바르게 키울 수 있는 장소를 찾아낸 것으로 본 것이다. 맹자는 서당 근처에서 책을 펼치고 공부하는 놀이를 함으로써 훗날 아성(亞聖)이라 불리는 현철이 된 것이다.

　　說文解字 　＊孟(맏 맹, 힘 쓸 맹, 클 맹. 子부 5획, 총 8획. *eldest*) ＊母(어머니 모, 장모 모, 암컷 모. 母부 1획, 총 5획. *mother*) ＊三(석 삼, 세 번 삼, 자주 삼. 一부 2획, 총 3획. *three*) ＊遷(옮길 천, 바뀔 천, 귀양 보낼 천. 辵부 11획, 총 15획. *remove*)

|190
사리를 판단할 수 없는 장님의 눈
盲 目 맹목

■ **出典** : 『송서(宋書)』
■ **文意** : 장님의 눈을 가리킴

故事逸話 송나라의 시인 소동파(蘇東坡)는 기산(岐山) 아래에서
살고 있었다. 옆 고을은 하양(河陽)이었는데 이곳은 돼지고기가 일품으
로 유명했다. 어느 날 소동파는 하인을 시켜 돼지를 몇 마리 사오게 했다.
그런데 그 하인은 대단한 술꾼이었다. 주인의 명을 받고 갔으므로 처음
에는 잘 견뎌냈다. 그러나 돼지를 사서 돌아올 즈음에는 도저히 출출하
여 견딜 수가 없었다.

"딱 한잔만 하고 가야지."

그렇게 생각하고 주막집에 들어가 술을 마셨다. 그렇지만 한잔이 열잔
이 되고, 또 스무 잔이 되면서 하인은 크게 취하여 곯아떨어졌다. 그 동안
에 밖에 두었던 돼지들은 모두 도망가버렸다.

술이 깬 하인은 밖으로 달렸다. 그러나 그곳에는 돼지가 한 마리도 없
었다. 그렇다고 빈손으로 갈 수도 없는 일이어서 보통 돼지를 몇마리 샀
다. 소동파는 친구를 불러모아 요리한 돼지고기를 안주로 내놓았다. 초청
받은 손님들은 덮어놓고(盲目的) 칭찬했다.

"역시 하양의 돼지고기는 천하 일품입니다."

얼마후 촌로 몇 사람이 찾아왔다. 그들은 손에 돼지를 몇 마리씩 들고
있었다. 그 돼지야말로 하인이 잃어버린 천하의 일품으로 알려진 하양의
돼지였다.

說文解字 ＊盲(소경 맹, 도리를 분별하지 못할 맹. 目부 3획, 총 8획.
blind man) ＊目(눈 목, 볼 목. 目부 총 5획. *eye*)

장님이 코끼리를 만짐
盲 人 摸 象 맹인모상

▨ **出典** : 『열반경(涅槃經)』
▨ **文意** : 눈먼 소경이 코끼리를 만지고 전체를 알려고 함

___故事逸話___   옛날 인도에 어떤 임금이 좌우의 신하들에게 말했다.
"누가 가서 코끼리 한 마리를 끌고 오시오."
대신이 코끼리를 가져오자 이번에는 맹인 몇 사람을 데려오게 하였다.
그리고 말했다.
"맹인들은 코끼리를 만져 보도록 하라."
임금의 명이 떨어지자 맹인들은 코끼리를 만지기 시작했다. 얼마의 시
간이 흐른 뒤에 임금은 소경을 불러 말했다.
"너희들이 만진 부위에 대해 말해 보아라. 너희들이 만진 코끼리는
무엇과 비슷하다 보느냐?"
소경들은 각기 말했다.
"코끼리의 형상은 굵고 큰 무와 같습니다."
"코끼리의 형상은 까부는 키와 같습니다."
"코끼리의 형상은 절구질을 하는 절구통과 같습니다."
"제가 보기에 코끼리는 평탄한 침대와 같습니다."
"코끼리의 형상은 배가 튀어나온 옹기와 같습니다."
모두들 자기 주장이 옳다고 우겨댔다.

___說文解字___   ＊盲(장님 맹, 어둘 맹. 目부 3획, 총 8획. *blind*) ＊人(사
람 인, 잘난 사람 인, 나랏 사람 인. 人부 0획, 총 2획. *people*) ＊摸(본뜰
모, 규모 모. 手부 11획, 총 14획) ＊象(코끼리 상, 법 받을 상. 빛날 상,
형상 상. 豕부 5획, 총 12획. *elephant*)

장님이 눈 먼 말을 타다
盲 人 瞎 馬 맹인할마

■ **出典** : 『진서(晉書)』
■ **文意** : 눈먼 소경이 말을 탄듯한 형국을 나타냄

故事逸話 환현(桓玄)과 고개지(顧愷之)가 참군으로 있는 은중감(殷仲堪)의 집에서 이야기 하고 있었다. 세 사람은 이것저것을 말하다가 나중에는 이 세상에서 가장 위험하다고 생각하는 것을 드러내기 시작했다. 환현이 먼저 입을 열었다.

"나는 그렇게 생각합니다. 창끝을 쌀 속에 담그고 다시 칼로 불을 때어 밥을 하는 것입니다."

뒤를 이어 은중감이 말했다.

"나는 백 세 쯤 되는 노인이 나무 위에 기어오르는 것입니다."

그 다음은 고개지의 차례였다. 머뭇거리던 사이에 참군이 먼저 입을 열었다.

"장님이 눈먼 말을 타고 한밤중에 깊은 연못에 이르는 것입니다."

이때 은중감은 한쪽 눈을 다친 상태였기에 몹시 불편해 하고 있었다. 이 말을 듣자 두 눈의 필요를 절실히 느끼던 은중감이 부르르 몸을 떨며 외쳤다.

"그래, 아주 무서운 일이야!"

장님이 눈먼 말을 타는 것은 무모하고 위험한 행동이다.

說文解字 *盲(소경 맹, 도리를 분별하지 못할 맹. 目부 3획, 총 8획. *blind man*) *人(사람 인. 人부 총 2획. *people*) *瞎(애꾸눈 할, 어두울 할. 目부 11획, 총 16획) *馬(말 마, 클 마, 산가지 마. 馬부 총 10획. *horse*)

|193
황제가 정무를 보았던 대청마루
明 堂 명당

■ 出典 : 『황제택경(黃帝宅經)』
■ 文意 : 천하의 사람들에게 원성을 주었던 군왕의 집무실

　　故事逸話　명당에 대해서는 여러 가지 이론이 많다. 『황제택경』에 의하면 상고시대의 사람인 황제 헌원 씨의 집무실이 명당으로 알려져 있다. 그런데 이 자리는 만백성 위에 군림하면서 원망과 비탄을 쏟아냈다. 그것이 세월의 흐름을 타고 내려오면서 급기야 풍수 용어로 탈바꿈한 것이다.

　　풍수법상 명당이라는 말은 둘로 나뉜다. 하나는 양택풍수에서 말하는 집터이고, 다른 하나는 음택풍수인 묘자리를 살피는 것이다. 그러므로 풍수법상 명당은 어느 쪽으로든 '좋은 장소'를 의미한다. 『택경』에 이런 말이 있다.

　　"한집만 지을 땅은 아무리 커도 대지(大地)라고 하지 않는다. 그것은 당대 뿐만이 아니라 자손들이 대대로 그 땅을 쪼개어 살게되므로 좁기 때문이다."

　　또한 음택 풍수라는 것은 묻힐 땅에 대하여 길흉을 논하는 방법이다. 죽은 자를 소중히 다뤄주는 묘지 풍수는 유교적인 조상숭배 사상이다. 그러므로 묘지풍수는 보기에 따라 행과 불행의 교차점이 되는 것이다. 이러한 법술이 민간에 내려서 명당이라는 개념을 낳은 것이다. 천하의 백성들에게 원망과 탄성을 주었던 역대 군왕의 집무실이 백성들에게 행과 불행을 주는 곳으로 탈바꿈한 것이다.

　　說文解字　＊明(밝을 명, 총명할 명. 日부 4획, 총 8획. *bright*) ＊堂 (마루 당, 정당할 당. 土부 8획, 총 11획. *hall*)

밝은 눈동자와 흰 이
明 眸 皓 齒 명모호치

■ **出典** : 두보의 시 「애강두」
■ **文意** : 미인을 가리키는 말

__故事逸話__ 현종은 재위 말년에 정치에 싫증을 내고 양귀비를 곁에 두고 사치와 환락만을 쫓다가 안록산이 난을 일으키는 소동에 휩쓸린다, 이때 두보는 45살의 하급 관리였다. 장안이 소란스러워지자 동쪽에 위치한 곡강을 찾아갔다. 한때 이곳은 현종과 양귀비가 자연을 벗삼아 즐기던 때가 있었다. 두보는 그것을 슬퍼하며 시를 읊었다.

<…장안성 남쪽의 소릉에 사는 나는 난(亂)을 만나 황폐해진 도성의 지난날을 생각하니 슬픔으로 통곡이 복받치는 것을 삼키며 울었다. 도성을 구비구비 돌아 흐르는 곡강 언저리를 방황하면서……. 그 강 궁전에 지금은 황제가 안 계시니 많은 문이 잠겨 있는데, 버들과 잎이 돋아난 창포는 누구를 위해 저토록 아름다울까. 그 옛날 무지개빛 천자기를 날리며 황제가 나아올 때는 동산의 모든 초목이 생기가 돌아 아름다웠던 일이 회상된다. 그 옛날 한나라 소양전 중에 가장 으뜸 가는 조비연에게 비견됐던 양귀비는 천자를 모시고 있었다. 그 수레를 모시며 나아가는 재인(才人)과 여관은 허리에 활을 메었고 타고 가는 백마의 입에 황금재갈을 물렸었다. 그런데 지금 고운 눈과 흰이(明眸皓齒)의 양귀비는 어디로 갔는가…….>

__說文解字__ *明(밝을 명, 총명할 명, 분별할 명. 日부 4획, 총 8획. *bright*) *眸(눈동자 모. 目부 6획, 총 11획. *pupil*) *皓(하얄 호, 밝을 호. 白부 7획, 총 12획. *white*) *齒(나이 치, 빌 치, 이 치. 齒부 0획, 총 15획. *teeth*)

195

티끌 한 점 없는 거울처럼 맑은 물
明 鏡 止 水 명경지수

■ **出典** : 『장자』의 「덕충부편」
■ **文意** : 거울처럼 깨끗한 물 같은 마음의 비유

故事逸話 올자(兀者)는 형벌로 발목이 잘린 사람이다. 노나라에 이러한 올자가 있었다. 그의 이름은 왕태였는데 많은 사람들이 모여들자 공자의 제자 상계(常季)가 그 연유를 물었다. 공자가 답했다.

"사람은 결코 흐르는 물로는 거울을 삼지 않는다. 무릇 그쳐있는 물이어야만 얼굴을 비쳐볼 수 있기 때문이다. 왕태의 마음은 그쳐있는 물처럼 조용하기 때문에 사람들은 그를 거울로 삼아 모여들고 있는 것이다."

어디 그뿐인가. 「응앙제편」에는 다음과 같이 말하고 있다.

"지인(至人)의 마음가짐은 환한 거울에 비유할 수 있는 것이다. 명경은 사물이 오고 감에 내맡긴 채 자신의 뜻을 나타내지 않는다. 미인이 오면 미인을 비추고 추한 여인이 오면 추한 여인을 비추기 마련이다. 어떤 것에라도 응접을 하지만 결코 자취를 남기는 일은 없다. 그러므로 계속적으로 얼마든지 물건을 비추어도 본래의 맑음을 상하게 하지 않는다. 그러는 것처럼 지인의 마음가짐도 사물에 대해 차별이 없고 집착도 없으므로 자유자재일 수가 없다."

이것을 명경지수라 하였다.

說文解字 ＊明(맑을 명, 총명할 명. 日부 4획, 총 8획. *bright*) ＊鏡(거울 경, 비출 경, 거울을 삼을 경. 金부 11획, 총 19획. *mirror*) ＊止(그칠 지, 머무를 지. 止부 총 4획. *stop*) ＊水(물 수, 고를 수, 별자리 이름 수. 水부 총 4획. *water*)

196

이치에 맞는 도리로 몸을 보전함

明 哲 保 身 명철보신

■ 出典 : 『서경』의 「설명편(說命篇)」
■ 文意 : 일 처리에 밝고 사리에 맞음

故事逸話 『서경』의 「설명편」은 상중하 3편으로 나뉘어 있다. 은나라의 무정(武丁)이 부왕인 소을(少乙)의 뒤를 이어 국왕으로 즉위한 후에 부친의 3년상을 치르고 침묵했다. 그는 꿈속에서 본 어진이를 찾아내 좌우를 보좌하게 하였다. 그 어진이는 열(說)이라는 인물로 전암(傳巖)이라는 곳에 살았으므로 전열(傳說)이라 불렀다. 따라서 군신들의 칭송은 마를 날이 없었다.

나에게 온 세상을 바르게 하자 하시니
내 덕이 같지 못할까 저어하여 그런 고로
말하지 아니하며 공경하며
잠자코 도를 생각하나니
꿈에 제(帝)께서 내게 도울 어진 이를 주시니
그가 말을 대신 하리라
이에 그의 형상을 더듬어 널리 천하를 구하시니
열이 전암의 들에서 본 초상과 같더라

說文解字 ＊明(밝을 명, 분명할 명, 총명할 명. 日부 4획, 총 8획. *bright*) ＊哲(밝을 철, 슬기로울 철. 口부 7획, 총 10획. *sagacious*) ＊保(보전할 보, 지닐 보, 도울 보. 人부 7획, 총 9획. *keep*) ＊身(몸 신, 아이밸 신, 몸소 신. 身부 0획, 총 7획. *body*)

|197
모수가 스스로를 천거하다
毛 遂 自 薦 모수자천

- **出典** : 『사기』의 「평원군열전」
- **文意** : 자신의 재능을 보여주기 위해 스스로 천거하다

故事逸話 진(秦)나라의 대군이 조나라 혜문왕 때에 한단을 포위했다. 다급한 상황을 맞이하여 조왕은 평원군을 초나라에 보내 조약을 맺게하여 급한 불을 끄게 하였다. 당시 평원군 휘하에는 2천여명의 식객이 있었다. 그 가운데 문무를 겸존한 스무명의 인물을 선별하여 떠날 계획으로 여러 시험을 거쳐 선별했다. 뽑은 인물은 열아홉 명이었다. 처음의 계획대로라면 한 명이 부족했다. 누구를 뽑을까에 골똘해하는 평원군 앞에 모수가 나섰다.

"한사람이 부족하다는 말을 들었습니다. 모름지기 저를 데려가 주십시오."

평원군이 그를 살펴보았으나 도무지 낯설었다.

"이곳에 온 지 몇 년이나 되었소?"

"3년입니다."

"3년 동안 머물며 공을 세우지 못했으니 내가 알아보지 못한 것이오. 아니 그렇소?"

"저를 송곳처럼 주머니에 넣었다면 그리했을 것입니다."

진즉에 불러주었다면 주머니 밖으로 나왔다는 말이었다.

說文解字 ＊毛(터럭 모, 나이차례 모. 毛부 0획, 총 4획. *hair*) ＊遂(이룰 수, 사무칠 수, 나아갈 수. 辵부 9획, 총 13획. *accomplish*) ＊自(스스로 자, 몸소 자, 부터 자. 自부 0획, 총 6획. *oneself*) ＊薦(천거할 천, 드릴 천, 꼴 천. 艸부 13획, 총 17획. *recommend*)

|198
창과 방패를 가리킴
矛 盾 모순

■ **出典** : 『한비자』의 「난일난세편」
■ **文意** : 말과 사실이 일치하지 않음

故事逸話 어느 거리에 칼과 방패를 파는 사람이 있었다. 그는 날이 선 세모창과 방패를 땅에 늘어놓고 소리소리 고함지르며 물건을 팔았다. 이때는 전쟁이 잠시 소강상태에 빠진 상태였다.

"자, 여기를 보십시오. 여기에 여러분의 생명을 지켜줄 물건이 있습니다. 이 방패는 방패의 명인이 만든 것이므로 이 세상의 어느 병장기로도 뚫지를 못합니다. 자, 전쟁이 다시 일어나기 전에 어서 방패를 사십시오!"

한바탕 신이 나게 소리친 다음 이번에는 곁에 놓아둔 창을 들고 고함쳤다.

"자, 여기를 보십시오. 이 창은 세상의 어느 방패라도 뚫을 수 있습니다. 이처럼 예리한 창은 천하에 둘도 없습니다."

그 말을 들은 한 노인이 나섰다.

"이것보세요. 나는 도무지 당신의 말을 믿을 수가 없어요. 내가 정신이 혼미하여 잘 알아들을 수가 없소이다만, 당신의 말은 도무지 믿을 수가 없네요."

"무얼 못 믿는다는 겁니까?"

"당신의 창은 어떤 것도 뚫을 수 있고, 방패는 어느 창이라도 막을 수 있다했소. 창으로 방패를 찌르면 어찌 되는 게요?"

說文解字 ＊矛(창 모, 세모진 창 모. 矛부 0획, 총 5획. *spear*) ＊盾 (방패 순, 벼슬이름 순. 目부 4획, 총 9획. *shield*)

|199
가죽이 없는데 털이 붙으랴
毛 皮 之 附 모피지부

■ 出典 : 『사기』
■ 文意 : 가죽이 없으면 털은 소용되지 않는다

故事逸話 | 진(晉)의 공자인 이오(夷吾)가 유랑생활 끝에 귀국하였으나 군주가 되기 위해서는 진(秦)의 도움이 필요했다. 이에 대한 대가로 장차 보위에 오르면 다섯 성을 바치겠다는 약속을 한 것이다. 이러한 계획은 성공하여 진의 군주로 즉위하니 이가 진혜공(惠公)이다.

그러나 혜공은 약속을 지키지 않고 차일피일 미루다가 몇 년을 흘려보냈다. 그러던 중에 나라에 흉년이 들었다. 백성들이 굶주리게 되어 진국(秦國)으로 쌀을 사들이기 위해 사신을 보냈다. 이때 진(秦)나라 왕은 전날에 약속을 지키지 않았던 것을 문제삼지 않고 진(晉)나라 백성들이 굶주리는 것을 면하게 해주었다.

이듬 해에는 진(秦)나라의 수확이 좋지 않아 진(晉)나라의 쌀을 사려 했으나 혜공은 받아들이지 않았다. 이때 대부로 있던 정경(鄭慶)이 신의를 지켜달라고 왕에게 고했다. 그러자 괵사(虢射)가 말했다.

"군주께서 다섯 성을 준다는 약속을 지키지 않았는데 진나라에 쌀을 파는 것은 털만 있고 가죽이 없는 것과 같습니다. 가죽이 없는데 털이 어찌 붙겠습니까?"

근본적인 문제를 해결하지 않고 지엽적인 문제만 신경 쓰는 것을 말한다.

說文解字 | *毛(터럭 모, 약간 모, 식물 모. 毛부 총 4획. *hair*) *皮(가죽 피, 거죽 피. 皮부 총 5획. *skin*) *之(이를 지. /부 3획, 총 4획. *this*) *附(붙을 부, 알 깔 부. 阜부 5획, 총 8획. *stick up*)

|200
아무 것도 모르는 무식한 사람
目 不 識 丁 목불식정

■ **出典** : 『당서』의 「장홍정전」
■ **文意** : 일자무식을 가리킴

故事逸話 당나라 때에 장홍정(張弘靖)이라는 이는 부모 덕택에 벼슬길에 나선 위인이다. 그의 부친 장연상(張延賞)은 조정에 끼친 공이 컸으므로 그의 자식은 벼슬길이 순탄하게 열렸다. 그가 장경(長慶;목종의 연호) 초년에 노룡(盧龍)의 절도사로 나갔을 때였다.

이 무렵 황하 이북의 전선에는 장군이나 병사가 한 덩어리를 이루어 생활하고 있었다. 다시 말해 아무리 장군이라도 좋은 잠자리나 기름진 음식을 먹지 않고 사병들과 똑같은 조건에서 생활했다. 그런데 장홍정이 절도사로 부임해온 뒤부터는 기름진 음식을 먹고 야외로 사냥을 나갔으며 술에 취하면 사병들을 괴롭혔다. 자신에 대해 여러 말이 나는 것을 보고 장홍정은 냉소를 쳤다.

"흥, 개 돼지만도 못한 것들. 세상엔 아무 일도 없는데 너희는 밤낮 창과 활을 들고 있으니 글자를 모르는 목불식정(目不識丁)이 아니고 무엇이랴!"

마침내 사람들은 분노했다. 유주로 순찰을 나갔을 때 부하들이 반란을 일으켜 그를 감금시킨 후 주극융(周克融)으로 하여금 일을 보게 하였다. '목불식정'의 소란이었다.

說文解字 ＊目(눈 목, 조목 목, 제목 목. 目부 0획, 총 5획. *eye*) ＊不(아니 불, 안을 불, 아니 부. 一부 3획, 총 4획. *not*) ＊識(알 식. 言부 12획, 총 19획. *know*) ＊丁(당할 정, 넷째 천간 정, 장정 정. 一부 1획, 총 2획. *adult*)

나무와 돌로 만들어진 사람
木 人 石 心 목인석심

■ **出典** : 『진서(晉書)』

■ **文意** : 나무로 몸을 만들고 돌로 마음을 만들다

__故事逸話__ 하통(夏統)이라는 웅변가가 있었다. 그의 말은 논리가 정연하게 사람들을 설득시키거나 마음을 잡아끄는 매력이 있었다. 그러나 일찍부터 맘속으로 다짐한 것은 결코 벼슬자리에는 나가지 않겠다는 것이었다. 당시 낙양에 가충(賈充)이라는 자가 있었다. 본래는 위나라의 신하였으나 진나라에 항복하고, 진나라가 오나라를 공격할 때에 총대장이 되었던 인물이다.

가충은 교활하기 이를 데 없었으며 사람 다루는 데에 능숙했다. 이러한 가충이 소란해진 민심을 수습하고자 하통을 불러 설득했다. 그러나 하통은 상대의 말을 듣는 둥 마는 둥했다. 어느 날은 군대를 사열시켜 하통을 맞이하게 한 후에 넌지시 일러주었다.

"그대가 내 말을 듣기만 하면 이 병사들에게 당신의 지휘를 받도록 하겠소."

한편으로는 어여쁜 미인들을 뽑아 춤을 추고 노래를 부르게 하였다. 그런데도 하통은 여전히 관심 없는 표정이었다. 가충이 외쳤다.

"이 사람은 정말 괴이해. 나무로 몸을 만들고 마음은 돌로 됐어!"

이 말은 융통성이 없다는 의미로 사용되었다.

__說文解字__ *木(나무 목, 뻣뻣할 목. 木부 총 4획. *tree*) *人(사람 인, 人부 총 2획. *people*) *石(돌 석, 화살촉 석, 비석 석, 운석 석. 石부 총 5획. *stone*) *心(마음 심, 염통 심, 한가운데 심, 별자리 이름 심. 心부 총 4획. *heart*)

|202
나무 방울을 나타냄
木 鐸 목탁

■ **出典** : 『논어』의 「팔일편」
■ **文意** : 문교의 명령 때에 울리는 방울

　　故事逸話　　공자가 노나라를 떠나 위나라로 들어가 14년 동안 열국들을 돌아다녔다. 기록에 의하면 공자는 위나라를 다섯 번이나 방문한 것으로 되어 있다. 본문에 나오는 얘기는 첫 번째 방문했을 때로 국경을 수비하는 관원이 한눈에 공자를 알아보고 나눈 대화 내용이다. 국경을 수비하는 관원이 공자를 향해 말했다.

　　"이곳을 지나가시는 훌륭한 분은 제가 뵙기를 청하면 언제나 만나주셨습니다."

　　공자가 그에게 말했다.

　　"그렇다면 어디 말해 보시오."

　　그제야 국경수비관원은 초소에서 나와 다가왔다.

　　"여러분은 이번 망명길에 아무런 걱정을 하지 마십시오."

　　제자 가운데 한사람이 말했다.

　　"당신이 도와주겠다는 것이오?"

　　"그렇습니다. 지금 천하는 도의를 잃고 있습니다. 하늘은 이번 망명길을 통하여 그대의 스승님으로 하여금 도의를 회복시키고자 할 것입니다."

　　"그게 무슨 말이오?"

　　"그대의 스승님은 도의를 회복시키는 목탁으로 삼으실 겁니다."

　　說文解字　　＊木(나무 목, 뻣뻣할 목. 木부 총 4획. *tree*) ＊鐸(목탁 탁, 요령 탁. 金부 13획, 총 21획. *bell*)

|203
무산에서 꾸었던 꿈
巫 山 之 夢 무산지몽

■ **出典** : 송옥의 「고당부(高唐賦)」
■ **文意** : 남녀의 은밀한 밀회나 정사를 가리킴

　　故事逸話　　전국시대에 초나라의 양왕이 대부로 있던 송옥(宋玉)과 운몽의 고당으로 갔다. 이때 굴원의 제자였던 송옥은 옛기록을 들려주다 문득 하늘을 바라보았다. 산정에 있던 구름이 여느 때와는 달리 변하는 것을 보고 그것을 '조운(朝雲)'이라 하였다. 송옥은 이에 대한 유래를 들려주었다.

　　"옛날 선왕(회왕)께서 고당에서 잔치를 베풀고 잠이 드셨습니다. 그 때 요염한 모습의 여인이 나타나 말한 거지요. 자신은 이곳 무산에 사는 여인인데 고당에 와 보니 대왕이 있으므로 함께 지내고 싶다는 것입니다. 그렇게 하여 그 여인과 함께 지내게 되었답니다."

　　그 여인은 떠날 때에 다시 말하기를,

　　"저는 무산의 남쪽 험준한 곳에 살고 있습니다. 아침에는 구름이 되어 산에 걸쳐 있다가 저녁엔 비가 되어 떨어집니다. 소녀는 양대(陽臺) 아래에서 아침저녁으로 당신을 그리워할 것입니다."

　　그 말을 남기고 여인은 사라져 버렸다. 꿈에서 깨어난 회왕은 여인의 모습을 마음에서 지우지 못하고 사당을 지어 여인(女仙)을 기렸다. 사당 이름은 조운묘(朝雲廟)였다.

　　說文解字　　＊巫(무당 무, 산 이름 무. 工부 4획, 총 7획. *witch*) ＊山 (뫼 산, 산 산. 山부 0획, 총 4획. *mountain*) ＊之(이를 지, 어조사 지, 갈 지. ノ부 3획, 총 4획. *this*) ＊夢(꿈 몽, 어두울 몽, 환상 몽. 夕부 11획, 총 14획. *dream*)

|204
쓸모 없는 것도 쓸 데가 있다
無 用 之 用 무용지용

■ **出典** : 『장자』의 「산목편」
■ **文意** : 쓸모없는 사람인 줄 알았는데 작은 재주가 있다는 말

　　故事逸話 ┃ 이 말은 『장자』의 「인간세편(人間世篇)」에 모습이 보인다. 장자는 이 부분에서 해설하기를 '산의 나무는 스스로를 해치고 등불은 스스로를 불태운다. 계수나무는 먹을 수 있기 때문에 베어지고 옻나무는 칠을 할 수 있기 때문에 베어진다. 모두 쓸모 있는 것의 씀(用)을 알되, 쓸모 없음의 씀(用)은 모른다' 하였다.

　　우리가 무용지물이라고 했을 때엔 전연 필요없거나 소용이 닿지 않는 물건으로 치부한다. 그러나 무용지용이라 했을 때엔 사정이 다르다. 이에 대한 교묘한 비유가 바로 장자의 우화이다.

　　장자가 길을 가던 중 꾸불꾸불 자란 나무를 보았다. 장자는 그 나무를 어루만지며 말했다.

　　"생김이 이러하니 천수를 누리겠다."

　　그날밤 쉬었다 가는 집에서 기러기 안주가 나왔다. 주인은 그것이 울지 않아서 잡은 것이라 말했다. 문득 제자가 물었다.

　　"선생님, 나무는 쓸모가 없어 천수를 다하고 기러기는 울지 않아 죽었습니다. 선생님은 어느 쪽에 무용(無用)과 용(用)을 두겠습니까?"

　　장자는 당연히 그 중간이라 하였다.

　　說文解字 ┃ ＊無(없을 무, 아닐 무, 말 무. 火부 8획, 총 12획. *none*) ＊用(쓸 용, 재물 용, 써 용. 用부 0획, 총 5획. *use*) ＊之(의 지, 어조사 지. ノ부 3획, 총 4획. *this*) ＊用(쓸 용, 재물 용, 써 용. 用부 0획, 총 5획. *use*)

205
행위가 없어도 되어진다
無 爲 而 化 무위이화

■ 出典 : 노자의 『도덕경(道德經)』
■ 文意 : 뚜렷한 행위없이 감화에 의하여 이루어짐

故事逸話 『노자(老子)』의 기본철학은 냉철한 자연 철학에 있다. 이를테면 유와 무, 또는 대와 소를 무한하게 반복해 가는 것을 생각하고 있다. 그러나 사람들의 일반적인 시각은 다르다. 즉, 아름다운 것은 항상 아름다운 것으로, 추한 것은 항상 추한 것으로 보기 때문이다. 이것이야말로 사람이 소유한 자기상실이라는 것이다.

『노자』의 제37장에는 '무위(無爲)로써 하지 못하는 일이 없다'고 하였다. 그렇다면 무위는 아무 것도 하지 못하는 것인가? 그렇지 않다. 무위는 많은 일을 할 수 있는 것이다. 사람의 일이나 활동은 자연의 법칙을 거스른다. 그러므로 자연을 해치는 쪽에 더 가깝다. 『도덕경』에는 다음과 같이 지적한다.

"나라에 여러 도구가 많아질수록 혼란해진다."

다시 말해 법률이 정밀해질수록 죄인이 많아진다는 뜻이다. 그러므로 노자는 말한다.

"도는 무위하면서도 하지 않는 것이 없다. 일체를 하고 있다."

한편으로 성인은 말한다. 자기가 하는 것이 없으면 백성은 스스로 화하고 움직이지 않고 가만있으면 절로 잘 살게 된다는 것이다.

說文解字 *無(없을 무, 아닐 무, 말 무. 火부 8획, 총 12획. *none*)
*爲(할 위, 하여금 위, 어조사 위. 爪부 8획, 총 12획. *do*) *而(말이을 이, 너 이. 而부 0획, 총 6획. *and*) *化(될 화, 화합 화, 변화 화. 匕부 2획, 총 4획. *be come*)

먹고 살만한 살림이 있어야 떳떳함
無 恒 産 心 무항산심

■出典 : 『맹자』의 「양혜왕 상」
■文意 : 먹고 살만한 것이 있어야 본래의 떳떳한 마음을 잃지 않음

___故事逸話___ 제나라 선왕(宣王)이 정치에 대하여 물었다.

"일정한 살림이 없어도 떳떳한 마음을 가질 수 있는 것은 오로지 뜻 있는 선비이기 때문입니다. 백성들은 떳떳한 살림이 없으면, 사람이 지니고 있어야 할 떳떳한 마음이 없어진다는 것입니다."

참으로 떳떳한 마음이 없어지게 되면 방탕을 비롯하여 괴벽 · 부정 · 탈선 등의 악을 저지르게 된다. 제선왕이 물었다.

"선비가 죄를 범하게 된 뒤에 법으로 그들을 처벌한다는 것은 곧 백성을 그물질하는 것과 같습니다. 어떻게 어진 임금이 위에 있으면서 백성들을 착취할 수 있습니까?"

법률이 너무 까다롭다. 이러한 법. 코에 걸면 코걸이, 귀에 걸면 귀걸이가 되는 악법이 망민법(網民法)이다. 백성들을 그물질한다는 뜻으로 사용되는 이 말은 맹자에게서 유래한 말이다.

군왕이라면 어떻게 백성들을 편하게 만들어 주느냐를 연구하며 실행해야 한다. 백성들이 평안함으로써 모든 백성이 유항산(有恒産)하여 유항심(有恒心) 하게 된다. 이렇게 함으로써 왕도의 길은 자연이 열린다고 맹자는 주장한다.

___說文解字___ ＊無(없을 무, 아닐 무, 말 무. 火부 8획, 총 12획. *none*)
＊恒(항상 항, 뻗칠 긍. 心부 6획, 총 9획. *always*) ＊産(낳을 산, 산물산. 生부 6획, 총 11획. *bear*) ＊心(마음 심, 염통 심, 한가운데 심. 心부 총 4획. *heart*)

자신의 의견을 굽히지 않고 지킨다
墨 守 묵수

■ 出典 : 『묵자』의 「공수반편」

■ 文意 : 묵자가 지킨다

故事逸話 묵자(墨子)는 사랑을 주장했다. 유가들은 인(仁)을 내세우면서도 그것을 실천하지 못한 데에 코웃음을 날렸다. 유가의 한사람인 공손고(公孫高)가 묵자를 만나보려고 몇 번이나 찾아갔다. 그러나 그때마다 자리를 비웠기 때문에 만날 수가 없었다. 그러던 어느 날 묵자를 만났다. 공손고가 물었다.

"선생님은 싸움을 싫어하십니까?"

"그렇다네."

"어째서 그렇습니까?"

"군자는 싸움을 못하는 것이지."

잠깐 쉬었다가 묵자는 뒷말을 이어갔다.

"그대들은 입으로는 요순을 찬양하지. 그러나 행실은 어떤가. 개나 돼지를 본보기로 삼지 않는가 말이네. 참으로 한심한 일이지."

묵자는 공수반이 소란을 피우자 그를 만나 말했다.

"나는 북방에 있으면서 당신이 운제를 만들어 성을 공격한다는 말을 들었네. 도대체 송나라가 무슨 죄가 있는가? 당신네의 모자라는 것을 채우기 위해 사람을 죽이고 빼앗는데 이것은 군왕의 잘못인줄 알면서도 간하지 않으니 충이라 할 수 없네. 많은 사람을 죽이려 드는 것은 옳지않다 그 말이네."

說文解字 *墨(잠잠할 묵, 그을음 묵. 土부 12획, 총 15획. *carbon*)
*守(지킬 수, 보살필 수. 宀부 3획, 총 6획. *defend*)

|208
문에 그물을 쳐 참새를 잡다
門 可 羅 雀 문가라작

▨ **出典** : 『사기』

▨ **文意** : 손님이 없어 문전이 한산하다

　　故事逸話 　한나라 무제(武帝) 때에 어진 신하가 있었다. 한사람은 급암(汲黯), 다른 한명은 정부(鄭富)였다. 이들 두 사람이 힘이 있을 때에는 온갖 사람들이 문전에 몰려와 마차의 행렬이 끝이 없을 정도였다. 그러나 이들이 관직을 잃자 워낙 청렴 결백한 사람들이었으므로 세 끼의 식사를 챙겨먹기가 힘들었다.

　　사정이 이러해도 그 옛날 줄을 대기 위하여 문전에 모여들던 사람들은 콧베기도 보이지 않은 채 한마디 위로의 말을 던져주지 않았다. 사마천은 『사기』에 위의 두 사람에 대하여 전기를 쓴 후 개탄해 마지 않았다.

　　"급암과 같은 어진 사람이 있을 때에는 손님이 많더니 세력이 없어지니 크게 다르다. 일찍이 하규적(下邽翟)이 말하기를 '내가 정위 벼슬에 있을 때는 대문이 손님으로 미어졌는데 벼슬이 없어지자 문밖에는 새 그물을 쳐도 되더니(門外可設雀羅), 다시 내가 벼슬을 얻자 손님들이 나를 찾아왔다."

　　사마천이 인용한 하규적의 고사인 '문가라작'은 이후 문전이 한산하여 손님이 없는 것을 나타낸다.

　　說文解字 　*門(문 문, 집안 문. 門부 총 8획. *door*) *可(옳을 가, 가능 가, 정도 가. 口부 2획, 총 5획. *right*) *羅(그물 라, 늘어설 라, 얇은 비단 라. 网부 14획, 총 19획. *fowler's net*) *雀(참새 작, 검붉은 빛깔 작. 隹부 3획, 총 11획. *sparrow*)

목 벨 정도에서도 생사를 함께 할 친구
刎 頸 之 交 문경지교

■ **出典** : 『사기』의 「인상여열전」
■ **文意** : 생사를 함께 할 정도의 절친한 친구

故事逸話 │ 인상여의 이름이 유명해 진 것은 화씨벽(和氏璧) 때문이었다. 그것을 진나라 왕이 열다섯 성과 바꾸겠다하여 인상여는 직접 진왕과 담판을 짓고 돌아왔다. 이를 괘씸하게 여긴 진왕은 전날의 수치를 갚기 위해 국경에서 만났을 때 거문고 한곡을 타 달라고 부탁했다. 거문고를 타자 진왕은 사관으로 하여금, '몇월 몇일에 진왕이 조왕으로 하여금 거문고를 타게 하다' 라고 씌어 있었다. 이때 인상여가 나섰다. 예(禮)라는 것은 서로 주고 받는 것이므로 조왕을 위해 축(筑)을 타 달라고 청했다. 당연히 진왕의 호통이 터져나왔다.

"이 무슨 무엄한 짓이냐?"

"대왕께서 대군이 있으나 그 보다 인상여의 칼끝이 더 가까이 있습니다."

이렇게 되고보니 진왕은 축을 탈 수밖에 없었다. 인상여는 귀국하여 군왕의 다음 자리에 앉았다. 성질 급한 염파 장군이 인상여를 죽이겠다고 몇번이나 찾아왔으나 그를 피했다. 이유는 두 사람이 싸우면 다른 나라에 이득을 준다는 것 때문이었다. 이를 안 염파는 나중에 백배 사죄하고 죽을 때까지 우의를 다졌다.

說文解字 │ ＊刎(목벨 문, 목자를 문. 刀부 4획, 총 6획. *behead*) ＊頸(목 경. 頁부 7획, 총 16획. *neck*) ＊之(의 지, 갈 지, 어조사 지. ノ부 3획, 총 4획. *this*) ＊交(사귈 교, 서로 주고 받을 교, 벗할 교. 亠부 4획, 총 6획. *associate*)

210
하나를 들으면 열을 안다
聞 一 知 十 문일지십

■ **出典** : 『논어』의 「공야장편」
■ **文意** : 한부분을 통하여 전체를 앎

故事逸話 공자께서 공야장(公冶長)을 평하였다.

"공야장은 사위를 삼아도 좋은 사람이다. 그가 한 번 감옥에 들어간 것은 없는 죄를 덮어 쓴 것이다."

그렇게 하여 사위를 삼았다. 마음은 부드러웠지만 학문은 부족했던 공야장. 그러므로 『논어』 외의 여타의 기록에는 그의 이름이 보이지를 않는다. 다시 말해 무명의 제자였던 셈이다. 어느 날 공자께서 자공(子貢)에게 물었다.

"너는 안회와 비교하여 누가 낫다고 생각하느냐?"

"제가 어찌 안회를 바라겠습니까? 한회는 하나를 들으면 열을 알지만(聞一知十), 저는 하나를 듣고 겨우 둘을 알 정도입니다."

"그렇다. 그에게는 못미치리라. 너도 나도."

위의 대화에서 보듯이 안회라는 제자의 학문적 태도나 성취를 볼 수 있다. 하나를 알면 열을 아는 안회에 대하여 자공이나 공자는 솔직히 자신들의 능력을 시인했다.

참고로 앞서 다룬 '공야장'은 새의 말을 이해하는 기이한 능력이 있었는데 그의 기록은 『논어』 이외에는 어떤 곳에도 흔적이 없다.

說文解字 ＊聞(들을 문, 들릴 문, 이름날 문. 耳부 8획, 총 14획. *hear*) ＊一(한 일, 오로지 일, 순전할 일. 一부 0획, 총 1획. *one*) ＊知(알지, 깨달을 지, 생각할 지. 矢부 3획, 총 8획. *know*) ＊十(열 십, 열배 십, 완전할 십. 十부 0획, 총 2획. *ten*)

|211
문 앞이 마치 시장과 같다
門 前 成 市 문전성시

■ **出典** : 『한서』 「손보전」 · 「정숭전」
■ **文意** : 세도가 있으므로 집앞이 마치 저자처럼 혼잡하다

故事逸話 후한 성제 때에 대사마였던 왕망이 밀려나고 조정은 전희를 비롯하여 정명 등이 실권을 장악했다. 이때 상서복야의 자리에 있던 정숭(鄭崇)이 나섰다.

"폐하, 태후의 동생을 중용하는 것은 참으로 옳지않은 일이라 보옵니다."

이런 말이 나오자 정태후가 가만 있지 않았다. 그러나 정숭은 어떤 협박이나 어려움에도 뜻을 꺾지않고 계속하여 잘못된 것을 추궁하고 나섰다. 이러는 와중에 군왕(애제)의 비행은 심해지고 독단과 생트집은 날이 갈수록 깊어졌다. 조창(趙昌)은 비난하고 나섰다.

"정숭은 대궐 밖의 종족들과 내통하고 있습니다. 그 자를 특별히 조사하여 경계하여야 합니다."

이렇게 되자 애제도 정숭을 불러들였다.

"너의집 문간이 시장 바닥처럼 혼잡스럽다는 데 그게 사실이냐?"

"남들이 보기에는 그렇게 보일 지 모르나 신의 마음은 물처럼 맑습니다."

애제는 정숭을 즉시 가둬버렸다.

說文解字 ＊門(문 문, 집 문, 문안 문. 門부 0획, 총 8획. *gate*) ＊前(앞 전. 刀부 7획, 총 9획. *front*) ＊成(이룰 성, 거듭 성, 마칠 성. 戈부 3획, 총 7획. *achieve*) ＊市(저자 시, 집이 많을 시, 흥정할 시. 巾부 2획, 총 5획. *city*)

|212
사물이 극에 달하면 반전한다
物 極 必 反 물극필반

■ 出典 : 『당서』

■ 文意 : 어떤 사물이라도 극에 달하면 반드시 반전한다

___故事逸話___ 당나라 3대 황제 후에 무씨 성을 쓰는 여자가 천하의 주인이 된다는 예언을 성공시킨 무조(武照). 그녀는 태종의 후궁으로 들어가, 후사가 없이 죽자 감업사에 들어가 비구니가 되었다. 태종의 뒤를 이어 보위에 오른 고종(治)이 무조를 발견하여 총애하면서 아이가 들어서자 자연스럽게 후궁으로 자리를 잡았다.

고종의 총애를 독점한 무조는 마침내 자신에게 주어진 기회를 최대한으로 이용했다. 그것은 황후를 내쫓고 그 자리를 차지한 것이다. 무조는 차츰 병약한 고종을 대신하여 정치에 관여하였다. 그후 고종이 죽자 뒤이어 보위에 오른 중종을 대신하여 섭정했다. 그것만으로 양이 차지 않자 그녀는 중종을 폐위시키고 그 자리에 올라 여황제가 되었다. 나라도 주(周)로 바꾸고 스스로 신성황제(神聖皇帝) 또는 측천황제(則天皇帝)라 칭하였다. 소안환(蘇安桓)이라는 대신이 간했다.

"지금 태자의 나이는 성년에 달했습니다. 또한 천하는 이씨에게 향하고 있습니다. 모든 것은 극에 달하면 반드시 반전하고, 그릇이 가득차면 쏟아집니다. 신이 이렇듯 목숨을 걸고 간하는 것은 천하를 위해서입니다."

___說文解字___ *物(만물 물, 무리 물. 牛부 4획, 총 8획. *all thing*) *極 (다할 극, 극 극, 지상 극. 木부 9획, 총 13획. *utmost*) *必(반드시 필, 기필코 필. 心부 1획, 총 5획. *necessarily*) *反(돌이킬 반, 반절 반, 뒤칠 번. 又부 2획, 총 4획. *return*)

거성에 있을 때를 잊지 말라
勿 忘 在 莒 물망재거

■ 出典 : 『사기』의 「전단열전」
■ 文意 : 부귀와 영달을 누릴수록 곤란을 겪었을 때를 잊지 말라

___故事逸話___ 전국시대에 연나라의 장수 낙의(樂毅)가 대군을 이끌고 제나라를 공격했다. 순식간에 70여성이 점령당하고 남은 건 고작 거성 (莒城)과 즉묵성(卽墨城) 뿐이었다. 이때 연나라의 장군 낙의는 제나라의 주된 병력이 거성에 있고, 즉묵성이 고립되었다는 것을 알고 공격의 진로를 즉묵성으로 돌렸다.

이때 성안에서는 전단(田單)을 수비대장으로 뽑았다. 그는 성민들의 기대를 져바리지 않고 과감히 계책을 강구하여 연나라 진영을 쑥밭으로 만들어 버린다. 이 전투에서 연나라 병사들의 시체는 산을 이루고 흘린 피가 내를 만들어 흘렀다.

춘추 시대에 제나라에서 내란이 일어났다. 포숙아는 공자 소백을 대동하고 거국(莒國)으로 몸을 피했다. 그후 소백은 귀국하여 제환공이 되었는데, 어느때인가 음식을 걸쩍하게 차리고 관중과 포숙아 · 영척 등을 불러다가 덕담으로 축복해 달라고 포숙아에게 청했다. 포숙아가 말했다.

"저는 성상께옵서 거국으로 피신을 가서 곤궁을 겪었던 때를 잊지 않으셨으면 합니다(勿忘在莒)."

___說文解字___ ＊勿(없을 물, 말 물, 깃발 물. 勹부 2획, 총 4획, _don't_) ＊忘(잊을 망, 깜짝할 망, 기억 없을 망. 心부 3획, 총 7획. _forget_) ＊在(있을 재, 살 재, 살필 재. 土부 3획, 총 6획. _stay_) ＊莒(볏단 거, 쌀담는 광주리 거. 竹부 7획, 총 13획. _bamboo ware_)

214
여러 사람들의 평판을 가리킴

物 議 물의

■ **出典** : 『한서(漢書)』의 「사기경전」

■ **文意** : 세상 사람들의 공론을 뜻함

故事逸話 『한서』의 「사기경전(謝幾卿傳)」에 의하면, 그는 양무제 때에 상서좌승(尚書左丞)의 자리에 있었다. 성격이 대범하여 자잘한 일에는 도무지 신경을 쓰는 타잎이 아니었다. 그러다 보니 자잘한 조정의 대소사나 집안 일이 그의 시야에 들어오지 않은 것은 너무 당연했다.

잔치가 있을 때면 그는 언제나 크게 취하여 돌아왔다. 길을 가는 중이라도 친구를 만나면 수레를 한켠에 세워놓고 술을 마셨다. 그만큼 호방한 사내였다. 술버릇이 심하다보니 양무제는 전쟁터로 내몰았다. 그러나 여전히 버릇을 고치지 못하자 파직시켜 버렸다.

군문에서 사기경이 왔다는 말을 듣고 선배와 친구들이 찾아왔다. 그 가운데에는 유중용도 있었다.

"아하하, 참으로 오랜만에 자네를 보니 죽었다가 살아난 기분일세 그려."

그들은 함께 술을 마시며 시간을 보냈다. 이를테면 '세상의 평판(物議)'이라는 것은 그들에겐 아무런 장애가 되지 않았다. 여기에서 말하는 평판, 즉 물의라는 것은 아무래도 정도(正道)에 있다고는 생각되지 않는다. 특히 술을 지나치게 마시는 것은 양의 동서를 떠나 항상 사람들의 입에 오르내린다.

說文解字 ＊物(견줄 물, 만물 물, 일 물. 牛부 4획, 총 8획. *thing*) ＊ 議(의논 의, 말할 의, 꾀할 의. 言부 13획, 총 20획. *discuss*)

남편을 따라 죽지 못한 여인
未 亡 人 미망인

▨ 出典 : 『춘추좌씨전(春秋左氏傳)』

▨ 文意 : 남편을 따라 죽어야 하는 데 아직도 살아있음을 겸손히 말을 함

故事逸話 춘추시대 노나라에서는 성공(成公)이 보위에 올라 다스리고 있었다. 성공 9년에 노나라의 백희(伯嬉)가 송공(宋公)에게 출가하게 되어 이들을 호위하며 계문자(季文子)가 따라갔다. 임무를 무사히 마치고 돌아오자 성공은 잔치를 성대히 열어주었다. 그 자리에서 계문자는 『시경』의 내용을 빌어 성공과 송공의 치적을 칭송하고 백희 공주가 편히 지내게 될 것이라 하였다. 이를 본 공주의 어머니 목강(穆姜)이 크게 기뻐했다.

"참으로 애쓰셨소. 계문자는 선군 때부터 충성을 다하였을 뿐만 아니라 미망인(未亡人)인 나에게까지 힘을 주시니 이보다 고마울 데가 있으리."

『춘추좌씨전』의 「성공 조」에 실려있는 이 얘기는 우리가 알고 있는 미망인과는 사뭇 의미가 다르다. 요즘에는 남편이 세상을 떠난 여인을 미망인이라 하지만, 예전에는 그런 뜻이 아니었다. 남편이 세상을 떠나면 아내는 물론 그 첩실까지 함께 묻히는 '순장'이라는 풍습이 있었다. 그런점에서 '미망인'이란, 남편을 따라서 죽지 못한 여인을 말한다. 이를테면 아내 스스로 남편을 따라 죽지 못하고 살아있다는 것을 겸손해 하는 말이다.

說文解字 ＊未(아닐 미, 여덟째지기 미. 木부 1획, 총 4획. *not*) ＊亡 (죽을 망, 없어질 망. 망할 망. 亠부 1획, 총 3획. *perish*) ＊人(사람 인, 나랏사람 인, 잘난 사람 인. 人부 0획, 총 2획. *people*)

216

터진 옷을 임시로 꿰매는 꾀

彌 縫 策 미봉책

■ **出典** : 『춘추좌씨전』의 「주환왕전」

■ **文意** : 모자라는 부분을 때우고 잇는다

故事逸話 춘추시대 제(齊)나라의 환왕은 어떻게 하면 국력을 신장
시킬 수 있을 지에 고심했다. 당시의 상황은 정나라 장공(莊公)의 기세가
매서웠으므로 어떻게든 그를 다스리는 것을 시급하다고 보았다. 그런 점
에서 우선 경사(卿士)라는 직책을 박탈하고 제후들을 소집했다. 정장공
이 오지 않는 것은 당연했다. 이로인하여 큰싸움이 일어난다. 정장공으로
는 당연히 올 것이 왔다는 느낌이었다. 예전의 실권을 박탈당한 것은 별
것 아니었지만, 대군과 맞서 싸울 것이 큰 걱정이었다. 이러한 정장공의
우려대로 환왕이 이끄는 병사의 수효는 엄청났다. 이들의 배치도를 본
정나라의 원(元)이 의견을 내놓았다.

"저들의 배치도를 보면 우리에게도 승산이 없는 것은 아닙니다. 이곳
에 온 병사들은 각 제후국에서 동원되었습니다. 지금 진나라는 내분이
있으므로 이들부터 공격해야 합니다."

이 전투의 진용을 『좌전』에서는 이렇게 표현하고 있다. 둥근 형태의
진을 짜(魚麗) 전차를 앞머리에 세우고 후진에 병력을 배치하여 전차 사
이의 빈자리를 메꾸는(伍承彌縫)의 방법을 취한 것이다. 이 전투에서 제
환왕은 장공의 부하 축담(祝聃)이 쏜 화살에 맞아 말 등에서 굴러떨어지
는 수모를 당했다.

說文解字 ＊彌(기울 미, 활 부릴 미. 弓부 14획, 총 18획. *all
arround*) ＊縫(기울 봉, 마무를 봉, 큰 봉. 糸부 11획, 총 17획. *sew*) ＊策
(꾀 책, 시조 책, 책 책. 竹부 6획, 총 12획. *plan*)

217

미생의 약속

尾 生 之 信 미생지신

■ **出典** : 『사기』의 「소진전(蘇秦傳)」

■ **文意** : 쓸데없는 약속을 가리킴

故事逸話 노나라에 미고(尾高)라는 이가 있었다. 그는 벼슬을 하지 못했기 때문에 당시의 관습에 따라 그의 이름 대신에 생(生)을 붙여 미생이라 하였다. 그는 평소에 크고 작은 약속을 중히 여겼다. 그러던 어느 날 사랑하는 여인과 다리 밑에서 만나자는 약속을 했다. 그는 만날 장소에서 기다렸으나 사랑하는 여인은 나타나지 않았다. 그도그럴 것이 이날 따라 비가 억수같이 쏟아졌으므로, 아마 미생이 사랑하는 여인은 '오늘 같은 날은 그분도 안나왔을 거야' 하고 아예 약속 장소로 갈 생각을 하지 않았을 것이다.

이런 줄도 모르고 미생은 밤이 늦도록 기다렸다. 점차 시간이 지나자 다리 아래로 물이 밀려들었다. 물은 발 등을 적시더니 점차 무릎 위로 차오르고 급기야 가슴께에 이르렀다.

미생은 조금만 더 있자는 생각으로 지체하다가 그만 나올 시기를 놓치고 말았다. 결국 위험하다는 생각으로 나오려고 했을 때엔 이미 사태가 늦어 있었다. 이렇듯 융통성이 없는 쓸데없는 약속을 지키려고 고집 부리는 것을 '미생의 약속'이라 한다. 이 성어는 '교주고슬(膠柱鼓瑟)'과 같은 맥락의 뜻이다.

說文解字 ＊尾(꼬리 미, 뒤 미, 끝 미. 尸부 4획, 총 7획. *tail*) ＊生(날 생, 목숨 생, 어조사 생. 生부 0획, 총 5획. *born*) ＊之(갈 지, 의 지, 어조사 지. ノ부 3획, 총 4획. *this*) ＊信(믿을 신, 밝힐 신, 참될 신. 人부 7획, 총 7획. *belive*)

어떤 일이 잘못 되기 전에 미리 막음
未 然 防 미연방

- **出典** : 『문선(文選)』, 『시경(詩經)』
- **文意** : 일이 잘못 되기 전에 미리 막음

故事逸話 │ 육기(陸機)라는 시인은 후대에까지 문장의 화려함으로 인하여 이름을 날렸다. 그는 조식 이후 시부의 1인자라고 할만큼 뛰어난 문재(文才)의 소유자였다. 그의 시부 가운데 『문선』에 기록된 것으로, '군자는 일을 미연에 막고 혐의 사이에 두지 않는다'고 하였다.

올빼미야 올빼미야 내 자식 뺏었거든
내 둥우리는 헐지마라 알뜰살던 길러내던
어린 자식 불쌍하다 하늘 흐려 비오기 전
풀 뿌리를 벗겨다가 창과 문을 엮었거니
사람들이 쳐다보며 어찌하여 얕보는가
이 두 손을 바삐 놀려 갈대 이삭 뽑아다가
하루 모으고 이틀 모으고 입부리도 병들었네

위의 시에 나오는 '상토주무(桑土綢繆)'란, 비가 오기 전에 미리 미리 예방하는 것을 가리킨다. 이를테면 장차 닥쳐올 환란에 대비하여 미리 예방하여 환난을 미연에 예방한다는 비유의 말이다.

說文解字 │ ＊未(아닐 미, 못할 미, 여덟째지지 미. 木부 1획, 총 5획. *not*) ＊然(그럴 연, 사를 연, 허락할 연. 火부 8획, 총 12획. *burn*) ＊防(막을 방, 둔덕 방, 병풍 방. 阝부 4획, 총 7획. *defend*)

|219
적 사이를 이간시킨다
反 間 반간

■ **出典** : 『손자병법』의 「용간편」
■ **文意** : 이중간첩을 가리킴

　　故事逸話 　『손자병법』에서는 다섯 가지의 첩자를 오간(五間)이라
하는데, 이것이 현대용어로는 '제오열'이라 부르는 것들이다. 그것을
종류별로 보면 다음같다.
　　첫째, 향간(鄕間). 적국의 주민들을 이용하여 정보를 얻는 것.
　　둘째, 내간(內間). 적국의 관리를 이용하여 정보를 얻는 것.
　　셋째, 반간(反間). 적의 간자를 포섭해 아군의 간자로 삼는 것.
　　넷째, 사간(死間). 죽기를 각오하고 적국에 침투해 정보를 얻는 것.
　　다섯째, 생간(生間). 적국에 들어가 정보를 가지고 돌아오는 것.
　　이러한 다섯 가지의 간첩에 대한 것 중에서, 세 번째가 반간인데 서로
간에 이간을 한다는 뜻을 담고 있다. 그러므로 '반간고육지책(反間苦肉
之策)'이라 한다면 자신을 희생의 제물로 삼아 상대를 갈라놓는 것이다.
다시말해 이중간첩이 여기에 해당한다.
　　『손자』는 반간지술(反間之術)을 응용하고 그것을 크게 이용하는 수법
이 뛰어났다. 그것을 최대한으로 응용한 제갈공명의 술수가 『삼국지연의』
에 나타나 있다.
　　상대가 계책으로 이쪽을 속이면 그것을 역이용하여 상대방을 다시 속
이는 기만전술(이것을 궤도술이라 한다)에 뛰어났다. 이러한 술수를 응
용하여 반간의 계책을 쓴 것이다.

　　說文解字 　＊反(돌이킬 반, 엎을 반, 생각할 반. 又부 2획, 총 4획.
opposition) ＊間(사이 간, 가까울 간. 門부 4획, 총 8획. *betwen*)

220

구부러진 뿌리가 내려 마디가 얽히다
盤 根 錯 節 반근착절

■ 出典 : 『후한서』의 「우후전(虞詡傳)」
■ 文意 : 세력의 뿌리가 깊어 제거하기가 힘이 듦

故事逸話 후한의 안제(安帝)는 나이가 어려 그의 어머니 등태후(鄧
太后)가 섭정했다. 그녀는 오빠 등즐(鄧騭)을 대장군으로 삼아 군권을 일
임했다. 이때에 서북 방향에서 이민족이 양주와 병주를 공격해왔다. 이민
족의 세력이 만만치않음을 느끼고 등줄은 병주만을 방어하자는 의견을
내놓았다.

"아무래도 양주를 내놓는 것이 좋겠습니다."

이때 이후(虞詡)가 반대하고 나섰다. 그는 홀로남은 할머니를 모시고
살고 있었다.

"그대가 어찌 반대하는가?"

"예로부터 그 땅을 장수들이 많이 나오는 땅입니다. 그곳을 이민족에
게 준다는 것은 어불성설입니다." "

이런 때에 조가현에서 좋지않은 소식이 전해졌다. 등줄은 이후를 보내
진압하게 하였다. 사람들은 죽은 목숨이라고 위문을 왔다. 그러나 이후는
웃으며 말했다.

"구부러진 뿌리가 내려 엉클어진 것이 머리에 부딪치지 않으면 날카
로운 칼날의 진가를 알도리가 없거든."

說文解字 *盤(소반 반, 즐길 반, 어정거릴 반. 皿부 10획, 총 15획.
vessel) *根(뿌리 근, 밑 근, 시작할 근. 木부 6획, 총 10획. *root*) *錯(섞
일 착, 버무를 착, 맷돌 착. 金부 8획, 총 16획. *confused*) *節(마디 절,
절제할 절. 竹부 9획, 총 15획. *joint*)

221
모든 잘못의 원인을 자기에게 찾다
反 求 諸 己 반구제기

■ **出典** : 『사기』
■ **文意** : 잘못된 원인을 자신에게서 찾다

故事逸話 | 아주 오래 전에 중국에는 하(夏)나라가 있었다. 이때의 국왕 우(禹)는 치수사업에 공이 있어 보위를 물려받았었다. 어느날 배반했던 유호씨(有扈氏)가 대거 병사를 이끌고 침범하자 그의 아들 백계(伯啓)로 하여금 막게 하였다. 그러나 이 싸움은 백계의 대패로 막을 내렸다.

"승복할 수 없습니다. 다시 한 번 싸웁시다."

백계의 부하들은 어이없는 결과에 반신반의하며 다시 한 번 싸울 것을 강력히 주장했다. 그러나 백계는 고개를 저었다.

"다시 싸울 필요는 없다. 나는 그의 근거지에 비하여 작지 않고 변사의 수효도 부족하지 않는데 우리가 패했다. 이것은 결코 우연이 아니다. 분명 무슨 이유가 있을 것이다. 아무래도 내 덕행이 부족하여 부하들을 가르치는 것에 소홀함이 있었을 것이다. 분명 내 자신으로부터 원인을 찾아야겠다."

백계는 이때부터 뜻을 세워 분발했다. 결코 맛있는 것을 탐하지 않았으며 백성을 사랑하고 덕을 품은 사람을 존중하였다. 이렇게 한 지 얼마 후엔 유호씨도 기꺼이 귀순하였다.

說文解字 | *反(돌이킬 반, 뒤칠 번. 又부 2획, 총 4획. *turn*) *求(구할 구, 탐낼 구. 水부 2획, 총 7획. *wish for*) *諸(모든 제, 여러 제. 言부 9획, 총 16획. *every*) *己(몸 기, 천간의 여섯째 기, 다스릴 기. 己부 총 3획. *body*)

자리만 지키는 무능한 재상
伴 食 宰 相 <small>반식재상</small>

■ **出典** : 『당서』의 「노회신전」

■ **文意** : 재능이 없으면서 정치에 관여하여 자리만 지키는 재상을 가리킴

故事逸話　현종과 지략을 겨루었던 측천무후의 딸 태평공주가 713년에 사사되었다. 모든 정권이 현종에게로 떨어지자 황제는 연호를 '개원(開元)'이라 고치고 선정을 베푸는 정치를 열었다. 이 시기를 역사적으로 '개원의 치'라 한다. 현종은 반대파를 완전히 제거하고 난 후에 정승 두 사람을 등용했다. 요숭(姚崇)과 노회신(盧懷愼)이었다.

특히 요숭은 당나라 전기에 있어 명재상으로 손을 꼽는다. 자(字)는 원지(元之)이며 하남성 출신이다. 그는 측천무후와 예종·현종의 3대에 걸쳐 재상이었다.

둘은 판이했다. 요숭은 문무를 겸비한 훌륭한 재상이었으나 노회신은 그냥 이름만 걸쳐놓았다. 그렇다보니 요숭이 반나절이면 끝낼 일을 노회신은 10여일이나 소비했다. 이렇다보니 두 사람을 부르는 호칭이 자연스럽게 달라졌다.

"요숭은 '구시재상(救時宰相)'이고 노회신은 '반식재상(伴食宰相)'이라네."

이것은 무슨 뜻인가? 요숭은 한 시대를 구하는 유능한 재상인 반면에, 노회신은 자리만 지키는 무능한 재상이라는 뜻이다.

說文解字　＊伴(짝 반 동반할 반, 모실 반. 人부 5획, 총 7획. *companion*) ＊食(밥 식, 먹을 식, 씹을 식. 食부 0획, 총 9획. *eat*) ＊宰(재상 재, 다스릴 재. 宀부 7획, 총 10획, *minister*) ＊相(정승 상, 바탕 상, 서로 상. 目부 4획, 총 9획. *mutual*)

223

뿌리를 뽑아 근원을 막는다
拔 本 塞 源 발본색원

■ 出典 : 『춘추좌씨전(春秋左氏傳)』
■ 文意 : 폐해를 일으키는 근원을 제거한다

故事逸話 『춘추좌씨전』의 소왕 9년조에 나오는 말이다. 당시 주왕은 이렇게 말했다.

"나는 백부에게 있어 마치 옷에 갓이 있는 것과 같으며 나무와 물에 근원이 있듯 백부에게는 주모자가 있어야 한다. 만약 백부께서 갓을 찢어버리고 근원을 막으며(拔本塞源) 집주인을 버린다면 오랑캐나 나를 어떻게 볼 것인가."

이와는 다른 출전으로 명나라 때의 성리학자인 왕양명(王陽明)의 발본색원론을 들 수 있다. 그는 모름지기 하늘의 이치를 깨닫고 지니고 있는 욕심을 버리라는 의미로 사용하였다. 그런가하면 『사기』의 「열전」에는 이런 얘기가 기록되어 있다.

"대체로 하늘은 사람의 시초며 부모는 사람의 근본이다. 그러므로 사람은 궁하면 당연히 근본으로 돌아가게 된다. 그런 까닭에 괴롭고 피곤하면 하늘을 부르지 않는 자가 없다. 굴평은 바르게 행동했으면서도 남의 이간질로 인해 곤궁하게 되었다. 신의를 지키고도 의심을 받았으며 충성을 다했으면서도 비방을 받았다."

모름지기 군왕은 이런 일이 있기 전에 뿌리를 뽑아야 한다.

說文解字 ＊拔(뽑을 발, 돌아올 발, 빼를 발. 手부 5획, 총 8획. *pull out*) ＊本(근본 본, 비슷할 본, 옛 본. 木부 1획, 총 5획. *origin*) ＊塞(막을 색, 채울 색, 막힐 색. 土부 10획, 총 13획. *fortress*) ＊源(근원 원, 계속할 원. 水부 10획, 총 13획. *source*)

224

제멋대로 날뛰는 것

跋扈 발호

■ 出典 : 『후한서』의 「양기전」

■ 文意 : 통발을 뛰어넘는다

故事逸話 양기(梁冀)는 누이가 황후가 되면서 그의 세도에 힘을 얻었다. 하루 아침에 부친은 집금오가 되었으며, 그는 양읍후에 봉해졌다. 그러던 어느날 상서령 좌웅의 간언에 의해 그 자리를 물러났다. 어느때인가 나라에 큰 변고가 생겼다. 갑작스럽게 지진이 일어나 85장(丈)이나 땅이 갈라졌다. 당시 순제의 총애를 받고 있던 이고(李固)라는 대신이 말했다.

"이것은 정치가 문란하여 하늘이 노한 것입니다."

정치의 문란은 곧 환관들의 수효가 많다는 것으로 귀착되었다. 따라서 환관의 권한이 축소되었다. 부친이 세상을 떠나자 양기는 그 자리를 이어받아 대장군이 되었다. 이로부터 세 해가 지난 후, 서른 살의 나이로 순제가 죽자 두 살짜리 조카 유병을 즉위(충제) 시켰다.

그러나 충제 역시 다음 해에 죽으니 이번에는 여덟 살 짜리 질제(質帝)를 즉위시켰다. 어느때인가 문무백관이 모인 자리에서 질제가 한마디 했다.

"이 사람은 발호장군(跋扈將軍)일세"

나이가 고작 여덟 살에 불과한 황제였지만, 그의 눈에도 양기의 거만한 전횡이 거슬린 것이다. 그러나 질제는 그 말을 한 탓에 독살당하고 말았다.

說文解字 ＊跋(밑동 발, 밟을 발, 발뒤꿈치 발. 足부 5획, 총 12획. *step on*) ＊扈(넓을 호, 뒤따를 호. 戶부 7획, 총 11획. *follow*)

225

곁에 아무도 없는 것처럼 무례함
傍 若 無 人 방약무인

■ **出典** : 『사기』의 「자객열전」
■ **文意** : 건방지고 무례한 행동

故事逸話 형가가 연나라에 들어가 사귄 친구 중에 고점리(高漸利) 가 있었다. 그는 대나무로 만든 축(筑)의 명수였다. 둘은 날마다 어울리 며 춤추며 거리를 떠돌았다. 그것은 주위에 아무도 없는 듯이 행동하는 방약무인(傍若無人)한 행동이었다.

이러한 형가를 연나라의 태자 단(丹)은 정중하게 청하였다. 그리고 장 차 천하 만민을 위해 진나라 시황제 정(政)을 암살하여 줄 것을 청하였 다. 당시 연나라에는 진나라에서 투항해 온 번어기(樊於期)라는 장수가 있었다. 진왕은 그를 잡지 못해 안달이었다. 현상금으로 천금을 걸고 만 호후(萬戶侯)를 주겠다는 방을 걸었다. 번어기는 스스로 목을 찔러 죽으 며 자신의 목을 가지고 들어가 진왕을 죽이라는 유언을 남겼다. 그렇게 하여 형가는 자객이 되어 연나라의 궁문을 나섰다. 그는 자신의 결심을 한수의 시로 나타냈다.

바람은 쓸쓸하고 역수는 차가운데(風蕭易水寒)
장사는 한 번 가면 다시 오기 어려우네(將士去復還)

說文解字 * 傍(곁 방, 가까이할 방. 人부 10획, 총 12획. *side*) * 若 (같을 약, 순할 약, 젊을 약. 艸부 5획, 총 11획. *same*) * 無(없을 무, 아닐 무. 火부 8획, 총 12획. *none*) * 人(사람 인, 나랏사람 인, 성질 인. 人부 0획, 총 2획. *people*)

|226
마음이 이미 산란하다
方 寸 已 亂 방촌이란

■ 出典 : 『삼국지』
■ 文意 : 마음이 흔들려 추진할 수가 없다

　　故事逸話 　서서(徐庶)라는 이는 호가 원직(元直)이다. 그는 한말의 삼국시대에 살았는데 병서를 많이 읽어 병략에 대단히 뛰어났다. 그는 유비 밑에 있으면서 충실히 보좌한 탓에, 조조는 사람을 보내 자기 쪽으로 건너와 일해 줄 것을 청하였다. 그러나 서서는 단호히 거절했다. 그러자 조조의 모사 정욱(程昱)은 서서가 효성이 지극하다는 점을 들어 그의 모친을 위나라로 데려온 후 조조에게 투항하라는 편지를 쓰게 하였다. 그러나 서서의 어머니는 조조가 마음이 바르지 못하고 또 한나라를 찬탈하려는 야심이 있다는 것을 깨닫고 편지 쓰는 것을 거부했다. 그러자 정욱은 그녀의 필체를 모방하여 편지를 써서 서서에게 보냈다.

　　서서는 유비와 병략에 대해 논의하고 있다가 어머니의 편지를 받자 조조가 자신의 어머니를 위협하고 있다는 것을 유비에게 알렸다.

　　"제가 주군을 도와 한나라를 부흥시키고자 했으나 조조가 어머니를 포로로 잡고 있으니 마음이 이미 산란해져 주군을 위해 일을 할 수가 없습니다. 이제 주군 곁을 떠나 어머니에게 가겠습니다."

　　서서는 길을 떠나면서 제갈량을 유비에게 소개하였다.

　　說文解字 　＊方(모 방, 나눌 방, 땅 방. 方부 0획, 총 4획.) ＊寸(마디 촌, 조금 촌. 마음 촌. 寸부 0획, 총 3획. *joint*) ＊已(그칠 미, 매우 이, 이미 이. 已부 0획, 총 3획. *stop*) ＊亂(어지러울 란, 반역할 란, 난리 란. 乙부 12획, 총 13획. *confuse*)

|227
술잔과 그릇이 멋대로 널려 있음
杯 盤 狼 藉 배반낭자

■ **出典** : 『사기』의 「순우곤전」
■ **文意** : 난잡한 술자리의 모습

___故事逸話___ 순우곤이 소기의 목적을 이루고 돌아오자 제나라의 위왕은 후궁에서 축하연을 열었다. 술기가 도도해지자 주량에 대하여 물었다.

"나는 한 말로도 취하고, 한섬으로도 취합니다."

"그것참 이상합니다. 어떻게 한 말로 취하고 한섬으로 취한다는 말입니까. 한 말을 마시고 취한다면 어찌 한 섬을 마실 수가 있습니까?"

순우곤이 말했다.

"술이라는 것은 무릇 상대에 따라 다릅니다. 이를테면 세상 사람들은 분위기에 따라 술을 마신다고 하는 것과 같습니다."

"그게 어떤 점이오?"

"대왕과 술을 마시면, 한 말을 마셔도 취할 것입니다. 그러나 내 친구와 화기애애한 분위기 속이라면 대여섯말은 족히 마시겠지요."

"그렇다면 한 섬을 마시는 경우는 어떨때입니까?"

"남녀가 섞이어 마시는 경우지요. 주연은 절정에 이르고 등불이 꺼지면 술잔과 그릇이 어지럽게 널려 있습니다(杯盤狼藉). 내 곁에서 여인의 살냄새와 분냄새가 나면 능히 그 정도는 마십니다."

___說文解字___ ＊杯(잔 배, 국바리 배. 木부 4획, 총 8획. _cup_) ＊盤(소반 반, 즐길 반. 皿부 10획, 총 15획. _vessel_) ＊狼(어지러울 랑, 이리 랑. 犬부 7획, 총 10획. _wolf_) ＊藉(깔 자, 도울 자, 빌릴 자, 장 대접할 자. 艸부 14획, 총 18획. _spread_)

228

물을 등쪽에 두고 치는 진
背 水 之 陣 배수지진

■ **出典** : 『사기』의 「회음후열전」
■ **文意** : 최후의 일전을 비장한 각오로 준비함

故事逸話 유방이 보위에 오르기 2년전. 한나라의 정예병을 이끌고 한신은 조나라로 밀고 들어갔다. 조나라에서는 이좌거가 진여(陳餘)에게 이십만 대군을 주어 정형(井陘)의 좁은 길목 어구에서 진지를 구축하여 적이 오면 무찌를 수 있다고 계책을 내놓았다. 그러나 채택되지 않았다.

첩자의 보고를 받은 한신은 계략을 세웠다. 조나라 병사가 진을 친 10여리 지점에서 몸을 숨기게 하고 자신은 싸움이 일어나면 거짓으로 패하여 도망할 것이니 그 틈에 성을 함락시키라는 것이었다. 다음날 전투는 한신의 계책대로 이뤄졌다. 전진과 후퇴를 거듭하던 싸움은 한신의 작전대로 종당에는 군기와 금고를 내던지고 도망쳤다.

"한신을 잡아라!"

사기가 오른 적이 추격해왔다. 이때 몸을 숨기고 있던 2천의 병사들은 가볍게 성안으로 밀고 들어갔다. 또한 한신은 이 당시 진을 칠 때에 물을 등뒤로 하는 '배수지진'을 쳤다. 적과 대치해 있는 상태에서 등 뒤가 물이니 더 이상 물러설 수가 없었다. 그러므로 살기 위해서는 죽기를 각오하고 싸우지 않으면 안되었다.

說文解字 *背(등 배, 햇무리 배. 肉부 5획, 총 11획. *back*) *水(물 수, 강 수 홍수 수, 고를 수. 水부 0획, 총 4획. *water*) *之(이를 지, 갈 지. ノ부 3획, 총 4획) *陣(진칠 진, 영문 진. 阜부 7획, 총 10획. *encampment*)

229
잔 속에 비친 뱀 그림자
杯 中 蛇 影 배중사영

■ **出典** : 『진서(晉書)』의 「악광전」

■ **文意** : 쓸데없이 의심하여 근심을 만듦

故事逸話 진나라 때에 악광(樂廣)이라는 사람이 하남 태수로 있을 때였다. 평소 인의지덕이 넘친 사람으로 소문이 난 탓에 주위에 친구들이 많았다. 그러던 어느 날 친구가 찾아와 술자리를 하였는데 다음날 친구가 몸이 아파 누워있다는 말을 듣게 되었다.

"그것참 이상한 일이다. 어찌 누워 있단 말인가."

그 이유를 여러 모로 되짚어 보아도 영문을 알 수 없었다. 어제까지만 해도 즐겁게 담소하던 친구가 갑자기 몸이 아픈 이유가 잡히지 않는 것이다. 이런 저런 생각으로 골몰해 있는데 벽에 걸린 활그림자가 기다란 그림자를 만들어냈다.

"아, 저것 때문이로구만."

그의 시선이 멈춘 곳은 뱀 모양의 조각이 달린 활이었다. 그 조각은 마치 뱀이 살아있는 것처럼 그림자가 흔들렸기 때문이었다. 악광은 즉시 그 친구를 데려오게 하였다.

"자, 오늘도 한 잔 하세."

친구가 머뭇거렸다. 그러나 술잔에 비친 것이 활그림자인 것을 알고 나자 언제 그랬느냐 싶게 즐겁게 술을 마셨다.

說文解字 ＊杯(잔 배, 국바리 배. 木부 3획, 총 7획. *cup*) ＊中(가운데 중, 안쪽 중, 마음 중. ㅣ부 3획, 총 4획. *midst*) ＊蛇(뱀 사, 별이름 사. 虫부 5획, 총 11획. *snake*) ＊影(그림자 영. 彡부 12획, 총 15획. *shadow*)

230

흰 망아지가 틈새로 지나가는 시간

白 駒 過 郤 백구과극

- **出典** : 『장자(莊子)』
- **文意** : 인생의 지나감이 빠름을 비유

故事逸話 『장자』의 「지북유편」에는 다음과 같은 말이 있다.

"사람이 하늘과 땅 사이에 사는 것은 흰 말이 달려가는 것을 문틈으로 보는 순간일 뿐이다."

참으로 인생이라는 것이 허망하다는 말이다. 그러므로 인생에 있어서 삶과 죽음은 한 조각의 구름이 '일어났다'가 '스러지는 것'인가. 참으로 허망한 말이다.

그런가하면 사마천의 『사기』에도 그런 말이 있다.

죽음을 눈앞에 둔 시점에서 여태후가 유후(留侯;장량)에게 장탄식을 흘리며 말하는 것을 볼 수 있다.

"사람의 한평생이 이토록 허망한 것을 어찌 몰랐던가. 인생이란 것이 마치 흰망아지가 틈을 지나는 것처럼 빠르지 않은가. 오호라, 어찌 괴로워함이 이와 같은가."

여태후는 한평생을 '백구과극'으로 생각했다. 그렇듯 허망하게 빠른 인생을 위해, 자신은 정적(情敵)인 척부인을 처참하게 살해하였다. 그것은 유방이 건국한 한나라를 여씨의 나라로 만들려는 탐욕 때문이었다. 그녀는 죽음을 앞둔 시점에서 인생의 허망함을 깨달았다.

說文解字 ＊白(흰 백, 밝을 백, 분명할 백. 白부 0획, 총 5획. *white*) ＊駒(망아지구, 말 구. 馬부 5획, 총 15획. *foal*) ＊過(지날 과, 허물 과. 辵부 9획, 총 13획. *pass*) ＊郤(틈 극, 성 극. 邑부 7획, 총 10획. *gap*)

|231

황하의 물이 맑아지기를 기다림

百 年 河 清 백년하청

■ **出典** : 『춘추좌씨전』「양공 8년조」

■ **文意** : 아무리 기다려도 실현될 가능성이 없음

　　故事逸話 ┃ 정나라가 채나라를 공격하자 채와 동맹을 맺은 초나라가 가만 있지 않을 것이라는 소문이 돌았다. 초나라의 자양(子襄)이라는 이가 조련된 군사들을 이끌고 정나라를 공격할 것이라는 소문이 전해진 것이다. 회의가 열리고 싸움이냐 화해냐의 의견으로 팽팽히 갈리었다. 이때 강대국을 맞아 항복하자는 의견을 내놓은 이는 자사(子駟)였다.

　　"주나라의 시에 이런 것이 있습니다. '황하의 물이 맑아지기를 기다린다는 것은 사람의 수명으로서는 도무지 상상할 수 없는 기일입니다. 그러므로 우리들이 이렇게 탁상공론으로 이러쿵저러쿵 하는 것은 참으로 실속 없는 계획에 불과합니다. 차일피일 시일을 지체하였다가는 사태만 더욱 악화될 것이니 정중하게 대국을 기다리는 것이 약소국이 취할 태도라고 봅니다."

　　그러나 그들과 맞서 싸워야 한다는 주장도 만만치 않았다. 항복을 하는 것은 대세의 흐름에 맞지를 않으니 일전불사의 싸움을 벌여야 한다는 것이었다. 그러나 이날의 논쟁은 자사의 의견을 받아들여 화평을 맺고 위기를 넘기었다.

　　說文解字 ┃ ＊百(일백 백, 白부 1획, 총 6획. *hundread*) ＊年(해 년, 나이 년. 나갈 년. 干부 3획, 총 6획. *year*) ＊河(물 하, 강물 하, 황하 하. 水부 5획, 총 8획. *river*) ＊淸(맑을 청, 고요할 청, 청렴할 청. 水부 8획, 총 12획. *clear*)

256　백년하청(百年河淸)

|232
세상 경험이 없는 선비
白 面 書 生 백면서생

■ 出典 : 『송서』의 「심경지전」

■ 文意 : 세상 경험이 없는 서생을 뜻함. 또는 이론만 세우는 사람

故事逸話 송나라 때에 무강(武康) 지방에 심경지(沈慶之)라는 이가 있었다. 그는 어려서부터 큰 뜻을 품고 있었는데 난을 일으킨 손은(孫恩)을 정벌한 공으로 관직에 나갔다. 이후 만의족을 토벌하기 위해 변방에 나가 있는데, 뜻밖에 송 문제는 변방을 넓히려고 왕현모 등을 파견하여 북벌을 감행했다.

심경지는 너무나 놀라 이 일을 중지해 줄 것을 요청했다. 그러나 문제는 잡다한 이유를 들어 심경지의 말을 들어주지 않았다. 이미 일이 잘못된 것을 알고 심경지는 문제의 처사를 힐책했다.

"나라를 다스리는 것은 자세히 따지면 가정을 다스리는 것과 별반 차이가 없습니다. 무릇 농사일을 하려면 농부에게 물어야 합니다. 오랫동안 농사를 지어온 농부에게 묻는다면 실패가 없을 것입니다. 또한 베를 짜려면 길쌈하는 여인에게 물어야 합니다. 한데, 적을 공격하는 일을 일개 백면서생(白面書生)에게 묻는다면 그 일이 성공할 수 있겠습니까?"

그렇게 말했는데도 송 문제는 받아들이지 않았다. 비합리적인 방법으로 밀고 가는 바람에 결국은 실패하고 말았다.

說文解字 ＊白(흰 백, 맑을 백, 분명할 백. 白부 0획, 총 5획. *white*) ＊面(얼굴 면, 앞 면, 보일 면. 面부 0획, 총 9획. *face*) ＊書(글 서, 적을 서, 기록할 서. 曰부 6획, 총 10획. *write*) ＊生(서생 생, 날 생, 목숨 생. 生부 0획, 총 5획. *born*)

|233
한 번 보는 것만도 못하다
不 如 一 見 불여일견

■ 出典 : 『한서』의 「조충국전」
■ 文意 : 듣는 것보다는 직접 확인하는 것이 낫다

故事逸話 | 이 성어는 '백문(百聞)이 불여일견(不如一見)'이다. 백번 듣는 것보다 한 번 보는 것이 훨씬 낫다는 뜻이다. 얘기는 한나라 선제(宣帝) 때로 거슬러 간다. 서북쪽에 터를 잡은 티베트계통의 유목민 강(羌)이 반란을 일으켰다. 이때 진압에 나선 한나라의 장수가 그들을 1천여명이나 죽였기 때문에 원한의 골은 깊어졌다. 그러므로 변경은 한 번도 조용할 날이 없었다. 당연히 조정에서는 그들을 진압할 장수를 찾기에 이르렀다.

이때 토벌군 장수를 자원한 사람은 70세가 넘은 조충국(趙充國)이었다. 그는 상규 출신으로 지난 한무제 때에는 이사장군 이광리를 따라 원정을 갔었다. 그 전투에서 20여군데의 상처를 입었으나 끝까지 고군분투하여 활로를 연 덕택에 조충국은 거기장군(車騎將軍)에 봉해졌다. 이러한 조충국의 뜻이 너무 강했으므로 선제는 전략에 대해 물었다. 그가 말했다.

"전략은 백번 듣는 것보다 그곳에 가서 한 번 보고 작전을 세우는 것이 좋습니다."

이렇게 말하고 임지로 떠나가 1년동안 머물며 사태를 파악했다.

說文解字 | *不(아니 불, 뜻을 정하지 않을 부. 一부 3획, 총 4획. *not*) *如(같을 여, 맞먹을 여. 女부 3획, 총 6획. *likewise*) *一(한 일, 순전할 일, 정성스러울 일. 一부 0획, 총 1획. *one*) *見(볼 견, 당할 견, 만나볼 견. 見부 0획, 총 7획. *see*)

234

들어가지 않으면 얻기 어렵다

不 入 難 得 불입난득

■ **出典** : 『사기』
■ **文意** : 호랑이 굴에 들어가지 않으면 새끼를 얻기 어렵다

故事逸話 ┃ 반초라는 이는 흉노와의 전쟁에서 승리하자 서역으로 파견되었다. 그가 선선국에 들어가자 평소 됨됨이를 들어 알고 있던 선선국 왕은 몹시 반갑게 맞아주었다. 그러나 한 달 가량이 지나자 선선국 왕은 몹시 무례하게 일행을 대했다. 그러자 반초는 36명의 일행을 한자리에 모은 채 말했다.

"지금 선선국 왕이 우릴 대하는 태도는 처음과 다르다. 분명히 흉노의 회유가 있었을 것이다. 지금 우리의 처지가 다급해졌으니 시일을 지체하다간은 우리 모두가 포박되어 흉노에게 넘어갈 것이다. 이제 우리가 취할 방법은 한가지다."

반초는 두려워하는 일행을 돌아보며 자신의 뜻을 밝혔다.

"호랑이 굴에 들어가지 않으면 어찌 호랑이 새끼를 얻겠는가. 우리가 살 수 있는 방법은 흉노의 사자를 공격하여 죽이는 일이다. 이렇게 하면 선선국 왕은 자신들이 복수를 당할까 두려워 우리 한나라에 복속할 것이다."

그날 밤이 이슥한 시각에 반초는 흉노의 사신이 머물고 있는 숙소를 습격하여 모두 살해해 버렸다.

說文解字 ┃ ＊不(아니 불, 없을 불. 一부 3획, 4획. *not*) ＊入(들 입, 빠질 입. 入부 0획, 총 2획. *enter*) ＊難(어려울 난, 근심 난, 재앙 난. 隹부 11획, 총 19획. *difficult*) ＊得(얻을 득, 만족할 득, 탐할 득. 彳부 8획, 총 11획.)

흰 눈썹을 가진 사내

白 眉 백미

■ **出典** : 『삼국지』의 「마량전」
■ **文意** : 여럿 가운데 뛰어난 사람

故事逸話 유비가 적벽대전이 끝난 후에 형주와 남양 등지를 얻은 자리에서 장차 어찌해야 하는 지를 물었다. 이때 유비를 두차례나 구해 주었던 이적(伊籍)이 말했다.

"새로 얻은 땅들을 지키려면 어진 선비가 필요합니다."

"그들이 누구요?"

"마씨 오상(五常) 중의 한사람으로 흰눈썹을 가진 사냅니다."

눈썹이 하얀 사내. 바로 마량(馬良)이었다. 그에게는 다섯 형제가 있었는데 자(字)에 상(常) 자가 들어갔다. 그래서 오상(五常)이라 불렸다. 그들 형제는 슬기롭고 평판도 좋았다. 인물도 좋았다. 이러한 다섯 형제 가운데 가장 빼어난 인물은 바로 흰눈썹의 사나이 마량이었다.

당시의 천하는 위오촉(魏吳蜀)의 삼국이 세발 솥(鼎)처럼 세력의 균형을 유지하고 있었다. 그러므로 이웃나라와 견주기 위해서는 마량과 같은 인재가 필요했다.

이적의 권유로 유비는 마량을 만났는데 마치 용이 비를 만난 것처럼 혁혁한 전과를 이루었다. 이것이 연유가 되어 여러 가운데 뛰어난 인물을 '백미'라 부른다.

『진서(晋書)』의 「혜소전」에 나오는 군계일학(群鷄一鶴)도 같은 맥락의 뜻이다.

說文解字 ＊白(흰 백, 맑을 백, 깨끗할 백. 白부 0획, 총 5획. *white*)
＊眉(눈썹 미, 둘레 미. 目부 4획, 총 9획. *eye*)

236

백 번 쏘아 백 번 맞히다
百 發 百 中 백발백중

■ **出典** : 『사기』

■ **文意** : 일이나 계획했던 바가 그대로 이루어지다

故事逸話 진나라가 위를 격파하고 양나라를 공격하자 주나라의 난왕은 백기장군을 설복해 보자는 안을 내놓았다. 그것은 양유기(養由基)라는 장수에 관한 것이었다.

양유기는 초나라 장수다. 활을 쏘면 백보 앞에서 버들잎을 맞힐 정도로 활쏘기의 명수였다. 그가 활을 쏘는 날이면 많은 사람들이 구름처럼 모여들어 구경했다. 한 번은 양유기가 활을 쏘는 데 지나가던 사나이가 한마디 던졌다.

"정말 잘 쏘는누만. 가르칠만 해."

양유기는 벌컥 화를 내었다. 어떻게 자신을 가르칠 수 있는지 말해보라는 것이었다. 그러자 사내는 말했다.

"나는 양장군에게 활쏘기의 기술을 가르친다고 한 적은 없소이다."

"그럼, 뭘 가르치겠다는 거요?"

"장군께서는 백보 앞의 버들잎을 맞출 정도지만, 그러나 사람의 기력엔 한계가 있는 법이오. 오늘은 당신이 백발백중을 자랑하지만, 한 번이라도 실수하면 과거의 공은 무산되고 맙니다. 그러니 여타의 전투에는 몸이 아프다는 핑계로 출전하지 마시오."

說文解字 ＊百(일백 백. 白부 1획, 총 6획. *hundred*) ＊發(일어날 발, 일으킬 발, 펼 발. 癶부 7획, 총 12획. *occur*) ＊百(일백 백. 白부 1획, 총 6획. *hundred*) ＊中(가운데 중, 안쪽 중, 마음 중. ㅣ부 3획, 총 4획. *midst*)

237

흰 머리털이 삼천 장이나 되다
白 髮 三 千 丈 백발삼천장

■ **出典** : 이백의 시 「추포음(秋浦吟)」
■ **文意** : 너무 늙었음을 한탄한다

故事逸話 추포라는 곳은 안휘성의 무호(蕪湖)라는 곳이다. 추포음 70수 가운데 17수는 만년의 고독을 방불케 하는 것으로, 어느 날 자신의 모습을 거울에 비쳐보았더니 머리가 하얗게 셌다. 그것이 마치 삼천장이나 되는 것처럼 길다고 하였으니 대단한 과장법을 사용한 것 같다. 이른바 과대 포장을 좋아하는 중국식 표현법이다.

백발삼천장(白髮三千丈)　　　여수사개장(緣愁似箇長)
부지명경리(不知明鏡裏)　　　하처득추상(何處得秋霜)

백발이 삼천장으로　　　　　어느새 길었구나
알지 못하겠네 거울속　　　　어느 곳에서 가을 서리 얻었나

나이가 들어버린 자신의 몸을 어느 날 거울을 통해서 보고 놀라워하는 쓸쓸함을 나타내고 있다. 이는 모두 중국식 표현법, 즉 과장법을 사용하고 있다.

說文解字 ＊白(흰 백, 밝을 백. 白부 0획, 총 5획. *white*) ＊髮(터럭 발, 모래땅 발. 髟부 5획, 총 15획. *hair*) ＊三(석 삼, 자주 삼. 一부 2획, 총 3획. *three*) ＊千(일천 천, 천번 천, 많을 천, 길 천. 十부 1획, 총 3획. *thousand*) ＊丈(어른 장, 장 장, 길이 장, 지팡이 장. 一부 2획, 총 3획. *length*)

238

백아가 거문고 줄을 끊다
伯 牙 絶 絃 백아절현

- **出典** : 『열자』의 「탕문편」
- **文意** : 자기를 알아주는 참다운 친구의 죽음을 슬퍼함

故事逸話 전국시대에 거문고의 명인으로 이름이 난 백아(伯牙)라는 이가 있었다. 그에게는 자신의 음악을 이해해주는 종자기(鍾子期)라는 친구 있었다. 백아가 산의 모습을 표현하기 위해 거문고를 타면 종자기는,

"태산의 높음을 표현하고 있구나."

그러다가 흐르는 물소리를 표현하면,

"강물의 흐름이 양자강과 같도다."

이렇게 말할 정도였다. 즉, 친구의 음악을 가장 잘 이해하고 있었다는 말이다. 그러던 종자기가 세상을 떠났다. 그러자 백아는 그토록 아끼던 거문고의 줄을 끊어버리고(伯牙絶絃), 다시는 거문고를 타지 않았다. 이것은 자신의 음악을 깊이 이해해주던 친구의 죽음에 대한 예우였다.

『순자(荀子)』의 「권학편」에는 다음과 같은 내용이 있다.

"옛날에 호파가 비파를 타면 물 속에 있던 고기가 나와 들었고, 백아가 거문고를 타면 여섯 필의 말이 풀을 뜯다가 고개를 쳐들어 보았다. 소리는 작더라도 들리지 않는 것이 없었다."

說文解字 ＊伯(맏 백, 길 맥, 우두머리 패. 人부 5획, 총 7획. *the eldest*) ＊牙(어금니 아, 거간꾼 아. 牙부 0획, 총 4획. *fang*) ＊絶(끊을 절, 뛰어날 절. 糸부 6획, 총 12획. *cuts*) ＊絃(악기줄 현, 현악기를 탈 현. 糸부 5획, 총 11획.)

239

흰 눈동자로 본다

白 眼 視 백안시

■ 出典 : 『진서』의 「완적전(阮籍傳)」
■ 文意 : 남을 냉대할 때에 흘겨 보는 것

故事逸話 위오촉(魏吳蜀)의 삼국 대립이 막을 내리고 천하는 조조가 이끄는 위(魏)의 수중으로 들어갔다. 위나라는 다시 진(晉)으로 넘어가면서 세상은 몹시 어수선했다. 이러한 때에 속세를 등지고 경치가 수려한 곳을 찾아가 자연을 벗삼아 지내며 노장사상(老莊思想)에 빠져있던 일곱 명의 선비들이 있었는데, 세상에서는 이들을 죽림칠현(竹林七賢)이라 하였다.

이들 일곱 명 중에 완적이라는 이가 있었다. 그가 모친상을 당하였는데 문상을 온 선비들 가운데 마음에 들지 않은 이가 오면 흰눈으로 흘겨보았다. 그때 혜강의 동생 혜희가 오자 역시 속물을 대하듯 흰눈동자를 섬찟하게 흘겨보았다.

소식을 들은 혜강이 술과 거문고를 들고 찾아왔다. 완적은 몹시 기뻐하며 검은 눈동자를 보이면서 환영했다. 그러므로 완적이 희눈으로 흘겨보았던 선비들은 그의 행동을 원수처럼 미워하였다.

그러므로 '백안시'라고 했을 때에는 눈의 흰부분을 드러내어 상대를 살펴보는 것이지만, 엄밀하게 말하면 '사람을 흘겨본다거나' 또는 '냉랭한 시선으로 바라보는 것' '푸대접을 하는 것' '모른 체 내버려두는 것' 등을 의미한다.

說文解字 ＊白(흰 백, 맑을 백, 분명할 백. 白부 0획, 총 5획. *white*) ＊眼(눈 안, 눈동자 안. 目부 6획, 총 11획. *eye*) ＊視(볼 시, 견줄 시, 대접 시. 見부 5획, 총 12획. *look*)

|240
잣나무 배에 비유한 절개
柏 舟 之 操 백주지조

■ 出典 : 『시경』의 「용풍(鄘風)」
■ 文意 : 남편을 일찍 여읜 아내가 절개를 지키는 것을 일컬음

故事逸話 위(衛)나라 제후의 공자 공백(共伯)이 일찍 세상을 떠나자 그의 아내 공강은 부모의 권유(개가)를 물리치고 백주라는 시를 지어 자신의 굳은 지조를 표현했다. 제목은 「잣나무 배」였다.

두둥실 저 잣나무 배
황하 가운데 떠 있다
더벅머리 드날리는 그 사람만이
진정한 내 남편
죽어도 다른 마음 아니 가지리
어머니는 하늘이신데
어찌 내 마음을 몰라 줍니까
두둥실 저 잣나무 배가
저 황하 물가에 떠 있도다
늘어진 다발머리
진정 내 남편이었으니
죽어도 다른 마음 아니 가지리

說文解字 ＊柏(측백나무 백, 잣나무 백. 木부 5획, 총 9획. *cypress*)
＊舟(배 주. 舟부 0획, 총 6획.) ＊之(갈 지, 이것 지. ノ부 3획, 총 4획. *go, this*) ＊操(잡을 조, 절개 조. 手부 13획, 총 16획. *take*)

241

우열을 가릴 수 없는 비슷한 상태

伯 仲 之 勢 백중지세

■ 出典 : 위문제(魏文帝)의 전론(典論)
■ 文意 : 승부가 어느 한쪽으로 기울지 않고 팽팽한 상태를 말함

故事逸話 ｜『예기』의 「단궁」상편에 '어려서 이름을 짓고 20세에 관례(冠禮)를 하며 자(字)를 붙이고 50세에 백중(伯仲)으로 하고 죽으면 시호를 내리는 것은 주(周)나라의 도리다'라 쓰고 있다. 그런가하면 백중숙계(伯仲叔季)라는 말도 있다.

이것은 형제의 순서를 나타내는 것으로, 백은 장형이고 중은 다음 형이고 숙은 그 다음이며 계는 막내 동생이다.

위의 글에 나오는 백중은 '형과 아우'라는 의미다. 이 말을 처음으로 쓴 사람은 위나라의 문제 조비로, 그기『전론(典論)』이라는 글의 첫머리에 '부의지어반고 백중지간(傅毅之於班固 伯仲之間)이라 하였다. 즉, 부의와 반고는 그 실력의 우열을 가리기 힘들 정도로 막상막하였다는 뜻이다.

옛부터 글을 쓰는 사람들은 서로 상대를 업신여기고 헐뜯고 몰아친 내용을 설명한 부분이다.

그런가 하면 두보(杜甫)의 시에도 제갈량을 칭찬하여, 그가 은나라의 이윤(伊尹)이나 주나라의 여상(呂尙)과 맞먹는다는 뜻으로 백중지간이라 표현했다.

說文解字 ｜ ＊伯(맏 백, 형 백, 벼슬아치 백. 人부 5획, 총 7획. *chief*) ＊仲(버금 중, 가운데 중. 人부 4획, 총 6획. *medium*) ＊之(이를 지, 의 지. ノ부 3획, 총 4획. *this*) ＊勢(형세 세, 권세 세, 기세 세. 力부 11획, 총 13획. *power*)

|242
세 조목의 법
法 三 章 법삼장

■ **出典** : 『사기』의 고조본기
■ **文意** : 진나라의 잔혹하고 번잡스러운 법 대신 간단명료한 법

　　故事逸話　　유방과 항우는 초(楚)에서 출발하여 먼저 관중(關中)에
들어간 사람이 천하의 왕이 되기로 약속했다.

　기원전 206년. 유방이 먼저 관중에 들어가 진왕 자영(子嬰)의 항복을
받고 옥새와 절부(節符)를 인수하였다. 항복한 자들은 죽이지 않았으나
궁안에 들어가자 눈부신 궁안의 위용과 많은 미녀들의 교태에 돌아갈 줄
을 몰랐다.

　장량과 번쾌의 간곡한 진언으로 야영지에 돌아와 여러 현의 노인들과
호걸들을 불러 말했다.

　"지금까지는 진나라의 가혹한 법에 천하의 백성들이 시달렸소이다.
나는 항우와 내기하기를 누가 먼저 관중에 들어가 왕이 되는가에 이겼으
니 내가 마땅히 관중의 왕이 될 것이오. 그런 연유로 나는 진나라의 잡다
한 법 대신 세 가지만 시행하려 하오. 첫째는 사람을 죽인 자는 사형에
처하고, 둘째로 사람에게 중상을 입힌 자와 도적질하는 자는 응분의 벌
을 내리겠소. 마지막으로 진나라의 모든 법은 폐지하겠소. 그런즉 여러분
도 이같은 점을 참작하여 생활에 임해 주시오."

　사람들은 기뻐하였다. 그러나 뒤늦게 도착한 항우는 궁을 불사르고 부
녀자와 보물을 빼앗았으니 유방과는 대조적이었다.

───────────────────────

　　說文解字　　＊法(법 법, 본받을 법. 水부 5획, 총 8획. *law*) ＊三(석
삼, 자주 삼. 一부 2획, 총 3획. *three*) ＊章(법 장, 표할 장, 글 장, 장정
장. 立부 6획, 총 11획. *sentence*)

전투는 속전속결이다

兵 聞 拙 速 병문졸속

■ 出典 : 『손자병법(孫子兵法)』
■ 文意 : 싸움에 있어서는 단기전의 성공은 있어도 오래 끌어 좋은 것은 없다

故事逸話 손자는 일찍이 병사를 움직이는 데에 불리한 점을 지적한 바 있다.

"전쟁이란 병거가 수천대 병사가 수만명 군량을 운반할 수레가 수천대가 투여된다. 이러한 인력과 장비로 천리밖의 원정을 나갔다면 그 경비나 어려운 점이 막대할 것이다. 이렇다 보니 시일을 오래 끄는 전쟁은 형편이 좋아지기는커녕 날이 갈수록 나빠지는 쪽으로 기울게 된다. 자연히 사기는 떨어진다. 그러므로 공격을 한다 해도 성공할 확률은 지극히 낮다. 따라서 병사를 움직일 때에는 속전속결에 주안점을 맞춰야 한다."

손자가 지적한 내용은 이러하다.

병사를 한곳에 두지 않고 속력행군(速力行軍)을 행하여 성공한 예는 많다는 것이다. 다시 말해 병사를 한곳에 오래 두어 성공한 예는 찾아보기가 힘들다는 뜻이다.

손자는 졸속(拙速)이나 교구(巧久)에 대해 비교하여 설명했다. '졸'은 아무런 재간을 부리지 않는 것이며 '교'는 억지 꾸밈 또는 작위(作爲)라는 의미다.

說文解字 ＊兵(군사 병, 무기 병. 八부 5획, 총 7획. *soldier*) ＊聞(들을 문, 들릴 문, 소문 문. 耳부 8획, 총 14획. *hear*) ＊拙(못날 졸, 졸할 졸, 무딜 졸. 手부 5획, 총 8획. *bad*) ＊速(빠를 속, 부를 속, 더러울 속, 서둘속. 辵부 7획, 총 11획. *quick*)

전쟁에 목숨을 건다
兵 爲 死 地 병위사지

■ 出典 : 『사기』 「염파 · 인상여열전」
■ 文意 : 일을 할 때엔 최선을 다한다

故事逸話 조(趙)나라의 명장 조사(趙奢)는 본래 평범한 시골의 말
단 관리에 불과했다. 그가 워낙 청렴결백하다는 소문 탓에 평원군의 귀
에까지 들어가 발탁된 후 공을 세워 나중에 마복군(馬服君)이라는 칭호
를 받게 되었다.

이러한 조사에게는 조괄(趙括)이라는 아들이 있었다. 그는 두뇌가 명
석하여 병략에 대해서는 모르는 것이 없었다. 어느 날은 병략에 대해 아
들과 토론을 벌였는데 오히려 조사가 쩔쩔맬 정도였다. 그러나 조사는
우쭐해 하는 아들을 보며 오히려 근심스러운 낯을 할 뿐이었다. 그러자
아내가 서운한 듯이 섭섭해하였다.

"여보, 칭찬좀 해 주세요. 어찌 아무 말씀도 없으십니까? 칭찬 한마디
쯤 해줄 수도 있잖아요."

그러나 조사의 얼굴은 굳어 있었다.

"전쟁이란 목숨을 걸어야 하는 병위사지(兵爲死地)요. 우리 괄이는
말만 무성할 뿐이오. 목숨을 걸어야 하는 전쟁에 이론만 번지르하니 장
차 저 놈이 장군이 된다면 일을 크게 망칠 것이오."

훗날 조괄은 나라를 큰 근심으로 몰아넣었다.

說文解字 *兵(군사 병, 무기 병. 八부 5획, 총 7획. *soldier*) *爲(하
위, 다스릴 위, 어조사 위. 瓜부 8획, 총 12획. *for*) *死(죽을 사, 마칠 사,
위태로울 사. 歹부 2획, 총 6획. *die*) *地(땅 지, 아래 지, 나라 지. 土부
3획, 총 6획. *earth*)

|245
병이 고황에 침범하여 깊어지다
病 入 膏 肓 병입고황

■ **出典** : 『춘추좌씨전(春秋左氏傳)』
■ **文意** : 병이 너무 깊어져 고치기가 힘든 상태

故事逸話 춘추 시대 진(晉)나라의 경공이 즉위하였을 때에 사구(司寇;법무대신)로 임명한 도안고(屠岸賈)라는 위인이 죄없는 조가에게 죄를 뒤집어 씌워 죽게 하였다. 조가의 집안이 멸문된 지 10년이 지난 어느 날 밤. 한 여인이 경공의 꿈길에 나타나 덤벼들었다.

"네가 내 자손을 죽였으니 너를 데려가야겠다."

경공은 놀라 도망쳤다. 그러나 여인은 문을 부수고 쫓아왔다. 이번에는 깊숙한 곳에 몸을 숨겼는데 그래도 쫓아오는 바람에 이곳저곳으로 도망치다 꿈에서 깨어났다. 다음날 꿈 해몽을 잘하는 점쟁이를 불러 길흉을 물었다.

점쟁이는 경공이 햇보리를 먹지 못하고 죽을 것이라는 점괘를 내놓았다. 경공은 이때부터 자리에 눕게 되었다. 멀리 진(秦)나라에 고완이라는 명의를 불러오게 하였는데 그가 도착하기 전에 경공의 꿈에 병(病)들이 말했다.

"고완은 명의이니 우리가 황(肓)의 위, 고(膏)의 아래에 숨자."

고완이 도착하여 진맥하고 나서 이미 병이 깊어져 고칠 수 없다고 하였다. 점쟁이의 예언대로 진공은 햇보리로 만든 음식을 먹기 전에 똥통에 빠져 죽었다.

說文解字 ＊病(병 병. 疒부 5획, 총 10획. *illness*) ＊入(들 입, 넣을 입. 入부 총 2획. *enter*) ＊膏(염통 고, 기름질 고. 肉부 10획, 총 14획. fat) ＊肓(명치 황, 흉격 황. 肉부 3획, 총 7획. *breast*)

|246
엎어진 물은 다시 담지 못한다
覆 水 不 返 盆 복수불반분

■ 出典 : 『사기』의 「제태공세가」
■ 文意 : 한 번 헤어진 부부는 돌이키지 못함을 이르는 말

<u>故事逸話</u> 강태공의 부인은 마씨(馬氏)였다. 마씨는 태공이 늙도록 공부만 할 뿐 집안 일을 돌보지 않자 친정으로 돌아가 버렸다. 얼마후 그녀는 다른 곳으로 시집 가버렸다. 그후 세월이 흘렀다. 강태공은 주문왕(周文王)을 만나 폭군 주왕(周王)을 멸하고 주나라가 천하를 얻는 공을 세워 제왕(齊王)에 봉해진다.

제나라 왕이 되어 금의환향하는 강태공을 발견한 옛아내 마씨는 다시 강태공과 살기를 청하며 수레 앞에 나타난다. 이때 태공은 마씨에게 한 동이의 물을 길어오게 한 후 그것을 땅에 붓게 하였다.

"당신이 나와 살기를 원한다면 땅에 쏟은 물을 다시 동이에 담으시오. 그러면 당신을 받아들이겠소."

마씨는 물을 양동이에 담으려 했다. 그러나 손에 잡히는 것은 질퍽한 흙 뿐이었다. 태공은 말했다.

"그대는 우리가 합쳐질 수 있다고 생각할 지 모르나 이미 엎질러진 물이라 담을 수 없는 것이오."

강태공은 그 말을 남기고 떠나버렸다.

<u>說文解字</u> ＊覆(엎어질 복, 덮을 부. 襾부 12획, 총 18획. *cover*) ＊水(물 수, 고를 수, 물가 수. 水부 0획, 총 4획. *water*) ＊不(아니 불, 없을 불, 금지할 불, 모자를 불. 一부 3획, 총 4획. *not*) ＊返(돌이킬 반, 돌아올 반. 辵부 4획, 총 8획. *return*) ＊盆(동이 분, 밥 짓는 분. 皿부 4획, 총 9획)

|247

명마의 꼬리에 붙다

付 驥 尾 부기미

■ 出典 : 『사기』의 「백이열전」
■ 文意 : 큰 인물에게 인정되어 그 가치가 세상에 뚜렷히 나타남

故事逸話 백이와 숙제는 고죽국의 왕자였다. 왕은 둘째인 숙제를 임금으로 세울 계획이었는데 그만 세상을 떠나고 말았다. 당연히 아우는 그 자리를 형에게 양보했다. 그러나 백이는 사양했다.

"생전에 아버님께서 너를 얼마나 위하였는데 그런 소리를 하느냐. 아버님이 정한 것을 우리가 고친다는 것은 불효다."

백이는 동생에게 임금 자리를 양보하기 위해 멀리 국외로 떠나버렸다. 소식을 들은 숙제는 대신들에게 말하여 다른 왕자로 하여금 보위에 오르게 하고 급히 형이 떠나간 뒤를 쫓아갔다. 백이와 숙제는 주문왕이 노인을 잘 공경한다는 말을 들은 터라 주나라를 찾아갔다. 그러나 이미 주문왕은 세상을 따나고 그의 아들 주무왕이 은의 주왕을 치기 위해 출병하려는 참이었다. 그들은 말고삐를 잡고 간청했다. 부왕의 장례를 치르기도 전에 출병하는 것은 도리에 어긋난다는 것이었다. 또한 신하된자가 군주를 치는 것도 효가 아니라고 길을 막았다. 그런데도 주무왕이 백이와 숙제를 밀치고 출병했다.

"아, 이곳도 우리가 머무를 곳이 못되구나."

두사람은 곧 수양산에 들어가 고사리를 캐먹고 살다가 죽었다. 굶어서 죽은 것이다.

說文解字 ＊付(붙을 부, 줄 부, 부탁 부. 人부 3획, 총 5획. *stick to*) ＊驥(천리마 기. 馬부 16획, 총 26획. *swift horse*) ＊尾(꼬리 미, 뒤 미, 끝 미. 尸부 4획, 총 7획. tail)

|248

요령을 얻지 못하다
不 得 要 領 부득요령

■ **出典** : 『한서』의 「장건전(張騫傳)」

■ **文意** : 아주 긴요한 일을 이루지 못함

故事逸話 한무제(漢武帝)가 흉노를 공격하기 위해 BC. 139년에 낭관 장건을 대월지국(大月支國)에 사신으로 보냈다. 이때 길을 안내한 자는 흉노출신 감부(甘父)라는 자였는데, 그들은 흉노 땅에 들어선 지 얼마 안 되어 모두 체포돼 버렸다.

장건은 흉노 여인과 혼인하여 두 아들을 두었으나 이래저래 세월은 10년이 지나갔다. 그러던 어느 날 기회를 틈타 수행원들과 함께 대완국(大宛國)으로 탈출했다. 대완국은 한나라와 교역하는 중이었으므로 그를 대월지국에 데려다 주었다.

이때 대월지국에서는 왕이 흉노와의 싸움에서 죽은 직후라 새로운 왕은 대하국(大夏國)을 정복하여 그곳에 머물러 있었다. 땅은 기름지고 인심이 넉넉하여 흉노에 대한 복수는 이미 잊은 지 오래였다. 더구나 멀고도 먼 한나라와의 통교(通交)에는 관심조차 없었다. 장건은 소득없이 귀국할 수밖에 없었다. 그러나 돌아오는 길에 다시 흉노에게 잡혀 1년 남짓 머무르다가 귀국길에 올랐다. 비록 소기의 목적은 부득요령(不得要領)으로 끝났지만 서역 문명을 소개하는 자로서는 역사에 길이 남을 업적이었다.

說文解字 ＊不(아니 부, 없을 불. 一부 3획, 총 4획. *not*) ＊得(얻을 득, 만족할득, 깨달을 득. 彳부 8획, 총 11획) ＊要(중요할 요, 요컨대 요, 근본 요. 両부 3획, 총 9획. *seek*) ＊領(옷깃 령, 가장 요긴할 령, 깨달을 령. 頁부 5획, 14획. *collar*)

예비로 준비해 둔 말
駙 馬 부마

■ 出典 : 『수신기(搜神記)』
■ 文意 : 공주의 남편을 가리키는 말

__故事逸話__ 간보(干寶)가 쓴 『수신기』에 전하는 내용이다. 농서 지방
으로 신도탁(辛道度)이라는 이가 유학을 왔었다. 어느 날 그가 옹주 근처
를 지나게 되었는데 날은 어두워지는데 쉴 곳이 마땅치 않았다. 얼마쯤
가자 큰 저택이 눈에 들어왔다. 문전에서 하룻밤 쉬어갈 것을 청하자 하
녀가 기다렸다는 듯이 말했다.
"안에서 모시고 오시라는 분부십니다."
영문을 모른 체 안으로 들어간 신도탁은 눈이 휘둥그레졌다. 식탁 위
에는 온갖 기름진 음식이 모락모락 김을 피워올리고 있었다. 워낙 허기
가 진 참이라 신도탁은 순식간에 상 위의 음식그릇을 비워버렸다. 식사
가 끝나자 여주인이 정중한 어조로 말했다.
"나는 진민왕(秦閔王)의 딸입니다. 이곳에서 사흘만 묵어 주십시오."
여인의 간곡한 청을 받아들여 사흘을 함께 지내고 길을 떠날 때가 되
었다. 여인은 정표로 황금 베개를 내주었다. 문득 뒤를 돌아다 본 신도탁
은 자신의 눈을 의심했다. 거대한 저택이 깜쪽같이 사라져버리고 무덤만
이 있을 뿐이었다. 도성에 도착한 신도탁이 저자 거리에 나가 황금 베개
를 팔려 했는데 그 사실이 황제에게 알려졌다. 신도탁에게 자초지종을
들은 황후는 그를 사위로 인정하여 부마도위(駙馬都尉)라는 벼슬을 내렸
다.

__說文解字__ ＊駙(곁말 부. 馬부 5획, 총 15획. *extra horse*) ＊馬(말
마, 벼슬이름 마. 馬부 총 10획. *horse*)

250
솥 안에 있는 고기
釜 中 之 魚 부중지어

■ 出典 : 『자치통감』의 한기(漢記)

■ 文意 : 장차 삶아 질 것을 모르고 헤엄치고 있는 물고기를 뜻함

故事逸話 양기(梁冀)는 후한 시대의 외척이다. 그의 아우 불의(不疑)가 하남 태수가 되었을 때 여덟 명의 사자로 하여금 주군(州郡)을 순찰하게 하였다.

이러한 여덟 명 가운데 장강(張綱)이라는 위인은 결연히 무리에서 벗어났다.

"산 속의 이리와 같은 양기 형제가 요직에 올라 있는데 어찌 여우나 삵괭이 같은 지방 관리들을 조사하러 다니겠는가."

장강은 오히려 양기 형제의 허물을 탄핵하는 15개 항목의 상소를 제출했다. 양기의 미움을 산 장강은 광릉군(廣陵郡) 태수로 임명되었다. 이 지방은 장영(張嬰)이라는 도적떼가 양주와 서주를 십여년간이나 휩쓸고 다니던 곳이었다.

장강은 부임한 즉시 단신으로 도적떼의 소굴을 찾아갔다. 그리고는 장영을 만나 사람의 도리를 들려주며 설득했다. 장영은 이에 크게 감복하여 말했다.

"저희들이 이곳에서 목숨을 보존할 지라도 솥 안에서 헤엄치고 있는 고기(釜中之魚)일 것입니다."

說文解字 ＊釜(솥 부, 가마 부. 金부 2획, 총 10획. *cauldron*) ＊中(가운데 중, 맞을 중. ㅣ부 3획, 총 4획. *midst*) ＊之(의 지, 갈 지, 어조사 지. ノ부 3획, 총 4획. *this*) ＊魚(고기 어, 물고기 어, 어대 어. 魚부 총 11획. *fish*)

|251
우레가 울리면 만물이 응한다
附 和 雷 同 부화뇌동

■ **出典** : 『예기』의 「곡례상(曲禮上)」
■ **文意** : 다른 사람의 말에 앞 뒤 생각없이 경솔히 따름

故事逸話 예(禮)라는 것은 함부로 말을 하지 않으며 망령되게 사람을 즐겁게 하지 않는다고 했다. 그런 의미로 손 위의 사람들에게 대한 예절을 다음같이 말하고 있다.

"사람의 자식된 자는 나아갈 때는 반드시 나아간다고 말을 해야 하고 돌아와서는 반드시 뵙고 인사를 드리며 또한 노는 곳은 일정해야 하고 익히는 것도 반드시 일정한 업이 있어야 한다. 또한 평상시의 말에 늙었다고 말하지 않는다."

일반적으로 말을 할 때는 함부로 다투어서도 안 되고 쉬이 다른 사람의 의견에 동조해서도 안 된다.

그렇다면 뇌동(雷同)이란 무언가?

우레가 울리면 만물이 이에 의해 울리는 것처럼, 다른 사람의 말을 듣고 그 말의 옳고 그른 지를 생각해 보지 않고 경솔하게 부화(附和)하는 것을 의미한다.

『논어』의 「자로편」에도 '군자화이부동 소인동이불화(君子和而不同 小人同而不和)' 라고 하였는데, 여기에서 화(和)는 화합을 나타내며 동(同)은 아부하고 아첨하는 것을 의미한다.

說文解字 ＊附(붙을 부, 의지할 부. 阜部 5획, 총 7획. *adhere*) ＊和(화할 화, 순할 화. 口部 5획, 총 8획. *peaceful*) ＊雷(우레 뢰, 조화신 뢰, 북이름 뢰. 雨부 5획, 총 13획. *thunder*) ＊同(같을 동, 모을 동, 무리 동. 口部 3획, 총 6획. *same*)

|252
책을 불 사르고 유생들을 묻다
焚 書 坑 儒 분서갱유

■ **出典** : 『사기』의 「진시황본기」
■ **文意** : 서적이나 인사들을 탄압하는 행위를 나타내는 말

　　故事逸話 　전국시대를 종식시킨 진시황은 스스로 시황제를 칭하고 중앙집권제를 강화했다.

　진시황 34년. 함양궁에 잔치를 열었다. 이때 군현제도를 주장하는 복사(僕射) 주청신(周靑臣)과 봉건제도의 부활을 주장하는 박사(博士) 순우월(淳于越)이 진시황 앞에서 서로 의견을 놓고 대립했다. 이때 승상 이사(李斯)가 의견을 내놓았다.

　"예전에는 천하가 소란스러워도 이들을 다스릴 영웅이 없었기에 도처에서 군웅이 일어났습니다. 제후들은 엎치락뒤치락 부질없는 싸움을 계속해 왔습니다. 그러나 이젠 천하가 통일되어 안정 속에 있습니다. 법률과 명령이 권위 속에 있습니다. 그런데도 어떤 무리들은 도당을 앞세워 군왕의 절대적인 위덕에 손상을 입힙니다. 소신이 보건대 사관이 맡고 있는 진나라의 기록 이외의 것은 태워야 하며 복술과 의약 · 농경에 관한 서적을 제외하고는 30일 이내에 없애야 합니다."

　이사의 말을 채택하여 실시케 하였는데 이것이 분서(焚書)다. 그리고 조정을 비난하는 학자들을 잡아 구덩이에 묻어 버렸다. 이것이 갱유(坑儒)였다.

　　說文解字 　＊焚(불사를 분, 불땔 분. 火부 8획, 총 12획. *burn*) ＊書(쓸 서, 글씨 서. 日부 6획, 총 10획. *write*) ＊坑(빠질 갱, 묻을 갱, 구덩이 갱. 土부 4획, 총 7획. *pit*) ＊儒(선비 유, 난쟁이 유, 유도 유. 人부 14획, 총 16획. *scholar*)

|253
함께 하늘을 이고 살 수 없음
不 俱 戴 天 불구대천

■ **出典** : 『예기』의 「곡례 상」
■ **文意** : 사생결단을 내야할 원수를 가리킴

　　故事逸話 옛적의 윤리관은 부모의 원수는 살해하여도 죄가 되지 않는 것으로 되어 있다. 그런 뜻에서 어버이의 원수는 같은 하늘을 이고 살 수 없다는 말이 생겨났다. 본문의 불구대천(不俱戴天)은 불공대천(不共戴天)과 같은 의미다. 이 말들은 한결같이 '지수(之讎)'라는 말이 생략되어 있다.

　『예기』의 「곡례 상」에 다음같은 내용이 있다.

　<어버이의 원수는 함께 하늘을 질 수 없다. 반드시 죽여야 한다. 형제의 원수는 집에 가서 무기를 가져온다는 식의 여유가 없다. 항상 무기를 휴대하고 있다가 즉시 죽여야 한다. 친구의 원수는 나라를 같이 하고 살 수 없다. 역시 죽여야 한다>

　그런가하면 『맹자』의 「진심장 하」에는, 살인은 살인을 부르는 복수의 악순환이 계속되므로 내 부모 형제를 귀히 여기듯 다른 사람의 부모 형제도 귀하게 여겨야 한다고 주장했다.

　"내 이제야 사람의 어버이를 죽이는 것이 중한 줄을 알았노라. 사람의 아비를 죽이면 사람이 또 그 아비나 형을 죽일 것이니 그것은 스스로 죽이지 않았어도 마찬가지다."

　　說文解字 ＊不(아니 불, 뜻을 정하지 않을 부. 一부 3획, 총 4획. *not*) ＊俱(함께 구, 함께할 구. 人부 8획, 총 10획. *together*) ＊戴(일 대, 받들 대. 戈부 13획, 총 17획) ＊天(하늘 천, 하느님 천, 운명 천. 一부 4획, 총 5획. *sky, god*)

|254

영원히 죽지 않은 약
不 死 藥 불사약

- **出典**：『십팔사략(十八史略)』
- **文意**：죽음을 피할 수 있는 약

　　故事逸話 　천하를 통일한 진시황이 오래 살기를 원하여 서복(徐福)으로 하여금 동남동녀 5백 명을 거느리고 불사약을 찾아 떠나게 하였다. 그러나 서복은 다시 돌아오지 않았다. 그런가하면 『한비자(韓非子)』의 「설림 상편」에도 이런 내용이 있다.

　　어떤 사람이 불사약을 초나라 임금에게 바쳤다. 내시(內侍)가 그것을 들고 다닐 때에 궁전을 지키는 사람이 물었다.

　　"먹을 수 있는 것이오?"

　　"먹을 수 있소."

　　궁문지기는 달려들어 그것을 빼앗아 먹었다. 임금이 크게 노하여 궁문을 지키는 사람을 사형에 처하게 하였다. 그러자 그가 말했다.

　　"마마, 신이 내시에게 물어보니 그약을 먹어도 괜찮다고 하기에 먹었습니다. 또한 손님이 먹으면 죽지않는다는 불사약을 바쳤는데 신이 그것을 먹었습니다. 그런데 임금께서 신을 죽이시면 그것은 죽는 약이 됩니다. 그러면 그 손님이 임금을 속이신 것이 됩니다. 또한 죄없는 신하를 죽임으로써 임금님께선 속으신 것이 밝혀질 것이니 천하의 웃음꺼리가 될 것입니다. 그러하오니 신을 놓아주심이 옳사옵니다."

　　황제는 결국 궁문지기를 놓아주었다.

　　說文解字 　＊不(아니 불, 뜻을 정하지 않을 부. 一부 3획, 총 4획. *not*) ＊死(죽을 사, 끊일 사, 마칠 사. 歹부 2획, 총 6획. *die*) ＊藥(약 약. ++부 15획, 총 19획. *medicine*)

|255
수염의 먼지를 턴다
拂 鬚 塵 불수진

■ **出典** : 『송사』의 「구준전(寇準傳)」
■ **文意** : 다른 사람의 환심을 사려고 함부로 행동함

故事逸話 송나라 진송(眞宋) 때에 구준이라는 정의파 인물이 있었다. 어느 해에 심한 가뭄이 들자 군왕이 그 대책을 물었다.

"이는 폐하의 형벌이 공평치 못하므로 그것을 깨우치려고 하늘이 이토록 재앙을 내린 것입니다."

이제껏 좋은 말만을 들어오던 왕은 화가 났다. 서둘러 안으로 들어가더니 구준을 불러 연유를 물었다.

"과인이 형벌에 대해 공평치 못한 일을 했는가?"

"그렇사옵니다. 마마, 조길(趙吉)과 왕회(王淮)는 모두 뇌물을 받은 죄인입니다. 그런데 약간의 뇌물을 받은 조길은 사형을 당했으니 거액의 뇌물을 받은 왕회는 무사합니다. 그러니 어찌 형벌이 고르다 하겠습니까."

왕회는 두 번째 실권자인 왕면의 동생이었다. 왕은 사실을 조사한 후 두 형제를 즉시 파면했다. 구준의 총애가 깊어지자 아첨하는 자들이 모여들었다.

한 번은 중서성에서 회식이 있을 때에 구준의 수염에 국 찌꺼기가 묻자 그것을 털어 주는 신하도 나타났다. 불수진(拂鬚塵)이란 이렇게 생겨난 말이다.

說文解字 ＊拂(털 불, 떨칠 불. 手부 5획, 총 8획. *shake*) ＊鬚(수염수. 髟부 12획, 총 22획. *beard*) ＊塵(먼지 진, 깨질 진, 오래될 진. 土부 11획, 총 14획. *dust*)

|256
호랑이 굴에 들어가야 새끼를 얻는다
不 入 虎 穴 불입호혈

- **出典** : 『후한서』의 「반초전」
- **文意** : 호랑이 굴에 들어가지 않으면 새끼를 얻지 못한다

故事逸話 후한 초기의 문인 반고(班固)는 『한서』를 집필하였고, 누이동생 반소(班昭)와 부친 반표(班彪)도 뛰어난 문필가였다. 이러한 집안의 흐음 탓인지 반초(班超) 또한 대단한 문재(文才)를 가지고 있었으며 그 포부 또한 웅장했다.

그래서인지 흉노가 득세하지 원정군 사령관 두고를 따라 선선국(鄯善國)의 사자로 파견되었다. 일행을 맞이한 선선국에서는 처음엔 대접이 융숭했다. 그러나 날이 갈수록 소홀해 진 것은 바로 흉노국의 사자가 압력을 넣었기 때문이었다.

"이대로 가다가는 우리가 저들의 손에 죽임을 당할 것이야. 선선국왕은 자신이 살기 위해 우리를 잡아 흉노의 사자에게 넘겨줄 것이니 선수를 쳐야겠네."

반초는 두려워하는 일행들을 채근했다.

"호랑이 새끼를 잡으려면 호랑이 굴에 들어가야 하는 법(不入虎穴 不得虎子). 지금 당장 흉노의 사자를 죽이지 않는다면 우리의 목숨이 위태워 지네."

반초는 급습하여 소기의 뜻을 이루었다. 소식을 들은 선선국 왕은 한나라에 복종할 것을 맹세하였다.

說文解字 ＊不(아니 불, 뜻을 정하지 않을 부. 一부 3획, 총 4획. *not*) ＊入(들 입, 넣을 입, 드릴 입. 入부 총 2획. *enter*) ＊虎(범 호. 虍부 2획, 총 8획. *tiger*) ＊穴(굴 혈, 웅 혈, 틈 혈. 穴부 총 5획, *hole*)

|257

닮지를 않았다

不 肖 불초

■ 出典 : 『맹자』의 「만장편 상」
■ 文意 : 아버지를 닮지않아 현명하지 못하다

故事逸話 『맹자』의 「만장편 상」에 이런 얘기가 나온다. 만장이 물었다.

"요 임금이 보위를 순에게 주었다는 것이 사실입니까?"

"그렇지 않다. 천자는 천하를 남에게 주지 못한다."

"순이 천하를 차지한 것은 누가 준 것입니까?"

"하늘이 준 것이다."

"그럼, 하늘이 천하를 주라고 이렇게 저렇게 명령한 것입니까?"

"아니다. 하늘은 결코 말을 하지 않는다. 행동과 일로써 그 뜻을 보여줄 뿐이다."

이를테면 요 임금의 아들 단주는 불초하였으며 순 임금의 아들 또한 불초하였다. 순 임금이 요 임금을 도운 것과, 우 임금이 순 임금을 도운 것은 해가 지나기를 많이 하였으며, 백성들에게 은택을 베풀어 오래되었다(丹朱之不肖 舜之子亦不肖).

이것은 무슨 말인가?

요 임금이 죽고 3년상을 치른후 순은 요 임금의 아들을 피해 남쪽으로 내려갔다. 사람들은 요 임금의 아들 단주가 불초하다하여 모두 순에게로 갔다. 만약 요 임금이 돌아가셨을 때에 순이 보위를 이었다면 찬탈이었다고 맹자는 지적한다.

說文解字 ＊不(아니 불. 一부 3획, 총 4획. *not*) ＊肖(닮을 초, 작을 초, 같지 않을 초. 肉부 3획, 총 7획. *similar*)

세상의 일에 혹하지 아니함
不 惑 불혹

- **出典** : 『논어』의 「위정편(爲政篇)」
- **文意** : 세상 경험이 풍부해지는 나이 40을 가리키는 말

故事逸話 일찍이 공자는 「위정편」에서 다음과 같이 자신의 경험이 풍부해 지는 것을 말하고 있다.,

나는 열다섯에 학문에 뜻을 두었고(十五而志學)
서른에 뜻을 확고히 세웠으며(三十而立)
마흔에 온갖 유혹에 흔들리지 않았고(四十而不惑)
쉰에 하늘의 명을 알았다(五十而知天命)
예순에 사물의 이치를 알게 되었으며(六十而耳順)
일흔에 무엇을 하건 법도가 있었다(七十而從心所欲不踰矩)

위의 글에서 보는 것처럼 나이 40이 불혹이다. 세상의 온갖 유혹에 흔들리지 않는다는 나이다. 그러므로 나이 사십은 인생의 분수령인 셈이다. 무엇보다 확고한 신념이 필요하다.

이를테면 학문이 덕에 의하여 세워지고, 그 학문에 흔들림이 없는 신념이 부여되는 것을 말한다. 그러나 엄밀히 따지면 위의 단어들은 일반인들이 쓰기에는 무리가 있다. '세상에 현혹되지 않는다' 는 불혹이나 '하늘의 명을 따른다' 는 지천명, '귀가 부드러워 진다' 는 이순 등은 성현들이나 쓰는 용어일 것이다.

說文解字 ＊不(아니 불, 一부 3획, 총 4획. *not*) ＊惑(미혹할 혹, 의심할 혹, 현란할 혹. 心부 8획, 총 12획. *bewitch*)

붕새는 단숨에 만리를 난다
鵬 程 萬 里 붕정만리

■ **出典** : 『장자(莊子)』

■ **文意** : 원대한 사업이나 계획을 가리킴

故事逸話 북해에 사는 곤(鯤)이라는 고기는 길이가 몇 천리가 되는지를 몰랐다. 그런데 이 고기가 변해 붕새가 된다. 그러므로 붕새의 등은 당연히 클 수밖에 없다. 몇천리나 되는 붕새의 등은 한 번 날면 하늘을 뒤덮어 버린다. 마치 거대한 구름이 하늘을 뒤덮어 보지 못하게 하는 것과 다름없는 일이다.

이 붕새가 남해 바다로 갈 때에는 날개짓은 3천리, 높이 오르는 것은 9만리를 한다. 그리고 여섯 달이 지나고 나서야 비로소 쉰다. 그런데 단숨에 9만리를 나는 붕새를 행해 작은 새 척안(斥鷃)이 쫑긋 비웃어댄다.

"도대체 저 놈은 어디로 가는 걸까. 우리는 고작 대여섯 자 숲 위를 날 뿐인데 말이야. 그런데도 나는 데엔 흥미가 있거든."

이러한 척안의 조잘댐을 비유하여 장자는 말한다.

"어찌 작은 것이 큰 새의 뜻의 알겠는가."

이러한 붕새가 6개월 만에 남쪽으로 가는 것을 도남(圖南)이라 한다. 이러한 도남은 다른 지역으로 가서 큰 사업을 시작하려는 것을 의미한다.

說文解字 *鵬(붕새 붕. 鳥부 8획, 총 19획. *a kind of roc*) *程(길 정, 과정 정, 헤아릴 정. 禾부 7획, 총 12획. *degree*) *萬(일만 만, 벌 만, 많을 만. 艹부 9획, 총 13획. *ten thousand*) *里(마을 리, 잇수 리, 근심할 리. 里부 총 7획. *village*)

260
남을 헐뜯어 비방하는 나무
誹 謗 之 木 비방지목

- **出典** : 『사기』의 「효문제기」
- **文意** : 군왕의 실정을 글로 써 기둥에 붙인 후 군왕으로 보게 하는 나무

___故事逸話___ 　요순(堯舜) 시대에는 법이 필요 없을 만큼 모든 것이 잘 정비되어 있다고 했다. 물론 그들이 실제적인 인물이냐 그렇지 않으면 전설 속의 인물인가를 놓고 이러쿵저러쿵 말이 많지만, 어쨌든 그들이 통치자의 위상을 이상적인 수준으로 높였다는 점에서 우리의 관심을 끌기에 충분하다.

제요 도당씨(帝堯陶唐氏)의 성은 이기(伊祁)요 이름은 방훈(放勳)이다. 성품은 어질고 총명하여 백성으로부터 숭앙받기에 충분했다. 천하의 백성들에게 숭앙받은 그의 처소는 초가로 쌓은 집이었다. 그는 재물을 탐하지도 않았으며 항상 선정을 베풀려고 노력했다. 그래도 자신에게 허물이 있을 것을 염두에 두어 궁문 앞에 큰 북을 메달고 문전 다리 목에는 네 개의 나무로 만든 기둥을 세웠다. 이것을 감간지고(敢諫之鼓)라 불렀다.

누구든지 군왕의 허물을 발견하면 그 북을 두드려 말할 수 있게 하였으며, 또한 세워놓은 나무는 군왕의 정치에 불만을 품은 자가 원하는 것을 적어 기둥에 붙여 놓으라는 뜻이었다.

이른바 '비방의 나무' 였다. 백성들의 민의가 어디에 있는지를 수렴한다는 뜻이다.

___說文解字___ 　＊誹(중얼거릴 비, 그르다할 비. 言부 8획, 총 15획. _slander_) ＊謗(나무랄 방, 헐어말할 방. 言부 10획, 총 17획. _blame_) ＊之 (의 지, 갈 지, 어조사 지. ノ부 3획, 총 4획. _this_) ＊木(나무 목, 절박할 목, 뻣뻣할 목. 木부 총 4획. _tree_)

허벅지에 살이 쪘음을 탄식함
髀 肉 之 嘆 비육지탄

■ 出典 : 『삼국지』의 「촉지(蜀志)」
■ 文意 : 장수가 자신의 능력을 발휘하지 못하고 세월만 허비하였음을 탄식함

故事逸話 유비가 도원결의를 하고 장비와 관우 등과 한실(漢室)의 중흥을 꾀하고자 일어선 지도 상당한 시간이 흘렀다. 그러나 힘이 미약한 유비는 조조에게 쫓기어 기주와 여남 등지를 전전하다가 마침내 형주의 유표(劉表)에게 의탁하게 되었다. 당시 유비는 신야(新野)라는 작은 성 하나를 돌보고 있었다.

그러던 어느 날 유비는 유표의 초청을 받고 그 자리에 임하게 되었다. 연회가 한참 무르익어 가는데 문득 술자리에서 일어나 변소를 가게 된 유비는 자신의 넓적다리에 살이 유난히 쪘음을 발견하였다. 순식간에 두 눈이 휘둥그레졌다.

"어허, 쓸데없이 세월만 허송했구나."

유비는 주루루 눈물을 흘렸다. 자리로 돌아온 유비의 처연한 표정을 보고 유표가 그 까닭을 물었다.

"지금까지는 하루도 말 안장에서 떠난 날이 없어 넓적다리에 살이 붙을 여가가 없었습니다. 그런데 오랫동안 말을 타지 않으니 이렇게 허벅지에 살이 올라 있으니 한심스럽습니다. 세월은 가는데 지금껏 공을 세우지 못한 신세가 참으로 통탄스럽습니다."

說文解字 *髀(넓적다리 비, 지라 비. 肉부 8획, 총 12획) *肉(살 육, 고기 육. 肉부 0획, 총 6획. *meat*) *之(의 지, 어조사 지, 갈 지. ノ부 3획, 총 4획. *this*) *嘆(한숨쉴 탄, 탄식할 탄. 口부 11획, 총 14획. *sigh*)

262
비익조와 연리지
比 翼 連 理 비익연리

■ **出典** : 『장한가(長恨歌)』

■ **文意** : 비익조와 연리지 나무처럼 남녀의 사랑이 영원함

故事逸話 │ 현종은 당나라의 6대 황제인데 이름은 융기(隆基)다. 처음에는 정치에 힘을 써 '개원(開元)의 치(治)'를 구가한 명군이었다. 그런데 만년에 들어서는 어진 재상 장구령(張九齡)을 몰아내고 이임보(李林甫)를 기용하면서 전연 다른 길을 가게 되었다.

특히 현종이 아들의 비 양옥환을 빼앗아 총애함으로써 국정은 날로 어지러워졌다.

이 와중에 안록산이 난을 일으켜 양귀비의 사사를 주장하자 부득이 마외파에서 액살시킬 수밖에 없었다. 현종과 양귀비. 크게는 시아버지와 며느리 사이의 불륜관계인데 시인 백낙천은 「장한가」에서 아름답게 노래하고 있다.

하늘에 있어서는 바라건대 비익조(比翼鳥)가 되고
땅에 있어서는 바라건대 연리지(連理枝)가 되리라

비익조는 암수가 서로 한쪽이기 때문에 함께 해야만 날 수 있는 새다. 또 연리지는 나무가지가 서로 얽혀 있는 것을 나타낸다.

說文解字 │ ＊比(견줄 비, 이웃 비. 比부 0획, 총 4획. *compare*) ＊中翼(날개 익, 도울 익. 羽부 11획, 총 17획. *wing*) ＊連(이을 련, 연합할 련, 동행할 련. 辵부 7획, 총 11획. *connect*) ＊理(다스릴 리, 꾸밀 리, 성질 리. 玉부 7획, 총 11획. *regulate*)

암탉이 새벽을 알린다
牝 鷄 之 晨 빈계지신

■ 出典 : 『서경』의 「목서편(牧誓篇)」
■ 文意 : 이치가 바뀌었으므로 집안이 망할 징조라는 것

___故事逸話___ 『서경』의 「목서편」에는 주무왕이 은의 주왕(紂王)을 멸하려는 이유 중의 하나로 '빈계지신'을 꼽는다. 무왕은 이렇게 말하며 혁명의 당위성을 주장한다.

"옛사람이 이르기를 암탉은 아침에는 울지 않는 법이다. 또 암탉이 새벽에 울면 집안이 망한다고 하였다. 그런데 오늘날 은왕 주(紂)는 여인의 말만을 듣고 있다. 조상의 제사를 전연 돌보지 않고 한 조상을 모신 백이와 숙제 형제들도 전혀 돌보지 않았다.

다만 천하 곳곳에서 많은 죄를 짓고 사방에서 도망쳐 오 자들을 높이며 기르고 믿고 중용하였다. 또 이들을 대부와 경사로 삼아 백성들에게 포악한 일을 저지르게하여 은나라는 범죄로 인하여 문란해 지게 하였다. 이제 나 발(發)은 삼가 하늘의 명을 대신하여 그 죄를 묻고자 하노라."

이렇듯 주무왕은 은의 주왕(紂王)에 대한 포악한 정치에 힐책을 가하면서, 신하였던 주나라가 은나라를 징벌할 수밖에 없었던 이유를 천하 만민들에게 알리고 있는 것이다. 이것이 이른바 '목야의 맹세'라는 것이다.

___說文解字___ *牝(암컷 빈, 열쇠구멍 빈. 牛부 2획, 총 6획. *female of animals*) *鷄(닭 계. 鳥부 10획, 총 21획. *cock*) *之(의 지, 어조사 지. /부 3획, 총 4획. *this*) *晨(샛별 신, 아침을 아뢸 신. 日부 7획, 총 11획. *dawn*)

264

가난한 자가 밝힌 등불

貧 者 一 燈 빈자일등

■ 出典 : 『현우경(賢愚經)』
■ 文意 : 가난한 자의 정성을 다한 등불

故事逸話 부처님께서 사위국(舍衛國)의 한 정사(精舍)에 계실 때였다. 그 마을에는 난타(難陀)라는 가난한 여인이 살고 있었다. 부모 형제는 물론이려니와 일가친척 한 사람도 없고, 어느 곳에도 의지할 곳이 없었다.

국왕을 비롯한 나라 안의 사람들은 크고 훌륭한 등불을 밝혀 부처님께 공양을 드렸지만 난타는 가진 돈이 없어 공양할 수가 없었다.

다음날 그녀는 구걸하기 시작했다. 그렇게 하여 생긴 한 푼을 들고 기름가게로 달려갔다. 난타는 한푼 어치의 기름을 사서 불을 붙였다. 그리고 시간이 흘렀다. 휘황하게 켜놓은 등불들이 하나씩 꺼져갔다. 호화롭게 치장한 국왕이나 세도가의 등불도 꺼져갔다. 돈이 많은 부자의 등불도 꺼져갔다. 그러나 꺼지지 않은 등불이 있었다.

"저게 누구의 등인가?"

사람들은 놀라 소리쳤다.

그 등은 겨우 한 푼을 구걸하여 불을 켠 난타의 등이었기 때문이었다. 난타는 온갖 정성을 다했기 때문에 꺼지지 않은 것이다. 부처님은 그녀를 비구니로 받아들였다.

說文解字 ＊貧(가난할 빈, 구차할 빈. 貝부 4획, 총 11획. *poor*) ＊者 (사람 자, 놈 자, 어조사 자. 耂부 5획, 총 9획. *human*) ＊一(한 일, 순전할 일. 一부 총 1획. *one*) ＊燈(등불 등, 촛불 등. 火부 12획, 총 16획. *lamp*)

|265

얼음과 불은 용납하지 못한다
氷 炭 不 相 容 빙탄불상용

■ 出典 : 『사기』의 『골계전(滑稽傳)』
■ 文意 : 도저히 화합될 수 없음을 비유하는 말

___故事逸話___ 한무제 때에 동방삭(東方朔)이라는 사람이 있었다. 그는 워낙 박학다식하여 한무제의 말 상대로 부족함이 없었다. 그는 특히 옛 서적을 즐겨 읽었으며 경학에 뛰어났으므로, 한무제는 그를 총애하여 나라의 중대사를 의논하였다.

『초사(楚辭)』라는 책에는 동방삭이 굴원을 추모하여 지은 시가 있는데 제목은 「칠간(七諫)」이다. 여기에는 굴원이 고향을 떠나 고민하는 모습을 그리고 있다.

얼음과 숯이 같이 할 수 없음이여
내 본래 목숨이 길지 못한 것을 알았노라
홀로 외로이 죽어 낙이 없으니
내 나이를 다하지 못함을 슬퍼하노라

이 시는 간신들의 모함을 받아 멀리 귀양살이를 떠나게 되었다는 것으로, 간신과는 얼음과 숯처럼 뜻을 같이할 수 없다는 내용이다.

___說文解字___ ＊氷(얼음 빙. 水부 1획, 총 5획. *ice*) ＊炭(숯 탄, 불똥 탄, 볶일 탄. 火부 5획, 총 9획. *charcoal*) ＊不(아니 불, 않을 불. 一부 3획, 총 4획. *not*) ＊相(서로 상, 바탕 상, 볼 상, 도울 상. 目부 4획, 총 9획. *mutual*) ＊容(얼굴 용, 모양 용, 놓을 용, 용납할 용. 宀부 7획, 총 10획. *figure*)

266

사방에서 초나라 노래가 들린다
四 面 楚 歌 사면초가

- **出典** : 『사기』의 「항우본기」
- **文意** : 적에게 완전히 포위되어 있는 상태

故事逸話 초한의 전쟁. 거의 7년간을 끌어온 전쟁이 막바지에 접어든 것은 해하(垓下)의 싸움이었다. 한신의 추격군은 한발 한발 조여오는데 이미 초나라 병사들은 군량미는 바닥이 나고 전의도 상실한 상태였다.

"이제 결판을 낼 때가 온 것 같다."

장량은 이곳 저곳에 초나라 노래를 잘하는 사람을 풀어놓았다. 그리고 그들은 장량의 신호를 받아 초나라 노래를 불렀다. 고향을 떠나 온지 여러 해 만에 듣는 고향의 노래. 초나라 병사들은 향수병을 이기지 못하고 깊은 밤에 도망을 쳤다.

"어찌 사방에서 초나라 노랫소리가 들린단 말인가? 천하가 모두 한나라 수중에 들어갔단 말인가?"

뒤늦게 이 사실을 안 항우는 이제는 모든 것이 끝장이라 생각하고 우미인과 마지막 결별연을 베풀었다.

이미 사태가 돌이킬 수 없는 지경에 이르렀음을 깨닫고 우미인은 항우의 품에서 자결하고, 항우 역시 다음날 오강에서 자결하였다. 그의 나이 서른 하나였다.

說文解字 *四(넉 사, 사방 사, 네 번 사. 口부 2획, 총 5획. *four*) *面(얼굴 면, 쪽 면, 향할 면. 面부 총 9획. *face*) *楚(초나라 초, 회초리 초, 가시나무 초. 木부 9획, 총 13획. *oak*) *歌(노래 가. 欠부 10획, 총 14획. *song*)

일은 반을 하고 공은 배로 세운다

事 半 功 倍 사반공배

■ **出典** : 『맹자(孟子)』

■ **文意** : 포악한 군주 뒤에 선중을 베풀면 그것은 사반공배 격이 된다

故事逸話 전국시대에 초나라가 진(陳)나라를 공격했다. 진의 요청을 받고 오나라가 원병을 몰아왔다. 서로 대치된 가운데 내린 비는 10일이 지나서야 겨우 멈추었다. 이때 초나라의 좌사 이상이 자기(子期) 장군에게 말했다.

"열흘 동안 비가 내렸으니 분명 오나라 병사들은 군장을 정비했을 것입니다. 이들이 틀림없이 공격해 올 것이니 우리는 방어에 만반의 준비를 취해야 할 것입니다."

자기가 방비를 짰는데 아닌게 아니라 오나라 병사들이 공격해 왔다. 그들은 초나라의 방비가 튼튼한 것을 알고 즉시 물러갔다. 이번에도 좌사 이상이 계책을 내놓았다.

"오나라 병사들은 60리를 돌아가야 쉴 수 있습니다. 그러나 우리는 30리만 가면 쉴 수 있습니다. 이 얼마나 좋은 기회입니까. 그러므로 우리는 그곳에 가서 기다리고 있다가 공격하면 분명 사반공배(事半功倍)가 될 것입니다."

자기 장군은 그 말대로 했다. 좌사 이상의 계책은 여지없이 들어맞아 오나라 군대를 크게 깨뜨렸다.

說文解字 ＊事(일 사, 일삼을 사, 벼슬 사, 섬길 사. 亅부 7획, 총 8획. *work*) ＊半(반 반, 조각 반, 가운데 반. 十부 3획, 총 5획. *half*) ＊功(공 공, 공치사할 공, 복입을 공. 力부 3획, 총 5획. *servicus*) ＊倍(배 배, 겸할 배. 人부 8획, 총 10획. *double*)

넷으로 나눠지고 다섯으로 분열됨
四 分 五 裂 사분오열

■ 出典 : 『전국책』의 「위책(魏策)」

■ 文意 : 힘이나 세력이 여러 가닥으로 나뉘어 지는 것

故事逸話 『전국책』은 주나라의 원왕때부터 진시황에 이를 때까지 유세가들의 변론을 나라별로 기술한 책을 뜻한다.

이 책의 위책(魏策)편에는 소진(蘇秦)이 위나라 양왕을 찾아와 설득하는 장면이 있다.

"지금 대왕의 땅은 남으로는 홍구에서 무소에 이르고 서쪽으로는 만리장성에 맞닿았습니다. 또한 북으로는 하외에서 산조에 이르니 천지는 민가가 즐비하여 우마를 사육할 여지가 없을 정도입니다. 그런데 연횡가(장의를 뜻함)가 왕을 속이고 진나라와 외교를 맺게 했습니다. 그러나 위나라는 천하의 강국입니다. 그런데도 진나라의 모든 악습을 이어받고 있으니 어찌 통탄할 일이 아니겠습니까."

소진의 얘기는 계속되었다. 지금 진나라를 섬기라고 주장하는 대신들은 모두 간신과 모리배들 뿐이니 이들의 뿌리를 걷어내지 않는다면 장차 손을 댈 수 없게 될 것이라 경고했다. 또한 여섯 나라가 하나로 연합하면 강대국인 진나라로 벗어날 수 있으며 사분오열을 면할 수 있다는 것이었다. 연왕은 폭포수처럼 쏟아지는 소진의 달변에 무릎을 치며 감탄하였다.

說文解字 ＊四(넉 사, 사방 사, 네 번 사. 口부 2획, 총 5획. *four*) ＊分(나눌 분, 쪼갤 분, 찢을 분. 刀부 2획, 총 4획. *part*) ＊五(다섯 오, 다섯 번 오. 二부 2획, 총 4획. *five*) ＊裂(찢어질 렬, 비단자투리 렬, 갈릴 렬. 衣부 6획, 총 13획. *be torn*)

네 마리가 끄는 수레도 혀에는 못미침
駟 不 及 舌 사불급설

■ **出典** : 『논어』의 「안연편(顔淵篇)」
■ **文意** : 소문이 빨리 퍼지는 것을 이르는 말

故事逸話 『논어』의 「안연편」에 이런 얘기가 있다. 극자성(棘子成)이 자공을 보고 말했다.

"군자는 그 바탕만 있으면 됐지 어찌 문(文)이 필요합니까?"

이 말을 들은 자공은 안타까운 표정을 지었다.

"참으로 안타깝구나. 그대의 말은 군자다웁지만 사(駟)도 혀에는 미치지 못한다. 문(文)이 질(質)과 같고 질이 문과 같으면 호랑이와 표범의 가죽이나 개나 양의 가죽이 같다는 말인가."

그런가하면 당나라 때의 재상 풍도(馮道)는,

"입은 화근의 문이요, 혀는 몸을 베는 칼이다."

라고 하였으며 『명심보감』에서는,

"입은 사람을 상하게 하는 도끼요, 말은 혀를 베는 칼이다. 입을 막고 혀를 깊숙이 감추면 몸이 어느 곳에 있으나 편할 것이다." 라고 하였다. 그런가하면 『전등록(傳燈錄)』에는 '나쁜 소문은 천리를 간다'고 하였다.

다시 말해 소문이라 해도 좋은 소문은 굼뱅이처럼 기어가지만 나쁜 소문은 날아간다는 것이다.

說文解字 *駟(사마 사, 말 네필 사. 馬부 5획, 총 15획. *coach and four*) *不(아니 불, 금지 불, 없을 불. 一부 3획, 총 4획. *not*) *及(미칠 급, 미치게할 급. 又부 2획, 총 4획. *reach*) *舌(혀 설, 말 설, 혀 모양 설. 舌부 총 5획. *tongye*)

270
옛사람의 덕을 자신의 표본으로 삼는 것
私 淑 사숙

■ **出典** : 『맹자』의 「이루편 하」
■ **文意** : 옛사람의 덕을 표본으로 삼아 자신의 인격을 수양하는 것

故事逸話 맹자는 제나라의 남쪽 노(魯)나라 부근에서 태어났다. 그는 공자의 손자 자사(子思)의 제자가 되어 유학을 배웠으며 그가 내세운 것은 왕도정치였다.

맹자는 인의 사상과 왕도 정치의 기본을 인민에게 두었는데 '인민'이라는 말을 처음 쓴 인물이 맹자다. 어느날 맹자는 만장과 이런 문답을 하고 있다.

"한 고을 사람이 모두 훌륭한 사람이라고 칭찬한다면 어디를 가더라도 훌륭한 사람일 터인데, 공자께서는 어찌 그런 사람이 덕을 해친다고 말씀을 하십니까?"

맹자가 말한다.

"그를 비난하려 해도 특별히 비난할 것이 없고 세상에선 청렴결백한 것 같아 사람들이 그를 좋아하고 스스로 옳다고 생각하지마는 이런 사람은 요순의 올바른 도리에 들어갈 수 없기 때문에 덕을 해치는 사람이다."

맹자는 또 공자를 그리워하며 말했다.

"군자가 끼친 덕은 다섯 대에 끊어지고 소인도 마찬가지다. 나는 공자의 제자가 되지 못했지만 이를 통해 어진 덕이나 학문에 대해 사숙(私淑)하였다."

說文解字 *私(사사로이 사, 나 사, 간사할 사. 禾부 2획, 총 7획. *private*) *淑(사모할 숙, 착할 숙. 水부 8획, 총 11획. *clear*)

|271

겉과 속이 다름

似 而 非 사이비

■ **出典**: 『맹자』의 「진심편 하」
■ **文意**: 겉으로는 진짜인 것처럼 보이나 사실은 그렇지 않음

故事逸話 어느 날 만장(萬章)이 스승 맹자에게 물었다.

"공자께서 진나라에 오셨을 때에 무슨 생각으로 내 고장 선비는 광견(狂獧)이라 했습니까?"

맹자는 이에 대해 설명한다.

"광이라는 것은 큰 뜻을 품은 사람으로서 입버릇처럼 고인을 찾으며 추모하는 사람이다. 허나 그들의 행동을 볼 때는 말을 따르지 못한다. 또한 견이라는 것은 적극적이지는 않지만 행동만큼은 야비하지 않는 자다. 그러나 이들은 사이비(似而非)는 아니다."

그렇다면 사이비는 어떤 뜻인가? 얘기는 다시 양화편으로 얘기가 이어진다.

이번에는 만장이 향원(鄕原)에 대해 물었다. 공자는 불쾌한 표정을 지었다. 그 이유는 항상 말 속에 높은 덕의 향기를 품은 것 같지만 실제로는 세속의 먼지를 잔뜩 뒤집어쓰고 있기 때문이다. 어느 한 곳 나무랄 데가 없어 보이지만 '덕의 적'이야말로 사이비라는 것이다. 이 점에 대하여 맹자는 결론을 지었다.

"군자는 오로지 묵묵한 가운데 도덕의 본 바탕 위에서 실천을 하는 것이다."

說文解字 ＊似(같을 사, 드릴 사, 본딸 사. 人부 5획, 총 7획. *similar*) ＊而(어조사 이, 너 이, 말 이을 이. 而부 총 6획. *and*) ＊非(아닐 비, 나무랄 비. 非부 총 8획. *not*)

사람을 쏘려면 먼저 말을 쏘아라

射 人 先 射 馬 사인선사마

■ **出典** : 두보의 「전출색(前出塞)」
■ **文意** : 상대를 쓰러뜨리려면 그 힘이 되는 것부터 쓰러뜨려야 함

故事逸話 당나라 때의 시인 두보(杜甫)의 「전출색(前出塞)」에 있는 내용이다.

활을 당기려거든 마땅히 센 것을 당기라
화살을 쏠 때엔 마땅히 긴 것을 쓰라
사람을 쏘려거든 먼저 말을 쏘고
적을 사로잡으려거든 먼저 왕을 사로 잡으라

사람을 죽이는 것 또한 한이 있고
나라를 세우면 스스로 국경이 있다
진실로 능히 침략을 제지한다면
어찌 살상이 많을 필요가 있겠는가

이것은 사람을 많이 죽이는 것이 전쟁의 목적일 수 없다는 것을 나타내는 글이다.

說文解字 ＊射(쏠 사, 맞힐 석, 벼슬이름 야, 싫어할 역. 寸부 7획, 총 10획. *shoot*) ＊人(사람 인. 人부 총 2획. *people*) ＊先(먼저 선, 앞선 선. 儿부 4획, 총 6획. *first*) ＊射(쏠 사, 맞힐 석, 벼슬이름 야, 싫어할 역. 寸부 7획, 총 10획. *shoot*) ＊馬(말 마, 산가지 마, 클 마. 馬부 0획, 총 10획. *horse*)

사자 몸 안의 벌레가 사자를 먹는다
獅 子 身 中 蟲 사자신중충

■出典 : 불경의 「범강경(梵綱經)」
■文意 : 은혜를 입고 원한으로 갚는 것을 비유

　　故事逸話 │ 사자는 죽은 후에도 다른 짐승이 가까이 가지 않는다. 또한 벌레들도 사자의 몸을 먹지 않는다. 이러한 사자의 살은, 그 몸안에 절로 생긴 벌레가 있어서 사자의 몸을 깨끗이 먹어치운다는 뜻이다. 그러므로 「범강경」에 '사자 몸안의 벌레가 스스로 사자의 살을 먹는다(如獅子身中蟲 自食獅子肉)'고 지적한다.
　　이것은 무슨 말인가?
　　불도에 정진해야할 불제자가 스스로 불법을 파괴하는 이치와 같은 뜻이다. 다시말해 하늘에 있는 마군(魔軍)이 불법을 파괴하는 것이 아니다. 부처의 바른 법을 파괴하는 것은 그 제자 가운데 나쁜 사람이 있기 때문이라는 뜻이다.
　　그러므로 불가에서는 예로부터 불법을 파괴하는 것은 외부로부터의 세력이 아니라 바로 불제자 자신들이라는 지적이었다. 즉, 자신들의 성불(成佛)을 방해하는 것은 스스로의 탓인 '사자신중충'과 같은 의미이다.
　　무릇 종교를 비롯하여 어떤 집단 등도 기실은 내부의 부패와 타락으로 인해 무너지는 것이 비일비재하다.

　　說文解字 │ ＊獅(사자 사. 犬부 10획, 총 13획. *lion*) ＊子(아들 자, 사랑할 자. 子부 총 3획. *son*) ＊中(가운데 중, 맞을 중. ㅣ부 3획, 총 4획. *midst*) ＊身(몸 신. 身부 총 7획. *body*) ＊蟲(벌레 충. 虫부 12획, 총 18획. *worm*)

|274
사자가 크게 울부짖음
獅 子 吼 사자후

■ 出典 : 『전등록(傳燈錄)』
■ 文意 : 열변을 토하는 모습을 가리키는 말

故事逸話 한무제 때의 인물 곽사인(郭舍人)은 광대였다. 요즘으로 말한다면 희극배우인 셈이다. 어느 날 그는 무제의 유모인 동무후모(東武侯母)를 만나게 되었다. 이 유모는 대단한 세력가여서 그 폐해가 이만저만이 아니었다. 곽사인은 이 유모의 허물을 무제에게 말했으나 황제는 믿으려 들지 않았다. 그런데도 열성을 다해 허물을 지적하자 마침내 무제는 믿게 되었으며 허물을 따지게 되었다.

그런가 하면 『전등록』에는 석가모니 부처님께서 태어나시자 한손은 하늘을 가리키시고 한손은 땅을 가리켜 돌아다니셨다. 그리고 일곱 발자국을 떼시고 눈으로 사방을 돌아보시며 말했다.

"천상천하 유아독존(天上天下 唯我獨尊)이라!"

석가모니가 외친 소리가 이른바 사자후다. 이러한 사자후는 그후 웅변이나 설법을 잘하는 사람을 가리켰다. 소동파의 시에는,

공과 유를 말하며 밤에도 자지 않는데,
문득 하동의 사자 소리를 듣자
주장의 마음이 아찔해 진다

說文解字 ＊獅(사자 사. 犬부 10획, 총 14획. *lion*) ＊子(아들 자, 종자 자, 당신 자. 子부 총 3획. *son*) ＊吼(울 후, 소 우는 소리 후, 높고 긴 소리 후. 口부 4획, 총 7획. *roar*)

|275

뱀의 발

蛇 足 사족

■ 出典 : 『전국책』의 「제책(齊策)」
■ 文意 : 공연히 쓸데없는 일을하여 긁어 부스럼을 냄

故事逸話 초회왕(楚懷王) 6년 때의 일이다. 초나라의 재상으로 있던 소양(昭陽)에게 군사를 주어 위나라를 치게 하자, 그는 위를 정벌하고 다시 제나라로 향했다. 이때 진나라에서 온 진진(陳秦)이라는 사자가 초로 가서 소양을 만나 말했다.

"초나라에선 적장을 죽이면 상주국(上柱國)으로 임명되고, 작위로는 규(珪;구슬)를 하사한다고 들었습니다. 신이 알기로는 상주국 다음엔 영윤(令尹)이라 들었습니다만 더 이상의 높은 자리는 없습니까?"

"없소이다."

"그렇습니까. 신이 얘기 하나를 하겠습니다. 어떤 사람이 하인들에게 술을 내렸습니다. 그런데 하인이 여럿이라 그 술을 한사람이 실컷 먹기 위하여 땅에 뱀을 먼저 그리는 자에게 주기로 하였답니다. 그래서 뱀을 그렸는데 어떤 자가 뱀을 그리고 나서는 술잔을 집어들었습니다. 그리고는 뱀의 발도 그릴 수 있다하여 쓱쓱 그려 넣었습니다만, 그 그림은 잘못됐다하여 술잔을 빼앗겼습니다. 뱀은 발이 없으니까요. 지금 선생은 영윤이라는 높은 자리에 있습니다. 더 이상의 직책은 없는데도 제나라를 공격하려 합니다. 싸움에 지면 오히려 비난을 받게 됩니다. 마치 뱀의 발을 그린 격이지요."

소공은 제나라 정벌을 포기하고 급히 군사를 돌렸다.

說文解字 ＊蛇(뱀 사, 별이름 사, 이무기 타. 虫부 5획, 총 11획. *snake*) ＊足(발 족, 넉넉할 족. 足부 총 7획. *foot*)

|276
하늘과 땅과 너와 내가 안다
四 知 사지

■ 出典 : 『십팔사략』의 「양진전」
■ 文意 : 이 세상에는 영원한 비밀이 없다는 뜻

__故事逸話__ 후한의 6대 임금 안제 때에 관서공자(關西公子)라는 칭호를 받은 양진(楊震)이라는 이가 있었다. 그가 동래 태수로 부임해 가는 중에 날이 저물어 창읍(昌邑)에서 하룻밤 묵게 되었다. 그때 창읍 현령 왕밀(王密)이 그를 찾아왔다.

"시생은 오래 전에 형주에서 태수님의 신세를 진 왕밀이옵니다. 이렇게 뵙게 되어 참으로 반갑습니다."

양진도 무척 반가워하였다. 그가 형주자사로 있을 때 발탁한 왕밀은 학식과 재능이 뛰어난 젊은이였다. 지난날의 얘기를 밤늦도록 나누고 나서 돌아갈 때 쯤 되어 열냥의 금덩이를 내놓았다.

"약소하지만 이것을 받아주십시오. 갑자기 준비한 것이라 변변치가 않습니다."

양진의 표정이 순식간에 굳어졌다.

"이건 황금이 아닌가. 어허, 나는 이런 물건을 받아본 적이 없네. 참으로 누가 볼까 두려우이."

"아닙니다, 지금은 밤이라 누가 볼 사람도 없습니다."

"그 무슨 소리. 하늘과 땅, 자네와 내가 있지 않은가. 그런데도 아무도 보는 사람이 없다 하는가?""

왕밀은 아무 말도 못하고 그 자리를 물러났다.

__說文解字__ ＊四(넉 사, 사방 사, 네 번 사. 口부 2획, 총 5획. *four*) ＊
知(알 지, 깨달을 지, 생각할 지. 矢부 3획, 총 6획. *know*)

사사로이 재물을 모음
私 聚 사취

■ **出典** : 『삼국지(三國志)』
■ **文意** : 자신의 노력을 기울이지 않고 재물을 사사로이 모음

__故事逸話__ 감숙성 임조 사람인 동탁(董卓)은 강궁을 잘 쏘고 완력이
그만하여 강(羌)과 흉노를 격파하여 공을 세웠다. 천자를 호위하여 돌아 ·
온 그의 위세는 나는 새도 떨어뜨릴 정도였다.

동탁은 스스로 상국이 되었다.

역사적으로 보면 전한을 건국한 소하가 상국이 된 후, 후한을 통해서
는 한 사람도 상국이 된 사람이 없었다. 그러나 동탁은 스스로 그 자리에
앉아 무소불위의 권도를 휘둘렀다. 또한 재물을 빼앗고 부녀자들을 멋대
로 잡아들여 농락했다.

동탁의 잔학상이 높아지면서 백성들은 하나 둘 떠나갔다. 그는 자신의
세력이 강해지자 도읍을 장안으로 옮기고 백성들을 강제로 이주시켰다.
낙양은 불을 질러 궁성을 비롯하여 인가 등이 2백리 안팎에는 살 수 없
도록 폐허로 만들었다. 건물은 물론이고 역대 황제의 능도 잿더미로 변
했다.

동탁은 미(郿)라는 땅에 마을 하나를 만들고 사적으로 재물을 축적했
다(私積聚穀). 곡식은 30년 정도 먹을 양이었으며 금은 비단과 온갖 보화
가 넘쳐났다. 천하를 도모하다가 말년에 이곳에 들어가 호의호식 하리라
는 그의 꿈은 여포(呂布)에게 죽임을 당하여 아침 이슬처럼 덧없이 끝나
버렸다.

__說文解字__ ＊私(사사 사, 나 사, 개인 사, 간사할 사. 禾부 2획, 총 7
획. *private*) ＊聚(모을 취, 걷을 취. 耳부 8획, 총 14획. *colect*)

사해가 모두 형제

四 海 兄 弟 사해형제

■ 出典 : 『논어』의 「안연편(顔淵篇)」
■ 文意 : 천하만민이 모두 형제라는 뜻

故事逸話 요즘에는 모든 것이 일일 생활권이다 보니 '무엇 무엇이 하나다' 라는 말을 쓰고 있다. 더구나 인터넷이 접속되면서 그러한 말은 더욱 실감난다.

공자의 제자에 사마우(司馬牛)라는 이가 있다. 그의 형은 환퇴(桓魋)라는 자였는데 무엇에나 불만이 많고 뚝심이 세어 반란을 꾀하다가 국외로 도망갔다는 소문을 들었다. 사마우는 그의 형이 불행한 일을 당할 것이라는 생각에 괴로워했다.

"사람들은 모두 형제가 있는데 나만 없구나."

"어찌 그것을 걱정하는가."

그러자 자하(子夏)가 위로했다.

"내가 듣기로 사람의 생사는 명에 있고, 부귀는 하늘에 있다 하였네. 군자가 공경하면 실수가 없고 사람들과 사귐에 공손하여 예절이 있으면 천하 사람들이 모두 형제(四海之內 皆兄弟也)라 하였네. 그러니 군자가 어찌 형제가 없음을 걱정하겠는가."

사마우는 아무 말도 하지 않았다. 그가 환퇴의 동생인지는 애매하지만 사해형제는 여기서 유래되었다.

說文解字 ＊四(넉 사. 네 번 사. 口부 2획, 총 5획. *four*) ＊海(바다 해, 바닷물 해, 클 해. 水부 7획, 총 10획. *sea*) ＊兄(맏 형, 뛰어날 형. 儿부 3획, 총 5획. elder *brother*) ＊弟(아우 제, 제자 제, 나이 어린 사람 제. 弓부 4획, 총 7획. *brother*)

|279

자신의 몸을 희생하여 인을 이름
殺 身 成 仁 살신성인

■ 出典 : 『논어』의 「위영공편」
■ 文意 : 몸을 바쳐 올바른 도리를 이룬다는 의미

故事逸話 공자가 『논어』의 「이인편」에서 말했다.
"군자가 인(仁)을 떠나 어떻게 군자가 될 수 있느냐?"
여기에서 공자가 말하는 인의 설명은 간단하지가 않다. 인을 이해하기 위해서는 무엇보다 군자가 되는 것이 어떤 것인지를 살펴 볼 필요가 있다.
위영공편에 있는 얘기다.
"공자가 말하기를, 참다운 인간이 되고자 뜻하는 지사나 인이 있는 사람은 생명을 아껴 인에 어긋나는 행동을 하지 않으며 생명을 버려 인을 이룬다."
『논어』의 「태백편」엔 이런 내용이 있다.
"군자는 의연하고 확고한 마음을 지니지 않으면 안된다. 그것은 자신의 짐이 무겁고 갈 길이 멀기 때문이다. 그렇다면 지고 있는 짐은 무언가. 인(仁)이다. 인이 무거울 수밖에 없는 것은 죽을 때까지 노력해야 하기 때문이다. 다시 말해 다른 사람을 위해 스스로를 희생시키는 것이 살신성인(殺身成仁)이지만 공자는 인을 이루기 위해 살신한다는 결의를 품었다."

說文解字 ＊殺(죽일 살, 지울 살, 어조사 살, 빠를 쇄. 殳부 7획, 총 11획. *kill*) ＊身(몸 신, 아이벨 신, 몸소 신. 身부 총 7획. *body*) ＊成(이룰 성, 평할 성, 거듭 성. 戈부 3획, 총 6획. *complate*) ＊仁(어질 인, 근본할 인, 동정할 인. 人부 2획, 총 4획. *humane*)

|280
경치를 파괴하는 행위
殺 風 景 살풍경

- **出典** : 『잡찬(雜纂)』
- **文意** : 도덕적인 기본 질서를 파괴하고 무례한 행동을 하는 사람

故事逸話 선행은 칭찬 받지만 악행은 당연히 비난 받는다. 그러므로 어떤 행위를 했다면 그 사람은 선행자로 또는 악행자로 존경을 받거나 비난 받을 것은 당연한 일이다.

『잡찬』이라는 책에는 눈쌀을 찌푸리게 하는 여섯 가지의 행위가 나타난다.

첫째, 청천탁족(淸泉濯足)이다. 약수터에서 발을 씻는 행위이다.

둘째, 화상건군(花上乾裙)이다. 아름다운 꽃 위에 빨래를 널어 말리는 행위이다.

셋째, 배산기루(背山起樓)이다. 산을 등지고 집을 지어 산세를 조망할 수 없게 한 행위이다.

넷째, 분금자학(焚琴煮鶴)이다. 거문고를 불쏘시게 삼아 학을 삶아 먹는 행위이다.

다섯째, 대화상차(對花嘗茶)이다. 꽃을 감상하면서 술을 마시지 않고 차만 홀짝 거리는 것을 말한다.

여섯째, 송하갈도(松下喝道)이다. 청량한 바람이 불어오는 곳에서 쉴 때에 사또 행차를 알리는 행위가 이른바 살풍경이다.

물론 이러한 여섯 가지가 현대에는 다르게 나타날 수 있다.

說文解字 ＊殺(죽일 살, 살촉 살. 殳부 7획, 총 11획. *kill*) ＊風(바람 풍, 경치 풍, 울릴 풍. 風부 총 9획. *wind*) ＊景(경치 경, 밝을 경, 클 경, 형상할 경. 日부 8획, 총 12획. *view*)

초가집을 세 번 찾아가다
三 顧 草 廬 삼고초려

■ **出典** : 『삼국지』의 「제갈량전」
■ **文意** : 유비가 제갈량을 세 번 찾아가 그를 군사(軍師)로 모신 것

故事逸話 | 조조에게 쫓기어 형주의 유표에게 몸을 의탁하고 있던 유비에게 어느 날 서서(徐庶)가 찾아왔다. 서서는 유비 휘하에 장수는 많은 데 마땅히 군략을 짜고 진행시킬 군사(軍師)가 없음을 안타까이 여겨 찾아온 것이다. 서서는 지략이 풍부한 제갈량을 천거했다.

유비는 관우와 장비를 대동하고 제갈량을 찾아갔다. 그러나 제갈량은 출타 중이었다. 두 번째도 마찬가지였다. 다시 얼마의 시간이 지난 뒤 세 번째로 찾아갔을 때에 제갈량은 낮잠을 자고 있었다. 유비는 그가 깨어날 때까지 기다렸다. 해가 늬엿늬엿 서산에 넘어갈 때 쯤이 되어 깨어난 제갈량은 유비를 맞아들였다.

"지금 한나라 종실은 간사한 자들이 판을 치고 있습니다. 이에 천하를 구할 큰 뜻을 품었으나 아직 아무런 재주가 없어 쉰이 가까워 오도록 성과를 올리지 못하고 있습니다. 선생의 가르침을 받고자 하오니 부디 물리치지 마십시오."

제갈량은 유비의 성실함을 흠모하여 그의 군사가 되었다. 마침내 유비는 초려를 세 번 찾아가 뜻을 이룬 것이다. 삼고초려는 귀인을 맞아들이는 정성의 표현으로 자주 쓰인다.

說文解字 | ＊三(석 삼. 一부 2획, 총 3획. *three*) ＊顧(돌아볼 고, 도리어 고. 頁부 12획, 총 21획. *look after*) ＊草(풀 초, 추할 초, 글씨 쓸 초. 草부 총 10획. *grass*) ＊廬(풀집 려, 농막 려, 원집 려. 广부 16획, 총 19획. *farmer's hut*)

서른 여섯 가지의 계책

三 十 六 計 삼십육계

■ 出典 : 『남제서(南齊書)』

■ 文意 : 36계 중에 도망치는 것이 최상책이다

故事逸話   송(宋)나라의 마지막 임금이었던 순제(順帝)는 제나라의 소도성(蕭道成)과 왕경칙(王敬則)의 압력에 못 이겨 나라를 빼앗기고 암살 당했다.

왕경칙은 마지막으로 병력을 이끌고 제나라의 수도 건강(建康;남경)을 공격했다. 그 당시 황실 쪽에서 퍼뜨린 소문은 왕경칙이 도망을 하려 한다는 것이었다.

왕경칙은 코웃음 치며 고함질렀다.

"흐음, 단장군의 계략은 무궁무진 하더구만. 그 가운데 삼십육계는 주위상(走爲上;도망 가는 것이 최상책)이었거든. 그러니까 네놈들이 사는 길은 달아나는 길이야."

여기에서 말하는 단공이란 송나라 초기의 명장 단도제(檀道濟)를 가리킨다. 그가 북위(北魏)와 싸울 때에 도망을 잘 쳤기 때문에 단공삼십육계라고 말한 것이다.

왕경칙은 득의만면했다.

그 후 관군의 습격을 받은 농민군은 대혼란에 빠지고 말았다. 결국 왕경칙도 혼란 속에 목이 잘리고 말았다. 삼십육계주위상은 그가 죽은 후 전해진 용어다.

說文解字   ＊三(석 삼. 一부 2획, 총 3획. *three*) ＊十(열 십, 열번 십, 완전할 십. 十부 총 2획. *ten*) ＊六(여섯 육. 八부 2획, 총 4획. *six*) ＊計 (꾀 계, 셈마칠 계, 셀 계. 言부 2획, 총 9획. *count*)

|283
세 사람이 말하면 믿는다
三 人 成 虎 삼인성호

■ **出典** : 『전국책』의 「위책(魏策)」
■ **文意** : 뜬 소문이 세상을 덮는다는 뜻

故事逸話 전국 시대에 외교적 관례에 따라 위나라의 방총(龐蔥)이 태자를 모시고 한단으로 가면서 왕의 관심이 자신에게 멀어질 것을 걱정하며 위혜왕에게 물었다.

"마마, 지금 어떤 사람이 달려와 거리에 범이 나타났다고 하면 믿겠습니까?"

"믿지 않지."

"그렇다면 두 사람이 그런 말을 하면 어쩌시렵니까?"

"글세, 그러면 반신반의 하겠지."

"마마, 세 사람이 달려와 그런 말을 하면 믿겠습니까?"

"그럴 거야. 아무래도 믿겠지."

방총은 나직이 한숨을 뿌렸다.

"거리에 범이 나타나는 것은 있을 수 없는 일입니다. 그런데도 세 사람이 그런 말을 하면 믿게 됩니다. 마마, 조나라의 한단은 먼 길입니다. 그곳을 가고 오는 데에 여러 날이 걸릴 것입니다. 그러다 보니 소신을 비난하는 사람이 있겠지요. 부디 명찰하십시오."

방총이 한단에서 업무를 마치고 돌아왔을 때 위혜왕은 다시는 만나지 않았다.

說文解字 ＊三(석 삼. 一부 2획, 총 3획. *three*) ＊人(사람 인, 성질 인, 잘난 사람 인. 人부 총 2획. *man*) ＊成(이룰 성, 평할 성, 거듭할 성.戈 부 3획, 총 7획. *achieve*) ＊虎(범 호. 虍부 2획, 총 8획. *tiger*)

|284
상가집의 초라한 개
喪 家 之 狗 상가지구

■出典 : 『사기』의 「공자세가」
■文意 : 초라한 모습으로 먹을 것을 찾아 이곳 저곳으로 헤매는 사람

故事逸話 공자가 노나라를 떠나 정나라에 갔을 때였다. 공자는 제
자들과 서로 길이 어긋나 홀로 성문 앞에서 제자들이 오기만을 우두커니
기다리고 있었다. 스승을 찾아다니는 자공(子貢)이 길을 가던 노인들에
게 물었다.

"저의 스승님을 보셨습니까?"

"글쎄 올습니다. 그 사람이 당신네 스승인지 어떤 지는 알 수 없으나
이런 사람이 동문밖에 서 있는 것을 보았습니다. 이마는 요 임금이오, 목
은 고요 재상, 어깨는 자산 재상과 비슷하고 허리 아래는 우 임금에 세치
남짓 못 미치는 사람이 있는데, 그 지쳐있는 모습이 상갓집 개(喪家之狗)
와 같았습니다."

그 말을 듣고 자공이 급히 동문밖으로 가 보니 과연 그곳에 공자가 서
있었다. 자공이 노인의 말을 전하자 공자는 빙그레 웃으며 한소릴 내놓
았다.

"모습에 대한 비유가 다 옳다고 할 수 없으나 나를 상갓집 개와 같다
고 한 것만은 맞는 것 같구나."

그만큼 공자의 모습은 지쳐 있었다.

說文解字 ＊喪(초상 상, 죽을 상, 없어질 상. 口부 9획, 총 12획.
lose) ＊家(집 가, 가문가, 남편 가, 속 가. 宀부 7획, 총 10획. *house*) ＊之
(의 지, 어조사 지, 갈 지. ノ부 3획, 총 4획. *this*) ＊狗(개 구, 강아지 구.
犬부 5획, 총 8획. *dog*)

|285
사랑을 이루지 못해 생긴 병
相 思 病 상사병

■ **出典** : 간보(干寶)의 「수신기」
■ **文意** : 서로가 애틋하게 생각하는 병

　　故事逸話 ┃ 춘추시대에 대국이었던 송나라가 전국시대 말기에 망하게 한 강왕(康王)은 술로 밤을 세우고 여자를 거느리며 충간하는 신하를 모조리 죽였다. 강왕의 시종 중에 한빙(韓憑)이라는 자가 있었는데 부인은 대단한 절세미녀로 부부 사이의 금슬이 좋았다. 강왕은 한빙의 처를 궁으로 데려와 후궁으로 삼고 죄없는 한빙은 변방에 위치한 형(刑)에 보내어 성을 쌓는 인부가 되게 하였다. 어느 날 한빙의 처 하씨는 짤막한 편지를 남편에게 보냈다.
　　<비는 그칠 줄 모르고, 강은 크고 물은 깊으니, 해가 나오면 맞겠습니다.>
　　이 편지는 남편이 아닌 강왕의 수중에 들어갔다. 소하라는 자가 편지를 해석했다.
　　"남편을 그리워하는데 방해자가 있어 어쩔 수 없다는 뜻입니다."
　　얼마 후 한빙이 자살했다는 보고를 받고 하씨도 성루에서 떨어져 목숨을 버렸다. 강왕은 두 사람의 무덤을 떨어지게 만들었는데 밤 사이에 무덤에서 두 그루의 노나무가 나더니 위로 가지가 얽히었다. 또한 나무 위에서 한 쌍의 원앙새가 앉아서 우니 이것은 한빙 부부의 넋이라 하였다. 그때부터 사람들은 이 나무를 상사수라 하였다.

　　說文解字 ┃ ＊相(서로 상, 바탕 상. 目부 4획, 총 9획. *mutual*) ＊思(생각 사, 원할 사, 의사 사. 心부 5획, 총 9획. *think*) ＊病(병 병, 근심 병, 앓을 병. 疒부 5획, 총 10획. *illness*)

286
상산에 사는 뱀과 같은 형세
常 山 蛇 勢 상산사세

■ **出典** : 『손자병법(孫子兵法)』
■ **文意** : 군대가 뭉쳐있을 때에 긴밀하게 움직이는 형세

故事逸話 ┃ 상산에는 솔연(率然)이라는 뱀이 살고 있다. 이 뱀은 머리를 치면 꼬리로 덤비고, 허리를 공격하면 머리로 덤빈다. 병사의 움직임도 유기체가 되어 움직이는 것을 뜻한다.

병법의 대가 손자는 병사의 움직임에 대해 이렇게 말한다.

"솔거하는 병사의 움직임은 마땅히 상산의 뱀과 같아야 합니다. 한쪽이 공격 당하면 한쪽이 반격을 합니다."

이것은 일사분란한 유기체를 의미한다.

"오나라와 월나라가 원수지간이라, 평소에는 서로 잡아먹지 못해 으르렁댑니다. 그러나 특별한 경우, 같이 배를 타고 있을 때에 폭풍우를 만났다면 모름지기 힘을 다해 역경을 이겨내야 하는 것이오. 이를테면 위험은 함께 이겨내야 하는 것이오."

손자의 말엔 의미가 심상하다. 왜 '상산사세'를 설명하면서 '오월동주'라는 썼을까? 그것은 진법을 구사하는 상산사세 역시 전투에 휩쓸리다 보면 비록 껄끄러운 상대라 해도 함께 힘을 합쳐야 한다는 것이다. 다시 말해 전투에 임하는 한 사람 한 사람이 필사적인 마음가짐이 있어야 한다.

說文解字 ┃ *常(항상 상, 떳떳할 상. 巾부 8획, 총 11획. *always*) *山(뫼 산. 山부 총 3획. *mountain*) *蛇(뱀 사, 별 이름 사. 虫부 5획, 총 11획. *snake*) *勢(형세 세, 권세 세, 위엄 세, 불알 세. 力부 11획, 총 13획. *power*)

287

뽕나무 밭이 바다로 바뀌다

桑 田 碧 海 상전벽해

- **出典**:『신선전』, 유정지의 시
- **文意**: 세상이 몰라 볼 정도로 변하다

故事逸話 상전벽해(桑田碧海)라는 말이 처음 모습을 드러내는 것은 「신선전」이다. 「신선전」에서 마고선녀가 왕방평에게 말했다.

"동해가 세 번이나 뽕나무밭으로 바뀌는 것을 보았습니다."

"그러기에 성인들이 이르시지 않으셨나요. 바다의 녀석들이 먼지를 일으키고 있다고 말입니다."

그후 당나라 때에는 유정지(劉廷芝)의 「대비백발옹(代悲白髮翁)」이라는 시에 나타난다.

낙양성 동쪽의 복숭아꽃 오얏꽃
이리 저리 휘날려 어느 집에 떨어지나
낙양의 어린 처녀 고운 얼굴 만지며
떨어지는 꽃 바라보며 한숨 짓는다
꽃이 지면 그 얼굴엔 또 나이가 들어
내 년에 피는 꽃은 누가 보여 주나
뽕나무 밭이 변해 바다가 되는 것이 옳은 말인 것을

說文解字 ＊桑(뽕나무 상. 木부 6획, 총 10획. *mulberry tree*) ＊田(밭 전, 심을 전. 田부 0획, 총 5획. *field*) ＊碧(푸를 벽, 푸른 옥돌 벽. 石부 9획, 총 14획. *blue*) ＊海(바다 해, 바닷물 해, 클 해, 사물이 많이 모이는 해. 水부 7획, 총 10획. *sea*)

288
변방에 사는 늙은이의 말
塞 翁 之 馬 새옹지마

■ 出典 : 『회남자(淮南子)』의 인간훈
■ 文意 : 길흉화복은 변화가 무쌍하다

故事逸話 북쪽의 변경에 점을 잘 치는 노인이 살고 있었다. 어느날 그 노인의 말(馬)이 국경을 넘어 오랑캐 땅으로 도망을 쳤다. 마을 사람들이 찾아와 그를 위로하자 그는 조금도 걱정하는 빛이 아니었다. 굳이 밝은 낯으로 이렇게 말했다.

"이것이 복이 될 줄 어찌 알겠소."

몇 달 후 도망갔던 말은 오랑캐 땅의 좋은 말과 함께 돌아왔다. 사람들은 노인을 찾아와 횡재를 하였다고 축하하였다. 그러자 노인이 시무룩한 투로 말했다.

"이것이 화가 될 줄 어찌 알겠소."

그러던 어느 날 노인의 아들이 말에서 떨어져 다리가 부러졌다. 사람들은 몹시 안된 일이라 하여 위로했다. 그런데도 노인은 그것이 잘된 일인 줄 어찌 알겠느냐고 무표정하게 말했다.

다음해 전쟁이 일어나 많은 젊은이들이 전장터로 끌려나가 목숨을 잃었다. 그러나 노인의 아들은 불구자이기 때문에 잔장터에 나가지 않고 목숨을 부지할 수 있었다. 이렇듯 좋은 일과 흉한 일이 무쌍하게 교차하는 것을 '새옹지마'라 하였다.

說文解字 ＊塞(변방 새, 막을 색. 土부 10획, 총 13획. *frontier*) ＊翁 (늙은이 옹, 목털 옹, 아버지 옹. 羽부 4획, 총 10획. *old man*) ＊之(의 지, 어조사 지, 갈 지. /부 3획, 총 4획. *this*) ＊馬(말 마. 馬부 총 10획. *horse*)

|289

삶은 붙이고 죽음은 돌아가는 것
生 寄 死 歸 생기사귀

■ 出典 : 『십팔사략』
■ 文意 : 삶은 잠시 머물고, 죽음은 어디론가 돌아가는 것

故事逸話 우 임금이 제후의 모임을 마치고 강을 건널 때였다. 갑자기 황룡이 나타나 배를 등에 지고 들어올리자 배 안에 있던 사람들은 두려움에 떨었다.

우 임금은 하늘을 우러러 탄식하였다.

"나는 하늘로부터 명을 받아 백성들을 위하여 온 힘을 기울였다. 삶은 붙여 사는 것이요, 죽음은 돌아가는 것이다(生寄也 死歸也)."

우 임금은 황룡 쯤 도마뱀 정도로 생각했다. 그러자 사납던 황룡은 안색이 변하며 고개를 숙이고 꼬리를 낮게 하며 떠나갔다. 그런가하면 이태백의 「춘야연도리원서(春夜宴桃李園序)」에는,

'대개 하늘과 땅이라는 것은 모든 것이 와서 잠시 머물다 가는 여관(逆旅)과 같은 곳이고, 세월은 끝없이 뒤를 이어가는 나그네와 같은 것이다.'

'역려'의 역은 '맞이한다' 이므로 나그네를 맞이한다는 의미다. 따라서 손님을 재워 보내는 여관이 '역려'다. 결국 삶이라는 것은 마치 나그네가 와서 묵었다 가는 것을 의미한다. 그러므로 우 임금은 중국인에게 영원히 추앙받고 있는 것이다.

說文解字 ＊生(날 생, 서투를 생, 날 생. 生부 0획, 총 5획. *born*) ＊寄(부칠 기, 맡길 기, 기댈 기. 宀부 8획, 총 11획. *send*) ＊死(죽을 사, 죽음 사, 목숨 사. 歹부 2획, 총 6획. *kill*) ＊歸(돌아갈 귀, 따를 귀, 시집갈 귀. 止부 14획, 총 18획. *go back*)

290
자리를 마는 것
席 卷 석권

■ **出典** : 『사기』의 「위표팽월전」

■ **文意** : 한쪽으로 공격하는 것을 나타냄

故事逸話 ┃ 초한 전쟁은 오랫 동안 계속되었다. 어느 한쪽이 위태로 워지는가 하면 금방 위기에서 벗어나기도 하였다. 이렇듯 밀고 밀리는 국면을 접하자, 승패에 요동하는 장수도 나타났다. 위표(魏豹)가 그런 인물이었다. 그는 형세의 추이에 따라 초에 붙은 것이 화근이 되어 결국 죽임을 당하였다.

천하를 통일한 고조 10년에 조나라의 재상 진희가 반란을 일으켰다. 한신도 이에 호응하다 역적으로 몰려 죽임을 당했다. 그 해에 양왕으로 봉해진 팽월이 반란을 일으켰다.

그는 창읍 태생으로 무뢰한이었다. 천하가 소동할 때에 유방을 도와 준 공으로 한고조가 천하를 통일한 뒤에는 양왕에 봉해졌는데 진희의 역모 사건이 일어난 것이다.

고조가 출병했는데도 팽월은 병을 핑계 삼아 출병치 않았다. 그것이 유방에게 미움을 산 것이다. 한때 삶을 보장받았으나 촉으로 유배된 후 죽임을 당했다.

이에 대하여 『사기』의 작가 사마천은 이렇게 기술하였다.

<위표와 팽월은 비천한 집안 출신으로 천리의 땅을 석권(席卷) 하였는데…… 그 명성은 날로 높아졌지만 반란의 뜻을 품어 패하자 자결하지 않고 포로가 되어……>

說文解字 ┃ *席(자리 석, 깔 석, 걷을 석. 巾부 7획, 총 10획. *seat*) *卷(접을 권, 요금 권. 巳부 6획, 총 8획. *volume*)

|291

먼저 깨달음을 얻은 사람
先 覺 者 선각자

- **出典** : 『맹자(孟子)』
- **文意** : 시대에 앞서 깨달음을 얻은 자

故事逸話 일찍이 맹자는 이윤(伊尹)의 말을 인용하여 스스로를 '선각자'라 하였다. 그렇다면 이윤은 누구인가? 그는 탕왕(湯王) 때의 현자로 왕이 몇 번이나 불렀으나 결코 응하지를 아니했다. 그런데도 끝없이 사자를 보내자 결국 이윤은 따라 나섰다.

탕왕은 이윤의 도움으로 국력을 신장시켰다. 이때는 하왕조의 제왕 사이계(姒以癸;桀)의 천하였다. 그는 폭군이었으나 신하로서의 도리를 탕은 다하였다.

얼마 후 사이계는 탕을 방백(方伯)으로 임명했다. 이때의 방은 제후국의 장(長)에 해당되었다. 방이라는 것은 토지나 지역의 경계를 의미하며 백은 패(霸)와 같은 뜻이다. 결국 세력을 떨친 탕은 폭군 사이계를 멸하고 은(殷)을 세웠다.

"나는 선각자다."

이윤은 스스로를 그렇게 말했다.

이러한 역사적 사실을 빌어 맹자가 말한 선각자는 결국 사회 개혁에 몸을 던진 이윤과 같은 인물, 즉 자신이야말로 선각자라는 것을 암시적으로 말하는 것이다.

'선각자'와 '선구자'의 차이가 미묘하다.

說文解字 ＊先(먼저 선, 비로소 선, 이를 선. 儿부 4획, 총 6획. *previous*) ＊覺(깨달을 각, 클 각. 見부 13획, 총 20획. *perceive*) ＊者(놈 자, 어조사 자. 耂부 5획, 총 9획. *fellow*)

292

먼저 착수하여 상대를 제압한다
先 發 制 人 선발제인

■ 出典 : 『사기』의 「항우본기」
■ 文意 : 먼저 공격하여 상대를 제압하는 것이 중요하다

故事逸話 진나라 2세 황제 원년에 진섭(陳涉)이라는 자가 반란을 일으켰다. 이때 항량과 그의 조카 항우는 하상 지방에서 오중으로 도망쳐 몸을 숨기고 있었다.

그러던 어느 날 회계태수 은통(殷通)이 찾아왔다. 자신을 도와 함께 군사를 일으킨다면 천하를 도모할 수 있다는 뜻밖의 제안이었다. 항량 역시 이 제안에 수락하였다.

"지금 강서 일대에는 잦은 변란이 일어난다는 소문을 듣고 있습니다. 그러므로 선발제인(先發制人)이라면 굴복시킬 수 있습니다."

은통은 즐거운 마음으로 말을 잇는다.

"그대는 초나라 장수의 후손이오. 이처럼 큰일은 그대 밖에는 할 수 없을 것이오."

이같은 일을 하기 위해서는 환초(桓楚)를 불러들여야 하는데 그 행방은 자신의 조카 항우 밖에는 모른다고 했다. 그렇게 말하고는 밖으로 나가 자신이 신호하면 들어와 은통을 죽이라는 귀띔을 하고 안으로 들어갔다. 잠시후 방으로 들어간 항우는 단칼에 은통을 살해하고 태수의 인을 손에 넣었다. 이렇게하여 강동의 8천 자제를 모았다.

說文解字 ＊先(먼저 선, 비로소 선. 儿부 4획, 총 6획. *previous*) ＊發(일어날 발, 찾아낼 발. 癶부 7획, 총 13획. *occur*) ＊制(지을 제, 마를 제. 刀부 6획, 총 8획. *enactment*) ＊人(사람 인, 나랏사람 인, 성질 인. 人부 총 2획. *people*)

|293
군왕의 좌우에 있는 사람들을 잘 섬김
善 事 左 右 선사좌우

■ 出典 : 『십팔사략』, 『한비자』
■ 文意 : 스스로의 지위가 높아지거나 유지하기 위하여 필요한 것을 뜻함

故事逸話 제(齊)나라 왕이 어느 날 즉묵대부(卽墨大夫)를 불러 이렇게 말했다.

"그대가 즉묵대부의 자리에 있으면서 모든 일을 잘못 처리한다는 말이 들렸소. 그런데 과인이 조사해보니 그것은 낭설에 불과하다는 것을 알았소. 과인이 은밀히 내사해 보았더니 토지는 개간되었으며 백성은 풍족하고 관리는 일이 없고 동쪽 방면이 평안하였소. 이것은 그대가 내 좌우를 섬겨 구하지 않았기 때문이오."

이렇게 말하고는 즉묵대부를 식읍 만호에 봉했다. 그런 다음에 이번에는 아대부(阿大夫)를 불렀다.

"대왕께서 부르셨사옵니까."

"그렇소. 그대에 대한 칭찬의 말이 계속 들려와 과인이 은밀히 조사해 보았소. 그런데 땅은 묵어 백성들은 곤궁에 빠져 굶주렸는가 하면, 조나라가 견(甄)을 공격하였어도 구하지 않았으며, 위나라가 설능을 취했어도 그대는 알지를 못했소. 이것은 그대가 뇌물을 넉넉이 뿌려 과인의 좌우에 칭찬을 구했기 때문이로다."

이때부터 감히 꾸미거나 속이는 일이 없어졌다.

說文解字 ＊善(착할 선, 곱게 여길 선. 口부 9획, 총 12획) ＊事(일 사, 섬길 사. 亅부 7획, 총 8획. *work*) ＊左(왼 좌, 그를 좌, 증거 좌, 도울 좌. 工부 2획, 총 5획. *left*) ＊右(오른쪽 우, 숭상할 우. 口부 2획, 총 5획. *right*)

|294
먼저 들어온 생각
先 入 見 선입견

- **出典** : 『한서』「식부궁전(息夫躬傳)」
- **文意** : 고정 관념으로 인하여 다른 생각을 받아들이지 않음

故事逸話 ┃ 한나라 애제(哀帝) 때에 식부궁이라는 변사가 있었다. 그는 남달리 수완이 좋은 데다 애제의 장인 공향후(孔鄕侯)와는 고향 친구였기 때문에 교제의 범위가 넓을 수밖에 없었다. 그렇다보니 애제의 총애를 극진히 받고 있었다.

언젠가 식부궁은 애제에게 열변을 토했었다. 그것은 장차 흉노가 침범해 올 것이므로 만반의 준비가 필요하다는 것이었다. 애제는 청산유수와 같은 그의 변설에 흠뻑 빠져 승상 왕가(王嘉)를 불러 이 문제를 의논했다. 왕가는 전연 동요치 않았다.

"폐하, 그것은 전연 근거가 없는 낭설입니다."

"그 무슨 소리. 낭설이라니? 썩 물러가라."

그런데도 왕가는 하던 말을 계속 이어갔다.

"폐하, 그 옛날 진목공은 백리혜의 주장을 물리치고 정나라를 치려한 까닭에 효(殽)에서 대패했습니다. 그후로는 입이 가벼운 자를 가까이하지 않은 덕분으로 좋은 군주가 되었사옵니다."

애제는 왕가의 말을 듣지 않았다. 식부궁에 대한 믿음의 선입견 때문이었다. 그러나 얼마 후엔 식부궁의 말이 지나친 우려라는 것을 알고 그를 감옥에 집어넣어 옥사시켰다.

說文解字 ┃ ＊先(먼저 선, 비로소 선. 儿부 4획, 총 6획. *previous*) ＊入(들 입, 넣을 입, 드릴 입. 入부 총 2획. *enter*) ＊見(볼 견, 만나볼 견, 당할 견. 見부 총 7획. 1)

|295

일을 하려면 선수를 쳐라
先 則 制 人 선즉제인

■ **出典** : 『사기』의 「항우본기」
■ **文意** : 일을 도모할 때는 선수를 치는 것이 중요하다

___故事逸話___ 이 '성어는 앞서 나왔던 '선발제인(先發制人)'과 뜻을 같이한다. 『사기』의 「항우본기」에 의하면, 진왕 정(政)이 회계 지방을 순시할 때에 그의 목숨을 노린 것은 장량 뿐만이 아니었다. 삼촌 항량(項梁)을 모시고 천하를 떠돌던 항우도 마찬가지였다.

"분명 저 자리는 내가 빼앗을 것이다."

소스라치게 놀란 항량은 급히 항우를 데리고 그 자리를 떠났다. 그렇다면 항량은 누구인가? 그는 초나라의 명장 항연의 아들이다. 병법에 밝은 그는 항우와 오나라로 몸을 피했는데, 진시황이 죽은 후 천하가 소란스러워지고 각지에서 반란이 일어났다. 이때 회계태수 은통은 반란을 획책하기 위해 항량을 찾아왔다.

"태수님께서 어인 일이십니까?"

"무릇 모든 일엔 선수를 치는 것이 중요합니다. 그런 이유로 나는 그대와 함께 천하를 경륜해 볼까 하오."

모처럼의 기회를 얻은 항량은 조카 항우로 하여금 은통을 살해하게 하고 태수의 인을 빼앗았다. 그리고 8천의 군사를 모아 봉기하여 진나라에 대적하는 기틀을 삼았다.

___說文解字___ *先(먼저 선, 비로소 선. 儿부 4획, 총 6획. *previous*) *則(곧 즉, 본받을 칙. 刀부 7획, 총 9획. *regulation*) *制(지을 제, 마를 제, 절제할 제. 刀부 6획, 총 8획. *enactment*) *人(사람 인, 섬길 인, 사람됨 인. 人부 총 2획. *people*)

|296
성 밑에서 적에게 항복한 맹약
城 下 之 盟 성하지맹

■ **出典** : 『춘추좌씨전』의 「환공12년」
■ **文意** : 적군이 쳐들어와 항복을 하고 성밑에서 체결한 굴욕적인 맹약

故事逸話　환공 12년(BC. 700)에 초나라가 교(絞)로 쳐들어가 남문에 진을 쳤다. 그때 막오(莫敖) 벼슬에 있는 굴하(屈瑕)라는 이가 말했다.
"폐하, 교의 사람들은 몹시 편협하고 경솔합니다."
"호오, 그래?"
"그러하오니 폐하, 땔나무를 취하는 인부를 내놓아 그들을 유인 하면 어떻겠습니까?"
"그리하라."
굴하의 계책대로 땔나무 인부들로 유인하자 교의 사람들은 초의 인부 30명을 잡아들였다. 그 다음날에는 교의 사람들은 인부들이 나타나면 앞을 다투어 나와 인부들을 잡으려고 뒤를 쫓았다.
"폐하, 저들이 우리의 계책에 빠졌습니다."
"참으로 그렇도다."
초나라 사람들은 북문을 지키고 매복해 있었으므로 교의 사람들은 크게 패하여 성 아래에서 맹세하고(大敗之 爲城下之盟而還) 물러났다. 교의 굴욕적인 패배였다.

說文解字　＊城(성 성, 성곽 성. 土부 7획, 총 10획. *castle*) ＊下(아래 하, 내릴 하. 一부 2획, 총 3획. *lower part*) ＊之(의 지, 어조사 지, 갈 지. ノ부 3획, 총 4획. *this*) ＊盟(맹세 맹, 약속 맹. 皿부 8획, 총 13획. *oath*)

대대로 제사가 끊이지 않음
世 世 不 輟 세세불철

■ **出典** : 『여씨춘추』 「맹동기(孟冬紀)」
■ **文意** : 땅이 척박하여 아무도 가져가지 않으므로 대대로 제사를 지냈다

___故事逸話___ 초나라의 장왕(莊王)은 전쟁에 나가 공이 많은 사람에게 땅을 하사했다. 전쟁에 나가 공을 세운 손숙오(孫叔敖) 역시 장왕에게 봉지를 하사받았다.

"그대에게 한수 이북의 땅을 주겠노라."

"성은이 망극하옵니다."

한데 그곳은 모래자갈이 무척 많은 척박한 땅이었다. 초나라의 법에 의하면 신하에게 녹으로 준 땅은 이대(二代) 후엔 회수하는 것이 법으로 정해 있었다. 전쟁에 공을 세운 여러 사람들의 땅은 이대 후에 회수가 되었으나 오직 손숙오의 봉지만은 손숙오 집안에 그대로 남아 있었다. 그것은 그 땅을 회수하여 다른 공신들에게 주려 했으나 그 땅을 받으려는 이가 없었다.

워낙 척박했기 때문이다.

이런 이유로 손숙오의 후손들은 9대(代)가 넘도록 대대로 제사가 끊이지 않았다(世世不輟). 이것은 땅이 척박하였다는 것과 손숙오의 덕이 널리 미쳤음을 가리킨다.

___說文解字___ ＊世(인간 세, 대 세, 세대 세, 해 세, 시대 세. 一부 4획, 총 5획. *world*) ＊世(인간 세, 대 세, 세대 세, 해 세, 시대 세. 一부 4획, 총 5획. *world*) ＊不(아니 불, 금지 불, 없을 불, 못할 불. 아니 부 一부 3획, 총 4획. *not*) ＊輟(그칠 철, 꿰멜 철, 기울 철. 車부 8획, 총 15획. *stop*)

|298
세월은 사람을 기다려 주지 않는다
歲 月 不 待 人 세월부대인

- **出典** : 도연명의 「잡시(雜詩)」
- **文意** : 시간을 아껴쓰라는 뜻

故事逸話 ┃ 도연명(陶淵明)의 「잡시」는 격언으로도 유명한 데 내용은 다음과 같다.

인생은 뿌리가 없는 것
바람에 휘날리는 길 위의 먼지와 같다
바람따라 흩어져 전전하나니
이는 불변의 몸이 아님을 알리라
땅에 떨어져 형제가 됨은
어찌 골육간의 친척 뿐이랴
기쁨을 얻으면 마땅히 즐김을 누릴 것이
말술을 앞에 놓고 이웃을 모으라
청춘은 거듭 오는 것이 아니고
하루 해는 두 번 새벽 되기 어려워라
좋은 때를 잃지 않고 면려할지니
세월은 사람을 기다리지 않는다

說文解字 ┃ *歲(해 세, 세월 세. 止부 9획, 총 13획. *year*) *月(달 월. 月부 총 4획. *moon*) *不(아니 부. 一부 3획, 총 4획. *not*) *待(기다릴 대, 임용할 대. 彳부 6획, 총 9획. *wait*) *人(사람 인, 인품 인, 백성 인. 人부 총 2획. *people*)

작은 나라의 적은 백성
小 國 寡 民 소국과민

■ **出典** : 『노자』의 「도덕경」
■ **文意** : 노자가 그린 이상 사회를 나타냄

故事逸話 『노자』의 80장에 나오는 말이다.

<나라는 작고 백성도 적어서(小國寡民) 다른 사람의 열배나 백배의 재주가 있는 사람이 있어도 쓰지 못하게 한다…>

하였으며 또 이런 내용도 있다.

<…백성들로 하여금 옛날로 돌아가 새끼를 묶어서 문자로 사용하게 하며 그 음식을 달게 여기고 그 옷을 아름답게 여기며 그 풍속을 즐겁게 여기게 해야 한다. 이웃 나라가 서로 바라보이고 닭과 개의 소리가 들리며…>

그런가하면 또 47장에는,

<문을 나가지 않고서 천하를 알고 창문을 엿보지 않고서 하늘의 도리를 본다>

고 하였으며, 48장에는

<배움을 날로 더하면 도는 날로 줄어든다. 줄고 또 줄면 무위에 이르게 된다. 무위이고서야 하지 못함이 없게 된다>

이것은 도연명의 「도화원기」에 나오는 무릉도원(武陵桃源)과 노자의 소국(小國)이 일맥상통한 것을 볼 수 있다.

說文解字 ＊小(적을 소, 조금 소. 小부 총 3획. *small*) ＊國(나라 국. 口부 8획, 총 11획. *country*) ＊寡(약할 과, 적을 과, 임금 과, 홀어미 과. 宀부 11획, 총 14획. *few*) ＊民(백성 민. 氏부 1획, 총 5획. *people*)

|300
송양공의 인정
宋 襄 之 仁 송양지인

■ **出典**: 『십팔사략(十八史略)』

■ **文意**: 전연 쓸모없는 인정

故事逸話 춘추오패의 한사람인 제환공(齊桓公)의 부탁으로 아들 소(昭)를 제나라 임금으로 세우는 데 공을 세우자, 패자의 꿈을 송양공(宋襄公)도 가지게 되었다. 아무래도 초나라를 꺾어야 패자라는 말을 들을 수 있기 때문에 초나라의 속국 정나라를 공격했다. 소식을 접한 초나라에서는 원병을 보내는 한편으로 송나라를 공격해왔다. 송양공에게 공자 목이가 건의했다.

"우리는 지금 병력이 많지 않습니다. 그러니 적군이 강을 건너기 전에 공격을 해야 합니다."

송양공은 일언지하에 거절했다.

"당치않네. 그건 정당한 싸움일 수가 없네. 적의 어려움을 이용하여 공격한다면 세상 사람들이 우리를 보고 비웃을 것이야. 어찌 그러고서 패자를 꿈 꿀 수 있는가."

"아닙니다. 지금 공격하지 않으면 우리가 어려워집니다."

공자 목이는 수차에 걸쳐 공격할 것을 권했다. 그러나 송양공은 전연 움직일 기세가 아니었다. 모름지기 군자는 어려움에 처한 적을 공격하지 않는다는 말이었다. 결과적으로 송양공은 대패하였다.

說文解字 ＊宋(송나라 송, 성 송. 宀부 4획, 총 7획. *nation*) ＊襄(도울 양, 오를 양, 뽑아버릴 양. 衣부 11획, 총 17획. *get up*) ＊之(의 지, 어조사 지, 갈 지. 丿부 3획, 총 4획. *this*) ＊仁(어질 인, 사람 등의 근본 인. 人부 2획, 총 4획. *humane*)

여우가 죽을 때엔 머리를 고향 쪽으로
首 邱 初 心 수구초심

■ **出典** : 『예기』의 「단궁상편」
■ **文意** : 자신의 근본을 결코 잊지 않음

　　<u>故事逸話</u>　주나라의 문왕과 무왕을 도와서 은의 주왕(紂王)을 멸하고 천하의 패자가 된 주나라에 공을 세운 여상 태공망. 그는 제나라 왕에 봉해졌으나 계속하여 다섯 대에 이르기까지 주의 호경(鎬京)에 묻히게 되었다. 이러한 인정이 바로 예악의 도였다.

　　『예기』에 의하면, '음악은 사람이 태어날 수 있었던 본원(本源)에서 비롯된다'고 하였다. 이를테면 순 임금은 자기의 왕업이 요의 덕을 입는 것을 즐거워하여 그 악(樂)의 이름을 대소(大韶)라 하였다. 그런가 하면 우는 홍수를 잘 다스려 중국의 땅을 넓혔다하여 그 악의 이름을 대하(大夏)라 하였다.

　　이것은 앞서 말한 것처럼 본원을 잊지 않은 것이라 한 것이다. 따라서 예(禮)란 근본을 잊어서는 아니 되는 것이다. 여우는 죽을 때에 자기가 살던 곳으로 머리를 똑바로 하는 것은, 비록 짐승이지만 근본을 잊지 못하는 본능적인 행동이라는 것이다.

　　이것을 사람에게 견주면 인(仁)에 적합하다는 것이다. 다시 말해 사람이나 짐승이나 태어난 자리로 돌아가는 것은 지극히 본능적인 것이다.

　　<u>說文解字</u>　＊首(머리 수, 먼저 수, 비롯할 수. 首부 총 9획. *head*) ＊邱(언덕 구, 땅 이름 구. 阝부 5획, 총 7획. *hill*) ＊初(처음 초, 근본 초, 맨 앞 초. 刀부 5획, 총 7획. *beginning*) ＊心(마음 심, 가운데 심, 염통 심, 근본 심. 心부 총 4획. *mind*)

쥐구멍에서 망설이는 쥐의 모습
首 鼠 兩 端 수서양단

■ **出典** : 『사기』의 「위기무안열전」
■ **文意** : 진퇴를 결정하지 못하고 관망하는 상태를 가리킴

故事逸話 『사기』에 호적수가 등장한다. 전한의 제4대 경제와 제5대 무제에 이르기까지 위기후(魏其侯) 두영과 무안후(武安侯) 전분은 끝없이 다툼질을 계속하고 있었다.

위기후는 제3대 문제의 5촌이고, 무안후는 경제의 처남이다. 그런데 위기후의 배경이던 두태후가 죽고, 왕태후가 득세하자 무안후의 위세가 강화되었다.

어느 날 무안후가 새장가를 들고 축하연을 베풀었다. 그 자리에서 무안후는 위기후 사람쪽의 사람에 대해 차별대우를 하였다. 그것을 보다 못해 위기후의 친구 관부(灌夫)가 술김에 행패를 부리게 되었다. 무안후는 관부를 옥에 가두고 불경죄로 몰아 사형에 처하고 가족까지 몰살시키려 들었다. 당연히 두영은 일이 옳지 않음을 황제께 고했다. 이때 어사대부 한안국으로 하여금 백성들에게 그 뜻을 묻게 하였다. 그러나 양쪽 주장에 일리가 있다고 할 뿐 내사(內史)로 있던 정당시(鄭當時)도 어물쩍 넘어가 버렸다. 황제는 어사대부에게 호통을 쳤다.

"그대는 어찌 쥐처럼 나갈까 말까를 망설이는가?"

說文解字 *首(머리 수, 먼저 수, 비롯할 수. 首부 총 9획. *head*) *鼠(쥐 서, 우물쭈물할 서. 鼠부 총 13획. *rat*) *兩(둘 량, 짝 량, 끝 량. 入부 6획, 총 8획. *bath*) *端(끝 단, 바를 단, 머리 단, 실마리 단. 立부 9획, 총 14획. *correct*)

|303

돌로 이를 닦고 물로 베개 삼는다
漱 石 枕 流 수석침류

■ **出典** : 『진서』의 「손초전」

■ **文意** : 자기의 말이 틀렸는데도 끝까지 우김

___故事逸話___ 진(晉)나라에 손초(孫楚)라는 이가 있었다. 이 무렵은 노장 사상의 공리주의가 크게 성행하여 뜻있는 선비들은 속세를 떠나 깊은 산 속에 은거하였다. 이른바 청담(淸談)이었다. 죽림칠현에 관한 얘기가 심심찮게 떠돌 무렵, 손초라는 젊은이가 속세를 떠나 산중에 은거할 뜻을 지니고 왕제라는 친구를 찾아갔다.

이런 저런 얘기를 하는 중에 한 수 시구를 읊조렸다. 그런데 실수를 범한 것이다. 이를테면, '돌을 베개 삼아 눕고 흐르는 물로 양치질을 한다(枕石漱流)'라고 해야 할 것을 '돌로 양치질을 하고 흐르는 물로 베개 삼는다(漱石枕流)'라고 한 것이다.

"이보시게, 어찌 돌로 이를 닦을 수 있단 말인가? 또 흐르는 물을 베개로 벨 수 있단 말인가?"

손초는 재빨리 대답했다.

"그것은 말일세. 깊은 뜻이 숨어 있네. 그 옛날 허유라는 자가 싫은 말을 들었을 때에 흐르는 물로 귀를 씻었다는 것과 같은 의미일세. 아시겠는가."

여전히 손초는 고집스러운 변명을 계속하였다.

___說文解字___ ＊漱(이 닦을 수, 빨래할 수. 水부 11획, 총 14획. *rince the mouth*)·＊石(돌 석, 저울 석. 石부 총 5획. *stone*) ＊枕(베개 침, 벨 침. 木부 4획, 총 8획. *pillow*) ＊流(흐를 류, 번져나갈 류, 내릴 류. 水부 6획, 총 9획. *flow*)

|304
옷깃을 신이 나서 꾸미다
修 飾 邊 幅 수식변폭

■ **出典** : 『후한서』 「마원전(馬援傳)」
■ **文意** : 불필요한 허식을 부리는 것

故事逸話 신(新)나라를 세운 왕망이 망한 후 각지에서 폭동이 일어
났다. 이때 낙양의 유수(劉秀)와 농서(隴西)의 공손술(公孫述)이 큰 세력
으로 나뉘어 가닥을 잡고 있었다.

이러한 두 사람 가운데 어느 누구와 손을 잡아야 하는 지를 탐색하기
위하여 서주의 상장군 외효는 마원(馬援)을 사신으로 보냈다. 마원은 공
손술과 같은 고향이었으므로 서로 허심탄회하게 대화를 할 수 있을 것으
로 생각했다.

그러나 공손술은 만나주지도 않고 백관이 모두 나선 자리에서 자신은
높은 자리에 앉아 거만하게 맞이했다.

"어서 오시게. 정작 자네가 내 부하가 된다면 후(侯)로 봉해 대장군의
자리를 주겠네."

마원은 씹어뱉듯이 말했다.

"지금 천하의 주인은 결정되어 있지 않다. 만약에 천하를 얻고 싶거
든 선비를 두텁게 대우하여야 한다. 그때 식사 중이라면 씹고 있던 음식
을 뱉고 맞이해야 한다. 그런데도 그대는 소용없는 옷깃을 신이 나서 꾸
민다(修飾邊幅). 그렇게 해서야 어찌 천하의 어진이들이 찾아와 머물겠
는가."

說文解字 ＊修(닦을 수, 고칠 수, 다스릴 수, 꾸밀 수. 人부 8획, 총
10획. *cultivate*) ＊飾(꾸밀 식, 나타낼 식. 食부 5획, 총 14획. *adorn*) ＊邊
(갓 변, 병방 변. 辵부 15획, 총 19획. *border*) ＊幅(폭 폭, 넓이 폭. 巾부
9획, 총 12획. *width*)

305

토끼가 나오기를 기다린다

守 株 待 兎 수주대토

- **出典** : 『한비자』의 「오두편(五蠹篇)」
- **文意** : 융통성이 없는 판단력이 부족한 사람을 비유하는 말

故事逸話 『한비자』의 「오두편」에 있는 얘기다. 송(宋)나라의 어느 농부가 밭에서 일을 하고 있었다. 그때 토끼 한 마리가 갑자기 뛰어오더니 밭 가운데 있는 그루터기에 몸을 부딪쳐 목이 부러져 죽는 것을 보았다. 토끼 한 마리를 공짜로 얻은 농부는 희희낙락하여 중얼거렸다.

"그래, 지금부터는 농사를 지을 필요가 없어. 이곳에 가만있으면 토끼가 그루터기에 부딪쳐 죽을 게 아닌가."

농부는 매일 이곳에서 기다리기만 하면 큰 이득을 얻겠다고 생각하고 밭두둑에 앉아 토끼가 오기를 기다렸다(守株待兎). 그러나 토끼를 두 번 다시 만나지 못했다. 밭엔 잡초가 무성하였으며 결국 농사는 망치고 말았다.

한비자는 왜 이런 비유는 했는가?

요순(堯舜)을 이상으로 하는 왕도 정치는 시대에 뒤떨어진 것이라고 주장했다. 그는 시대의 변천은 돌고 도는 것이 아니라 진화하는 것이라고 생각했다. 한비자는 복고주의는 진화에 역행하는 어리석은 생각이라고 경고한 것이다.

說文解字 *守(지킬 수, 벼슬이름 수. 子부 3획, 총 6획. *keep*) *株(줄기 주, 주식 주. 木부 6획, 총 10획. *stump*) *待(기다릴 대, 임용할 대, 대접할 대. 彳부 6획, 총 9획. *wait*) *兎(토끼 토, 달의 이칭 토. 儿부 5획, 총 7획. *rabbit*. 正字는 兔)

|306
입술이 없으면 이가 시리다
脣 亡 齒 寒 순망치한

■ **出典** : 「춘추좌씨전(春秋左氏傳)」

■ **文意** : 이해관계가 얽히어 있어 한쪽이 망하면 다른 쪽도 잘못 된다는 뜻

　故事逸話　춘추시대 초기에 진헌공(晉獻公)이 괵(虢)나라를 정벌하러 가는 길에 우(虞)나라로 하여금 길을 열어달라고 사신을 보냈다. 사신으로 온 순식(荀息)은 좋은 말과 야명주를 내놓고 우왕에게 청했다. 길을 빌려 달라는 것이었다.

　우왕으로서는 썩 마음에 내키지는 아니했으나 진나라에서 온 예물이 탐이 나 허락했다. 소식을 듣고 궁지기(宮之奇)가 나섰다.

　"그것은 아니됩니다. 대왕께서는 진나라의 예물이 탐이 나 그러시는 모양입니다만, 만약 괵나라가 망하면 우나라도 결코 순탄치 못할 것입니다. 속담에 이르기를 '덧방나무와 수레는 서로 의지한다고 했습니다. 또 입술이 없으면 이가 시리다고 했습니다(輔車相依 脣亡齒寒). 이것은 우리 우나라와 괵국을 두고 한 말입니다. 어느 한쪽이 무너지면 다른 쪽도 지탱할 수가 없습니다. 그러므로 결코 진나라를 통과해서는 안됩니다."

　그러나 우나라 임금은 사신의 달콤한 유혹과 탐이난 예물에 현혹되어 궁지기의 말을 귀담아 듣지 않았다. 궁지기는 나라가 망할 것을 알고 멀리 떠나버렸다. 과연 궁지기의 예측은 들어맞았다.

　說文解字　＊脣(입술 순. 肉부 7획, 총 11획. *lip*) ＊亡(없을 망, 죽일 망, 없어질 망, 망할 망. 亠부 1획, 총 3획. *perich*) ＊齒(이빨 치, 나이 치, 벌 치, 같을 치. 齒부 총 16획. *teech*) ＊寒(찰 한, 추울 한. 사무칠 한. 宀부 9획, 총 12획. *cold*)

제사 때에 시동이 먹는 공짜 밥
尸 位 素 餐 시위소찬

■ 出典 : 『한서』의 「주운전(朱雲傳)」
■ 文意 : 하는 일이 없이 높은 자리에 앉아 공짜로 녹을 먹는 사람

故事逸話 『시경』의 「사의(絲衣)」라는 시에 다음과 같은 내용이 있다.

깨끗이 제복 차려 입고
다소곳이 고깔을 썼네
당에 올랐다 내려오더니
소와 양이 있는 곳을 살펴보네

이것은 고깔을 쓴 시동(尸童)이 제단에서 내려와 주위를 둘러보는 모습이다.

옛날에는 조상에게 제사를 지낼 때에 혈통을 이어받은 어린아이를 불러와 조상의 신위(神位)에 앉혀놓고 제사를 지냈다. 그 자리에 시동을 앉히면 조상의 영혼이 접신을 한다는 믿음 때문이다. 이것은 조상의 혼령이 어린아이의 입을 통해 마시고 또 먹고 싶은 것을 맘껏 들게 하는 데서 유래를 찾을 수 있다. 여기에서 말하는 소찬은 볼품없는 반찬을 의미한다.

說文解字 ＊尸(시동 시, 주검 시, 주검할 시. 尸부 총 3획. *dead body*) ＊位(자리 위, 벼슬 위, 위치 위. 人부 5획, 총 7획. *position*) ＊素(한갓 소, 질박할 소, 빌 소. 糸부 4획, 총 10획. *source*) ＊餐(먹을 찬, 반찬 찬. 食부 7획, 총 16획. *side dish*)

|308
사람 보기를 벼룩이나 이처럼 한다
視 子 蚤 蝨 시자조슬

■ 出典 : 『한비자』의 「설림상편」
■ 文意 : 큰 인물을 보고 난 후에 작은 인물을 보면 벼룩이나 이처럼 보인다

___故事逸話___ 송나라의 대부 자어(子圉)는 공자와 송나라의 태재(太宰; 재상)가 만날 수 있도록 주선했다. 공자가 태재를 만나고 나오자 자어가 들어가 물었다.

"공자를 만나니 어떻습니까?"

태재가 말했다.

"내가 공자를 본 후에 당신을 보니 마치 벼룩이나 이를 본 것처럼 보입니다. 이제 나는 임금을 만날 수 있도록 주선하겠습니다."

저어는 공자가 임금에게 잘 보이게 될 것이 두려워 은근 슬쩍 한 마디 했다.

"태재께서는 공자를 임금에게 데려가지 않는 것이 좋을 것입니다."

"그게 무슨 말이오?"

"생각을 해 보십시오. 장차 임금님께서 공자를 만나고 태재를 보시면 어떻겠습니까? 임금님 역시 태재 보기를 벼룩이나 이처럼 하찮게 생각하실 것이 아닙니까."

"오 그럴 것이오."

태재는 그 말을 듣고 공자를 임금에게 데려가지 않았다.

___說文解字___ ＊視(볼 시, 복을 받을 시, 견줄 시. 見부 5획, 총 12획. look) ＊子(당신 자, 아들 자, 종자 자. 子부 3획. man) ＊蚤(벼룩 조, 일찍 조. 虫부 4획, 총 10획. flea) ＊蝨(이 슬, 벌레 슬. 虫부 2획, 총 8획. louse)

먹은 것은 적고 일은 많이 함
食 少 事 煩 식소사번

■ 出典 : 『삼국지(三國志)』
■ 文意 : 얻은 것은 실질적으로 없고 일만 분주함을 이르는 말

___故事逸話___ 『삼국지연의』에 의하면, 제갈량은 두 번째 출사표(出師表)를 올리고 위(魏)나라를 공격하기 위해 떠난다. 얼마후 오장원(五丈原)에서 위의 명장 사마의와 대치하게 되는데 제갈량은 전투를 빨리 끝내려고 서둘렀다. 그러나 사마의는 상대의 전략에 순응하지 않고 지구전으로 대처했다. 이러는 중에서도 양쪽 진영의 사자는 오고 갔다. 사마의가 촉의 사자에게 물었다.

"요즘 제갈량 승상은 어찌 지내신가?"

"승상께서는 매우 바쁘십니다. 워낙 경황이 없는 참이라 식사는 적게 들고 새벽부터 밤중까지 손수 일을 처리합니다."

"그런가?"

"또한 20대 이상의 태형에 해당하는 죄는 직접 조사를 하십니다. 그런데도 식사는 조금 밖에 하시지 않습니다."

"오, 그러신가."

사자가 돌아간 후 사마의는 단언했다.

"제갈량은 오래 살지 못할 것이오."

과연 사마의의 단언처럼 얼마 후 제갈량은 세상을 떠났다.

___說文解字___ ＊食(밥 식, 씹을 식, 헛말할 식. 食부 총 9획. *eat*) ＊少(적을 소, 조금 소, 멸시할 소. 小부 1획, 총 4획. *little*) ＊事(일 사, 일삼을 사, 섬길 사. 亅부 7획, 총 8획. *work*) ＊煩(번거로울 번, 번열증날 번, 간섭할 번. 火부 9획, 총 13획. *annoy*)

|310
말을 먹는다
食 言 식언

- **出典** : 『서경』「탕서」. 『춘추좌씨전』
- **文意** : 말을 밥먹듯이 번복하는 것

___故事逸話___ 『서경』의 「탕서」는 탕 임금이 하조(夏朝)의 걸왕을 방벌하기에 앞서서 장수들을 모아놓고 서언한 내용이다. 또 『춘추좌씨전』에는 노나라의 애공이 오오(吾梧)라는 곳에서 축하연을 할 때에 두 대신을 꼬집어 한 말이다.

탕왕이 하나라 걸왕의 무도함을 보다 못해 방벌하려고 군사를 일으켰을 때에 영지인 박(亳)의 백성들에게 말했다.

"이제 그대들이 말하되 하(夏)의 죄가 어떠냐 하니 하왕이 백성들을 해친즉 백성이 따르지 않는다. 이 해(日)는 언제 망할꼬 우리도 너와 함께 망하리라 하니 짐이 가서 반드시 치리라. 원컨대 나 한사람을 도와 하늘의 벌을 이루게 하라. 분명히 말하건대 나는 식언을 아니 하리라(朕不食言)."

그런가하면 『춘추좌씨전』에서는 애공이 월나라로부터 돌아왔을 때 계강자와 맹무제 두 대신이 오오란 곳에 마중 나와 잔치를 베풀었다. 이때 술좌석에서 맹무백이 애고의 어자(御者)인 곽중(郭重)을 놀렸다.

"자네가 뚱뚱하게 살이 찐 것은 아무래도 말(言)을 많이 먹기 때문일 것이야."

이것은 두 대신이 자신에 대해 험담했다는 것을 알고 꼬집어 말한 것이다.

___說文解字___ *食(먹을 식, 밥 식. 食부 총 9획. *eat*) *言(말씀 언, 어조사 언, 말할 언. 言부 총 7획. *speech*)

|311
글자를 아는 것이 오히려 근심이다
識 字 憂 患 식자우환

■ 出典 : 『삼국지연의(三國志演義)』
■ 文意 : 어쭙잖은 지식 때문에 오히려 화를 당한다

　　故事逸話　유비가 제갈량을 얻기 전에 병략을 짠 것은 서서(徐庶)였
다. 그는 유비 휘하에 있으면서 조조를 무척 괴롭혔다. 그러한 이유로 조
조는 서서가 효자라는 것을 알고 그의 어머니 위부인의 필체를 흉내내어
서서로 하여금 그의 진중으로 오게 하였다.
　　<…서야, 서야. 별고 없느냐. 이 어미도 무사하다만 네 아우 강(康)이
일찍 세상을 떠난 탓에 외롭기 그지없구나. 게다가 조승상의 명을 받아
나는 허도로 불리워왔다. 네가 역신과 어울렸다는 죄명으로 오랏줄을 받
을 뻔했다만 다행히 정욱의 힘으로 무사하게 되었다. 나는 지금 편안하
다. 한시라도 빨리 어미 곁으로 오너라. 제발 너의 모습이라도 보여 주려
므나.>
　　편지는 정욱이 모사 했다.
　　구구절절이 그리워하는 내용이어서 서서는 아니가볼 수도 없었다. 그
러나 그를 본 위부인은 대경실색했다.
　　"오호라, 이 노릇을 어찌 할거나. 여자가 글씨를 안다는 것 자체가 근
심을 낳게 했구나(識字憂患)"
　　위부인은 자식의 앞길을 망친 것이 자신 때문이라고 탄식하였다.

　　說文解字　＊識(알 식. 言부 12획, 총19획. *know*) ＊字(글자 자, 시집
보낼 자, 젖먹일 자. 子부 3획, 총 6획. *letter*) ＊憂(근심 우, 걱정할 우, 상
체될 우. 心부 11획, 총 15획. *anxieous*) ＊患(근심 환, 재앙 환, 병들 환.
心부 7획, 총 11획. *anxtety*)

|312
집게 손가락이 움직인다
食 指 動 식지동

■出典 : 『춘추좌씨전』

■文意 : 음식이나 사물에 대해 욕심을 품는 것

故事逸話 어떤 사람이 초나라 영공에게 큰 자라를 바쳤다. 영공은 그 자라로 죽을 끓여 여러 대신들과 먹을 생각이었다. 이때 공자 송(宋)이 자가(自家)와 조회에 들어왔는데 갑자기 집게손가락이 움직였다. 송이 자가에게 속삭였다.

"이보게 오늘 말이야, 맛있는 걸 먹을 것 같네. 내 집게손가락이 움직였거든."

조회에 들어간 두 사람은 한쪽에서 자라 요리를 하고 있는 요리사를 보고 빙그레 웃었다. 그것을 보고 영공이 물었다.

"그대는 어찌 웃는가?"

"웃을 일이 생겼습니다."

자가가 대답했다.

"이곳에 들어올 때에 공자 송의 집게손가락이 움직였습니다. 그래서 맛있는 것을 먹겠구나 싶어 얘기를 나누었습니다."

그 말을 듣고 영공은 두 사람에겐 고기를 주지 않았다. 그러자 송은 솥이 있는 곳으로 달려가 얼른 고기 한 점을 집어먹고는 얼른 퇴청해 버렸다.

"대왕마마, 이렇게 먹었으니 점괘는 맞았습니다."

說文解字 ＊食(밥 식, 씹을 식. 食부 총 9획. *eat*) ＊指(손가락 지, 가리킬 지, 뜻 지. 手부 6획, 총 9획. *finger*) ＊動(움직일 동, 지을 동, 난리 동. 力부 9획, 총 11획. *move*)

|313
신이 나타나고 귀신이 돌아다닌다
神 出 鬼 沒 신출귀몰

- **出典** : 『회남자』의 「병략훈」
- **文意** : 귀신처럼 출입이 자유자재여서 예측할 수 없음

故事逸話 『논어』에서 공자는 '군자는 결코 위험한 곳에 가지 않고 귀신을 떠받들어 멀리하라'고 쓰여 있다. 그런가하면 『회남자』의 「병략훈」에서는 도가 사상을 기본 이념으로 삼아 전략(戰略)을 논하고 있다. 그 가운데 적군이 어찌 나올 것인가를 설정하고 이쪽에서 어떤 식으로 계략을 세운 것인가를 논하는 것은 용병의 교묘한 것이 못된다고 하였다.

"병사들이 움직이는 것은 귀신이 나타나고 귀신이 돌아 다니는 것과 같이, 하늘의 별과 같이 빛나고 하늘과 같이 운행하는 것이다. 그 나아가고 물러감과 굽히고 펴는 것은 아무런 전조도 없고 형태도 나아가지 않음과 같다."

여기에서 나오는 용어가 '신출귀행(神出鬼行)'으로 귀신과 같이 행동하는 것을 의미한다.

또 '신출귀몰'로 나타나는 것은 '두 머리 세 얼굴의 귀신이 나타나고 없어진다(兩頭三面神出鬼沒)'는 구절에서인데 이것은 당희장어(唐戲場語)에 나온다.

현대에는 행동이 재빠른 사람의 비유로 사용되었다.

說文解字 ＊神(귀신 신, 영검할 신, 신명 신. 示부 5획, 총 10획. god) ＊出(날 출, 토할 출, 도망할 출, 보일 출. 凵부 3획, 총 5획. exit) ＊鬼(귀신 귀. 鬼부 총 10획. ghost) ＊沒(잠길 몰, 다할 몰, 지날 몰. 水부 4획, 총 7획. sink)

314

일을 참답게 하여 옳은 것을 찾음

實 事 求 是 실사구시

■ 出典 : 『한서(漢書)』

■ 文意 : 사실을 토대로 진리를 구함

故事逸話 『한서』의 「하간헌왕덕전(河間獻王德傳)」에 이런 말이 있다.

"학문을 닦아 옛것을 좋아하며 일을 참되게하여 옳은 것을 찾는다(修學好古 實事求是)."

본래 실사구시의 운동은 청나라 때에 고증학을 표방하는 학자들에 의하여 시작되었다. 그 중심에 있는 인물이 대진(戴震)이었다. 대진은 이렇게 말했다.

"모름지기 학자는 남의 것으로 자신을 가리지 말고, 내 것으로 남을 가리지 않아야 한다."

그런가하면 고증학을 표방하는 다른 학자 능정감(凌廷堪)은 이렇게 말했다.

"진실된 사실 앞에서는 내가 옳다고 하는 것을 남이 억지 말로 그르다 할 수 없으며, 내가 옳지 않다고 하는 것을 남이 억지 말로 이를 옳다고 하지 못한다."

그렇다면 '실사구시'라는 말은 어떻게 생겨난 것일까? 이것은 양명학에 대한 반동으로 생겨난 것으로 과학적인 학문 연구의 방식이다.

說文解字 ＊實(참 실, 열매 실, 넉넉할 실. 宀부 11획, 총 14획. *fruit*) ＊事(일 사, 일삼을 사, 섬길 사. 亅부 7획, 총 8획. *work*) ＊求(구할 구, 찾을 구, 구걸할 구. 水부 2획, 총 7획. *get*) ＊是(옳을 시, 바를 시, 곧을 시. 日부 5획, 총 9획. *this*)

|315
마음은 원숭이오 뜻은 말이라
心 猿 意 馬 심원의마

■ **出典** : 『참동계(參同契)』
■ **文意** : 심신이 불안정하여 마음이 이랬다 저랬다 함

故事逸話 불교의 경전에 이런 말이 있다.

<마음의 원숭이는 가만히 있지 못하고 생각의 말은 사방으로 달리며 신기(神氣)는 밖으로 어지럽게 흩어진다.>

이것은 사람이 번뇌로 인하여 잠시도 마음의 생각을 가라앉히지 못하는 것을 경망한 원숭이와 함부로 날뛰는 말로 비유한 것이다. 그러므로 이 말은 불교 용어라기 보다는 우리들이 곁에 두고 항상 경계로 삼아야 할 격언과 같다.

양명학을 창시한 왕양명(王陽明)은 심원의마를 다음과 같이 설명하고 있다.

"처음에 배울 때는 마음이 원숭이 같고 생각이 말과 같아서 붙들어 맬 수가 없다."

다시 말해 왕양명은 학문을 참구하는 목적이 지식을 구하는 것이 아니라 한 것이다. 학문을 하는 근본 목적은 지식보다는 심신을 안정시키는 것이 있다는 것이다.

이 말은 다른 쪽으로도 해설이 가능하다. 즉, 마음이 안정되지 못한 상태를 '심원의마' 라고도 할 수 있기 때문이다.

說文解字 *心(마음 심, 염통 심, 한가운데 심. 心부 0획, 총 4획. *heart*) *猿(원숭이 원. 犬부 10획, 총 13획. *moneky*) *意(뜻 의, 감탄사 희. 心부 9획, 총 13획. *mean*) *馬(말 마, 산가지 마, 클 마. 馬부 0획, 총 10획. *horse*)

|316
담장 안에서 편안히 쉴 수 있다
安 堵 안도

■ **出典** : 『사기』의 「전단열전」

■ **文意** : 아무 걱정없이 편히 쉴 수 있다

故事逸話　전국시대 후기에 연나라의 재상 악의(樂毅)가 진나라를 위시하여 동맹했던 6국을 이끌고 제나라를 공격하였다. 5년 여가 지난 동안 제나라의 70여성이 악의의 수중에 떨어지고 남은 건 즉묵성(卽墨城)과 거성(莒城) 뿐이었다.

아무리 공격 했지만 소득이 없자 악의는 병력을 즉묵성으로 돌렸다. 그러나 성안의 군민들은 일사분란하게 전단의 지시를 따라 그런대로 방어해 나갔다. 이때 연나라에서 소왕이 죽고 혜왕이 등극하자 간첩을 보내 이간시켰다. 그것은 악의가 오랫 동안 즉묵성을 공격하고도 함락시키지 않는 것은 능력이 없어 그러는 것이 아니라 이곳에 오래 있으면 제나라의 왕이 되려는 생각 때문이라고 하였다. 그러자 혜왕은 즉시 야전사령관을 바꿔버렸다. 이때 제나라의 전단이라는 장수는 간첩을 투입하여 적병들의 수발을 들게 하였다. 그리고 그들을 회유하였다.

"우리가 항복하면 집안 사람들과 처첩들을 손대지 말고 안심하고 살 수 있도록 안도(安堵)해 주십시오."

그제야 연나라 병사들은 안심했다. 그들은 이제야 모든 것이 끝났다고 병장기를 놓고 안심하고 술을 마셨다. 이때 전단의 계책인 화우계(火牛計)로 대승을 거둔 것이다.

說文解字　＊安(편안 안, 고요할 안, 무엇 안. 宀부 3획, 총 6획. *peaceful*) ＊堵(담 도, 저것 도. 土부 9획, 총 12획. *wall*)

|317
기러기의 편지
雁 書 안서

■ **出典** : 『한서』의 「소무전(蘇武傳)」
■ **文意** : 멀리서 온 반가운 편지를 이르는 말

故事逸話 소무(蘇武)는 한나라 때의 중랑장(中郎將)이었다. 그는 포로를 교환하기 위해 흉노의 나라로 떠났다. 때마침 흉노의 나라에서 내분이 일어난 바람에, 사신들은 모두 투항했으나 소무만은 끝내 뜻을 굽히지 않았다. 소무는 산허리에 만든 땅굴 속에 갇혔다. 그리고 그들은 소무로 하여금 양을 치게 하였다.

"이놈들이 새끼를 낳으면 네 고향으로 보내주마."

그러나 그에게 맡겨진 것은 수놈 뿐이었다. 세월이 흘러 무제(武帝)가 죽고 소제(昭帝)가 보위에 올랐다. 사신들이 다시 흉노의 나라로 보내졌다. 그들은 예전에 이곳에 왔었던 사신들의 행방을 물었으나 아는 사람이 없었다. 그때에 상혜(常惠)라는 이가 무인가 귀띔하고 돌아섰다. 그것은 소무의 행방이었다.

다음날 회견이 다시 열렸다.

"한나라 황제께서 상림원에서 사냥을 하실 때에 기러기 한 마리를 잡은 적이 있었소. 한데 그 기러기 발목에 '소무는 대택(大澤) 속에 살아 있다' 라는 내용이었소. 어서 데려오시오."

흉노의 추장은 놀란 표정으로 더듬거렸다.

"아, 그렇습니까. 우리가 찾아보지요."

흉노의 추장은 별 수 없이 소무를 내놓을 수밖에 없었다.

說文解字 ＊雁(기러기 안. 隹부 4획, 총 12획. *wild goose*) ＊書(글 서, 글씨 서, 편지 서. 日부 6획, 총 10획. *write*)

318
눈에 못이 박히다
眼 中 之 釘 안중지정

■ 出典 : 『오대사보(五代史補)』
■ 文意 : 눈에 가시같은 사람

故事逸話 역대의 관리 가운데 백성들로부터 재물을 긁어모은 사람들이 적지않았지만 절도사 조재례(趙在禮) 역시 그 중 한사람이었다. 그는 재물을 긁어모으기만할 뿐 인정미라고는 눈꼽 만큼도 없었다. 한 번은 기름장사 유씨가 인사를 하러 오자 눈이 쏟아지는 한 겨울에 바둑 한판을 두자고 하더니 흑돌 하나를 놓는 동안 종일 밖에 세워놓았다. 다음날 도 마찬가지였다. 누군가 귀띔해 주었다.

"이보시게, 뇌물을 쓰게."

기름장사 유씨가 금 두덩이를 바치자 바둑을 무승부로 정해버렸다. 이렇듯 백성들에게 못할 짓을 저지른 조재례는 후양(後梁) · 후당(後唐) · 후진(後晉)의 삼대에 걸쳐 절도사를 역임하였다.

송주 땅에서 백성들의 고혈을 짜내더니 영흥으로 옮겨가게 되었다. 백성들은 눈에 박힌 못이 빠진 것 같다고 환호했다. 소문을 들은 조재례는 발끈했다.

"눈에 박힌 못을 빼려거든 1천전을 써라. 그렇게 하면 이곳 송주를 떠나주마."

그는 1년 동안에 백만관(1관이 천전)의 돈을 거둬들였다.

說文解字 ＊眼(눈 안, 볼 안, 과실이름 안. 目부 6획, 총 11획. *eye*) ＊中(가운데 중, 안쪽 중, 마음 중. ㅣ부 3획, 총 4획. *midst*) ＊之(의 지, 어조사 지. ㇒부 3획, 총 4획. *this*) ＊釘(못 정, 창 정, 불린금 정. 金부 2획, 총 10획. *nail*)

|319
어둠 속에서 더듬어 찾는다
暗 中 摸 索 암중모색

■ **出典** : 『당서(唐書)』
■ **文意** : 확실한 방법을 몰라 어림하여 찾는 것을 뜻함

故事逸話 당나라 3대 고종(高宗)이 황후 왕씨를 폐하고 무사확의 딸 무조(武照)를 황후로 맞아들이려는 교지를 내렸다. 이 무조가 중국 천하를 쥐락 펴락 했던 측천무후 그 사람이다.

고종 황제가 무조를 황후로 맞아들이려 하자 왕씨를 지지하는 장손무기(長孫無忌) 등의 중신들이 일제히 들고 일어났다. 이때 그들을 몰아친 인물이 허경종(許敬宗)이었다.

그는 남조에 벼슬한 집안이었다. 성격이 경솔하고 한 번 보았던 사람의 얼굴을 곧잘 잊어버렸다. 그런데도 그는 문장의 명수였다. 어느 날 가까운 친구가 그를 만나 힐책했다.

"자네는 학문이 뛰어난데도 사람의 얼굴을 쉬이 잊어버리네. 그걸 알 수 없단 말일세. 혹여 알고도 모른 척 하는 것 아닌가?"

그러자 허경종이 말했다.

"나는 말일세. 평범한 사람들의 얼굴은 기억하기 어렵단 말일세. 그러나 하손이나 유효작 · 심약 같은 문단의 대가들이야 어둠 속에서 물건을 손으로 더듬어 찾듯(暗中摸索) 기억할 수 있네."

하순이나 유효작 등은 이름을 날리던 문장가였다.

說文解字 ＊暗(어두울 암, 침침할 암, 몰래할 암. 日부 9획, 9획, 총 13획. *dark*) ＊中(가운데 중, 안쪽 중, 마음 중. ㅣ부 3획, 총 4획. *midst*) ＊摸(더듬을 모, 본뜰 모. 手부 11획, 총 14획. *model*) ＊索(찾을 색, 헤어질 삭. 糸부 4획, 총 10획. *rope*)

|320

재난이 못 속의 고기에 미치다
殃 及 池 魚 앙급지어

■ 出典 : 『여씨춘추(呂氏春秋)』
■ 文意 : 뜻하지 않은 곳에 재난이 미치는 것을 뜻함

故事逸話 춘추시대 송나라에 사마환(司馬桓)이라는 이가 있었다. 그는 대단히 훌륭한 보주(寶珠)를 가지고 있었는데 죄를 짓자 잽싸게 그 것을 가지고 도망쳤다.

왕은 평소에 그가 귀한 물건을 가지고 있다는 말을 들었으므로 그를 찾아내 보주의 행방을 물었다.

"보주를 내놓는다면 목숨만은 살려주마."

"내게 없습니다."

"어디에 두었느냐?"

"몸을 피할 때에 연못 속에 던져버렸습니다."

"흐음, 연못이라. 어디에 있는 연못이냐?"

"예전에 소신이 살던 집의 연못입니다."

"알았도다."

왕은 곧 많은 사람들을 동원하여 연못의 물을 퍼내게 하였다. 그러나 보주는 없고 애꿎은 물고기만 죽게 하였다. 이것은 일을 급히 서둘러 재 난이 생겼다는 것을 의미한다. 특별한 잘못이 없는데도 예기치않게 닥친 재난을 의미한다.

說文解字 ＊殃(재앙 앙, 내릴 앙. 歹부 5획, 총 9획. *misfortune*) ＊ 及(미칠 급, 찰 급, 때가 올 급. 又부 2획, 총 4획. *reach*) ＊池(못 지, 풍류 이름 지, 섞바꿔 나를 지. 水부 3획, 총 6획. *pond*) ＊魚(물고기 어, 좀 어. 魚부 총 11획. *fish*)

|321

하늘을 우러르며 크게 웃음
仰天大笑 앙천대소

■ **出典** : 『십팔사략(十八史略)』
■ **文意** : 너무나 사리에 어긋난 행동을 보고 어이없어 크게 웃는 것

故事逸話 제(齊)나라 위왕(威王)이 정치를 잘못하여 주변 나라들이 침공해 오더니 왕 8년에는 초나라의 군사가 쳐들어왔다. 조정 대신들은 조나라에 사신을 보내야 한다고 서둘렀다. 그렇게 하여 찾아낸 적임자가 순우곤(淳于髡)이었다.

"나라가 어려움에 처했으니 어서 가라. 과인이 백근의 금과 네 필의 말을 준비했노라."

순우곤이 하늘을 향해 크게 웃자 왕이 그 연유를 물었다. 순우곤은 표정을 굳히며 말했다.

"신이 궁에 들어올 때에 길가에서 농사가 잘 되기를 기원하는 농부를 보았습니다. 그 농부는 돼지 발굽 하나와 술 한 병을 놓고 빌고 있었는데 땅이 무척 거칠었습니다. 거친 땅에서나마 농사가 잘 되기를 기원하는 것이지요. 마마, 신이 보기엔 그렇습니다. 그 농부가 신(神)에게 올리는 제물은 빈약하기 이를 데 없는데 원하는 것은 너무 크지 않습니까?"

왕은 즉시 깨달았다. 그제야 가져갈 예물로 황금 천근과 흰 구슬 십 상과 거마 백 마리를 내놓았다.

說文解字 ＊仰(우러러볼 앙, 의뢰할 앙, 사모할 앙. 人부 4획, 총 6획. *respect*) ＊天(하늘 천, 만물의 근본 천. 大부 1획, 총 4획. *heaven*) ＊大(큰 대, 지날 대. 大부 총 3획, *large*) ＊笑(웃음 소. 竹부 4획, 총 10획. *laugh*)

|322

들판에서 합친다
野 合 야합

■ 出典 : 『사기(史記)』
■ 文意 : 남녀 사이의 합당하지 못한 결합을 이르는 말

故事逸話 『사기』의 「공자세가」에 다음과 같은 말이 있다.

<공자는 노나라의 창평왕 때에 추읍에서 태어났다. 그의 선조는 송나라 사람으로 공방숙(孔防叔)이라 하였다. 방숙은 백하를 낳고 백하는 숙량흘을 낳았다. 숙량흘은 안씨의 딸과 야합(野合)하여 공자를 낳았다. 이구산에서 기도를 한 후에 공자를 얻은 것이다. 공자는 노나라 양공 22년에 탄생했다. 아이가 출생하고 보니 머리 가운데가 쑥 들어간 반면 주위가 불쑥 솟아있어 구(丘)라 이름지었다. 자는 중니(仲尼)고 성은 공(孔)이다. 숙량흘은 공자가 태어난 얼마 후에 세상을 떠났고 방산에 매장되었다.>

방산은 노나라의 동쪽에 위치해 있다. 그러나 공자는 부친의 무덤을 알지 못했다. 그것은 어머니가 공자에게 자신들이 야합한 것을 꺼리어 알려주지 않았다는 것이다.

야합이라는 말이 역사서에 나타나는 것은 두 가지 의미가 있다. 첫째는 사마천이 역사의 기록에 충실하였다는 것이고, 둘째는 풍속으로 볼 때에 나이 차이가 많기 때문에 혼례를 하지 않고 살았다는 뜻으로 이해되어 진다. 그러므로 역사서의 기록대로라면 공자는 사생아이다. 공자는 어머니가 세상을 떠나자 오보의 구리산에 빈소를 차렸는데 그것은 나중에 부친과 합장하려는 의도였다.

說文解字 ＊野(들 야, 들판 야, 촌스러울 야. 里부 4획, 총 11획. *wild*) ＊合(합할 합, 모일 합. 口부 3획, 총 6획. *join*)

|323

나이 스무 살
弱 冠 약관

■ 出典 : 『예기』의 「곡례상편」
■ 文意 : 나이 스무 살을 가리키는 말

___故事逸話___ 공자께서는 「곡례상편(曲禮上篇)」에 사람이 태어나 죽을 때까지의 생활 과정을 나타내고 있다. 이 생활과정을 공자는 말했다.

<사람이 태어나 열살이 되면 유(幼)라하여 배워야 한다. 스무살이 되면 약(弱)이라하여 성인식을 해야 한다. 서른이 되면 장(壯)이라하여 아내를 맞이하고, 마흔 살이 되면 강(强)이라하여 벼슬길에 나아간다. 쉰이 되면 애(艾)라하여 정치에 참여하고, 예순살이 되면 기(耆)라하여 사람에게 지시하여 일을 한다. 일흔이 되면 노(老)라하여 집안의 모든 것을 자식들에게 물려준다. 그리고 여든 살, 아흔 살이 되면 모(耄)라 한다.>

일곱 살은 애처롭다는 뜻으로 도(悼)라 하는데 도와 모의 나이는 죄를 짓더라도 벌을 가하지 않는다. 또 100살은 기(期)라 하여 부양을 받는다.

그러므로 약관은 스무 살을 가리킨다.

참고로 『예기』의 「곡례상편(曲禮上篇)」에서 '곡(曲)'의 의미는 무엇인가? '곡'이란 위곡(委曲)이라는 의미다. 즉, 자세하다는 의미다. 일설에 '곡'은 사(事), 즉 일이라는 뜻이니 오체(五體)의 일을 말하는 것이라 하였다.

___說文解字___ *弱(약할 곡, 어릴 약. 弓부 7획, 총 10획. *weak*) *冠(어른 관, 새별 관, 갓 쓸 관. 冖부 7획, 총 9획. *crown*)

|324
양의 머리를 걸고 개고기를 판다
羊 頭 狗 肉 양두구육

■ 出典 : 『안자춘추(晏子春秋)』
■ 文意 : 겉에는 좋은 품질을 내놓고 나쁜 물건을 파는 것

___故事逸話___ 이말의 어원을 따라가 보면 「무문관(無門關)」엔 이런 말이 있다.

"양의 머리를 걸어놓고 말 머리를 판다(縣羊頭賣馬肉)."

그런가 하면 『안자춘추』에는,

"소의 머리를 문에 걸어놓고 안에서 말고기를 판다(縣牛首于門而賣馬關於內)."

또 『설원(說苑)』에는 다음과 같이 쓰여 있다.

"소의 뼈를 걸어놓고 말고기를 안에서 판다(縣牛骨于門而賣馬肉於內)."

『후한서』에는 광무제가 내린 조서에도 그런 말이 있다.

"양머리를 걸어놓고 말머리를 팔고 있으며, 도척이 공자의 어(語)를 행한다."

여기에서 '도척이 공자의 어를 행한다'는 것은 천하의 도둑놈인 도척이 공자의 말을 자신의 말인 것처럼 주절대며 돌아다니는 것을 의미한다.

결국 양머리를 걸고 어느 것을 팔거나 상대를 속이는 행위이다.

___說文解字___ ＊羊(양 양, 상양새 양, 노닐 양. 羊부 총 6획. *sheep*) ＊頭(머리 두, 위 두, 시초 두, 두목 두. 頁부 7획, 총 16획. *head*) ＊狗(개 구, 강아지 구. 犬부 5획, 총 8획. *dog*) ＊肉(고기 육, 몸 육. 肉부 총 6획. *meat*)

325

대들보 위에 웅크린 도둑
梁 上 君 子 양상군자

■ 出典 : 『후한서』의 「진식전(陳寔傳)」
■ 文意 : 다른 의미로는 대들보 위를 달음질 치는 생쥐를 가리킴

故事逸話 | 후한 사람 진식(陳寔)이 태구현(太丘縣) 현감으로 부임해 왔다. 그는 어진 선비요, 세상사의 단맛과 쓴맛을 고루 경험한 인물이었다. 한때는 살인 혐의를 뒤집어 쓰고 기소되기도 하였으나 혐의가 풀려 태구현 현감으로 발령을 받은 것이다.

어느날 밤. 진식이 책을 읽을 심산으로 방안에 들어갔을 때였다. 그는 문득 대들보 위에 도둑이 침입한 것을 눈치채고 아들과 손자를 불러들였다.

"내 너희들에게 일러줄 말이 있어 이렇게 불렀다. 사람으로 태어난 이상 열심을 내어 살아가야 할 것이다. 그러므로 이 세상에는 악인도 없고 선인도 없다. 부지런히 일을 하고 어려운 일이 있다면 이를 슬기롭게 극복해 나가야 할 것이다. 사람의 본 바탕은 본래 악한 것이 아니므로 하루하루를 반성해야 할 것이다. 그렇지 않고 한두 번의 잘못된 버릇을 고치지 않는다면 지금 대들보 위에 올라가 있는 도둑과 같이 될 것이다."

도둑은 질겁하여 밑으로 내려와 사죄했다.

진식은 좋은 말로 타이르고 두 필의 비단을 주었다.

說文解字 | *梁(대들보 량, 성 양, 나무다리 량. 木부 7획, 총 11획. *ridpepole*) *上(위 상, 바깥 상. 一부 2획, 총 3획. *upper*) *君(군주 군, 임금 군, 아내 군, 남편 군. 口부 4획, 총 7획. *king*) *子(남자 자, 당신 자, 아들 자. 子부 총 3획. *son*)

326
좋은 약은 입에 쓰다
良 藥 苦 口 양약고구

■ **出典** :『공자가어』,『사기』
■ **文意** : 충신의 말은 귀에 거슬리나 행동은 이롭다는 뜻

故事逸話 『사기』의 「유후세가(留侯世家)」에 의하면, 초나라의 항우와 한나라의 유방은 진(秦)나라의 관중에 들어가는 사람이 왕이 되기로 약속했다. 운이 좋게 함양에 들어간 유방은 진나라의 호화스러운 모습에 넋이 달아날 지경이었다. 궁안 곳곳에는 화용월태의 미녀들이 구름처럼 모여 있었으니 호색하던 유방은 그냥 눌러앉고 싶었다. 번쾌가 떠나자고 했으나 듣지 않자 이번에는 장량이 나섰다.

"진나라가 하늘의 뜻을 져버리고 폭정을 하다가 오늘에 이르렀습니다. 그러므로 패공(沛公;유방)께서는 이렇듯 궁에 들어올 수 있었습니다. 모름지기 천하를 얻기 위해서는 이러한 작은 유혹을 물리쳐야 합니다. 또한 백성들을 어루만지며 상복을 입고 그들을 격려해 주어야 합니다. 그렇지 않고 진나라의 보물이나 미인을 수중에 넣는다면 포악한 진나라 임금과 다를 게 무엇이겠습니까. 옛말에 이르기를 '충언은 귀에 거슬려도 행실에 이롭고 양약은 입에 쓰나 병에 이롭다(忠言逆於耳利於行 良藥苦於口利於病)고 했습니다. 부디 번쾌의 말을 들어 주십시오."

그제야 유방은 지체없이 궁을 떠났다.

說文解字 ＊良(좋을 량, 어질 량, 자못 량. 艮부 1획, 총 7획. *good*) ＊藥(약 약. 艸부 15획, 총 19획. *medicine*) ＊苦(쓸 고, 쓴나물 고, 괴로울 고. 艸부 5획, 총 9획. *painful*) ＊口(입 구, 입모양을 본뜬 글자. 口부 총3획. *mouth*)

양포의 행위에 개도 몰라본다
楊 布 之 狗 양포지구

■ 出典 : 『한비자(韓非子)』
■ 文意 : 사람의 겉모습만을 보고 속까지 변했다고 함

　　故事逸話 『한비자』의 「설림하」에 등장한 양주(楊朱)는 전국시대의 묵자(墨子)와는 대조적인 사상을 가진 인물이다. 겸애설(兼愛說)을 치장한 묵자와는 달리 극단적인 이기주의를 주장했다. 맹자는 그들에 대해 혹평을 거침없이 쏟아부었다.

　　"양주라는 이는 부모도 없고 오로지 나 뿐이다. 또한 묵자는 모든 이를 똑같이 사랑하니 아비가 없고 군주가 없다. 그러니 길짐승이나 들짐승과 무엇이 다르겠는가."

　　이러한 맹자의 혹평대로라면 양주는 지독한 낙천주의자였을 것이다. 그것은 도가의 무위이화 사상 때문이었다. 이러한 양주의 아우가 양포(楊布)라는 자인데, 어느날 흰옷을 입고 밖에 나갔는데 돌아올 때엔 비가 온 탓에 후줄근히 젖어 있었다. 게다가 군데군데 흙탕물이 튀어 우중충한 빛을 띄게 되었다. 집에서 기르던 개가 낯선 사람으로 생각하고 으르렁거렸다. 양포가 주인을 몰라본다고 때리려 하자 양주가 나무랬다.

　　"개를 탓하지 마라. 만약 개가 밖에 나가 너처럼 묻히어 왔다면 이상히 여겼을 일이 아니냐."

　　세상 사람들도 그렇다. 상대를 겉모습으로 평가하기 때문이다.

　　說文解字 ＊楊(버들 양. 木부 9획, 총 13획. *willow*) ＊布(베 포, 피륙 포. 巾부 2획, 총 5획. *cloth*) ＊之(의 지, 갈 지. ノ부 3획, 총 4획. *this*) ＊狗(개 구, 강아지 구. 犬부 5획, 총 8획. *dog*)

|328

호랑이를 길러 근심한다
養 虎 貽 患 양호이완

■ 出典 : 『사기』의 「항우본기」
■ 文意 : 공연히 화근을 만들어 걱정함

故事逸話 진(秦)나라 말기에 유방과 항우는 각기 진나라 병사와 대치하며 함양으로 진격했다. 그러나 먼저 함양에 들어온 것은 유방이었다. 당연히 항우는 화가 치솟아 유방을 공격했다. 세가 약한 유방은 간신히 탈출하여 지금의 형서 남부로 물러났다.

세월이 흘러 유방의 세가 강해졌다. 그 반면에 항우는 세가 약해졌다. 유방은 사신을 보내 홍구(鴻溝)를 경계 삼아 서로 침범하지 않는다는 불가침 조약을 맺자고 제안했다. 세가 약한 항우는 이 제안을 받아들였는데 일을 마치고 제갈길로 가려 할 때에 장량과 진평이 유방에게 말했다.

"지금 천하는 모두들 패공을 따르고 있습니다만, 지금 항우는 군량은 떨어지고 군사들의 사기 또한 저조합니다."

"그건 알고 있네."

"지금 그를 공격해야 합니다. 여기에서 그를 죽이지 않는다면 마치 호랑이를 산으로 돌려보내 우환거리를 만든 것과 같습니다."

유방은 그 의견을 받아들여 불가침 조약을 어기고 공격했다. 항우는 오강에서 자살하고 마침내 천하는 통일되었다.

說文解字 ＊養(기를 양. 食부 6획, 총 15획. *bring up*) ＊虎(범 호. 虍부 2획, 총 8획. *tiger*) ＊貽(끼칠 이, 줄 이, 검은 자개 이. 貝부 5획, 총 12획. *give*) ＊患(근심 환, 재앙 환, 병들 환. 우려할 환. 心부 7획, 총 11획. *anxtety*)

329

어부가 이익을 얻다

漁 夫 之 利 어부지리

■ **出典** : 『전국책(戰國策)』
■ **文意** : 서로 이익을 보기 위해 다투는 데 제3자가 이익을 얻는다는 의미

故事逸話 전국시대에 연나라는 주변국으로부터 시달림을 받고 있었다. 서쪽의 조나라가 연나라를 공격하려 하자 연나라에서는 합종책으로 소진의 동생 소대를 조나라 혜왕(惠王)에게 보내 설득하게 하였다. 왕을 알현하고 소대가 말했다.

"제가 조나라로 오는 도중에 역수(易水)를 건너게 되었습니다. 언뜻 강변을 보니 큰 조개가 살을 드러내고 햇볕을 쬐고 있는 것이 아니겠습니까. 그때 도요새가 나타나 살을 쪼아대자 조개는 껍질을 닫아 도요새의 부리를 물었습니다. 도요새가 말했습니다. '오늘도 비가 오지 않고 내일도 비가 오지 않는다면 너는 말라 죽고 말 것이다' 큰 조개도 지지 않고 말했습니다. '내가 오늘도 놓지 않고 내일도 놓지 않는다면 너야말로 죽고 말 것이다' 하였습니다. 이렇게 말하며 어느 쪽도 지지 않고 버팀질을 계속했습니다. 이때 어부가 그곳을 지나가게 되어 모두가 어부의 손에 들어가게 된 것입니다. 지금 연과 조가 헛된 싸움을 하면 진나라가 힘들이지 않고 두 나라를 수중에 넣을 것입니다. 대왕께서는 깊이 생각해 보십시오."

조왕은 이 말을 듣고 연나라 공격을 취소하였다.

說文解字 ＊漁(고기잡이 어, 낚아 빼앗을 어, 낚시터 어. 水부 11획, 총 15획. *fishing*) ＊夫(사내 부, 지아비 어. 大부 1획, 총 4획. *man*) ＊之(의 지, 갈 지, 어조사 지. ノ부 3획, 총 4획. *this*) ＊利(이로울 리, 길할 리, 탐할 리. 刀부 5획, 총 7획. *benefit*)

|330
귀를 막고 방울을 훔친다
掩 耳 盜 鈴 엄이도령

■ **出典** : 『여씨춘추(呂氏春秋)』
■ **文意** : 자기만 듣지 않으면 다른 사람도 듣지않는 줄 안다는 어리석음

故事逸話 이 성어는 「불구론(不苟論)」과 「자지론(自知論)」에도 내용이 보인다. 본래는 '귀를 가리고 종을 훔친다(掩耳盜鐘)'이었는데 『여씨춘추』에서는 방울로 표현하였다.

진(晉)나라의 명문가에 범씨(范氏)가 있었다.

호화찬란한 가문의 위상은 몇 대를 거치면서 몰락의 길을 걸었다. 집안이 어수선 하자 도둑이 들었다. 도둑은 이 집안에 종이 있다는 말을 들었었다. 엄밀히 말한다면 도둑은 종을 훔치러 온 것이다. 그러나 종은 생각보다 컸기 때문에 도저히 혼자의 힘으로는 훔쳐낼 수가 없었다. 도둑은 조각을 내어서라도 훔쳐갈 생각을 했다. 그리고 망치로 내려쳤다.

"콰아앙!"

커다랗게 울리는 종소리를 다른 사람이 들을 새라 도둑은 얼른 자신의 귀를 틀어막았다.

이것은 무슨 뜻인가.

속뜻은 '임금이 바른말을 하는 신하를 소중히 여겨야 한다'는 비유로 들고 있다. 자기의 허물에 대해 다른 사람도 모르는 줄 생각하는 것이야말로 어리석은 것이다.

說文解字 ＊掩(가릴 엄, 막을 엄. 手부 8획, 총 11획. *screen*) ＊耳(말 그칠 이. 耳부 총 6획. *ear*) ＊盜(도적 도, 훔칠 도. 皿부 7획, 총 12획. *rob*) ＊鈴(방울 령. 金부 5획, 총 13획. *bell*)

|331
먹다 남은 복숭아를 드린 죄
餘 桃 之 罪 여도지죄

- **出典** : 『한비자』의 「설난편」
- **文意** : 사랑을 받는 것은 죄를 받게 되는 원인도 됨

故事逸話 위(衛)나라에 미자하(彌子瑕)는 신하가 왕의 총애를 받고 있었다. 어느 날 미자하의 어머니가 병이 났다. 미자하는 왕의 허락을 받은 것처럼 거짓말을 하고 여섯 필이 끄는 왕의 수레를 타고 어머니에게 달려갔다. 위나라의 법에는 왕의 수레를 몰래 타는 자는 목을 베는 사형에 처하게 되었는데도, 왕은 오히려 미자하를 효성이 지극한 신하라고 칭찬했다.

한 번은 왕이 미자하의 과수원을 방문하였다. 미자하는 먹고 있던 복숭아 반쪽을 왕에게 주었다. 왕은 그것을 맛있게 먹었다. 그리고는 미자하의 행위를 극구 칭찬했다.

"얼마나 과인을 사랑하기에 자신이 먹을 것을 잊고 나에게 주는가. 참으로 훌륭한 신하이다."

그러나 세월이 흘러 미자하도 나이 들고 왕의 총애도 떨어졌다. 미자하는 죄를 얻게 되었다. 그것은 거짓말을 하여 왕의 수레를 탔으며 또 왕에게 무엄하게도 먹던 복숭아를 주었다는 것이다. 먼저는 덕행이라 하였고 뒤에는 무엄하다 한 것이다. 이것은 사랑을 받는 것이 그만큼 죄를 받는 이유가 될 수 있다는 것이다.

說文解字 ＊餘(나머지 여, 남을 여. 食부 7획, 총 16획. *remain*) ＊桃(복숭아 도, 복숭아나무 도. 木부 6획, 총 10획) ＊之(의 지, 갈 지. ノ부 3획, 총 4획. *this*) ＊罪(죄 죄, 허물 죄, 벌을 줄 죄. 四부 8획, 총 13획. *crime*)

332
여산의 진면목
廬 山 眞 面 여산진면

■ 出典 : 소식(蘇軾)의 시
■ 文意 : 사물의 진상이나 속셈을 알 수 없을 때 쓰는 말

___故事逸話___ 주(周)나라 무왕(武王) 때에 광속(匡俗)이라는 은자가 여산 깊숙히 은거하고 있었다. 그는 몇 간 안 되는 띠집을 지어놓고 주야로 신선이 되는 술법을 익히고 있었다.

주무왕이 사람을 보내 그를 높이 쓰려 했으나, 사신이 도착했을 때는 사람의 자취는 없고 덩그마니 몇간의 띠집만 있을 뿐이었다. 그러므로 이때부터 사람들은 이 산을 광려(匡廬) · 광려산(匡廬山) · 여산(廬山)이라 하였다. 송나라 때에 시인 소식은 이 산을 둘러보고 한 수의 시를 읊었다.

가로 보면 재를 이루고 가까이 봉우리를 이뤘네
멀고 가까움 높고 낮음이 저마다 다르고
여산의 참 모습을 알 수 없음은
이 몸이 산중에 묻혀 있기 때문이로다

가장 이상적인 피서지로 손꼽히는 여산. 언제나 안개 속에 묻혀 있는 이곳은 구름인지 재인지 알 수 없다는 것이다.

___說文解字___ ＊廬(의심할 려, 생각 려, 염려할 려. 心부 11획, 총 15획. *consider*) ＊山(뫼 산, 산 산. 山부 총 3획. *mountain*) ＊眞(참 진, 진실 진, 바를 진. 目부 5획, 총 10획. *true*) ＊面(얼굴 면, 앞 면, 향할 면. 面부 총 9획. *face*)

|333
용의 턱 아래에 난 비늘
逆 鱗 역린

■ **出典** : 『한비자』의 세난편
■ **文意** : 군주의 허약한 곳을 건드려 노여움을 사는 것

故事逸話 ┃ 예로부터 중국인들은 사령(四靈)이라 하여 봉(鳳) · 인(麟) · 귀(龜)와 함께 용을 신령스럽게 여겨왔다. 특히 용은 비늘이 있는 동물의 장(長)으로서 능히 구름을 일으켜 비를 내리게 한다는 믿음을 갖게 하였다. 특히 용은 군왕을 대변하는 신령스러운 동물이므로 황실의 온갖 서류와 기물에는 용의 모습이 그려지거나 채색되어 왔다.

『한비자』의 「세난편」에는 다음과 같이 적고 있다.

"용은 순한 짐승이다. 길들이면 능히 타고 나닐 수가 있다. 그러나 턱밑에 지름이 한 자 쯤 되는 거꾸로 붙은 비늘이 있는데 이것을 '역린'이라고 한다. 만약 누군가가 이 비늘을 손댄다면 용은 반드시 그를 죽이고 만다. 이러한 역린이 군주에게도 있다."

이것은 '역린'이라는 것이 군주의 허물에 비견할 수 있기 때문이다. 이를테면 주색에 빠진 군주에게 충성스러운 신하들이 자꾸만 그것을 멀리하라고 간언을 한다면 이 역시 역린에 해당한다. 그렇다고 신하된 자가 죽음이 두려워 항상 '예예(唯唯)'만 하는 것은 나라를 위태롭게 만든다고 하였다.

우리는 지난 역사를 볼 때 이러한 '역린'에 빠진 절대 군주들을 보아왔다. 또 죽음을 두려워하지 않고 군주의 역린을 과감히 건드리는 충성스런 신하도 보아왔다. 바로 이점 때문에 나라가 지탱되는 것이다.

說文解字 ┃ ＊逆(거스를 역, 맞을 역. 辶부 6획, 총 10획. oppose) ＊鱗(비늘 린, 물고기 린. 魚부 12획, 총 23획. scales)

334
나무 위에서 물고기를 잡으려 함
緣 木 求 魚 연목구어

- ■出典 : 『맹자』의 「양혜왕편」
- ■文意 : 불가능한 일을 억지로 하려 드는 것

故事逸話 맹자가 제나라에 오십이 넘어서 갔을 때의 일이다. 어느 날 제선왕(齊宣王)이 죽으러 가는 소를 보고 불쌍히 여겨 그것을 양으로 바꾸라고 하는 일이 있었다. 그것을 보고 맹자는 왕의 마음에 인자함이 있음을 칭찬했다. 그리고 나서 이렇게 말했다.

"왕께서 천하를 손에 넣는 것은 하지 않는 것이지 못하는 것이 결코 아닙니다."

왕은 그 차이에 대하여 물었다. 맹자가 말했다.

"예를 들면 이런 것입니다. 태산을 옆에 끼고 바다를 건너뛰는 것은 못하는 일이지만, 어른을 위하여 작은 나무 가지 하나 꺾는 것을 못한다는 것은 하지 않는 것입니다."

맹자께서 다시 왕의 뜻이 어디에 있는 지를 물었다. 우물주물 대답을 피하며 큰 뜻이 있다고만 하자 맹자는 다시 말했다.

"대왕께서 말씀하시는 큰 뜻은 영토를 확장하여 진(秦)나라나 초(楚)나라 같은 나라로부터 문안을 받고 사방의 오랑캐를 어루만지고 싶으실 것입니다. 허지만 그것은 나무에 올라가 고기를 구하는 것(緣木求魚)과 같습니다."

說文解字 *緣(좇을 연, 말미암을 연, 인연할 연. 糸부 9획, 총 15획. *connection*) *木(나무 목, 질박할 목, 뻣뻣할 목. 木부 총 4획. *tree*) *求 (구할 구, 짝 구, 찾을 구. 水부 2획, 총 2획. *want*) *魚(고기 어, 좀 어. 魚부 총 11획. *fish*)

연작이 홍곡의 뜻을 알겠는가
燕 雀 鴻 鵠 知 연작홍곡지

■ **出典** : 『사기』의 「진섭세가」
■ **文意** : 소인이 어찌 대인의 뜻을 알겠는가

故事逸話 ┃ 연작(燕雀)은 제비와 참새를 뜻한다. 또한 홍곡(鴻鵠)은 기러기와 고니다. 그러므로 위의 성어는 '제비나 참새 따위가 어찌 기러기나 고니의 뜻을 알겠는가' 하는 의미다. 위의 연작홍곡지(燕雀鴻鵠知)는 '연작안지홍곡지지(燕雀安知鴻鵠之志)'의 줄임 말이다.

진(秦)나라의 시황제가 세상을 떠난 후 둘째 아들 호(胡)가 보위에 오르자 천하는 소란스러워졌다. 각지에서는 반란군이 득세하였는데 이때 가장 먼저 반기를 든 것은 양성에 사는 진승(陳勝)이었다.

그가 젊을 때에 어느 집에서 고용살이를 하고 있었는데 잠시 쉴 때면 동료들에게 '우리가 장래 귀한 몸이 되면 서로를 잊지 말자' 하였다. 그 말을 들은 고용인은 비웃었다.

"날품팔이를 하는 주제에 언제 귀하게 된단 말인가?"

그러자 진승은 탄식하며 말했다.

"참새나 제비 따위가 어찌 기러기나 고니의 뜻을 알겠는가."

이윽고 천하가 소동되어 각지에서 반란이 일어났을 때, 가장 먼저 봉기한 인물이 바로 진승이었다.

說文解字 ┃ *燕(제비 연, 나라이름 연. 火부 12획, 총 16획. *burn*) *雀(참새 작, 검붉은 빛깔 작. 隹부 3획, 총 11획. *sparrow*) *鴻(기러기 홍, 클 홍, 굳셀 홍. 鳥부 6획, 총 17획. wild goose) *鵠(고니 곡, 흴 곡. 鳥부 7획, 총 18획. *swan*) *知(알 지, 슬기 지, 알릴 지. 矢부 3획, 총 8획. *know*)

|336

종기를 입으로 빨아낸 사랑

吮 疽 之 仁 연저지인

- **出典** : 『사기』의 「손자 · 오기열전」
- **文意** : 어떤 목적을 위하여 가식적인 사랑을 뜻하는 말

故事逸話 오기(吳起)라는 장수가 노나라에서 벼슬을 하고 있을 때에 제(齊)나라가 공격해왔다. 여러 대신들이 소란을 떠는 가운데 오기를 대장으로 삼자는 의견이 나왔다. 그러나 그의 아내가 제나라의 귀족 딸이라는 것을 이유로 탈락될 처지에 이르렀다. 그러자 오기는 자기 아내를 죽이고 그 목을 들고 대신들 앞에 내놓았다.

이런 과정을 거쳐 노나라의 장군이 된 오기는 대공을 세우고 돌아왔으나 모함하는 자가 있어 부득이 탈출하지 않으면 안되었다. 오기는 다시 위나라의 문후(文侯)에게로 가서 장군이 되었다.

이때 그는 가장 신분이 낮은 병사들과 생활했다. 말을 타는 일이 없었으며 자기가 먹을 양식은 언제나 손수 챙겨 들고 다녔다. 한 번은 종기를 앓는 병사가 있었는데 오기는 종기의 고름을 빨아낸 뒤에 손수 약을 발라주었다. 소문을 들은 병사의 어머니가 대성통곡했다. 그녀는 자신이 우는 이유를 이렇게 설명했다.

"지난 해에도 그애 부친의 종기를 빤 일이 있는데 전장터에서 죽었습니다. 오장군이 다시 내 아들의 종기를 빨아주었으니 이제 그 아이는 장군을 위해 물불을 가리지 않을 것이니 언제 죽을 지 모릅니다."

說文解字 ＊吮(빨 연, 기침할 연. 口부 4획, 총 7획. *lick*) ＊疽(등창 저. 疒부 5획, 총 10획. *swell ulcer*) ＊之(의 지, 어조사 지, 갈 지. ノ부 3획, 총 4획. *this*) ＊仁(어질 인, 사람의 근본 인. 동정할 인. 人부 2획, 총 4획. *humane*)

꼬리를 진흙 속에 끌고 다닌다
曳 尾 塗 中 예미도중

■ 出典 : 『장자』의 「추수편, 열어구편」
■ 文意 : 부귀를 누리며 속박받는 것보다 자유롭게 사는 것

故事逸話 초나라의 왕이 사람을 보내 장자(莊子)에게 정치를 맡아 달라는 부탁을 해왔다. 장자가 사신에게 말했다.

"내가 들으니 초나라에는 신귀(神龜)라 불리우는 3천년 묵은 죽은 거북이를 묘당(廟堂) 안에 간직하고 있다고 들었소이다. 그 거북이가 살았을 때에, 그처럼 죽어 소중히 여기는 뼈가 되기를 바랐겠소. 아니면 그보다 살아서 꼬리를 진흙 속에 끌고 다니기를 바라겠소?"

"그야 살아서 진흙 속이라도 꼬리를 끌고 다니는 것을 바라겠지요."

"그렇다면 돌아가시오."

"예에?"

"나는 진흙 속에 꼬리를 끌고 다니고 싶으니까."

그런가하면 『장자』의 「열어구편(列禦寇篇)」에는 장자를 초빙하기 위해 온 임금의 사자에게 말했다.

"당신들은 제사에 쓰는 소를 보았겠지요. 비단 옷을 입히고 풀과 콩을 먹이지만 태묘(太廟)에 들어가게 되었을 때 그 소가 송아지가 되기를 바란다고 한들 무슨 소용이 있겠소."

『장자』의 예미도중은 무위이화(無爲而化) 사상에서 나왔다.

說文解字 ＊曳(끌 예. 曰부 2획, 총 6획. *trail)* ＊尾(꼬리 미, 교미 미, 별 이름 미. 尸부 4획, 총 7획. *tail)* ＊塗(진흙 도, 길 도, 더러울 도, 칠할 도. 土부 10획, 총 13획. *mud)* ＊中(가운데 중, 맞을 중. ㅣ부 3획, 총 4획. *midst)*

|338

오리 사방이 안개 속이다
五 里 霧 中 오리무중

■ **出典** : 『후한서』 「장해전(張楷傳)」
■ **文意** : 어디에 있는 지 찾을 길이 막연하여 갈피를 못 잡음

故事逸話 　후한 때에 지조가 굳은 장해(張楷)라는 학자가 있었다. 그의 아버지 장패(張霸)도 이름이 있는 학자였는데, 그는 세상에 야합을 하지 않고 고고하게 살았다. 장해도 아버지의 그런 기상을 이어받아서인 지 많은 학자들이 그를 따랐다. 그러나 벼슬은 원하지 않고 화음산(華陰山) 아래 은거한 바람에 공초시(公超市) 하나가 생겨났다. 조정의 중신들이 몇번이나 그를 추천하여 벼슬길에 나오게 했으나 사양했다. 안제(安帝)가 죽고 순제(順帝)가 즉위했다. 순제는 하남윤(河南尹)에게 격찬했다.

"장해의 행실은 공자의 손자 자사(子思)를 따르고, 그 지조는 백이와 숙제와 같다."

이렇게 말하고 그를 맞이하려 했으나 장해는 이때도 병을 칭하여 나오 지를 않았다. 장해는 학문만 높을 뿐만 아니라 도술도 곧잘 써서 5리나 안개를 일으켰다. 이때 관서 사람 배우(裵優)라는 자도 3리나 안개를 일으키는 술수를 썼는데 장해가 5리에 걸치는 안개를 일으킨다는 말을 듣고 그를 찾아가 재주를 배우려고 했으나 만나주지 않고 모습을 감춰버렸다.

說文解字 　＊五(다섯 오, 다섯 번 오. 二부 2획, 총 4획. *five*) ＊襄里 (마을 리. 里부 총 7획. *village*) ＊霧(안개 무, 안개 자욱할 무. 雨부 11획, 총 19획. *fog*) ＊中(가운데 중, 마음 중, 응할 중. 一부 3획, 총 5획. *midst*)

339

오십 보와 백 보

五 十 步 百 步 오십보백보

- **出典** : 『맹자』의 「양혜왕편」
- **文意** : 도망을 치는 데엔 오십 보나 백 보나 본질적으로 같다는 말

故事逸話 전국시대에 맹자가 위나라의 혜왕에게 초청을 받았을 때였다. 혜왕은 도성을 양(梁)으로 옮겼으므로 기록에는 양혜왕으로 나타나 있다. 당시 위나라는 강대국인 진(秦)의 위협을 받고 있는 상태였으며, 제나라와의 싸움에 패했으므로 왕은 널리·현사(賢士)를 찾고 있었다. 어느 날 왕은 맹자에게 물었다.

"나는 하내 지방에 흉년이 들면 하동의 곡식을 그쪽으로 옮겨 백성을 보살폈습니다. 그런데도 사람의 숫자가 늘어나지 않으니 이유가 무엇입니까?"

이 무렵은 나라의 힘이 백성의 수효에 있었다. 맹자는 왕의 물음에 비유를 들어 답했다.

"왕께서 전쟁을 좋아하시니 그것을 비유로 말하겠습니다. 싸움이 계속되는데 겁을 먹은 병사가 도망을 칩니다. 그런데 오십보를 도망친 자가 백보를 도망친 자를 겁쟁이라고 했습니다. 도망친 것으로 본다면 오십보나 백 보나 똑같은 일이지요. 이웃나라보다 백성의 수자가 적다고하여 많아지는 것을 바랄 필요는 없겠지요."

說文解字 ＊五(다섯 오, 다섯 번 오. 二부 2획, 총 4획. *five*) ＊十(열 십, 열번 십, 열배 십. 十부 총 2획. *ten*) ＊步(걸을 보, 두발자취 보, 하나 보, 운수 보. 止부 3획, 총 7획. *walk*) ＊百(일백 백, 白부 1획, 총 6획. hundred) ＊步(걸을 보, 두발자취 보, 하나 보. 止부 3획, 총 7획. *walk*)

|340

오와 월나라 사람이 같은 배를 타다
吳 越 同 舟 오월동주

- **出典** : 『손자병법』의 「구지편」
- **文意** : 사이가 좋지않은 사람들끼리 한 곳에 있음

故事逸話 『손자병법』의 저자 손빈(孫臏)은 전국시대 사람이다. 그러나 대부분의 기록에는 『손자병법』의 저자를 오나라의 손무(孫武)라고 밝힌다. 그 『손자병법』에 병(兵)을 쓰는 아홉 가지의 방법이 있는데, 그 아홉번째를 사지(死地)라 하였다. 죽기를 각오하고 싸우면 살아나는 방법이 있고, 겁을 내면 망한다는 것이 '필사(必死)의 지(地)'라고 밝힌다.

"병사를 움직이는 것은 솔연(率然)이라는 뱀과 같아야 하는데, 이놈은 목을 때리면 꼬리로 덤비고 꼬리를 때리면 머리로 덤빈다. 병을 움직이는 것도 이와 같은 것이다. 오나라와 월나라 사람들은 옛날부터 원수지간이다. 그들은 백성들까지도 서로 미워하고 있다. 그러나 오와 월의 사람이 함께 배를 타고 강을 건널 때에 바람이 불어와 배가 뒤집히게 되었다면 당연히 묵은 감정을 잊고 서로 도와야 한다."

'오월동주'는 여기에서 나왔다. 이를테면 전쟁터는 각양각색의 인물들이 모인 자리다. 용감한 자, 겁 많은 자, 게으른 자, 부지런한 자 등등 여러 종류의 사람들이 모인 자리다. 싸움이 시작되면 이렇듯 각양각색의 사람들이 일치 단결해야 하는 것이다.

說文解字 *吳(오나라 오, 큰소리할 오. 口부 4획, 총 7획) *越(월나라 월, 넘을 월, 건널 월. 走부 5획, 총 12획. overpass) *同(같을 동, 한 가지 동, 가지런할 동. 口부 3획, 총 6획. same) *舟(배 주, 잔디 주. 舟부 총 6획. ship)

|341
까마귀가 떼를 지어 있음
烏 合 之 衆 오합지중

■ 出典 : 『후한서』 「경연전」 「비동전」
■ 文意 : 어중이 떠중이가 모인 질서없는 무리

<u>故事逸話</u> 전한(前漢)을 이어 신(新)을 세운 왕망은 정치를 잘못한 탓에 도둑들이 날뛰었다. 이때 대사마로 있던 유수(劉秀)는 왕망의 군대를 격파하고 경제의 자손 유현(劉玄)을 세웠다. 어느때인가 경엄이 군대를 이끌고 유수에게 항복을 하러 가는 데 왕랑(王郞)이라는 자가 한나라의 정통이라고 말했다. 이에 경엄은 꾸짖었다.
  "우리의 기병대로써 오합지중을 치는 것은 썩은 고목을 꺾고 썩은 것을 깎음이다."
  그런가하면 패공(沛公)의 상객 역이기가 진류의 교외에 주둔한 병사들을 보고 평한 내용이 있다.
  "당신이 까마귀떼 무리를 규합하여 어수선한 군대를 모을지라도 만 명은 차지 않을 것이오." 하는 대목이 나온다. 여기에서는 어중이 떠중이들을 속이 검은 까마귀떼로 규정한다.
  『후한서』 「비동전」에는,
  "점을 치는 왕랑이라는 자가 거짓으로 태자를 사칭하여 세력을 확대하여 돌아다니며 오합지중(烏合之衆)을 모아 마침내 연나라와 조나라의 땅을 진동시켰다."

<u>說文解字</u> ＊烏(까마귀 오, 검을 오, 탐닉할 오. 火부 6획, 총 10획. crow) ＊合(합할 합, 같을 합. 口부 3획, 총 6획. unite) ＊之(의 지, 어조사 지. ノ부 3획, 총 4획. this) ＊衆(무리 중, 많을 중, 민심 중. 血부 6획, 총 12획. many)

|342
지붕 위에 지붕을 얹는다
屋 上 屋 옥상옥

■ 出典 : 『세설신어』의 「문학편」
■ 文意 : 공연한 헛수고나 이중으로 한 필요없는 일을 뜻함

　　故事逸話 ┃ 동진의 유중초(庾中初)가 수도인 건강(建康;남경)의 아름다움을 노래한 「양도부(楊都賦)」를 지었을 때에 그것을 친척인 세도재상 유양(庾亮)에게 보냈다. 그는 친척이라는 좋은 끈 때문인지 넉넉하게 평을 해주었다.

"이 시는 좌태충(左太忠)이 지은 「삼도부(三都賦)」에 비하여 조금도 손색이 없습니다.

유양은 덧붙였다. 「양도부」 안에는 '삼이경(三二京)'과 '사삼도(四三都)'라는 구절이 있는데 한결같이 빼어난 시구라고 칭찬을 늘어놓았다. 그러자 사람들은 이 시를 베끼려고 앞을 다투어 종이를 구하려는 바람에 낙양에 품귀 현상이 일어날 정도였다.

이렇듯 경박한 인심에 대하여 태부(太傅)로 있던 사안석(謝安石)은 당치않은 일이라고 힐책했다.

"당치않은 일이다. 이 시부는 지붕 위에 지붕을 걸쳤을 뿐이다."

남의 것을 모방한 작품이라는 것이다. 다시 말해 위의 작품은 좌사(左思)의 작품을 모방하여 만든 것으로 일고의 가치가 없다는 뜻이었다. 위의 말은 다르게 옥상가옥(屋上加屋) 또는 옥상가옥(屋上架屋)으로 쓰인다.

─────────────────────────────

　　說文解字 ┃ ＊屋(집 옥, 지붕 옥. 尸부 6획, 총 9획. *house*) ＊上(윗 상, 바깥 상, 임금 상, 오를 상. 一부 2획, 총 3획. *upper*) ＊屋(집 옥, 지붕 옥. 尸부 6획, 총 9획. *house*)

|343
옥과 돌이 함께 타는 것
玉 石 俱 焚 옥석구분

■ 出典 : 『서경』의 「하서」 윤정편
■ 文意 : 선인과 악인이 함께 난을 만남

故事逸話 불이 붙으면 옥석이 함께 탄다. 당연한 말이다. 사나운 불길이 어찌 돌은 태우고 옥은 그만 둘 것인가. 이 말은 『서경(西經)』의 「하서(夏書)」 윤정편(胤征篇)에 나오는 말이다. 여기에서 말하는 '윤정'은 하왕의 명을 받은 윤후(胤侯)가 희화(羲和)를 치러갈 때의 선언문을 가리킨다.

<…불이 곤륜산에 붙으면 옥과 돌이 다 타고 만다. 하늘의 도가 무릇 그 덕을 잃으면 해독은 사나운 불보다 무섭다. 비록 그 괴수는 죽음에 이르게 할지라도 함께 한 자 가운데서 차마 한사람은 죄를 주지 않는다. 그것은 더러운 옛 습관을 버리고 다함께 새로운 사람이 되라는 것이다.>

이러한 옥석구분의 종류는 너무나 많다. 이를테면 천재지변이 일어나 모두가 죽게 되거나, 악한 자를 친구로 둔 탓에 피해를 입거나, 전쟁으로 인하여 무고한 양민이 희생되거나, 권력 투쟁으로 인하여 제3자가 피해를 입거나 다른 사람으로 인하여 피해를 입는 것 등이다.

우리 속담에 '콩 심은 데 콩 나고 팥 심은데 팥이 난다' 는 말이 있다. 의미를 해보면 이런 뜻이 깃들어 있는 것을 알 수 있다. 즉, 좋은 친구는 좋은 결과를 얻고, 나쁜 친구는 결과가 좋지 못하다는 것이다.

說文解字 *玉(구슬 옥, 사랑할 옥. 玉부 총 5획. *jewel*) *石(돌 석. 石부 총 5획. *stone*) *俱(함께 구, 갖출 구, 함께할 구. 人부 8획, 총 10획. *together*) *焚(태울 분, 불사를 분. 火부 8획, 총 12획. *burn*)

옥과 돌이 함께 섞이다
玉 石 混 淆 옥석혼효

- **出典** : 갈홍(葛洪)의 「포박자」
- **文意** : 좋은 것과 나쁜 것이 섞이면 선악을 구분 못한다.

故事逸話 『포박자』의 저자 갈홍의 자(字)는 치천(稚川)이다. 어릴 때부터 유학을 배웠으나 신선이 되는 선술과 양기술에 심취하여 그 길로 정진하였다. 그런데 흥미로운 것은 집안 내력이다. 그의 조부의 사촌인 갈현(葛玄)은 선인이 되어 갈선옹(葛仙翁)이라는 칭호를 받았으며, 갈홍은 소갈선옹(小葛仙翁)이라 하였다. 그러나 갈홍 자신은 스스로 포박자 (抱朴子)라 하였다. 갈홍이 지은 『포박자』라는 책의 「상박편」에 이런 내용이 있다.

세상 사람들이 천박하기 이를데 없는 시나 글을 사랑하고 뜻이 깊은 옛날 책들을 업신 여기며, 자신을 위해 좋은 교훈이 되는 말을 싫어하고 속이 텅빈 겉치레 뿐인 말들을 좋아하는 한심스러운 풍조에 대하여 이렇게 말했다.

"참(眞)과 거짓(僞)이 뒤바뀌고 구슬과 돌이 뒤섞이는(混淆) 것으로, 아악이 속악인양, 아름다운 의복을 남루한 옷으로 똑같이 생각하여 깨어날 줄을 모른다. 참으로 한심스러운 생각이다."

갈홍은 탄식한다. 티끌이라는 것이 모이면 뫼(山)를 이루고 많은 빛깔이 모이면 현란함을 나타내는 것을 모른다는 것이다.

說文解字 ＊玉(구슬 옥, 사랑할 옥, 이를 옥. 玉부 총 5획. *jewel*) ＊石(저울 석, 단단할 석. 石부 총 5획. *stone*) ＊混(섞일 혼, 덩어리 혼, 흐릴 혼. 水부 8획, 총 12획. *mix*) ＊淆(어지어울 효, 흙탕질 효, 잡될 효. 水부 8획, 총 12획. *confused*)

옛것을 익히어 새것을 안다
溫 故 知 新 온고지신

■ **出典** : 『논어』의 「위정편」
■ **文意** : 옛것을 온저히 알아야 새로운 것을 발견한다는 뜻

故事逸話 일찍이 공자께서는 '옛것을 익히어 새로운 것을 온전히 앎으로 다른 사람의 스승이 된다'고 하였다. 여기에 등장하는 '고(故)'는 역사를 가리키며 '온(溫)'은 고기를 모닥불에 끓여 국을 만든다는 의미다. 이것은 역사를 깊이 탐구함으로써 새로운 사태를 정확히 안다는 뜻이다.

하루는 자장(子張)이 십대(十代) 후 왕조의 형편에 대해 공자에게 추측이 가능한 지를 물었다. 공자가 답했다.

"은(殷)나라는 하나라의 예의와 법도를 이어받았다. 그러므로 서로를 비교해 보면 무엇이 같고 다른 것인지 알 수 있을 것이다. 뒤를 이어 주나라를 보면 그 전왕조와 무엇이 같고 다른 지 알 수 있을 것이다. 이렇게 하면 십대가 아니라 백대까지도 추정이 가능해진다."

그리고나서 공자는 탄식한다. 자신이 세운 설(說)은 뒷받침을 할 증거가 없기 때문에 실증을 확실히 할 수 없다는 것이다. 옛것에 대한 올바른 지식이 없이는 새로운 사태를 정확히 인식할 수 없다는 것이다. 이것이 온고지신의 본의다.

說文解字 ＊溫(더울 온, 데울 온, 익힐 온, 샘 이름 온. 水부 10획, 총 14획. *warm*) ＊故(옛 고, 일 고, 변사 고, 까닭 고. 攴부 5획, 총 9획. *reason*) ＊知(알 지, 깨달을 지, 생각할 지. 矢부 3획, 총 8획. *know*) ＊新(새로울 신, 고울 신, 거듭날 신, 새롭게 할 신. 斤부 9획, 총 13획. *new*)

섶에 눕고 쓸개를 맛보다
臥 薪 嘗 膽 와신상담

■ 出典 : 『사기』의 「월세가」

■ 文意 : 복수를 위하여 온갖 어려운 일을 참고 견딘다

<u>故事逸話</u>   오왕 합려(闔閭)가 취리의 전투에서 패하여 도망을 치다가 '경'이라는 곳에 이르러 숨을 거두었다. 이때 그는 부차에게 복수해 줄 것을 명하였다.

"부차야, 원수를 갚아다오. 이 억울함을 풀어다오."

뒤를 이어 보위에 오른 부차는 장작 위에서 자며 방을 나가고 들어올 때에는 사람들로 하여금 이렇게 묻게 하였다.

"부차여, 원수를 잊었느냐?"

그러면 그는 준비된 말을 내놓았다.

"어찌 잊을 수가 있겠습니까. 반드시 삼년 안에 원수를 갚겠습니다."

부차는 임종 때에 합려가 남긴 유언의 말을 되뇌이며 이를 갈았다. 이후 부차는 월왕을 회계산에서 크게 무찔러 항복을 받아냈다. 겨우 목숨을 건진 월왕은 항상 자리 옆에 쓸개를 매달아놓고 누울 때엔 그것을 핥으며 복수를 다짐하였다. 월왕 구천은 이로부터 12년 후에 다시 천하의 패자가 되었으며, 4년 뒤에는 오나라의 세력을 약화시키고 2년이 지나 오왕 부차를 항복시켰다. '와신'과 '상담'은 따로 따로 성어의 기능을 가지고 있는 셈이다.

<u>說文解字</u>   *臥(누울 와, 쉴 와. 臣부 2획, 총 9획. *lie down*) *薪(섶 신, 풀 신, 월급 신. ++부 13획, 총 17획. *brushwood*) *嘗(맛볼 상, 시험할 상, 일찍 상. 口부 11획, 총 14획. *taste*) *膽(쓸개 담. 肉 13획, 총 17획. *gall bladder*)

|347

달팽이 뿔 위에서 다투다
蝸 牛 角 上 爭 와우각상쟁

■ 出典 : 『장자』의 「즉양편」
■ 文意 : 아주 보잘 것 없는 일로 다투는 것

故事逸話　위(魏)나라의 혜왕과 제(齊)나라의 위왕이 불가침 동맹을 깨뜨리자 노기가 등등하여 당장에 자객을 보내 암살을 해야 한다고 떠들어댔다. 이때 혜왕의 신하 공손연은 정정당당히 병사를 일으켜 제나라를 칠 것을 주장하였다. 그러자 백성들을 괴롭히는 일이라고 계자(季子)가 반대하고 나섰다.

"전쟁을 일으키는 것은 백성을 상하게 합니다. 옳지 않습니다."

서로의 의견이 부딪치자 재상 혜자가 대진인(戴晉人)이라는 인물을 추천했다. 그는 대뜸 달팽이를 아느냐고 묻고 이렇게 말했다.

"달팽이라는 놈의 왼쪽 뿔에는 촉씨(觸氏)라는 자의 나라가 있고, 오른쪽 뿔에는 만씨(蠻氏)라는 자의 나라가 있습니다. 두 나라 사이에는 끊임없이 영토 싸움을 해왔는데 어떤 때엔 양측의 병사들이 수십만이나 다치거나 죽임을 당했습니다."

그 무슨 해괴한 말이냐고 반문하자 그는 이렇게 답했다.

"왕께서는 우주가 끝이 있다고 생각하십니까? 끝이 없는 우주에 비한다면 제나라와 위나라는 달팽이 뿔 위의 나라인 촉씨와 만씨에 비하여 다를 것이 없습니다."

說文解字　＊蝸(달팽이 와. 虫부 9획, 총 15획. *snail*) ＊牛(소 우, 별이름 우. 牛부 0획, 총 4획. *cow*) ＊角(뿔 각, 다툴 각. 角부 0획, 총 7획. *horn*) ＊上(윗 상, 바깥 상. 一부 2획, 총 3획. *upper*) ＊爭(다툴 쟁, 분별할 쟁. 瓜부 4획, 총 8획. *fight*)

|348
구슬을 온전히 한다
完 璧 완벽

■ **出典** : 『사기』의 「인상여열전」
■ **文意** : 모자라거나 부족함이 없음

故事逸話 전국시대 말에 조(趙)나라의 혜문왕이 우연히 화씨벽(和氏璧)을 얻게 되었다. 그것은 일종의 야광주다. 진나라의 소왕이 화씨벽을 탐내어 진나라의 15성과 바꾸자는 제의를 해왔다. 조나라는 상황이 곤란해졌다. 구슬을 안주면 트집을 잡아 공격해 올 것이고, 구슬을 보내면 그것만을 받고 성은 주지 않을 것이 뻔했다. 이때 인상여(藺相如)라는 이가 그 구슬을 가지고 진나라로 들어가겠다고 청하여 허락을 받아냈다.

진의 소왕은 구슬을 보고 크게 기뻐하며 여러 대신들과 후궁들이 돌려가며 구슬을 보게 하였다. 그러나 아무래도 성을 주려는 태도는 아니었다. 인상여는 이를 알아차리고 구슬에 흠이 있는 곳을 알려주겠다는 핑계로 구슬을 돌려받고는 그것을 기둥에 대고 말했다.

"어찌하여 대왕은 구슬을 받으시고도 성을 주려고 하질 않습니까. 약속을 지키지 않으시고 신을 핍박한다면 지금 이 구슬을 깨뜨리겠습니다."

급해진 진의 소왕은 열 다섯 성을 주겠다고 허둥지둥 말했다. 인상여는 곧이 듣지 않았다. 목욕 재계하고 닷새 후에 받으라는 말을 하고 나서, 은밀히 조나라로 구슬을 빼돌렸다. 완벽은 흠이 없다는 뜻과 온전히 되돌아 왔다는 뜻이 있다.

說文解字 *完(온전히 할 완, 끝날 완. 宀부 4획, 총 7획. *perfact*)
*璧(구슬 벽, 옥 벽. 王부 13획, 총 18획. *round jade*)

|349
산을 좋아하고 물을 좋아함
樂 山 樂 水 요산요수

■ **出典** : 『논어』
■ **文意** : 어진 자는 산을 좋아하고, 지혜로운 자는 물을 좋아함

故事逸話 사마우가 인(仁)에 대해 묻자 공자가 답했다.
"인자는 말하는 것을 어려워한다."
"말함을 어려워한다는 것은 무엇입니까?"
"행함이 어려운데 어찌 말하는 것이 어렵지 않겠느냐."
어느 날 자장이 공자에게 물었다.
"초나라의 자문이라는 자가 세 번이나 영윤 자리에 올랐는데 기쁜 내색이 없으며, 세 번을 파면 당했는데 원망하는 빛이 없이 이전에 했던 일을 새로운 영윤에게 보고를 했습니다. 이 일을 어찌 생각하십니까?"
공자는 진실하다고 답했다. 자장은 그것을 인이라 할 수 있느냐고 되물었다. 공자가 말했다.
"그를 자세히 모르는 데 어찌 인이라 할 수 있겠느냐."
자장은 진문자에 대해서도 물었다. 최자라는 이가 무도하여 군주를 죽이자 모든 가산을 두고 떠난 것을 인자라 할 수 있느냐 물었다. 공자는 답했다.
"그는 결백하다. 잘 알지 못하므로 인자라 할 수는 없다."

說文解字 ＊樂(좋아할 요, 하고자 할 요. 木부 11획, 총 15획. *pleasure*) ＊山(메 산, 산 산. 山부 0획, 총 3획. *mountain*) ＊樂(좋아할 요, 하고자할 요. 木부 11획, 총 15획. *pleasure*) ＊水(물 수, 홍수 수, 국물 수. 水부 0획, 총 4획. *water*)

요동의 돼지
遼 東 豕 요동시

■ 出典 : 『한서』

■ 文意 : 귀한 것인줄 알았는데 평범한 것임

故事逸話 　왕망(王莽)은 신(新)나라를 세웠으나 정치를 잘못하여 천하가 소란스러웠다. 반란이 일어나고 도적떼들이 날뛴 가운데 외곽에서 일어난 유수(광무제)는 도탄에 빠진 백성들을 구하려고 온갖 애를 썼다. 한편으로는 덕이 있는 선비들을 발탁하여 행정에 관한 일을 맡기려고 했는데, 이 일의 적임자가 유주목(幽州牧)으로 있는 주부(朱浮)라는 장수였다. 이때 주부가 하는 일을 반대하고 나선 것은 어양 태수 팽총(彭寵)이었다. 그는 병사를 휘몰아 주부를 공격하려 들었다. 주부는 즉시 편지를 썼다.

　"당신은 태수의 지위에 앉아 있으므로 식량이 필요하지만 나는 나라의 도둑을 무찌르기 위하여 식량이 필요한 것이오. 내가 하는 일이 잘못된 것 같으면 무릇 천자에게 글을 올려 탄핵하시오. 한가지 이런 얘기를 해드리고 싶소이다. 옛날 요동의 어떤 사람이 머리가 흰 돼지새끼를 얻었소. 그것을 바치려고 도성으로 가던 중에 강동에 이르렀는데 어찌된 셈인지 그곳에는 온통 머리가 흰 돼지뿐이었소. 그는 몹시 부끄럽게 여기어 돌아갔소이다. 지금 태수께서 예전의 공을 내세워 조정에 있는 공신들과 비교하려 든다면 그대는 한낱 요동 돼지에 불과할 것이오."

說文解字 　＊遼(멀 료, 나라이름 료. 辶부 12획, 총 15획. *far*) ＊東(동녘 동. 木부 4획, 총 8획. *east*) ＊豕(돼지 시, 집돼지 멧돼지의 통칭 시. 豕부 0획, 총 7획. *pig*)

|351

요령을 알지 못한다
要 領 不 得 요령부득

■ **出典** : 『사기』의 「대완전」, 『한서』
■ **文意** : 중요한 것을 얻지 못하고 빈 손으로 돌아오다

故事逸話 한족에게 있어 흉노족들은 참으로 고약한 존재들이었다. 그들은 만리장성의 서북쪽에 위치해 있다가 틈만 나면 밀어닥쳐 한족들을 긴장시켰다. 도대체 이들은 어떤 생활을 하는 것일까. 상당수의 한족들은 그 점을 궁금히 여겼는데 이러한 그들의 생활상을 전해 준 이가 바로 장건(張騫)이었다.

장건은 흉노족들이 득세했던 한무제 때에 사신으로 간 인물이다. 그들에게 억류되어 10년의 세월을 보냈는데 도중에 탈출하여 천산 산맥을 넘어 대완국에 머물렀다.

장건이 한무제의 뜻을 전할 때에는 천하의 사정이 너무나 달라져 있었다. 생활은 넉넉하여 풍요로웠으니 이들이 새삼스럽게 전쟁을 일으킬 명분이 없었다.

어떻게든 이들을 움직여 흉노족을 공격하려 했으나 소득이 없자 장건은 대하로 갔다. 그러나 결과는 마찬가지였다. 『한서』에는 이렇게 씌어 있다.

"끝내 사신의 사명인 월지의 요령(要領)을 얻지 못하고(不得) 1년 반 만에 돌아오고 말았다."

說文解字 ＊要(구할 요, 모일 요, 언약할 요, 살필 요. 襾부 3획, 총 9획. *request*) ＊領(옷깃 령, 거느릴 령, 받을 령. 頁부 5획, 총 14획. *lead*) ＊不(아니 부. 一부 3획, 총 4획, *not*) ＊得(얻을 득, 彳부 8획, 총 11획. *gain*)

|352
너무 서둘러 일이 진척이 안됨
欲 速 不 達 욕속부달

- **出典** : 『논어』의 「자로편」
- **文意** : 빨리 하려고 하면 일이 잘 되지를 않는다

故事逸話 공자의 제자 자하(子夏)가 거보(莒父)라는 마을의 장관
이 되었다. 그는 스승을 찾아와 정치하는 방법에 대해 물었다.

"선생님, 어떻게 해야 정치를 잘한다는 말을 들을 수 있겠습니까? 하
교해 주십시오."

공자가 말했다.

"무릇 모든 일을 처리하는 데에 있어, 빨리만 하려 들지 말라. 또한
눈앞의 작은 이익만을 보지 말라. 빨리 하려고 하면 일이 잘 되지를 않고
작은 이익을 보면 큰 일이 이루어지지를 않는다."

본문에 나오는 '욕속(欲速)'은 빠른 행동이 아니다. 일을 빨리 마무
리 짓는다는 조급함을 의미한다. 그러므로 아무리 급한 일이 있더라도
마음은 차분하고 듬직하게 하고 행동은 민첩하게 하는 것을 권한다. 이
렇게 해야만 좋은 성과를 올릴 수 있다.

역사적으로나 현세적으로 보면 대개 큰일을 하는 사람들은 눈앞의 작
은 이익에 현혹되지를 않는다. 정확한 판단을 앞세워 윤리적으로 솔선수
범해야 하는 것을 강조한다. 이 말의 뒤를 이어 짝을 이룬 단어가 욕교반
졸(欲巧反拙)이다.

說文解字 ＊欲(하고자 할 욕, 욕심 욕. 欠부 7획, 총 11획. *desire*)
＊速(빠를 속, 빨리 속. 辵부 7획, 총 11획. *fast*) ＊不(아니 부. 一부 3획,
총 4획. *not*) ＊達(이를 달, 통달할 달. 능숙할 달. 辵부 9획, 총 13획.
reach to)

353

용의 머리에 뱀의 꼬리
龍 頭 蛇 尾 용두사미

■ **出典** : 『벽암집(碧岩集)』
■ **文意** : 처음의 시작은 그럴 듯 하나 마무리가 시원치 않음

故事逸話 진존자(陳尊者)는 목주(睦州) 사람이다. 그는 그 지방에 있는 용흥사(龍興寺)라는 절에 머물러 있었는데, 나중에 나이가 들자 각지로 돌아다니며 짚신을 삼아 나그네들에게 나누어주었다. 이러한 진존자가 연로해졌을 때였다. 하루는 중 한 사람 만났는데 눈빛이 몹시 날카로워 예사롭지가 않았다. 더구나 그는 '에잇!' 하는 기합 만을 낼 뿐으로 그 다음의 행동은 이어가지를 않았다. 그러나 모양새가 너무 근엄하여 마치 도를 닦은 고승처럼 생각되었다.

이때 진존자의 머리에 스쳐 가는 것이 있었다. 이 스님의 행동은 겉으로 보면 굉장히 도력이 높은 것 같으나 기실은 그렇지 못하다는 결론을 지었다.

"이 사람은 그럴 듯 하나 진면목은 다를 것이다. 모르긴 해도 분명 용의 머리에 뱀의 꼬리이기가 쉬울 것이야(似則似 是則未是 只恐龍頭蛇尾)."

진존자는 말했다.

"스님께서는 계속 기합만 지르시는 데 결론은 언제 짓습니까."

그제야 스님은 슬그머니 떠나버렸다.

說文解字 *龍(용 용, 귀신이름 용. 龍부 0획, 총 16획. *dragon*) *頭(머리 두, 위 두, 두목 두. 頁부 7획, 총 16획. *head*) *蛇(뱀 사, 이무기 타. 虫부 5획, 총 11획. *snake*) *尾(뒤 미, 꼬리 미, 끝 미. 尸부 4획, 총 7획. *tail*)

|354
우공이 산을 옮기다
愚 公 移 山 우공이산

■ 出典 : 『열자』의 「탕문편」

■ 文意 : 아무리 어려운 일이라도 끈기와 성의가 있으면 이룰 수 있다.

__故事逸話__ 태행산(太行山)과 왕옥산(王屋山)은 사방 둘레는 7백리
나 되고 높이는 1만킬로에 해당된다. 이때 북산에 사는 우공(愚公)이라는
이가 나이가 90이 되었는데 집을 나서면 반드시 이 산을 돌아가는 불편
을 없애고자 가족들이 회의를 하였다. 그것은 산을 파서 평평하게 만들
자는 내용이었다. 우공이 세 아들과 손자들에게 흙을 파서 운반하게 하
는데 황하 강변에 사는 지수(智水)라는 이가 충고했다.

"이보시오, 어떻게 당신네 식구들 만으로 산을 평평하게 할 수 있단
말이오. 산의 한쪽 귀퉁이도 허물기 어려운데 어찌 큰 산의 돌과 흙을 운
반할 수 있단 말이오."

우공은 상대의 말이 가소롭다는 표정이었다.

"당신이 그렇게 생각을 하는 것도 무리는 아닐 것이오. 늙은 내가 일
을 하면 얼마나 하겠소. 머지않아 죽을 것이오. 그러나 아들과 손자, 그리
고 손자에 손자가 이 일을 계속할 것이오. 그렇게 하면 언젠가는 끝이 나
겠지."

이 말을 들은 사신(蛇神)의 청으로 괴아 씨의 두 아들은 두 산을 옮겨
주었다. 우공이 바라던 대로 앞이 시원하게 열린 것이다.

__說文解字__ ＊愚(어리석을 우, 병 우, 근심 우. 心부 11획, 총 15획.
anxieous) ＊公(어른 공, 한가지 공. 八부 2획, 총 4획. *impartiality*) ＊移
(옮길 이, 이동 이. 禾부 6획, 총 11획. *remove*) ＊山(산 산, 메 산. 山부
0획, 총 3획. *mountain*)

돌아서 가는 계책
迂直之計 우직지계

■ 出典 : 『손자병법』의 「군쟁편」
■ 文意 : 적군보다 늦게 출발했으나 먼저 도착한다는 계책

故事逸話 『손자병법』의 저자 손자(孫子)는 전쟁에 대해 이렇게 말하고 있다.

"전쟁이라는 것은 장수가 군왕의 명을 받들어 병사를 모으고 군을 편성하여 진지를 구축하고 적과 대치하는 순서로 들어간다."

이 다음으로 어렵고 중요한 것이 전투 방법이다. 전투에 있어서 승패는 종이 한 장 차이라 하였다. 다시 말해 승패의 요점은 우직지계의 여부를 알고 있느냐이다. 예를 들자면 병력을 휘몰아 원정에 나갔을 때 아군의 힘만을 믿고 밤낮으로 강행군을 한다면 실제 전투가 일어났을 때엔 전투력이 크게 저하될 것이 뻔하다. 이렇게 되면 승리는 기대할 수 없게 된다.

손자는 신출귀몰한 전투방식에 대하여 설명하고 있다. 이른바 병력의 집중과 분산이다.

"빠르기는 바람 같아야 하고 고요함은 숲처럼, 침공할 때엔 불처럼, 움직이지 않기는 태산처럼, 적이 알기 어렵게는 그림자처럼, 일단 움직일 때엔 벼락 치듯이 해야 한다."

풍림화산(風林火山)이라는 용어는 여기에서 비롯되었다.

說文解字 ＊迂(굽을 우. 辶부 3획, 총 6획. *circuitous*) ＊直(곧을 직. 目부 3획, 총 8획. *honest*) ＊之(의 지, 어조사 지, 이를 지, 갈 지. ノ부 3획, 총 4획. *this*) ＊計(셀 계, 셈마칠 계, 꾀할 계. 言부 2획, 총 9획. *count*)

356
날개 돋힌 신선처럼 오르다
羽 化 登 仙 우화등선

■ **出典** : 소동파의 「적벽부」
■ **文意** : 신선이 되어 하늘로 올라감

___故事逸話___ 송나라의 신종(神宗) 5년에 천자를 비방했다는 죄명으로 소동파는 적벽으로 귀양을 갔다. 당시에는 불교와 도교 등의 선(禪)의 영향이 컸던 시대였다.

소동파 역시 흐름에 편승하여 귀양살이를 하는 동안 불교와 도교의 학설에 몰입하였다. 그래서인지 많은 사람들로부터 사랑을 받는 「적벽부」에도 도교의 신선사상이 눈에 보인다.

임술년 가을 7월 기망에 소자(蘇子)가 객과 더불어 배 띄워 적벽 아래에서 노닐었다. 청풍은 서서히 불어오니 물결도 일어나지 않는다. 술을 들어 손에게 주면서 명월의 시를 읊조리며 요조의 장을 노래하였다. 얼마 지나 달이 동산 위에 나타나 둘 사이에 배회하였다.

백로는 강에 비끼고 수광은 하늘에 닿았다. 한 척의 배가 멋대로 가게 내버려두니 만경의 넓은 강변엔 망연함이 넘어가는구나. 허공을 타고 바람을 탄 듯하여 머무를 바를 모르는 것 같으며 나불나불 세상을 잊고 독립하여 날개가 생겨 신선이 되어 오르는 것 같았다(羽化登仙).

___說文解字___ ＊羽(날개 우, 우성 우, 펼 우. 羽부 총 6획. *wing*) ＊化(될화, 변화할 화, 본받을 화. 匕부 2획, 총 4획. *change*) ＊登(오를 등, 나아갈 등. 癶부 7획, 총 12획. *rise*) ＊仙(신선 선, 신선스러울 선. 人부 3획, 총 5획. *fairy beings*)

|357

장막 속에 산 가지를 놀린다

運 籌 帷 幄 운주유악

■ **出典** : 『사기』의 「고조본기」
■ **文意** : 들어앉아 기획을 함

故事逸話 ┃ 초한 전쟁이 끝나고 통일 대업을 이룩한 한고조(유방)가 낙양의 남궁에서 주연을 베풀었다. 이날 고조는 중신들에게 허심탄회한 자리를 만들어 물었다.

"모두들 기탄 없이 얘기를 해보시오. 내가 천하를 얻게 된 이유가 무엇이며 항우가 천하를 잃은 이유가 무엇인지?"

고기(高起)와 왕릉(王陵)이 대답했다.

"폐하께서는 천하를 얻고 그것을 대신들에게 나누어줍니다. 그러나 항우는 현명한 자를 질투하고 공이 있는 자에게 해를 줍니다. 항우는 땅을 점령해도 그 이익을 나누어주지 않았습니다. 그것이 천하를 잃게 된 이유입니다."

그러자 고조는 이렇게 답변을 주었다.

"귀하는 하나는 알고 둘은 모르오. 본진의 군막 가운데 작전을 세워 (夫運帷幄之中) 천리 밖의 전투에서 승리를 얻게 하는 것은 장자방을 따르지 못하고 나라를 진정시키고 백성들을 어루만지며 군량을 끊기지 않게 공급하는 것은 소하만 못하고 군사를 휘몰아 싸우는 데에 승리를 얻는 것은 한신만 못하오. 이들 세 사람이 공을 세운 것이오."

說文解字 ┃ ＊運(궁리할 운, 움직일 운, 옮길 운. 辶부 9획, 총 13획. *carry*) ＊籌(꾀 주, 모략할 주. 竹부 14획, 총 20획. *counting*) ＊帷(휘장 유. 巾부 8획, 총 11획. *curtain*) ＊幄(장막 악, 군막 악. 巾부 9획, 총 12획. *curtain*)

|358
먼 곳은 사귀고 가까운 곳은 공격한다
遠 交 近 攻 원교근공

■ 出典 : 『전국책』, 『사기』
■ 文意 : 멀리 있는 곳은 급할 때에 도움이 되지 않음

故事逸話 | 위(魏)나라 사람 범수(范雎)는, 위왕의 총애를 받는 가수(賈修)의 문객이었다. 가수를 따라 왕명을 받고 제나라에 간 적이 있었는데, 이날 그는 가수가 못한 답변을 재치 있게 풀어주었다. 소식을 들은 제왕은 그에게 이곳에 남아 벼슬을 해줄 것을 청하였으나 그는 사양했다. 그것은 자신이 이곳에 있으면 나라의 기밀을 제나라에 넘겨주지 않았는지 의심할 것이라는 점 때문이었다. 본국으로 돌아온 범수는 가수의 질투로 인하여 모진 고문을 받았다. 거의 반죽음을 당한 범수를 들판에 버리자 한 달 후 몸이 회복된 범수는 진나라로 들어갔다. 진의 소양왕이 그를 불러 의견을 물었다. 범수가 말했다.

"옛날에 비간은 충간을 하였다가 간이 꺼내지는 형벌을 당했습니다. 공연히 말을 하여 화를 자초한 것입니다. 그러나 왕께서 진정으로 듣고 싶어하시니 한 말씀 드리겠습니다."

"부디 좋은 계책을 일러주십시오."

"다른 나라를 지나면서 공격하는 것은 지극히 위험합니다. 그러므로 먼곳은 사귀고 가까운 나라는 공격을 해야 합니다. 이것이 실속있는 계책입니다."

說文解字 | ＊遠(멀 원, 멀리할 원. 辵부 10획, 총 14획. *far*) ＊交(사귈 교, 벗할 교, 옷깃 교. 亠부 4획, 총 6획. *intercourse*) ＊近(가까울 근. 辵부 4획, 총 8획. *near*) ＊攻(칠 공, 익힐 공, 다스릴 공, 남의 허물을 말할 공. 攴부 3획, 총 7획. *attack*)

먼 곳의 물은 가까운 불을 못 끈다
遠 水 不 近 火 원수불근화

■ **出典** : 『한비자』의 「설림편」
■ **文意** : 먼곳에 있는 것은 급할 때에 도움이 안됨

__故事逸話__ 노(魯)나라의 목공(穆公)은 제나라의 침략을 막기 위해 고심했다. 그러다가 한가지 방책을 생각해냈다. 그것은 제나라가 득세하는 것을 싫어하는 초, 한, 위, 조나라에 공자를 보내어 그들 나라들을 섬기게 하였다. 그러자 이서가 말했다.

"멀리 있는 월나라 사람들을 불러 물에 빠진 아이를 구하려 하면 그 사람들이 아무리 헤엄을 잘 쳐도 아이는 살지를 못합니다. 불이 났을 때에 물이 많다고 하여 바닷물을 끌어들일 수는 없습니다. 결코 멀리 있는 물은 가까운 곳에 일어난 불은 끄지를 못합니다(遠水不救近火)."

이서는 다시 말했다.

"지금은 초, 위, 한, 조나라가 우리를 도와줄 수가 있으나 그들 나라보다 제나라가 가까이 있어 노나라의 위급을 구할 수가 없습니다."

이것은 장자(莊子)에 나오는 철부지급(轍鮒之急)과 비슷한 일면이 있다. 다시 말하면 '원수불(구)근화'는 현대인들이 이웃에 사는 사람들을 소홀히 생각하고 자신의 가족만을 안다면 위급한 일이 있을 때에 도움을 받지 못하므로 후회한다는 것이다.

__說文解字__ ＊遠(멀 원, 멀리할 원. 辵부 10획, 총 14획. *far*) ＊水(물 가 수, 물 수. 水부 0획, 총 4획. *water*) ＊不(아니 불, 금지 불, 없을 불. 一부 3획, 총 4획. *not*) ＊近(가까울 근, 가까이할 근. 辵부 4획, 총 8획. *mear to*) ＊火(불 화, 오행 화, 타오를 화, 탈 화. 火부 0획, 총 4획. *fire*)

360

매달 초하룻날의 인물평

月 旦 評 월단평

- **出典** : 『십팔사략』, 『후한서』
- **文意** : 매월 초하룻날의 인물평을 가리킴

故事逸話 후한 말기에 여남(汝南)에 관상을 잘 보는 두 명의 점쟁이가 있었다. 한사람은 허소(許劭)라 하였고 다른 한 명은 사촌형 허정(許靖)이었다. 그들은 인근에서 찾아온 사람들의 인물평을 해주었는데 그날은 매월 초하룻날이었다.

그런데 그 평이 얼마나 잘 맞았는 지 세상 사람들은 '여남의 월단(月旦)'이라 하였다. 인물평에 대한 소문을 듣고 조조가 자신의 평을 요구했다. 그러나 왠일인 지 허소는 평을 거부했다. 그러던 어느날 조조가 찾아와 따지듯 물었다.

"나는 그대와 은원이 없는데 어찌하여 나의 인물평을 해주지 않는 것이오?"

난폭하다는 소문을 들은 터라 허소는 짐짓 입을 다물고 있다가 나직히 입을 열었다.

"정히 원한다면 해주겠습니다. 그대는 태평한 세월에는 유능한 정치가일 것이오. 그러나 세상이 어지러워지면 난세에는 간웅(奸雄)이 될 것입니다."

조조는 그 말에 크게 기뻐했다. '난세에는 간웅'이라는 말에 군사를 일으키겠다는 결심을 굳힌 것이다.

說文解字 ＊月(달 월, 한달 월. 月부 0획, 총 4획. *moon*) ＊旦(아침 단, 새벽 단, 밝을 단. 日부 1획, 총 5획. *dawn*) ＊評(품평 평, 고칠 평, 헤아릴 평. 言부 5획, 총 12획. *criticize*)

|361
월하노인과 빙상인
月 下 氷 人 월하빙인

■ **出典** : 『진서(晉書)』
■ **文意** : 중매꾼을 가리킴

故事逸話 당나라 때에 위고(韋固)라는 젊은이는 천하를 떠돌며 여행하는 것을 좋아하였다. 그가 송성(宋城)이라는 곳에 이르렀을 때엔 달빛이 비단결같은 월광을 뿌리는 밤이었다. 무심히 길을 걷는 그의 눈에 노인의 모습이 들어왔다. 그것은 길이 끝나는 지점인 모퉁이 거리였다. 위고가 물었다.

"여기서 무얼 하십니까?"

"보다시피 나는 청실과 홍실을 엮어 남녀간의 혼인을 맺어주고 있소이다. 이 끈을 매어두면 아무리 멀리 떨어지거나 원수 사이라도 반드시 맺어지게 된다네."

"그럼 내 아내 될 사람은 어딨습니까?"

노인은 한동안 곁에 있는 책을 뒤적이다가 말했다.

"자네 부인은 송성 땅에 있네. 시장에서 채소를 팔고 있는 진(陳)할머니가 안고 있는 젖먹이지."

세월이 흘렀다. 상주 땅의 관리가 된 위고는 그곳 태수의 딸과 혼인했다. 그런데 부인은 태수의 양녀로 오래 전에 채소 장사를 했던 진 할머니가 업고 있던 젖 먹이였다.

說文解字 ＊月(달 월, 한달 월. 月부 0획, 총 4획. *moon*) ＊下(아래 하, 내릴 하, 떨어질 하. 一부 2획, 총 3획. *under*) ＊氷(얼음 빙, 전통 뚜껑 빙. 水부 1획, 총 5획. *ice*) ＊人(사람 인, 나랏사람 인, 성질 인, 잘난 사람 인. 人부 0획, 총 2획. *people*)

|362

가죽끈이 세 번 닳아 끊어짐
韋 編 三 絶 위편삼절

■ **出典** : 『사기』의 「공자세가」
■ **文意** : 책을 여러번 읽었음을 나타내는 말

　　故事逸話 ｜ 공자는 만년에 이르러 『주역(周易)』이라는 책에 몰입하였다. 그것을 얼마나 읽고 또 읽었던 지 대쪽으로 엮은 가죽끈이 세 번이나 끊어졌다. 그래서 공자세가 편에는 다음과 같은 구절이 눈에 보인다.

　<공자가 늦게 역을 좋아하여 역을 읽어 가죽끈이 세 번 끊어졌다(孔子晚而喜易 讀易 韋編三絶)>

　세상에 태어나면서부터 모든 것을 알았다는 공자같은 성인도 학문을 연구하는 데에는 부단한 노력을 게을리 하지 않았다. 그러한 공자가 만년에 역을 읽으면서 탄식한 내용이 눈에 들어온다. 좀더 젊은 시절에 역을 읽었더라면 자신의 학문 연구가 정진했을 것이라고 아쉬워 한 것이다.

　공자는 『논어』에서 이렇게 말한다.

　"나는 발분 하여 밥을 먹는 것도 잊고 즐거움으로 근심마저 잊고, 세월이 흘러 몸이 늙어 가는 것도 몰랐다."

　이것은 무슨 뜻인가. 학문을 연구 하다가 그러한 것을 잊었다는 것이다.

　　說文解字 ｜ ＊韋(가죽 위, 부드러운 것 위. 韋부 0획, 총 9획. *leather*) ＊編(책끈 편, 엮을 편. 糸부 9획, 총 15획. *knit*) ＊三(석 삼. 一부 2획, 총 3획. *three*) ＊絶(끊을 절, 끊어질 절, 뛰어날 절. 糸부 6획, 총 12획. *cuts*)

|363
가르치는 데엔 분류가 없다
有 敎 無 類 유교무류

■ **出典** : 『논어』 「위령공편」

■ **文意** : 교육에는 차별을 두지 않는다.

故事逸話 호향(互鄕)이라는 곳이 있다. 이곳은 풍기가 문란하고 천박한 사람들이 모여있는 곳이어서 일반 사람들은 그들을 만나는 것조차 꺼려하였다. 바로 이곳에 있는 어떤 아이가 공자를 뵈려고 찾아왔다. 제자들은 아이의 출신 성분을 알았으므로 당연히 돌려보내려고 했다.

"그 아이를 데려 오너라."

공자는 제자들을 일책하고 아이를 불러들였다. 그리고는 아이가 궁금해하는 것을 하나 하나 대답해 주었다. 아이가 돌아가고 나자 제자들은 스승 앞에 나아와 따지듯 말했다.

"어찌하여 선생님께서는 호향에 사는 아이를 불러들여 가르침을 주십니까?"

공자는 제자들을 타일렀다.

"사람들이 깨끗한 마음으로 찾아오면 그 깨끗한 마음을 받아들일 뿐이다. 그가 과거에 어떤 일을 했건 또 어디에 살건 굳이 그런 것을 따질 필요가 있겠느냐."

사람은 최소한의 예의만 갖추면 가르침을 준다는 말이었다.

說文解字 *有(있을 유, 얻을 유, 취할 유. 月부 2획, 총 6획. *is*) *敎(가르칠 교, 가르침 교, 스승 교. 攴부 7획, 총 11획. *teacher*) *無(없을 무, 대체로 무. 火부 8획, 총 12획. *not exist*) *類(무리 류, 닮을 류, 견줄 류. 頁부 10획, 총 19획)

364
부드러움이 강한 것을 제압한다
柔 能 制 剛 유능제강

■ 出典 : 『황석공소서』, 『노자』36장
■ 文意 : 부드러운 것이 강한 것을 제압한다.

故事逸話 『황석공소서(黃石公素書)』에 다음과 같은 말이 있다.
<부드러운 것이 능히 단단한 것을 이기고, 약한 것이 능히 강한 것을 이긴다.

부드러운 것이 강한 것을 이긴다는 것은 상당한 시간을 두고 비유로써 하는 말이다. 예를 들면 이는 모든 음식물을 분쇄시킬 수 있는 단단한 특성이 있다. 그러나 세월이 흐르면 이(齒)는 빠지지만, 혀는 그렇지가 않다.

『노자』의 도덕경에는 '약한 것이 강한 것을 이긴다(柔弱勝强)'고 하고 있다. 또 있다.

『군참』이라는 병서에는 부드러움이 능히 강함을 제어할 수 있다고 하였다. 부드러운 것은 지극히 아름다운 덕이다.

부드러움이라고 하는 것은 곧잘 덕으로 바꿔 말하는데 이것은 마음가짐을 그렇게 함으로써 많은 사람들이 감복한다. 대다수의 강포한 사람들, 이를테면 살인자처럼 중형을 받은 이들이 교화되는 것은 형벌이 아니라 사랑의 종교나 성현들의 가르침이다. 즉, 사랑(부드러움)의 위대한 힘인 것이다.

說文解字 ＊柔(부드러울 유, 편안할 유. 木부 5획, 총 9획. *soft*) ＊能(능할 능, 착할 능, 곰 능. 肉부 6획, 총 10획. *able to*) ＊制(마를 제, 절제할 제. 刀부 6획, 총 8획. *enactment*) ＊剛(굳을 강, 굳셀 강, 꼬장할 강. 刀부 8획, 총 10획. *firm*)

365
사전에 준비가 있어야 화를 면한다
有 備 無 患 유비무환

■ **出典** : 『서경』의 「열명(說命)」
■ **文意** : 모든 일은 사전에 준비하여야 한다.

故事逸話 은나라의 고종(高宗)이 부열(傅說)이라는 어진 재상을 얻게 되었다. '열명'은 바로 이 부열이라는 사람을 얻게 되는 경위에 대하여 쓴 내용인데 유비무환이라는 말은 부열이 고종에게 올린 말 가운데 있는 내용이다. 이런 내용이 있다.

"생각이 옳으면 이를 행동으로 옮기되, 옮기는 것을 시기에 맞게 하십시오. 또한 능한 것을 자랑하게 되면 그 공을 잃게 됩니다. 오직 모든 일은 나름대로 그 갖춘 것이 있는 법이니, 갖춘 것이 있어야 근심이 없게 됩니다(惟事事 乃其有備 有備無患)."

그런가하면 『춘추좌씨전』에는 이런 내용이 있다.

진나라의 도승이 정나라에 보낸 값비싼 선물과 가희들을 화친의 선물로 보내왔다. 이것을 위강에게 보내니 위강은 완강히 거부하면서 이렇게 말했다.

"무릇 평안히 지낼 때에는 항상 위태로움을 생각해야 하고, 위태로움을 생각하게 되면 항상 준비가 있어야 한다. 충분한 준비가 있으면 그제야 근심과 재난이 없을 것이다."

이른바 유비무환에 관한 내용이다.

說文解字 ＊有(있을 유, 얻을 유, 취할 유. 月부 2획, 총 6획. *is*) ＊備(예비 비, 갖출 비, 모두 비. 人부 10획, 총 12획. *provide*) ＊無(없을 무, 대체로 무. 火부 8획, 총 12획. *not exist*) ＊患(근심 환, 잃을 환, 근심할 환. 心부 7획, 총 11획. *anxiety*)

|366
술 때문에 망하는 나라가 있다
有 酒 亡 國 유주망국

■ **出典** : 『십팔사략』
■ **文意** : 술은 혼미하므로 정사를 그르칠 수 있다는 것

故事逸話　하나라의 우 임금 때에 의적이라는 사람이 술을 처음으로 만들었다. 우 임금은 그것을 마셔보고 탄식하며 말했다.

"오호라, 이것은 광음수(狂飮水)로다. 이 물을 마시면 본래의 정신은 오간 곳이 없고 혼미한 정신만 있을 뿐이로다. 안타깝구나, 분명 내 후손 가운데 술 때문에 나라를 망칠 위인이 나타날 것이다(後世 必有以酒亡國者)."

이러한 예언처럼 과연 그의 후손 가운데 대단한 인물이 나타났다. 바로 걸(桀)이었다. 그는 술 연못을 만들고 고기 숲을 만들어 주연을 베풀다가 북을 울리면 모두 술 연못으로 달려가 마치 소가 물을 마시듯 술을 마셨다.

이렇게 노닐다가 밤이 되면 온통 건물을 검은 천으로 휘장을 치고 불을 밝힌 다음 사흘간을 술 마시고 노닥거리는 장야지음(長夜之飮)이라는 놀이를 곁들였다. 그러다 보니 임금이나 신하나 한결같이 술에 취해 취생몽사였다.

결국 하나라는 기원전 1776년에 자천을이 이끄는 연합군단에 의하여 무너지고 말았다.

―――――――――――――――――――――――――

說文解字　*有(있을 유, 얻을 유, 취할 유. 月부 2획, 총 6획. *is*) *酒(술 주. 酉부 3획, 총 10획. *liquor*) *亡(망할 망, 멸망할 망, 없어질 망, 죽을 망. 亠부 1획, 총 3획. *lose*) *國(나라 국. □부 8획, 총 11획. *country*)

|367

뜻이 있으면 목적을 이룬다
有 志 竟 成 유지경성

■ 出典 : 『후한서(後漢書)』
■ 文意 : 뜻을 세우고 부단히 밀고 나가면 성공한다는 의미

　　__故事逸話__　동한 시대에 경감이라는 선비가 있었다. 그는 천하가 소
란스러워지자 책을 집어던지고 당장에 전쟁터로 달려나갈 태도를 취했
다. 때마침 광무제(유수)가 북방에서 병사를 모집한다는 방을 붙였으므
로 그곳으로 달려가 군인이 되었다. 그는 여러 전투에서 공을 세웠다.
　　어느 때인가 경감은 명을 받고 장보(張步)를 치러 갔다. 당시에는 장보
의 군세가 너무 강했기 때문에 그를 공격하는 것은 무리라는 결론을 내
놓고 있었다. 휘하 장수들은 직접 대치하여 싸우는 것은 어려우므로 일
단 지원 병력이 올 때까지 기다리는 것이 좋겠다고 건의했다.
　　"장군, 지금 장보의 병사들은 사기가 높습니다. 우리가 적은 병력으로
그들을 직접 공격하는 것은 마치 섶을 지고 불에 뛰어드는 것이나 다름
이 없습니다. 그러니 원군이 올 때까지 기다렸다가 공격을 하는 것이 옳
은 일이라 봅니다."
　　경감은 일언지하에 거절했다. 서둘러 전투를 끝내고 잔치를 벌여야 할
판인데 그럴 수 없다는 것이었다. 경감은 병사를 이끌고 상대의 변진을
단번에 휩쓸어 버렸다.

　　__說文解字__　＊有(있을 유, 얻을 유, 취할 유. 月부 2획, 총 6획. *is*) ＊
志(뜻 지, 맞출 지, 기록할 지. 心부 3획, 총 7획. *will*) ＊竟(마칠 경, 다할
경, 지음 경. 立부 6획, 총 11획. *end*) ＊成(이룰 성, 평할 성, 거듭할 성.
戈부 3획, 총 7획. *achiece*)

|368
여섯 가지로 자책하다
六 事 自 責 육사자책

- **出典** : 『십팔사략』
- **文意** : 자신의 여섯 가지 잘못을 하늘에 비는 것

故事逸話 은나라에 7년 대한이 있었다. 나라의 법규를 관장하는 태사(太史)가 사람을 희생물로 삼아서 하늘에 제사를 지내야 한다고 탕왕께 고하였다. 탕왕이 말했다.

"내가 하늘에 빌려는 대상이 백성이거늘 어찌 그들로 하여금 인도(人禱)를 할 수 있으리. 인도를 해야 한다면 당연히 내가 할 것이로다."

탕왕은 목욕 재계하고 몸을 흰 띠로 감았다. 그리고는 스스로의 몸을 희생의 재물로 삼아 상림의 들에서 기도했다. 기도의 내용은 다음과 같은 여섯 가지의 자책이었다.

첫째, 정치가 알맞게 조절이 되지 않았습니까?

둘째, 백성이 일할 곳을 잃었습니까?

셋째, 궁실이 화려합니까?

넷째, 여자들이 지나치게 앞서 나갑니까?

다섯째, 뇌물이 성행합니까?

여섯째, 아첨하는 사람이 들끓습니까?

탕왕의 자책이 끝나자 마자 하늘이 으르렁대더니 수천 리에 이르도록 큰비가 내려다.

說文解字 ＊六(여섯 류, 여섯 번 류. 八부 2획, 총 4획. *six*) ＊事(일사, 섬길 사, 일삼을 사. ㅣ부 7획, 총 8획. *work*) ＊自(스스로 자, 저절로 자, 조사 자. 自부 0획, 총 6획) ＊責(책할 책, 바랄 책, 책임 책. 貝부 4획, 총 11획. *reproach*)

369

은나라의 실패를 거울로 삼는다

殷 鑑 不 遠 은감불원

■ 出典 : 『시경』의 「대아 탕편」

■ 文意 : 이전의 실패를 거울로 삼는다

故事逸話 ┃ 주지육림으로 세상을 떠들썩하게 했던 하나라의 걸(桀)
이 망하고 탕왕이 은을 세워 내려온 지 6백여 년. 평화롭던 은나라는 28
대 주왕(紂王) 때에 이르러 포악한 정치를 펼치어 천하만민으로부터 공
분을 사고 있었다. 주왕 곁에는 달기(妲己)가 있었는데 그녀의 말 한마디
에 대신들의 목이 덧없이 떨어졌다. 이무렵 주왕곁에는 세 명의 대신이
있었다. 역사서에는 그들을 삼공(三公)이라 부른다. 구후(九候), 악후(顎
候), 서백(西伯)이 그들이다.

구후와 악후가 맷돌에 갈아져 살해되자 홀로 남은 서백은 주왕에게 간
을 하였다. 그 내용이 『시경』에 실려 있다.

문왕께서 말씀하시되, 아 은나라여
세상에 떠도는 말이 있거니 쓰러진 나무 뿌리 드러날 땐
가지 잎이 상하지 않아도 뿌리는 먼저 죽어 있다고
은의 거울 가까이 있던 것을(殷鑑不遠)
하의 망국 보는 것을 잊었도다

說文解字 ┃ ＊殷(은나라 은, 많을 은. 殳부 6획, 총 10획. *abundant*)
＊鑑(거울 감, 비칠 감. 金부 14획, 총 22획. *mirror of metal*) ＊不(아니
불, 않을 불. 一부 3획, 총 4획. *not*) ＊遠(멀 원, 심오할 원, 멀리할 원. 辶
부 10획, 총 14획. *far*)

울면서 마속의 목을 베다
泣 斬 馬 謖 읍참마속

■ 出典 : 『촉지』「제갈량전」
■ 文意 : 사사로운 정을 떠나 공정하게 법을 집행함

故事逸話 마속(馬謖)은 혈기가 넘친 젊은이었다. 그는 이족(夷族)과의 전투에서 목숨을 잃은 마량(馬良)의 아우로 기골은 장대하고 병략서를 두루 섭렵한 젊은이었다. 제갈량은 그의 재주를 높이 평가하여 마속으로 하여금 중원을 제압하는 데 교두보 역할을 하는 가정(佳亭)이라는 지역의 전투에 출정케 하였다. 역사서에는 이 전투를 제갈량의 실책 가운데 가장 큰 것이라고 적고 있다.

요충지인 가정의 전투를 놓고 누구를 장수로 내보낼 것인가에 고심하고 있을 때에 마속이 자원하고 나섰다.

"저를 보내 주십시오. 만약 실패하면 죽임을 당한다 해도 승상을 원망하지 않겠습니다."

공명은 왕평(王平)을 부장으로 딸려 보냈다. 제갈량은 떠나가는 마속에게 당부했다. 가정에 도착하면 반드시 산기슭에 진을 치라는 것이었다. 그러나 마속은 이 같은 당부를 무시하고 산 위에 진을 쳤다. 그 결과 물길이 차단 당하여 위나라의 명장 사마의에게 대패하고 말았다. 제갈량은 쫓겨온 마속의 목을 치라는 명을 내렸다. 잠시 후 마속의 목이 소반에 담겨오자 제갈량은 소리내어 울었다.

說文解字 ＊泣(울 읍, 눈물 줄줄 흘릴 읍. 水부 5획, 총 8획. *weep*)
＊斬(벨 참, 죽일 참, 끊을 참. 斤부 7획, 총 11획. *cut*) ＊馬(말 마, 나라이름 마, 아지랑이 마. 馬부 0획, 총 10획. *horse*) ＊謖(뛰어날 속, 일어날 속. 言부 10획, 총 17획. *raise*)

371
인사를 할 여유가 없다
應 接 不 暇 응접불가

■ **出典** : 『세설신어(世說新語)』
■ **文意** : 여유가 없이 매우 바쁨

故事逸話 왕자경(王子敬)은 진(晉)나라 사람이다. 그는 서예가로서 문필에도 몹시 뛰어났으며 관직은 중서령(中書令)이었다. 그는 빼어난 산수를 감상하는 데 취미가 있었는데 어느 날 산음(山陰)에 대한 얘기를 들었다.

"그곳은 참으로 아름다운 곳입니다. 아니지요, 어찌 아름답다는 것으로만 말하겠습니까. 빼어난 경승지지요".

"그렇다면 내 아니 갈 수 없겠네."

왕자경은 서둘러 산음을 찾아갔다. 그는 산음의 길을 가면서 감탄의 연속이었다. 높이 치솟은 산과 기암괴석은 서로의 모습을 다투며 돌기되어 있었다. 왕자경온 그것을 보고 글을 지었다. 이른바 산음도(山陰道)라는 글의 내용엔 다음과 같은 구절이 있다.

<산음의 길을 가면서 치솟은 산과 같이 끊임없이 아름다움을 다투며 나타나 응접할 틈이 없을 정도이다>

왕자경이 이 글을 쓸 때의 '응접할 틈이 없다' 는 것은 아름다운 경치 때문이었다. 그러나 이 말은 인간사의 수많은 일들로 인하여 대처할 겨를이 없다는 것을 의미한다.

說文解字 ＊應(응할 응, 승낙할 응, 화답할 응. 心부 13획, 총 17획. *reply*) ＊接(사귈 접, 엇갈릴 접, 대접할 접. 手부 8획, 총 11획. *associate*) ＊不(아니 불. 一부 3획, 총 4획. *not*) ＊暇(겨를 가, 느긋하게 지낼 가. 日부 9획, 총 13획. *leisure*)

|372
의심은 판단을 흐리게 한다
疑 心 暗 鬼 의심암귀

■ 出典 : 『열자』의 「설부편」
■ 文意 : 잘못된 선입견이 판단을 흐리게 한다

故事逸話 어떤 이가 도끼를 잃어버렸다. 누가 훔쳐갔을까 하고 생각하다가 이웃집 청년을 의심하게 되었다. 아닌게 아니라 그 청년은 걸음걸이도 수상쩍었고 자신을 보는 눈빛도 이상했다.

"그래, 틀림없어. 내 도끼는 저 녀석이 가져 간거야."

그런데 며칠 후에 잃어버린 줄 알았던 도끼가 선반 위에서 발견되었다. 물론 처음에는 몰랐고 나중에 다른 물건을 찾다가 발견한 것이다. 이런 다음에 그 청년의 행동을 보니 조금도 이상한 곳이 없었다. 이것은 자신의 선입견으로 보아 수상하다는 것이 암귀를 낳은 것이다.

그런가하면 「설부편」에는 다른 얘기도 있다.

어떤 사람의 집에 오동나무가 있었다. 어느 날 그 오동나무가 말라죽은 것을 보고 이웃집 사람이 충고했다.

"말라죽은 오동나무는 재수가 없으니 잘라 버리시오."

집주인은 서둘러 오동나무를 잘라버렸다. 옆집의 늙은이가 잘라버린 오동나무를 땔감으로 쓰게 해달라고 찾아갔다.

"흥, 그랬구만. 땔감으로 쓰려고 수작을 부린 것이야."

친절한 충고가 오해를 불러일으킨 것이다.

說文解字 ＊疑(의심할 의, 그럴 듯할 의, 두려워할 의. 疋부 9획, 총 14획. *doubt*) ＊心(마음 심, 가운데 심, 염통 심. 心부 0획, 총 4획. *mind*) ＊暗(어두울 암. 日부 9획, 총 13획. *dark*) ＊鬼(귀신 귀. 鬼부 0획, 총 10획. *ghost*)

다른 것
異 端 이단

■ 出典 : 『논어』의 「위정편」
■ 文意 : 정통이 아닌 것

__故事逸話__ 『논어』의 「위정편」에서는 성인의 도가 아닌 양자(楊子)
와 묵자(墨子)와 같은 이를 '이단'으로 치고 있다. 이들은 유학의 입장
에서 보면 학문의 정통성이 없다는 것이다. 그런데 『논어』에서는 이러한
이단을 치는 것을 경계하고 있다.

"공자께서 그렇게 한 이유는, 이단을 치는 것은 '연구를 하기 때문
이다'라는 것이다."

다시말해 이단의 옳고 그름을 따지기 위해서는 당연히 그들의 설을 연
구하기 마련이다. 공자는 이점 때문에 이단을 치지 못하게 한 것이다. 『
논어』의 「위정편」에서 '이단을 치면 해가 멈춘다(攻乎異端 斯害也已)'
라고 하는 것은 이단과의 투쟁을 의미한다.

학문과 인륜에 대해 변설을 논한다면 당연히 그들을 치기 위해 이단의
무리들에 대한 연구가 필요하게 된다. 이렇게 하여 그들의 허실을 탐지
하여야 이단의 해를 물리칠 수 있다. 이점은 아무래도 주자(朱子)의 이론
에 의지할 수밖에 없다.

"이단이란 옳지 않은 학설이나 그릇된 도로써 사용되는 것을 의미한
다. 즉, 시류에 맞지 않은 학설로써 전통적인 권위에 도전하는 것을 의미
한다."

이렇게 보면 『논어』 안에는 특별한 용례가 없는 편이다.

__說文解字__ ＊異(다를 이, 나눌 이, 괴이할 이. 田부 7획, 총 12획.
difffrent) ＊端(끝 단, 바를 단, 살필 단. 立부 10획, 총 15획. _correct_)

복숭아 두 개로로 세 무사를 죽임
二 桃 殺 三 士 이도살삼사

■ 出典 : 『안자춘추(晏子春秋)』
■ 文意 : 교묘한 책략으로 상대를 죽이는 것에 비유

故事逸話 춘추시대에 제나라의 재상 안자(晏子)는 대단한 학식이 있었다. 제나라의 경공 곁에는 세 명의 장사가 있었는데 그들은 안자를 무시해 버렸다. 안자가 어느 날 만수금도(萬壽金桃)라는 복숭아 를 가져와 임금과 재상이 하나씩 먹고 두 개를 경공에게 주며 말했다.

"여기 있는 복숭아 두 개를 가장 공로가 있는 신하에게 주십시오."

이때 공손접(公孫接)이라는 장사가 나왔다.

"나는 임금을 모시고 사냥을 갔을 때 맨손으로 범을 잡아 임금의 목숨을 구한 적이 있습니다."

공손접에게 복숭아를 먹게 하였다. 고야자(古冶子)가 나섰다.

"나는 군주를 모시고 황하를 건널 때 괴물이 말을 몰고 들어가자 그 괴물을 물리치고 돌아왔습니다."

고야자가 복숭아를 먹은 후 전개장(田開彊)이 말했다.

"나는 서(徐를) 쳐 5백의 군사를 사로잡았고 맹약하게 하였습니다."

공은 있었으나 주어야할 복숭아가 없었다. 공이 적으면서 복숭아를 먹은 공손접과 고야자가 자살하자, 전개강은 남이 죽는 것을 보고 따라죽지 못한 것은 용기가 없는 것이라 하여 자결하였다.

說文解字 ＊二(두 이, 같을 이. 二부 0획, 총 2획. *two*) ＊桃(복숭아도. 대나무 이름도. 木부 6획, 총 10획. *peach*) ＊殺(죽일 살, 흩어질 살. 水부 7획, 총 11획. *kill*) ＊三(석 삼, 자주 삼. 一부 2획, 총 3획. *three*) ＊士(무사 사, 일 사, 벼슬 사. 士부 0획, 총 3획. *scholar*)

375

마음에서 마음으로 전함
以 心 傳 心 이심전심

■ **出典** : 『전등록』, 「오등회원」
■ **文意** : 말이나 글은 사용하지 않고 오로지 마음으로 전하는 것

故事逸話 『전등록(傳燈錄)』은 송나라의 사문(沙門) 도언(道彦)이 석가세존 이래로 내려온 조사(祖師)들의 법맥 계통을 세우고 또한 많은 법어를 기록한 책이다. 여기에 있는 내용이다.

어느날 세존께서 영취산에 제자를 모아놓고 말없이 연꽃을 들어 대중에게 보였다. 이러한 세존의 행위를 제자인 가섭(迦葉)만이 알고 미소를 지었다는 데에서 유래한 말이다. 이때 석가 세존이 말했다.

"나는 정법안장(正法眼藏;사람이 본래 갖춘 마음의 덕), 열반묘심(涅槃妙心;번뇌에서 벗어나 진리를 깨닫는 마음), 실상무상(實相無相;불변의 진리), 미묘법문(微妙法門;진리를 깨치는 마음)과 불립문자(不立文字)와 교외별전(敎外別傳;다같이 경전이나 언어 등에 의존을 하지 않고 이심전심으로 전한다는 뜻)이 있다. 나는 이것을 가섭에게 부탁한다."

선종에서는 선의 기원을 석가가 가섭에게 준 법문 속에서 구하고 있는 것은 주지의 사실이다. 오조대사도 '불(佛) 멸후(滅後) 법'을 가섭에게 부쳐 마음으로써(以心) 중생의 마음에 전한다(傳心)고 『전등록』에서 밝히고 있다.

說文解字 *以(써 이, 할 이, 쓸 이. 人부 3획, 총 5획. *with*) *心(마음 심, 가운데 심, 염통 심. 心부 0획, 총 4획. *mind*) *傳(전할 전, 줄 전, 펼 전. 人부 11획, 총 13획. *transmith*) *心(마음 심, 염통 심, 가운데 심. 心부 0획, 총 4획. *mind*)

오얏나무 밑에서 갓을 고쳐 쓰지 않음
李 下 不 整 冠 이하부정관

■ 出典 : 『열녀전』, 문선』
■ 文意 : 남에게 의심 받을 일을 아예 하지 않는다는 뜻

故事逸話 한나라 때에 유향(劉向)이 지은 『열녀전』의 「변통편」에는 이런 내용이 있다. 제위왕이 총애하는 여인 중에 우씨가 있었다. 그녀는 심성이 곱고 남다른 애국심이 있었다. 당시의 세도 대신에 주파호(周破胡)라는 자가 있었는데, 이 자는 성격이 음흉하고 잔혹하여 궁안에 소란을 늘상 조장하였다. 그러므로 우씨는 주파호를 쫓아내고 북곽선생(北郭先生)을 등용해야 함을 청하였다. 이 사실을 안 주파호가 우씨를 모함했다.

"우씨는 궁에 들어오기 전에 북곽선생과 정분이 난 사이입니다."

왕은 우씨를 유폐시키고 관원을 보내 조사케 하였다. 그러나 이 관원은 주파호에게 잔뜩 뇌물을 받았으므로 우씨가 혐의가 있는 것처럼 보고했다. 왕은 직접 우씨를 심문했다. 그러자 그녀가 말했다.

" 첩에게 죄가 있다면 오얏나무 아래에서 갓을 쓰지 말라는 말을 지키지 않은 것입니다. 첩은 평소 집안에만 있었고 단정히 살았으므로 첩의 편을 들어줄 사람이 없습니다."

왕은 우씨를 풀어주고 주파호를 기름에 튀겨 죽였다.

說文解字 ＊李(오얏 리, 오얏나무 리. 木부 3획, 총 7획. *plum*) ＊下(아래 하, 떨어질 하, 내릴 하. 一부 2획, 총 3획. *lower part*) ＊不(아니 부 금지 불, 없을 불. 一부 3획, 총 4획. not) ＊整(가지런할 정, 정돈하다 정. 攴부 12획, 총 16획.) ＊冠(관 관, 관례 관. 冂부 7획, 총 9획. *hat*)

|377

인생은 아침 이슬과 같다
人 生 如 朝 露 인생여조로

■ **出典** : 『한서』의 「소무전」
■ **文意** : 인생은 아침 이슬처럼 덧없음을 이르는 말

故事逸話 | 한무제 때에 흉노족의 땅으로 간 소무(蘇武)는 그곳에 억류되어 있었다. 날마다 죽음이냐, 항복이냐의 갈림길에서 위협을 받으면서도 조금도 굴하지 않고 있었다. 이 무렵 흉노의 땅에서 다른 길을 가고 있는 장수가 있었다. 그는 소무의 옛친구 이릉 장군이었다. 이릉은 한나라의 장군으로 5천의 기병만으로 수만의 흉노족과 싸우다가 포로가 되었지만 편히 살고 있었다. 흉노족장은 이릉을 보내 회유하려 들었다.

"이보게, 자네가 이렇듯 한나라를 위해 절조를 지킨다고 누가 알아주겠는가. 내가 출전하려할 때에 자네의 모친이 세상을 떠나 장례에 참석하였고, 자네의 아내는 재혼하였네. 누이 둘과 아들 하나는 남아 있지만 이미 10년이 넘은 옛일이니 생사를 어찌 알 수 있겠는가. 이보시게 인생은 아침 이슬과 같네(人生如朝露). 그런데 자네는 어찌 자네의 몸과 마음을 혹사시키는가."

그러나 소무는 상대의 회유를 받아들이지 않았다. 그것을 알고 이릉 역시 조용히 떠나갔다.

說文解字 | ＊人(사람 인. 人부 0획, 총 2획. *people*) ＊生(날 생, 싱싱할 생, 선비 생. 生부 0획, 총 5획. *born*) ＊如(같을 여, 조사 여. 女부 3획, 총 6획. *same*) ＊朝(아침 조, 뵐 조, 왕조 조, 조정 조. 月부 8획, 총 12획. *morning*) ＊露(이슬 로, 적실 로, 드러날 로, 고달프게 할 로. 雨부 12획, 총 20획. *dew*)

짧은 시간도 천금의 값어치가 있다
一 刻 千 金 일각천금

■ 出典 : 소동파의 「춘야행」
■ 文意 : 짧은 시간도 천금의 값어치가 있다

故事逸話 소동파는 이름이 식(軾)이고 동파는 호다. 송의 사천성 미산 출신으로 아버지는 순(洵)이며 동생은 철(轍)이다. 이들 3부자는 학문이 뛰어나 '3소(蘇)'라 불리웠으며 모두가 당송팔대가(唐宋八大家)에 들어간다.

소동파는 성격이 쾌활하고 경사(經史)에 능통하였으며 시문에도 빼어났다. 그런가하면 글씨와 그림에도 상당한 수준이었다. 과거에 급제한 후, 신종 때엔 왕안석과 의견이 맞지 않아 황주에 유배되었는데 그곳에서 '동파(東坡)'라 작호하였다. 철종 때에는 한림학사와 병부상서의 자리에 올랐다.

「춘야행(春夜行)」은 그의 시 가운데 하나이다.

봄날 달밤의 한때는 천금의 값어치가 있네(春一刻直千金)
꽃에는 맑은 향기가 있고 달은 희미하게 흐려져 있네
노래 부르고 피리 불던 누대는 소리 없이 적적하네
그네가 걸려있는 안뜰은 밤만 깊어 가누나

說文解字 *一(한 일, 하나 일, 순전할 일. 一부 0획, 총 1획. *one*)
*刻(시각 각, 새길 각, 깎을 각. 刀부 4획, 총 8획. *carve*) *千(일천 천, 천번 천, 많을 천. 十부 1획, 총 3획. *thousand*) *金(쇠 금, 황금색 김, 성 김. 金부 0획, 총 8획. *gold*)

한 가지 일로 두 가지 이득을 얻다
一 擧 兩 得 일거양득

■ 出典 : 『북사』, 『진서』, 『초책』
■ 文意 : 어떤 일을 했을 때 뜻하지 않은 이익을 얻음

故事逸話 이 성어는 일석이조(一石二鳥)와 일전쌍조(一箭雙鳥)와 같은 맥락의 뜻이다. 『진서』의 「속석전(束石傳)」에는 다음과 같이 씌어 있다.

<속석은 서진의 무제 때에 좌저작랑을 지냈고 『진서(晋書)』와 『제기 십지(帝紀十志)』를 엮어 박사가 되었다.>

그는 몹시 박식한 선비였다. 한번은 그가 상소를 올렸는데 거기엔 이런 내용이 있다.

<무릇 10년의 세액면제를 내려 두 번을 이주시킴의 정을 위로한다면 한 번 들어 두 가지의 이득을 얻게 되어(一擧兩得), 밖으로는 실질적이고 안으로는 너그러우며, 궁한 사람들에게 일자리를 넓혀주고 경전도 넓어 져 농사에 큰 이득이 된다.>

『초책(楚策)』에 있는 내용이다. 전국시대에 한위 두 나라가 1년 이상 싸우고 있었다. 진혜왕이 어느 한쪽을 돕고자 부하들과 의논을 할 때 진 진(陣軫)이라는 신하가 '일거양득'에 대한 얘기를 하며, 방관하고 있다가 힘이 다 빠진 다음에 공격하자고 하여 한 번에 두 나라를 멸망시켰 다는 기록이 있다.

說文解字 ＊一(한 일, 오로지 일. 一부 0획, 총 1획. *one*) ＊擧(거동 거, 받들 거, 들 거. 臼부 11획, 총 17획. *lift*) ＊兩(두 량, 쌍 량, 근량 량, 양 량. 入부 6획, 총 8획. *both*) ＊得(얻을 득, 탐할 득, 만족할 득. 彳부 8획, 총 11획. *gain*)

|380
헛그림자를 보고 짖는 개
一 犬 吠 形 일견폐형

■ **出典** : 왕부의 「잠부론」
■ **文意** : 개 한 마리가 헛그림자를 보고 짖는다.

___故事逸話___ 이 성어는 왕부(王符)의 「잠부론」에 나오는 것으로 '개 한 마리가 헛그림자를 보고 짖으면 온 마을의 개가 소리를 따라 짖는다 (一犬吠形 百犬吠聲)'와 짝을 이루는 말이다. 「잠부론」에서는 다음과 같이 말하고 있다.

"천하가 잘 다스려지지 않은 것은 현난(賢難)에 있다. 현난이란 어진 사람을 얻기가 어려운 것을 말한다. 어진 사람의 말과 행동이 속된 사람의 질투를 받고 바른 말은 용납이 되지를 않으니 천자가 속된 말에 이끌리지를 말고 어진 사람을 지혜롭게 가려내야 한다. 속담에 말하기를 '개 한 마리가 그림자를 보고 짖으면 모든 개는 소리만 듣고 짖는다'고 하였다. 세상의 이와같은 병은 참으로 깊은 것이다."

왕부는 「잠부론」을 완성하고 나서 평민으로 물러섰다. 이런 얘기도 있다. 언젠가 도료장군 황보규(皇甫規)가 낙향해 있을 때에 고향 사람이 거금을 바치고 안문의 태수 자리를 사서 임기가 만료되어 황보규에게 인사를 갔다. '어떤가, 맛있는 기러기는 잡수셨는가?' 그는 비스듬히 누워 이렇게 물었다. 바친 돈만큼 본전을 뽑았느냐는 뜻이었다. 이때 왕부가 찾아왔다는 말을 듣고 황보규는 버선발로 뛰어나갔다.

___說文解字___ ＊一(한 일, 하나 일, 순전할 일. 一부 0획, 총 1획. *one*) ＊犬(개 견, 하찮은 것 견. 犬부 0획, 총 4획. *dog*) ＊吠(짖을 폐, 口부 4획, 총 7획. *bark*) ＊形(형상 형, 모양 형, 용모 형, 몸 형, 나타날 형. 彡부 4획, 총 7획. *shape*)

381
한 번 그물질로 모두 잡음
一 網 打 盡 일망타진

■ **出典** : 『송사』, 『십팔사략』
■ **文意** : 죄 지은 자를 하나도 남김없이 잡음

故事逸話 | 송나라는 태조 이래로 외교적인 정책에는 줄곧 실패를 거듭해 왔다. 이러한 상태로 4대 인종 때까지 이르렀다. 인종 때에 청렴 강직하기로 이름이 높은 두연(杜衍)이 재상이 되었다. 이 무렵은 왕이 대신들과 의논을 하지 않고 마음대로 성조(聖詔)를 내려 역량 있는 자들에게 벼슬살이를 시켰는데 이것이 내강(內降)이다.

이러한 '내강'은 두연이 발탁되면서 사정이 달라졌다. 이러한 관습이 조정을 어지럽힌다고 믿었기 때문에 자신이 가지고 있다가 황제에게 되돌려 보냈다. 황제는 믿음이 가는 구양수라는 신하와 의논했다.

"짐의 내강을 두연이 무시하고 있네."

아무리 재상이라도 군왕의 명을 무시했다면 무사할 수가 없다. 이러던 차에 두연의 사위 소순흠(蘇舜欽)이 공금을 유용하고 파당을 만들어 그 폐해가 적지 않았다. 두연에 대한 탄핵서를 접수했던 왕공진(王拱辰) 어사는 이러지도 저러지도 못하고 있다가 뜻밖의 기회에 두연과 왕공진, 그리고 연루자들을 색출하여 모두 잡아들였다.

"내가 일망타진했다!"

죄인들을 모조리 검거했다는 것이다.

說文解字 | *一(한 일, 오로지 일. 一부 0획, 총 1획. *one*) *網(그물 망, 법 망, 온통 망. 糸부 8획, 총 14획. *net*) *打(칠 타, 두드릴 타.手의부 2획, 총 5획. *beat*) *盡(다할 진, 마칠 진, 비록 진. 皿부 9획, 총 14획. *exhaust*)

382
날은 저물고 길은 멀다
日 暮 途 遠 일모도원

■ 出典 : 『사기』의 「오자서열전」
■ 文意 : 상황이 너무 늦어 뜻한 바를 이루기 어려움

故事逸話 초나라 평왕 때에 소부(少傅) 벼슬에 있던 비무기(費無忌)라는 자는 진나라에서 데려온 여인을 왕에게 바쳐 환심을 산 후에 태자를 모함하여 곤경에 빠뜨렸다. 태자가 중신들과 모의하여 왕을 몰아낸다는 모함이었다. 이러한 중신들의 한가운데에 대부 오사(伍奢)가 있었다. 소란이 일어나자 태자는 송나라로 도망쳐 버렸다.

비무기는 오사의 아들 형제인 오상(伍尙)과 오자서(伍子胥)를 불러들여 살해하는 계책을 꾸몄다. 오상은 아버지와 함께 죽을 결심을 하였으나 오자서는 정나라를 거쳐 오나라를 찾아갔다.

이곳에서 태자를 도와 6년여를 보냈다. 마침내 태자가 왕이 되니 이가 곧 합려(闔閭)다. 합려왕 9년에 오자서는 꿈에서도 잊지 못했던 초나라의 정벌에 나섰다. 성을 함락시키고 부친을 살해한 소왕을 찾았으나 이미 왕은 세상을 떠난 뒤였다. 오자서는 평왕의 무덤을 파헤치고 뼈를 들춰낸 뒤에 곤장 3백대를 쳐 원한을 갚았다. 소문을 들은 옛친구 진포서가 너무 잔인한 처사라고 편지를 보냈다.

"일모도원(日暮途遠)이로세"

할 일은 많은데 자신이 너무 늙었다는 뜻이다.

說文解字 *日(날 일, 하루 일, 먼저 일. 日부 0획, 총 4획. *sun*) *暮(저물 모, 늦을 모, 더딜 모. 日부 11획, 총 15획. *susset*) *途(길 도. 辵부 7획, 총 11획. *road*) *遠(멀 원, 심오할 원, 멀리할 원. 辵부 10획, 총 14획. *far*)

|383
옷의 띠처럼 좁은 강
一 衣 帶 水 일의대수

■ **出典** : 『수서(隋書)』
■ **文意** : 육지와 육지 사이에 흐르는 작은 강

　故事逸話　남북조 시대의 혼란기를 종식시키고 천하를 통일한 것은 수왕조(隋王朝)였다. 그는 딸이 북주의 왕후가 되면서 조정의 실력자가 되고 수왕이 되면서 천하통일에의 꿈을 다져 그것을 완성한 인물이었다. 본래부터 의심이 많았던 그는 천하를 얻자 옛 왕조와의 인연을 끊었다. 다시 말해 북주의 인맥을 모조리 끊어버린 것이다.

　한편으로는 진(陳)나라를 공격하여 흡수해 버렸다. 왕실의 기강을 바로잡기 위하여 단호한 개혁조치를 감행하였다. 가장 먼저 손을 댄 게 구품관인법(九品官人法)의 정비였다. 이 법은 삼국에서부터 수나라에 이르기까지 관리등용법이었다. 이 법의 단점을 면밀히 검토하여 시행하였다. 이 법은 이후 1천3백여 년이나 관리를 임용하는 데에 사용되었다. 양견이 즉위한 후에 이런 말을 한 적이 있다.

　"나는 보위에 올라 진나라의 정복을 구상해 왔다. 이제 진나라의 임금 숙보는 방약무인하여 백성들은 그를 의지하기가 어렵게 되었다. 이제 양자강의 지형이 험함은 문제가 될 것이 없다. 저런 강을 두려워하여 백성들을 죽이는 것을 보고만 있을 수 없지 않은가(戎爲民父母 豈可限一衣帶水 不逐之乎)."

　說文解字　＊一(한 일, 하나 일, 오로지 일. 一부 0획, 총 1획. *one*) ＊衣(옷 의, 입을 의. 衣부 0획, 총 6획. *clothes*) ＊帶(띠 대, 찰 대, 둘레 대, 데릴 대. 巾부 8획, 총 11획. *belt*) ＊水(물 수, 홍수 수, 강 수, 국물 수. 水부 0획, 총 3획. *water*)

|384

하나로 꿰었다

一 以 貫 之 일이관지

■ **出典** : 『논어』의 「이인편」
■ **文意** : 하나의 이치로 모든 것을 꿰뚫었다는 뜻

故事逸話 어느 날 공자께서 제자들이 있는 곳으로 왔다. 그곳에 있던 증삼을 향해 미묘한 말을 던졌다.

"애야, 삼아. 나의 도는 하나로써 꿰뚫었다(吾道一以貫之)."

증삼은 숙연한 표정으로 조아렸다.

"예, 예. 스승님."

제자들은 도대체 그 말이 무슨 뜻인지를 알지 못했다. 공자가 물러가자 증삼을 향해 제자들이 물었다.

"도대체 스승님께서 말씀하신 뜻이 무언가?"

"선생님의 말씀은 충(忠)과 서(恕)일 따름이다."

공자는 분명히 자신의 도는 하나로써 꿰뚫었다고 했다. 그런데 증삼은 '충과 서'로 풀어낸 것이다. 여기에서 충(忠)은 中과 心의 합자이다. 또한 서(恕)는 如와 心의 합자이다. 무릇 다른 사람의 마음을 자기의 마음과 같이 생각한다는 뜻이다.

공자의 중심 사상은 인(仁)이다. 이러한 인이 '충'과 '서'로 생각할 수가 있는 것은 성의를 다한 것을 듯하거나 상대를 용서하는 것이 인을 달성하는 것이라 보았다.

說文解字 ＊一(한 일, 하나 일, 오로지 일. 一부 0획, 총 1획. *one*) ＊以(써 이, 쓸 이, 까닭 이. 人부 3획, 총 5획. *with*) ＊貫(꿸 관, 마칠 관, 본 관. 貝부 4획, 총 11획. *throuth*) ＊之(의 지, 이를 지, 어조사 지. ノ부 3획, 총 4획. *this*)

|385

하루가 삼 년 같다
一 日 三 秋 일일삼추

■ **出典** : 『시경』의 「왕풍」
■ **文意** : 하루가 너무 길다.

故事逸話 ┃ 이 성어는 '일일여삼추(一日如三秋)' 라고도 한다. 삼추에는 세 가지의 뜻이 있다.

첫째는 일추(一秋)를 1년으로 간주한다. 모든 농작물은 1년에 한번 수확한다. 그러므로 가을은 당연히 한번 오기 마련이다. 이러한 맥락에서 '일추' 는 1년에 해당한다. 따라서 '삼추' 는 3년이다.

둘째는 삼계(三季)로 가을 석 달이라는 뜻이다. 따라서 한 계절의 가을은 3개월이니 3번 해당되므로 9개월이다.

셋째는 단순한 가을 석 달이라는 것으로 3개월을 의미한다. 이른바 삼추(三秋)라는 것이다.

하루를 못 보아도 석 달이 지난 듯
하루를 못 보아도 세 해 가을이 지난 듯
하루를 못 보아도 3년이 지난 듯

위의 시는 『시경』 「왕풍 채갈편」에 있는 내용이다. 삼추가 어느 뜻이건 간에 기다림은 지루하다는 것이다.

說文解字 ┃ ＊一(한 일, 하나 일, 순전할 일, 정성스러울 일, 만약 일, 같을 일, 오로지 일. 一부 0획, 총 1획. *one*) ＊日(날 일. 日부 0획, 총 4획. *sun*) ＊三(석 삼. 一부 2획, 총 3획. *three*) ＊秋(가을 추. 禾부 4획, 총 9획. *autumn*)

글자 한 자에 천금
一 字 千 金 일자천금

■ **出典** : 『여씨춘추(呂氏春秋)』
■ **文意** : 한 자를 줄이거나 늘이는 사람에게 천금을 줌

　　故事逸話 춘추전국시대에는 한 가지 재능만 있어도 일신을 의탁하여 밥을 먹는 데에 불편함이 없었다. 역사서에는 이들을 식객(食客)으로 기록한다. 이 시대에는 누가 얼마만큼의 식객을 거느렸는가에 따라 세의 우열이 판가름났다. 그러므로 일단 세도가가 되면 휘하에 많은 식객들을 거느리는 것부터 서둘렀다.

　　이 무렵에 진(秦)나라의 상국(相國)이 된 여불위(呂不韋)는 권력과 배경을 바탕 삼아 인재들을 모았다. 그리고는 당시에 널리 알려진 제자백가(諸子百家)들의 서적을 능가하는 책을 만들어 천하에 알리고 싶었다. 식객들에게 자신들이 보고 들은 것을 정리하게 하여 만든 것이 바로 『여씨춘추』다. 팔람(八覽), 육론(六論), 십이기(十二紀) 등 20만 자가 넘는 방대한 양이었다.

　　"이 속에는 천하의 모든 것이 들어있다."

　　여불위는 함양의 성문 앞에 책을 매달고 방을 붙였다.

　　"이 책속의 글을 능히 한 자를 줄이거나 늘일 수 있다면 천금을 주겠노라."

　　『여씨춘추』의 내용을 첨삭한다면 상을 주겠다는 뜻이었다.

　　說文解字 ＊一(한 일, 하나 일, 오로지 일. 一부 0획, 총 1획. *one*) ＊字(글자 자, 기를 자, 시집 보낼 자. 子부 3획, 총 6획. *letter*) ＊千(일천천, 천번 천, 많을 천. 十부 1획, 총 3획. *thousand*) ＊金(쇠 금, 오행 금, 한근 금. 金부 0획, 총 8획. *gold*)

387

한 번 패하여 땅을 더럽힌다

一 敗 塗 地 일패도지

■ 出典 : 『사기』의 「고조본기」
■ 文意 : 싸움에 패하여 간과 뇌가 땅에 흩어져 있는 모습

故事逸話 진시황이 세상을 떠나고 천하는 소란스러워졌다. 진나라
는 2세 황제 호해가 즉위하고, 진승과 오광의 반란을 필두로 천하 각지에
서 영웅호걸들이 들고 일어났다. 이러한 호걸 가운데 유방은 군사를 일
으켜 지금의 패현(沛懸)에 이르렀다. 당시에 소하(蕭何)는 주리(主吏), 조
참(曹參)은 옥리(玉吏)였다. 그들은 현령에게 말했다.
　"지금 현령께서는 관리로 계십니다. 이곳 패현의 자제들을 진승에게
넘긴다 하여 득이 될 것이 없습니다. 진나라의 학정에 견디지를 못화여
도망간 자를 불러들여 현 내의 장정들을 협박하는 것이 상책입니다. 이
러한 일에는 유방이 적임자입니다."
　유방을 불러올 적임자로 번쾌를 추천한 소하는 그를 성밖으로 보냈다.
유방을 불러오게 한 것이다. 번쾌가 나가고 난 뒤에 사정이 바뀌었다. 패
현의 현령은 불안해진 것이다. 즉시 소하와 조참을 죽이라는 명을 내렸
다. 이때 유방은 성으로 들어오는 길에 그 지방 유지들을 만나 이렇게 말
했다.
　"나는 일신의 영달을 위해 이런 일을 하는 것이 아닙니다. 장수를 선
택하는 것이 잘못되면 일패도지(一敗塗地)하고 맙니다."

說文解字 ＊一(한 일, 하나 일, 오로지 일. 一부 0획, 총 1획. *one*) ＊
敗(패할 패, 깨어질 패, 멸망할 패. 攴부 7획, 총 11획. *defeat*) ＊塗(더럽
힐 도, 바를 도, 진흙 도. 土부 10획, 총 13획. *coat*) ＊地(땅 지, 아래 지,
나라 지. 土부 3획, 총 6획. *earth*)

388
강에 가서 고기를 부러워 한다
臨 河 羨 魚 임하선어

- 出典 : 『회남자』의 「설림훈」
- 文意 : 강에 가서 노는 고기를 부러워 말라

故事逸話 『회남자』에는 임하선어와 짝은 이루는 구절이 '불여결 망(不如結網)'이다. 『회남자』의 「설림훈」에 나오는 내용을 종합하면 이런 뜻이 된다.

<강에 가서 고기를 부러워 하는 것이, 물러나 그물을 만드는 것만 같 지를 못하다(臨河羨魚 不如退而結網)>

어떤 책에는 '불약귀이직망(不若歸而織網)'으로도 표기가 되어 있는데 의미는 같다.

사람은 스스로 노력도 하지를 않고 결과부터 얻으려는 허망한 욕심을 안고 있다. 일종의 허욕이다. 마치 나무 위에서 물고기를 구하려는 것처럼 헛된 욕망의 꿈을 가지고 있다. 즉, 어떤 과정을 무시하고 단숨에 결과만을 바라는 헛된 욕망이 그것이다.

결과를 좋게 바란다면 그 전에 열심을 보여야 한다. 열심을 보이지 않고 결과가 좋게 나오기를 바란다는 것은 참으로 우스운 일이다. 속담에 이런 말이 있다.

<목이 마른 자가 우물을 판다>

우물을 파면 물이 나오고 그물을 만들어 던져야 고기가 잡힌다.

說文解字 ＊臨(임할 림, 본떠 쓸 림. 臣부 11획, 총 17획) ＊河(물 하, 강이름 하, 내 하. 水부 5획, 총 8획) ＊羨(부러워할 선, 나머지 선, 남을 선. 羊부 7획, 총 12획. *covet*) ＊魚(고기어, 물고기 어, 어대 어. 魚부 0획, 총 11획. *fish*)

|389
그 고장에 가면 그곳 풍습을 따른다
入 鄕 循 俗 입향풍속

■ **出典** : 『회남자』의 「제속편」
■ **文意** : 대중과 함께 있을 때엔 그들과 같이 일을 함

故事逸話 춘추전국시대에는 천하의 풍토가 여름날 팥죽 끓듯 변화가 심했다. 어제는 제나라 사람이 오늘은 정나라 사람이 되고, 또 내일은 초나라 사람이 되는 것이 비일비재했다. 그러다 보니 '입향순속'은 참으로 당연한 일이었다.

『장자』의 「외편」에 있는 말이다.

<모름지기 그 나라에 가면 그 나라의 풍속을 따른다(入其俗從其俗)>

그런가 하면 『논어』에서도 '어느 고장에 가더라도 그 고장의 풍속을 따라야 한다'고 하였다.

지금은 국가주의가 확고하기 때문에 설득력이 떨어지는 것은 사실이다. 그러나 옛날에는 '입향순속'의 개념은 흐르는 물처럼 지극히 자연스러웠다. 사실 춘추전국시대에는 스스로가 살아남기 위한 방편으로 '입향순속'을 따랐을 것이다.

이러한 입향순속은 어떤 단체나 직장에도 적용이 된다. 다른 곳에서 전입을 해온 간부라 해도 그곳의 동료나 부하직원, 또는 규정 등에 따라야 하는 것이다.

說文解字 ＊入(들 입, 넣을 입, 드릴 입. 入부 0획, 총 2획. *enter*) ＊鄕(마을 향, 시골 향. 邑부 10획, 총 13획. *contury*) ＊循(좇을 순, 의지할 순, 차례 순. 彳부 9획, 총 12획. *ciculate*) ＊俗(풍속 속, 익을 숙, 버릇 숙. 人부 7획, 총 9획. *vugar*)

콩을 삶는데 콩깍지를 뗀다

煮 豆 燃 豆 萁 자두연두기

■ 出典 : 『세설신어』

■ 文意 : 골육인 형제가 서로 다투며 죽이려 한다는 것

故事逸話 　 조조(曹操)는 자신의 죽음을 앞두고 누구를 보위에 앉힐 것인가로 고심했다. 맏아들인 조비(曹丕)는 심성이 악하여 제왕으로 적합하지 못하고, 셋째인 조식(曹植)은 덕성이 아름다워 능히 보위를 잇기에 적합하다고 평하였다. 그러나 궁안의 여러 정황으로 볼 때 분란이 일어날 조짐이 있어 조조는 조비로 하여금 보위를 잇게 하였다. 『세설신어』에 의하면 조조와 조비, 조식은 문장이 빼어나 이들 셋을 삼조(三曹)라 평하고 있다.

　 조비는 태자로 책봉되고 조조를 이어 위문제(魏文帝)가 되었으면서도 동생에 대한 경쟁심리가 작용하여 어떻게든 제거하려고 그 구실을 찾고 있었다. 어느 날 조비는 겨우 열살 밖에 안된 동생에게 일곱 걸음을 걷는 동안에 시를 짓지 못하면 국법으로 엄히 다스리겠다고 명을 내렸다. 그러자 조식은 다음과 같은 시를 지었다.

　 콩을 삶는데 콩깍지를 태우니(煮豆燃豆萁), 콩이 솥가운데서 운다
　 본래 이들은 같은 뿌리에서 나왔는데, 서로 삶길 어찌 급히 구는가

說文解字 　 *煮(삶을 자, 火부 9획, 총 12획. *boil*) *豆(콩 두, 제기이름 두. 豆부 0획, 총 7획. *soybean*) *燃(사를 연. 火부 12획, 총 16획. burn) *豆(콩 두, 제기이름 두. 豆부 0획, 총 7획. *soybean*) *萁(콩대 기, 콩깍지 기. 艸부 8획, 총 12획)

스스로 자신을 내던져 학대함

自 暴 自 棄 자포자기

■ **出典** : 『맹자』의 「이루편 상」
■ **文意** : 자신을 내던져 될대로 되라고 사는 것

故事逸話 │ 『맹자』에 나오는 말이다. 『맹자』의 「이루편 상(離婁篇上)」에는 다음과 같은 내용이 있다.

스스로 해치는 사람과는 더불어 말할 것이 못 되고(自暴者 不可與有言也)
스스로 자신을 버리는 사람과는 더불어 행동할 것이 못되는 것이니(自暴者 不可與有爲也)
말로 예의를 헐뜯는 것을 스스로 해친다 말을 하고(言非禮義 謂之自暴也)
자기의 몸은 인에 살거나 의에 따르지 못한다고 하는 것을 스스로 버린다고 말한다(吾身不能居仁由義 謂之自暴也)

이렇듯 맹자의 말을 빌리자면 함부로 중얼대는 것은 '자포'고 행동을 멋대로 하는 것이 '자기'다. 말을 함부로 하는 것은 어질고 바른 것을 적대시 하는 적극적인 태도로 볼 수가 있다. 행동을 되는 대로 하는 것은 희망을 잃은 소극적인 태도다.

說文解字 │ ＊自(스스로 자, 저절로 자. 自부 0획, 총 6획) ＊暴(사나울 포, 맨손을 때릴 포, 갑자기 포. 日부 11획, 총 15획. *wild*) ＊自(스스로 자, 저절로 자, 조사 자. 自부 0획, 총 6획) ＊棄(버릴 기. 木부 8획, 총 12획. *abandon*)

재주의 뛰어남이 여덟 말이다
才 高 八 斗 재고팔두

■ **出典** : 조식(曹植)의 시
■ **文意** : 문인의 재질이 뛰어남이 뛰어나다

故事逸話 조조의 뒤를 이어 보위에 오른 조비(曹丕)는 왕위 계승권을 위협하는 조식(曹植)을 미워하여 어떻게든 죽일려고 구실을 찾고 있었다. 장차 대세가 그에게 기울어 질 것을 염려하여 부친의 문상을 핑계 삼아 대장 허도로 하여금 4천여의 병사를 데리고 가서 잡아오게 하였다. 이때 조비의 모친 잡씨(卞氏)가 나선 것은 이 무렵이었다. 그녀는 눈물을 흘리며 통사정을 했다.

"너의 동생 식이의 재주가 여덟 말(才高八斗)이라는 소문이 있으나 권좌에 뜻이 없다는 것은 네가 알고 있지 않느냐. 그러니 어떠한 잘못이 있더라도 목숨만은 보존시켜 주어라."

모친의 간곡한 청을 물리치지 못하고 그렇게 하겠다고 승낙했다. 이때 조식이 편전에 들었다는 말을 듣고 상국(相國)으로 있는 허흠이 찾아왔다. 죽이지 않겠다는 약속을 어머니와 했으므로 조비가 망설였다. 그러자 상국 허흠이 방책을 내놓았다. 그것은 일곱 걸음을 걸을 때까지 시를 짓지 못하면 귀양을 보내겠다는 귀띔이었다.

이렇게 하여 조식은 일곱 걸음을 걷는 동안에 칠보시(七步詩)를 지어 화를 면했다.

說文解字 ＊才(재주 재, 현인 재. 手부 0획, 총 3획. *talent*) ＊高(높을 고, 위 고, 멀 고. 高부 0획, 총 10획. *high*) ＊八(여덟 팔. 八부 0획, 총 2획. *eight*) ＊斗(말 두, 글씨 두, 별 이름 두. 斗부 0획, 총 4획. *korean measure*)

|393
금전으로 신을 움직인다
錢 可 通 神 전가통신

■ **出典** : 『당서(唐書)』
■ **文意** : 돈의 힘이 일의 결과를 좌우한다

故事逸話 당나라 때에 장연상(張延賞)이라는 관리는 경학에 뛰어났다. 그는 정치를 하는 데 능통하여 승진을 거듭하여 하남 땅의 부윤(府尹)이라는 자리에 임명되었다. 이때 중요한 사건을 접하였다. 장연상은 사건에 연루된 사람들을 모두 잡아들였다. 여기에는 황제의 친척까지도 있었으나 출두를 하지 않았으므로 모두 잡아들이게 하였다.

"이것은 너무 심합니다."

"부하 직원의 말에 장연상은 고개를 저었다.

"아니야, 그렇지가 않아. 나는 황제의 녹을 먹는 관리일세. 어찌 법집행을 두고 황제의 눈치를 살핀단 말인가. 당치않은 일이야."

다음날 한 통의 서찰이 장연상에게 배달되었다. 거기에는 3만냥을 바칠 것이니 더 이상 사건을 추궁하지 말아달라는 내용이었다. 장연상은 크게 노하여 서찰을 갈갈히 찢어버렸다.

다음날 다시 한 통의 서찰이 배달되었다. 거기에는 '십만관(十萬貫)'이라고만 씌어 있었다. 장연상은 이 사건을 흐지부지 처리해 버렸다. 누군가 그 이유를 물었을 때 이렇게 말했다.

"10만관이면 귀신도 살 수 있거든(錢可通神). 내가 못할 바 없지."

說文解字 ＊錢(돈 전. 金부 8획, 총 16획. *money*) ＊可(옳을 가, 허락할 가, 가할 가. 口부 2획, 총 5획. 총 5획. *right*) ＊通(통할 통, 형통할 통, 사귈 통. 辵부 7획, 총 11획. *throuch*) ＊神(귀신 신, 밝힐 신, 맡길 신. 人부 7획, 총 9획. *belive*)

|394

겁을 먹고 떨며 몸을 움츠림
戰 戰 兢 兢 전전긍긍

■ 出典 : 『시경』, 『논어』
■ 文意 : '전전'은 겁이 나서 떨고 있는 모습, '긍긍'은 몸을 삼가는 모습

故事逸話 『시경(詩經)』에 나오는 시는 서주(西周)의 말엽에 모신(謀臣)들이 군주의 측근에서 정치하는 것을 개탄한 것이다. 옛법을 무시한 정치가 자행되는 것을 한탄한 내용이다.

맨손으로 호랑이를 잡을 수가 없고
걸어서 황하를 건널 수 없네
모두 다 알고 있건만
도리어 먼 일은 모르는구나
두렵게 여겨 경계하라(戰戰兢兢)
깊은 못 물 임한 듯
엷은 얼음을 밟는 듯

그런가하면 『논어』의 「태백편」에는 증자가 병이 깊어지자 제자들을 불러 말한 대목이 있다. 증자는, '이불을 들치고 내 손발을 잡아보라. 매우 두려운 듯 겁내고 삼가기를 깊은 못에 다다른 듯 엷은 얼음을 걷는 듯 하라 했다. 그걸 알겠노라' 하였다.

說文解字 *戰(두려워할 전, 싸움 전. 戈부 12획, 총 14획. *fight*) *戰(싸움 전, 두려워할 전. 戈부 12획, 총 14획. *fight*) *兢(조심할 긍, 굳셀 긍. 儿부 12획, 총 14획. *caution*) *兢(조심할 긍, 떨리는 데 긍, 공경스러울 긍. 儿부 12획, 총 14획. *caution*)

|395
걱정으로 잠을 이루지 못함
輾 轉 反 側 전전반측

■ **出典** : 『시경』「주남의 관저」
■ **文意** : 밤새도록 뒤척이며 잠을 이루지 못함

___故事逸話___ 『시경』의 첫 편인 「주남(周南)의 관저(關雎;물수리)에 나오는 내용이다.

운다 운다 물수리 섬가에서 물수리
아리따운 아가씨 사나이의 좋은짝
올망졸망 조아리기를 이리저리 헤치며
아리따운 아가씨 자나깨나 그리네
그리워도 못 이룰 자나깨나 그 생각
가이 없는 그리움에 잠 못 들어 뒤척이네(輾轉反側)

이것은 남녀의 순수한 애정의 노래다. 이전에는 남녀 관계가 문란하다 했는데 문왕(文王)의 교화로 말미암아 여인들이 정숙해져 남자들이 함부로 유혹 하지 못하는 데서 유래를 찾을 수 있다. 그러므로 이 시의 내용을 정풍(正風)이라 한다. 공자께서는 이렇게 말했다.
"관저는 즐거우면서 음탕하지 않고 슬프지만 마음을 상하지 않는다(關雎樂而不淫 哀而不傷)".

___說文解字___ ＊輾(돌아누울 전, 돌 전. 車부 10획, 총 17획. *turn*) ＊轉(구를 전, 옮길 전, 돌아누울 전, 굴릴 전. 車부 11획, 총 18획. *roll*) ＊反(뒤집을 반, 돌이킬 반. 又부 2획, 총 4획. *again*) ＊側(기울 측, 곁 측, 엎드릴 측. 人부 9획, 총 11획. *side*)

|396
화가 도리어 복이 됨
轉 禍 爲 福 전화위복

■ 出典 : 『십팔사략』

■ 文意 : 화가 변하여 복이 됨

故事逸話 ┃ 소진(蘇秦)과 장의(張儀)는 귀곡선생의 제자였다. 둘다 세객들이다. 처음에 소진은 한(韓)나라의 선혜왕을 찾아가 합종책을 펼쳤다. '이젠 죽는 한이 있어도 진을 섬기지 않겠다'고 했으나 선혜왕의 뒤를 이어 양왕이 보위에 오르자 진나라의 압력은 거세졌다. 이때 진나라에서 온 인물이 장의였다. 그는 소진의 합종을 정면으로 부인하여 말했다.

"지금 한나라의 강산을 돌아보면 대체로 산이 많은 편입니다. 이것은 나라 안에서 생산되는 물건이 적다는 것을 의미합니다. 그러므로 오랜 전쟁에 대비하여 식량을 비축하는 데엔 형편이 여의치를 않습니다. 어디 그뿐입니까. 인구가 적으니 병사의 수효가 작으므로 약소국이라 할 수 있습니다. 지금 한나라의 국력으로 진나라를 대적하는 것은 계란으로 바위를 치는 격입니다. 그러므로 진나라를 대적하는 것 보다는 차라리 섬기는 것이 훨씬 이로울 것입니다. 나라안에서 출산되는 산물이 적으므로 오히려 나라를 구할 수 있으니 이것이 어찌 전화위복(轉禍爲福)이 아니겠습니까."

결국 양왕은 진나라에 선양의 땅을 바치고 전쟁을 피했다.

說文解字 ┃ ＊轉(구를 전, 옮길 전, 돌아누울 전, 굴릴 전. 車부 11획, 총 18획. *roll*) ＊禍(재앙 화, 앙화 화. 示부 9획, 총 14획. *calamity*) ＊爲 (하 위, 다스릴 위, 이룰 위. 爪부 8획, 총 12획. *do*) ＊福(복 복, 아름다울 복. 示부 9획, 총 14획. *fortune*)

병부를 훔쳐 조나라를 구함
竊 符 求 趙 절부구조

■ 出典 : 『십팔사략』
■ 文意 : 군왕의 병부를 훔쳐 조나라의 위난을 구함

故事逸話 전국시대의 사군(四君)의 한사람인 위나라의 신릉군(信陵君) 위무기(魏無忌)는 전왕인 위소왕의 작은 아들이다. 현재의 안회왕은 배다른 동생이다. 덕이 있고 지혜가 있는 신릉군은, 이문(夷門)을 지키는 후영(侯嬴)이라는 늙은 문지기를 스승처럼 위하고. 백정인 주해(朱亥)를 정말 귀한 손님처럼 받아들였다.

안회왕 20년에 조나라의 군사를 장평(長平)에서 크게 깨뜨린 진나라는 수도인 한단을 포위하였다. 신릉군의 자형인 주나라의 평원군은 조나라 혜문왕의 아우였다.

혜문왕과 평원군은 각각 안회왕과 신릉군에게 거듭 사람을 보내 요청하였다. 그러나 진나라는 조나라를 돕는 나라가 있으면 조나라를 깨뜨린 다음 그 나라를 치겠다고 위협함으로 신릉군이 왕에게 간청을 해도 왕은 진나라가 무서워 허락을 하지 않았다. 스승처럼 여기는 후영 노인의 모사를 따라, 왕의 침실에서 안회왕이 총애하는 여희를 이용해 호부(虎符)를 훔치고 후영의 권고로 밤을 세워 군대가 주둔해 있는 국경으로 달려가 진비 장수에게 주었다. 절부를 보고도 지휘권을 넘겨주지 않자 주해는 40근 철퇴를 꺼내 머리를 쳐죽였다.

說文解字 *竊(훔칠 절, 몰래 절, 도둑 절. 穴부 17획, 총 22획. steal) *符(병부 부, 부신 부, 맞을 부. 竹부 5획, 총 11획) *求(구할 구, 빌 구, 탐낼 구. 水부 2획, 총 7획. wish for) *趙(조나라 조. 走부 7획, 총 14획)

398

우물 안 개구리

井 中 之 蛙 정중지와

■出典 : 『후한서』, 『장자』

■文意 : 견문이 좁은 사람을 가리킴

故事逸話 전한이 망하자 왕망은 신(新)나라를 세웠다. 이 무렵 마원(馬援)이라는 인물이 있었다. 그는 죄인을 호송하는 군장 자리에 있었는데 어느때인가 호송하던 죄인을 풀어주고 북방으로 몸을 피했다. 세월이 흘러 농서의 외효가 마원을 불러 막료로 삼았다.

이때 공손술이라는 자가 촉 땅에서 제(帝)를 칭하고 있었다. 둘은 같은 고향 사람이었기에 사신의 임무를 띠고 찾아갔으나 마원은 거드름을 피우는 상대에게 크게 실망했다. 아직도 천하의 주인이 누구의 것인지가 정해지지 않은 상태에서 무엇보다 필요한 것은 인재였다. 그런데 작은 재주를 믿고 거드름을 피우자, 마원은 그의 됨됨이를 외효에게 들려주었다.

"공손술은 우물안의 개구립니다. 상대를 하지 마십시오. 이번에는 유수(광무제)를 만나 보겠습니다."

마원은 유수를 만나보고 그를 주인으로 삼았다. 그런가하면 『장자』의「추수편」에는 '우물안 개구리가 바다를 말하지 못한 것은 자기가 살고 있는 곳밖에 모르기 때문이며 여름 벌레가 얼음에 대한 지식이 없는 것은 여름 밖에 생각하지 않기 때문이다' 라고 하였다.

說文解字 ＊井(우물 정, 단정할 정, 잇닿을 정, 천장 정. 二부 3획, 총 4획. *well*) ＊中(가운데 중, 마음 중, 응할 중. 一부 3획, 총 4획. *midst*) ＊之(의 지, 어조사 지. ノ부 3획, 총 4획. *this*) ＊蛙(개구리 와, 음란할 소리 와. 虫부 6획, 총 12획. *frog*)

|399
어려울 때 함께 고생한 아내
糟 糠 之 妻 조강지처

■ **出典** : 『후한서』의 「송홍전」
■ **文意** : 어려울 때에 함께 고생을 한 아내

故事逸話 후한의 광무제에게는 호양공주(湖陽公主)라는 누님이 있었다. 그 공주는 일찍 출가하였는데 과부가 되어 있었다. 어느날 광무제가 재혼할 생각이 있느냐고 묻자 그녀는 대사공(大司空) 직책에 있는 송홍(宋弘)을 사모하고 있다고 말했다.

"송홍과 같은 사람이라면 시집을 가겠어요."

그러나 문제는 이미 송홍에게는 아내가 있다는 점이었다. 아무리 군왕의 몸이었지만 누님을 위해 불의한 일을 해달라고 청을 넣을 수는 없었다. 그래서 광무제는 누님을 옆방에 있게 한 후에 송홍을 불러들였다. 그리고는 대사공 지위에 있으니 아내를 바꾸는 것이 어떻겠느냐고 넌즈시 말했다. 송홍이 답했다.

"아닙니다, 폐하. 소신은 가난할 때에 사귄 친구를 잊지 말고 조강지처는 내치지 않는 것이 옳다고 생각합니다."

어려울 때에 사귄 친구와 고통을 함께 한 아내는 버릴 수 없다는 말이었다. 송홍이 물러간 뒤에 광무제는 누님과 대면한 자리에서 어색한 웃음을 흘릴 수밖에 없었다. 송홍의 단호함으로 볼 때에 누님의 배필이 된다는 가망이 없었기 때문이었다.

說文解字 ＊糟(지게미 조. 米부 11획, 총 17획. *lees*) ＊糠(겨 강, 번쇄할 강. 米부 11획, 총 17획. *chaff*) ＊之(의 지, 어조사 지, 이를 지, 갈지. ノ부 3획, 총 4획. *this*) ＊妻(아내 처, 시집보낼 처. 女부 5획, 총 8획. *wife*)

|400
아침에 내린 영이 저녁에 바뀜
朝 令 暮 改 조령모개

■ **出典** : 『사기』의 「평준서」
■ **文意** : 명이 일관성이 없이 내리는 것

故事逸話 전한의 문제와 경제 때에 어사대부를 지낸 조착(鼂錯)은 학문이 빼어나 늘 황제에게 제후의 영토를 줄일 것과 법령의 개정과 변경을 침탈하는 흉노에 대하여 헌책을 했다.

"요즈음 흉노가 자주 변경을 침탈하여 약탈해 가므로 변방엔 곡식이 부족합니다. 흉노가 변방을 침략하여 약탈을 자행하기 때문에 둔수(屯戍; 경작하면서 수비하는 일)하는 사람이 많아져 변방에서 거두는 곡식으로는 먹지 못하는 자들에게 공급할 식량이 부족했다. 다섯 명 가족의 농가에서는 부역이 무겁기 때문에 농사를 짓는 데에 어려운 점이 많습니다. 또한 아침에 내려온 명령이 저녁에 다시 고쳐 내려오니(朝令暮改) 전답을 지닌 사람들도 그것을 반값에 팔고 남은 빚은 아녀자를 팔아 갚는다고 합니다."

이러한 폐단을 고치기 위하여 세제를 크게 개정하고 학식이 있는 자를 장관으로 삼는 현량방정 제도를 실시한 것이다. 지나친 세금과 부역으로 인하여 장사꾼과 빚쟁이들의 배를 불리는 결과를 가져오게 된 것이다. 농민들은 농토를 잃게 되므로 세금과 부역을 줄이고 힘이 있고 재물이 있는 사람에게 곡식을 바치게 하자는 내용이었다.

說文解字 ＊朝(아침 조, 보일 조. 月부 8획, 총 12획. *morning*) ＊令 (법 령, 시킬 령, 하여금 령. 人부 3획, 총 5획. *ordination*) ＊暮(저녁 모, 늦을 모, 더딜 모. 日부 11획, 총 15획. *sunsest*) ＊改(고칠 개, 거듭할 개, 바꿀 개. 攴부 3획, 총 7획. *reform*)

401
아침에는 셋, 저녁에는 넷을 준다
朝 三 暮 四 조삼모사

■ **出典** : 『열자』, 『장자』

■ **文意** : 농락을 당하면서도 그것을 모르는 경우를 빗대는 말

故事逸話 송(宋)나라 때에 저공(狙公)이라는 이가 있었다. 본래의 이름이 있었을 터이지만 워낙 원숭이를 좋아했기 때문에 그렇게 붙여진 것으로 풀이된다.

저공의 집에는 많은 수의 원숭이가 있었다. 집안 식구들의 식량을 줄이면서까지 원숭이를 기를 정도이니 저공의 원숭이에 대한 애착은 말을 하지 않아도 알고 남음이 있다.

아닌게 아니라 저공은 원숭이의 속내를 훤히 꿰뚫었다. 그러나 날이 갈수록 사정이 어려워지자 부득이 원숭이에게 줄 식량을 줄일 수밖에 없었다. 그래서 어느 날 원숭이에게 이렇게 말했다.

"이제는 너희들에게 도토리를 제한하여 줄 수밖에 없다. 아침에는 셋, 저녁에는 네 개를 주겠다."

그러자 원숭이들은 마구 화를 냈다. 아침에 도토리 세 개를 먹는 것은 너무 배가 고프다는 것이었다. 저공은 다시 말했다.

"그럼, 아침에는 넷, 저녁에는 세 개를 주겠다. 어떠냐?"

원숭이들은 몹시 좋아하였다. 『장자』에서는 실제로 농락하는 것을 '조삼(朝三)'이라 표현한다.

說文解字 *朝(아침 조, 보일 조, 나라이름 조. 月부 8획, 총 12획. *morning*) *三(석 삼, 자주 삼. 一부 2획, 총 3획. *three*) *暮(저물 모, 늦을 모, 더딜 모. 日부 11획, 총 15획. *sunset*) *四(넉 사, 사방 사, 네 번 사. 口부 2획, 총 5획. *four*)

402
낚시질은 하되 그물질은 않는다
釣 而 不 網 조이불망

- **出典** : 『논어』의 「술이편」
- **文意** : 낚시질은 하지만 그물질은 하지 않는다.

故事逸話 「술이편」에 나오는 원문에는 '낚시질은 하되 그물질은 하지 않았으며, 주살질은 하되 자는 것을 쏘지는 않았다'고 적고 있다. 여기에 나오는 '망(網)'은 적당한 간격을 두고 여러 개의 실을 만들고 그 실 끝에 낚시를 장치한 것이다.

이것으로 강물을 가로질러 설치를 하면 고기들이 유영을 하다가 걸려든다. 흔히 이러한 모양을 줄낚시라고 부른다.

공자는 왜 이런 말을 했을까. 그 이유는 무엇인가? 낚시의 경우는 고기를 많이 잡는데에 목적이 있었던 것이 아니다. 그런 점에서 낚시는 당연히 한가로움을 달래는 데에 그 목적이 있었을 것이다. 그러므로 줄낚시 (그물질)은 하지 않는다고 한 것이다. 이른바 중용지도(中庸之道)를 뜻한다.

『회남자』에는 다음과 같은 말이 있다.

<성인은 도덕으로 낚시줄을 삼고 인의(仁義)로써 미끼를 삼아 그것을 천지간에 던지는 것이다. 만물 중에 어느 한 가지가 그의 소유가 아닌 것이 있겠으며 천하에 그물을 펴고 강과 바다에 그물을 펴는 데 고기와 물고기든 놓친 것이 있겠느냐.>

說文解字 ＊釣(낚시 조, 낚을 조. 金부 3획, 총 11획. *fishing with a hook*) ＊而(어조사 이, 너 이, 같을 이. 而부 0획, 총 6획. *and*) ＊不(아니 불. 一부 3획, 총 4획. *not*) ＊網(그물 망, 법 망, 그물칠 망, 망태기 망. 糸부 8획, 총 14획. *net*)

|403
자라도록 도와줌
助 長 조장

■ 出典 : 『맹자』의 「공손축편」
■ 文意 : 어떤 사물이나 일을 맞게 도와서 성장시킨다

__故事逸話__ 어느 때인가 공손축(公孫丑)이 맹자에게 물었다

"선생께서 제나라의 재상이 되는 성공을 거둘 생각은 없으십니까?"
맹자가 말했다.

"호연지기를 기르기 위해서는 도의에 맞아야 한다. 기(氣)만을 목적
으로 기르는 것도 안되며 그렇다고 기를 잃어버리는 것도 좋지 않다. 송
나라 사람처럼 억지로 안절부절못하여 조장(助長)하는 것은 옳지 못하
다."

맹자가 가리키는 송나라 사람은 춘추 시대의 평범한 농부였다. 어느날
그가 모를 심었는데 잘 자라지를 않았다. 어떻게 하면 빨리 자랄 수 있는
지에 고심하다가 모를 하나씩 잡아당겨 주었다. 일을 마친 농부는 집안
으로 들어가 자신이 행한 일을 들려주었다.

"오늘은 몹시 피곤해 모가 빨리 자라도록 도와주고(助苗長) 왔지.
이 말을 들은 그의 부인은 논으로 달려갔다. 모는 이미 죽어 있었다.
맹자는 말한다.

"이 세상에는 모를 빨리 자라게 하려고 쓸데없는 짓을 하는 사람이
있어. 처음부터 기(氣)를 기르는 것은 소용없는 일이라고 내버려두지만
이것은 모를 심어놓고 김을 매지 않은 모습이다. 이 또한 모는 자라지 않
는다."

__說文解字__ ＊助(도울 조, 유익할 조. 力부 5획, 총 7획. *help*) ＊長(길
장, 클 장, 넉넉할 장. 長부 0획, 총 8획. *long*)

|404
왼쪽 어깨를 벗어부치다
左 袒 좌단

■ 出典 : 『사기』의 「여후본기」
■ 文意 : 많은 사람이 모여 어느 한쪽을 지지하는 것

故事逸話 한고조 유방의 부인이 여치(呂雉)다. 유방이 세상을 떠난 후 평소 고조의 총애를 받았던 척희를 잔혹하게 살해하는 잔혹성을 보였다. 눈을 멀게 하고 혀를 뽑았으며 귀를 멀게 하고 두 팔과 다리를 잘라 버렸다. 그리고는 화장실에 놓아둔 채 '인간 돼지' 라 불렀다. 이것 뿐이 아니다. 척희의 아들 유여의는 짐새의 극독으로 살해하였으며 손녀딸을 아들의 부인으로 삼는 패륜까지도 저질렀다.

자신이 운명을 하기 전에 여록과 여산을 상장군에 임명하여, 북군은 여록에게 남군은 여산에게 맡겼다. 그리고는 자신의 사후 어떤 일이 있더라도 병권을 놓아서는 안 된다고 당부했다. 여치가 세상을 떠나자 술로 세상을 보내던 진평이 돌아왔다. 그리고는 여록의 아들 역기를 움직여 여록을 움직이는 방책을 일러주었다. 그것은 조나라에 무슨 일이 일어날지도 모르니 병권을 황제에게 놓고 돌아가라는 것이었다. 그렇게 하면 병권은 주발에게 맡겨질 것이라 하였다. 모든 계책이 성공하여 상장군으로 복귀한 주발은 병사들을 모아놓고 말했다.

"나는 여러분의 뜻을 막지 않겠소. 여씨의 횡포를 묵인한다면 오른쪽 어깨를 벗고, 나와 뜻을 같이 하려면 왼쪽의 어깨를 벗고(左袒) 따르시오."

사람들은 왼쪽 어깨를 벗고 여씨 타도를 외쳤다.

說文解字 *左(왼쪽 좌, 어긋날 좌. 工부 2획, 총 5획. *left*) *袒(옷을 벗어던질 단, 웃통 벗을 단. 衣부 5획, 총 10획. *undress*)

|405

반성의 자료로 삼는 경구

座 右 銘 좌우명

■ 出典 : 『공자가어』
■ 文意 : 항상 좌우에 걸어놓고 스스로를 경계하기 위한 경구

__故事逸話__ '좌우명' 이라는 것은 요즘처럼 전후 앞뒤에 걸어놓고 반성의 재료로 삼는 경구가 아니었다. 본래의 좌우명은 '술독' 이었다. 그러니까 술독을 갖다놓고 스스로를 경계한 것이다.

춘추오패의 한사람인 제환공이 세상을 떠나자 묘당을 지어 각종 제기들을 진열해 놓았다. 그러한 제기 사이에 이상한 술독이 하나 있었다. 이 술독은 안에 내용물이 없으면 기울어 졌다가도 술을 반쯤 채우면 바로 서고, 거기에 술을 가득 채우면 다시 쓰러졌다.

제나라에 왔던 공자는 어느 날 이 술독을 보았는데 무릎을 치며 감탄하였다. 그는 그곳을 지키는 관리에게 그 술독을 가져오게 하였다.

"이곳에 술을 채워라."

제자들은 스승의 명에 따랐다. 비스듬히 서 있던 술독에 물이 부어지자 점점 똑바로 되었다. 그러다가 물이 가득 차오르자 술독은 다시 쓰러져 버렸다.

"보았느냐. 학문을 하는 것도 이와 다름이 없다. 많이 배웠다고 교만을 떠는 것은 반드시 화를 부를 것이다. 이 점을 명심해야 한다."

공자는 고향으로 돌아왔을 때, 묘당에서 보았던 술독을 만들어 스스로를 경계하였다.

__說文解字__ ＊座(자리 좌, 지위 좌. 广부 7획, 총 10획. *seat*) ＊右(오른쪽 우, 높일 우, 강할 우. 口부 2획, 총 5획. *right*) ＊銘(새길 명, 기록할 명. 金부 6획, 총 14획. *engrave*)

술 연못과 고기 숲
酒 池 肉 林 주지육림

■ 出典 : 『십팔사략』
■ 文意 : 음란하고 호화스러운 탕아들의 행위를 가리킴

故事逸話 중국에서 황음무도하다는 뜻을 나타내는 '걸(桀)'은
하왕조 19대 제왕인 사이계(姒履癸)를 가리킨다. 기록에 의하면 하왕조
의 19대 제왕인 사이계가 백여만의 대군을 이끌고 시부락(施部落)으로
쳐들어갔다. 이들을 대적할 수 없었던 시부락에서는 급히 공물을 내놓고
화친을 제의하였다. 그러한 화친의 공물 가운데 추장의 딸 시매희(施妹
喜)가 있었다.

그녀의 모습을 한번 본 사이계는 단숨에 반해 버렸다. 무엇이건 그녀
가 원하는 것이면 다 들어주었다. 처음에는 황실 창고에 있는 비단을 취
미삼아 찢어대자 급기야 비단은 바닥이 나버렸다.

사이계는 그녀의 환심을 사기 위해 토목공사를 일으켰다. 50평방 킬로
미터가 되는 연못의 물을 퍼내고 그곳에 술을 채운 다음 배를 띄웠다. 근
처의 숲에는 고기를 매달아 고기 숲을 만들었다.

"북을 쳐라!"

사이계의 명이 떨어지면 벌거벗은 신하들은 술연못으로 달려갔다. 그
리고는 다시 북소리에 맞추어 술연못의 술을 마셔댔다. 물론 안주는 고
기 숲에 걸린 것을 뜯어먹었다. 이른바 주지육림 놀이다.

說文解字 ＊酒(술 주, 냉수 주, 벼슬이름 주. 酉부 3획, 총 10획.
wine) ＊池(못 지, 풍류이름 지. 水부 3획, 총 7획. *pond*) ＊肉(고기 육,
몸 육. 肉부 0획, 총 6획. *meat*) ＊林(수풀 림, 더불더불날 림. 木부 4획,
총 8획. *forest*)

대나무 말을 타고 놀았던 옛 친구
竹 馬 之 友 죽마지우

■ 出典 : 『진서(晉書)』의 「은호전」

■ 文意 : 어릴 때에 대나무 말을 타고 놀았던 친구. 고향 친구

故事逸話 은호(殷浩)라는 이가 숙부와 함께 역(易)을 공부하였는데, 어느날 한사람이 찾아와 꿈풀이를 해달라고 청을 넣었다.

"제가 꾼 꿈이 참으로 묘하거든요. 관리가 되려면 꿈에 관(棺)을 보고 재물이 생길 때엔 더러운 것을 보게 된다는 데 이게 어찌된 일입니까? 말씀해 주십시오."

"관리란 본시 썩을대로 썩어 냄새가 나기 마련이네. 그렇기 때문에 관리가 되고자 하는 자는 꿈 속에서 관을 보게 되는 것이오. 그런가하면 재물이란 본시 티끌과 같은 것이네. 그러다보니 꿈속에서 더러운 것을 보게 되는 것이네."

세월이 흘러 후조(後趙)에 반란이 일어나자 은호를 중군장군으로 삼아 정벌하게 하였다. 그런데 출발할 즈음에 말에서 떨어지는 바람에 불길하게 여겼는데 과연 크게 패하여 돌아온 것이다. 모두들 안타까워 했지만 이것을 다행으로 생각한 것은 환온 뿐이었다. 은호를 규탄하는 상소를 올려 귀양을 가게 한 다음 그가 말했다.

"그와 나는 죽마를 타고 놀았다. 내가 싫증 나서 버리면 그가 가지고 놀았으니 내 밑에 있는 것이 당연하다."

說文解字 ＊竹(대나무 죽, 피리 죽, 성 죽. 竹부 0획, 총 6획. *bamboo*) ＊馬(말 마, 아지랑이 마, 벼슬 마. 馬부 0획, 총 10획. *horse*) ＊之(의 지, 어조사 지. ノ부 3획, 총 4획. *this*) ＊友(벗 우, 합할 우. 又부 2획, 총 4획. *friend*)

408
많은 사람의 입을 막기는 어렵다
衆 口 難 防 중구난방

■ 出典 : 『십팔사략』
■ 文意 : 많은 사람이 떠들어대면 막기가 어렵다.

故事逸話 소공(召公)이 주여왕(周厲王)의 언론 탄압에 대하여 자신의 생각을 털어놓았다.

"무력을 사용하여 백성들의 입을 막는 것은 내(川)를 막는 것보다 더한 것입니다. 내는 막히었다가 터지면 물이 넘쳐 흘러 사람을 상하게 합니다. 그러므로 옛부터 치수법에 능한 이들은 흐르는 물은 자연스럽게 흐르도록 하였다는 것입니다. 백성들이 말을 하고자 할 때엔 탄압을 않고 그냥 두는 것이 좋습니다."

그러나 여왕은 이 말을 듣지 않고 계속하여 함구령을 말고 나갔다. 그가 계속 폭정의 칼을 휘두르자 폭동이 일어나 도망을 치다가 잡히어 평생 동안 갇혀 사는 결과를 초래하였다. 그가 갇혀있는 동안에 대신들은 합의하여 정치를 하는 '공화 정치'를 탄생시켰다. 이것이 공화정치의 시초다.

이러한 말을 쓴 사람은 춘추시대 송나라 사람인 화원(華元)으로, 성을 쌓는 책임자로 나와 있을 때에 군중들은 화원이 적국에 포로가 된 것을 비웃어 노래를 불렀다, 당시에 그는 태연하게 '여러 사람들의 입은 막기가 어렵다(衆口難防)'하고 나타나지 않았다.

說文解字 ＊衆(무리 중, 민심 중. 血부 6획, 총 12획. *many*) ＊口(입 구, 인구 구, 말할 구. 口부 0획, 총 3획. *mouth*) ＊難(어려울 난, 근심 난, 구슬이름 난. 隹부 11획, 총 19획. *difficult*) ＊防(막을 방, 둔덕 방, 병풍 방. 阜부 4획, 총 7획. *defend*)

사슴을 가리켜 말이라 한다
指 鹿 爲 馬 지록위마

■ **出典** : 『사기』의 「진시황본기」
■ **文意** : 위압을 가하여 상대를 속이려 드는 일을 뜻함

故事逸話 진시황이 천하를 순행하는 중에 사구(沙丘)에서 세상을 떠나면서 유언하기를, 만리장성 밖으로 쫓겨간 태자 부소(扶蘇)를 불러 다음 보위를 잇게 하였다. 조서를 맡은 환관 조고(趙高)는 유언을 거짓으로 짜맞추어 어리숙한 호해(胡亥)를 2세 황제로 만들고 부소는 칙명을 사칭하여 자살하게 하였다.

모든 것이 자신의 뜻대로 되어가자 조고는 경쟁자인 이사(李斯)를 죽이고 자신의 뜻에 반대하는 대신들은 누구라할 것이 궁에서 몰아냈다. 이렇게 되니 궁안은 온통 조고의 세상이었다.

이렇게 되자 이번에는 호해가 앉은 용상이 탐이 났다. 우선은 조정 중신들의 의향이 어떤 지를 알아보는 게 급선무였다. 그는 호해 황제 앞에 사슴 한 마리를 끌고 와 말했다.

"천리를 달리는 말입니다."

"그건 사슴이 아니오?"

황제가 이상하다는 표정으로 그렇게 반문했으나 조고는 말이라고 우겼다. 이렇게 하여 조정의 신하들에게 물었는데 말이라 하는 자도 있고 사슴이라고 하는 자도 있었다.

說文解字 ＊指(가리킬 지, 손가락 지. 手부 6획, 총 9획. *finger*) ＊鹿(사슴 록, 작은 수레 록. 鹿부 0획, 총 11획. *deer*) ＊爲(하 위, 하여금 위, 어조사 위. 爪부 8획, 총 12획. *do*) ＊馬(말 마, 아지랑이 마. 벼슬이름 마. 馬부 0획, 총 10획. *horse*)

탁상공론

紙 上 談 兵 지상담병

■ 出典 : 『사기』의 「염파, 인상여열전」
■ 文意 : 실제로는 전연 도움이 되지 않은 이론이나 말

故事逸話 ┃ 전국시대에 조나라의 장수 조사(趙奢)에게는 조괄(趙括)이라는 아들이 있었다. 조괄은 고금의 책들을 두루 섭렵하여 어떤 문제를 제기하면 금방 해당하는 책을 인용하여 장단점을 말해주었다. 탈월한 이론가였다. 대다수의 사람들은 그의 용병술에 대한 이론에 대하여 칭찬을 아끼지 않았으나 그의 부친만은 달랐다.

"조괄의 말은 이론일 뿐이야. 실전에서는 전연 도움이 되지 않아."

얼마후 진나라가 조를 침공했다. 이때 대장군 조사는 세상을 떠난 뒤였으며 인상여는 병이 깊어 있었다. 다만 노장 염파 장군 만이 명을 받고 장평이라는 곳에서 적과 대치하고 있었다. 진나라에서 유언비어를 퍼뜨렸다. 그것은 진나라에서는 조괄이라는 장수를 두려워한다는 것이었다.

보고를 받은 효성왕은 염파를 파면시키고 조괄을 대장으로 임명했다. 조괄의 모친을 비롯하여 노장수들이 철회하여 달라는 상서를 올렸으나 소용이 없었다, 명을 받은 조괄은 당당히 출정하였으며 전투에 나가 크게 패하였다. 역사에서는 이 전투에 대한 기록을 '장평지화(長平之禍)' 라 쓰고 있다.

說文解字 ┃ *紙(종이 지, 편지 지. 糸부 4획, 총 10획. *paper*) *上(위 상, 바깥 상, 물건의 위 상. 一부 2획, 총 3획. *upper*) *談(말씀 담, 바두 둘 담. 言부 8획, 총 15획. *converse*) *兵(군사 병, 무기 병, 재난 병. 八부 5획, 총 7획. *solder*)

411
마음이 통하는 친구
知 音 지음

■ **出典** : 『열자』의 탕문편

■ **文意** : 마음이 통하는 절친한 친구

故事逸話 춘추시대 진(晋)나라에 거문고의 연주를 잘 하는 유백아 (兪伯牙)라는 이가 있었다. 그의 음악을 이해한 것은 초나라 사람 종자기 (種子期)였다. 더구나 그는 초라한 나무꾼이었다. 유백아가 높은 산울림 으로 거문고를 타면
"굉장하구나, 소리의 웅장함이 마치 태산같구나"
하였고, 흐르는 물을 거문고에 싣자,
"소리의 양양함이 양자강과 같구나."
하였다. 이처럼 유백아가 나타내려는 생각을 종자기는 정확하게 짚어 냈다. 이렇게 되니 둘은 나라와 지위를 떠난 음악 친구가 되었다.
어느 때인가 유백아가 종자기를 찾아갔는데 이미 그는 죽고 없었다. 그는 종자기의 묘 앞에서 거문고를 부숴버렸다. 이제는 자신의 거문고 소리를 알아줄 사람이 없으니 더 이상 탈 필요가 없다는 것이었다.
『여씨춘추』에는 이러한 두 사람의 일화를 적고 '백아절현(伯牙絶 絃)'이라 하였다. 종자기라는 친구가 죽은 뒤에는 거문고 줄을 끊고 다 시는 타지 않았다는 내용이다.
여기에서 '백아절현'이 생겨나 '지음'이라는 것과 함께 쓰인다. 한결같이 절친한 친구 사이를 나타낼 때에 사용된다. 또는 친구의 죽음 을 애도할 때에 사용된다.

說文解字 ＊知(알 지, 생각할 지. 矢부 3획, 총 8획. *know*) ＊音(소 리 음, 편지 음, 소식 음. 音부 0획, 총 9획. *sound*)

|412
자식은 아버지를 보면 안다
知 子 莫 如 父 지자막여부

■ **出典** : 『한비자』의 「십과편」

■ **文意** : 자식에 대해서는 낳고 기른 아버지가 잘 안다는 뜻

故事逸話 제환공은 춘추오패(春秋五覇)의 한 사람이다. 이렇게 된 가장 큰 공을 세운 관중이 병이 들어 하루가 다르게 깊어지자 그에게 물었다.

"공이 불행하게 일어나지 못한다면 나랏일을 누구에게 맡기는 것이 좋겠소?"

"늙은 신에게 물을 것이 무에 있습니까. 신이 듣기로 신하의 일은 군왕만한 사람이 없고 자식을 아는 데엔 그 아비만한 사람이 없다고 했습니다(知臣莫如君 知子莫如父). 군왕께서 결정하십시오."

환공이 포숙아에 대하여 물었다. 자신과는 둘도 없는 친구지만 모진 데가 없으니 패자의 재상이 될 수 없다고 했다. 다음으로 수조(竪刁)에 대해 물었다. 그는 아부에 능하여 안 된다고 하였다. 이번에는 개방(開方)과 역아(易牙)에 대해 물었다. 그들은 간교한 인물들이니 멀리 하라고 했다. 그렇게 하여 마지막에 관중이 천거한 인물은 습붕(濕朋)이었다.

세 해가 지나 환공이 남쪽 지방에 가서 즐기는 동안 수조는 개방과 역아와 공모하여 난을 일으키고 제환공을 굶겨 죽였다.

說文解字 ＊知(알 지, 생각할 지. 矢부 3획, 총 8획. *know*) ＊子(아들 자, 사랑할 자, 사람 자. 子부 0획, 총 3획. *son*) ＊莫(없을 막, 저물 모. 艸부 7획, 총 11획. *not*) ＊如(같을 여, 조사 여. 女부 3획, 총 6획. *same*) ＊父(아버지 부, 연로한 사람의 경칭 부, 남자의 미칭 부. 父부 0획, 총 4획)

|413

만족할 줄 알아야 부자다
知足者富 지족자부

■ 出典 : 『노자』「33장」
■ 文意 : 많은 것을 소유해도 만족할 줄 모르면 가난하다는 뜻

故事逸話 어떤 상황에 처하여도 그 범위를 만족할 줄 알아야 한다. 이 성어는 예전에는 구도 생활을 목적으로 정진하는 사람들에게 통용되기도 하였다. 『노자』의 「33장」에서 소철은 이렇게 풀이하였다.

"만족을 할 줄 아는 사람은 도처에서 만족을 느껴 아직껏 부족함을 느껴본 일이 없다. 천하를 갖는다고 하여도 항상 부족한 것을 느끼는 사람은 평생을 만족할 줄 모른다."

그런가하면 『설원담총(說苑談叢)』에는, '부는 만족하는 데 있다(富在知足)' 하였으며

『명심보감(明心寶鑑)』에는, '만족할 줄 알면 항상 즐겁다(知足常樂)'고 하며

『채근담』에서도 이렇게 말하고 있다.

<집이 커서 천간의 넓이라 하여도 잠을 잘 때에는 여덟 자 길이면 족하다. 전답이 많아 만경창파와 같고 곡식이 많아도 하루에 두 되의 쌀이면 족하다. 내 집의 담이 남과 같이 높지를 못하고 내 곡간의 쌀이 남과 같이 많지 못하다고 애달파 할 필요는 없다. 남의 것을 부러워하지 않는다면 생활의 괴로움 그 반은 덜 수가 있다.>

說文解字 ＊知(알 지, 깨달을 지. 矢부 3획, 총 8획. *know*) ＊足(발 족, 흡족할 족, 넉넉할 족. 足부 0획, 총 7획. *foot*) ＊者(놈 자, 어조사 자. 耂부 5획, *fellow*) ＊富(많을 부, 넉넉할 부, 충실할 부, 부자 부. 宀부 9획, 총 12획. *rich*)

414
진리를 아는 사람
知 之 者 지지자

- **出典** : 『논어』의 「위정편」
- **文意** : 천도나 인도를 살펴 슬기롭게 대처하는 사람

故事逸話 공자의 제자 자로(子路)는 솔직하고 용기가 있었지만 강박한 면이 짙었다. 무슨 일을 할 때에도 덮어놓고 큰소리부터 내는 바람에 스승으로부터 여러 차례 꾸중을 들었다.

"자로야!"

어느날 공자께서 자로를 불러앉혔다.

"내 너에게 안다는 것이 무엇인지를 가르쳐 주리라."

"예에."

"자기가 아는 것은 남에게 얘기를 해도 무방하다. 그러나 자기가 모르는 것은 분명 모른다고 대답해야 한다. 이렇게 하는 것이야말로 아는 것이다."

"예에."

자로는 그렇게만 대답했다. 자로에게 말한 공자의 의도는 무엇인가? 그것은 평소에 큰소리 치는 것을 좋아하는 자로로 하여금 생각하게 한 것이다. 무엇인지 모르고 있으면서도 큰소리를 치는 것이 결코 바른 이치가 아니라는 것이다.

이 말은 「위정편」에 나와 있다. 정치를 하는 사람들은 솔직하기를 바라는 마음도 포함되었을 것이다.

說文解字 ＊知(알 지, 깨달을 지, 생각할 지. 矢부 3획, 총 8획. *know*) ＊之(이를 지, 의 지, 어조사 지. ノ부 3획, 총 4획. *this*) ＊者(사람 자, 놈 자, 어조사 자. 耂부 5획, 총 9획. *fellow*)

|415

창업은 어렵다
創 業 有 艱 창업유간

■ 出典 : 『당서』의 방현령전」
■ 文意 : 온갖 고초를 겪지 않고서는 사업을 이루기는 어렵다

故事逸話 수(隋)나라를 이어 들어선 당(唐)나라는 태종이 즉위한 후에 정관 치세로 말미암아 후대에 이르기까지 성군으로 기록되었다. '정관의 치세' 이 무렵은 흔히 말하는 태평성대로 기록된다. 어느날 신하들이 모인 자리에서 태종이 물었다.

"창업과 수성은 어느 쪽이 어렵다고 보시오?"

방현령이 대답했다.

"옛날에는 여러 영웅들이 천하각처에서 우글우글 일어나고 수백번 또는 수천 번을 싸워 공격을 하고 항복을 받으려고 목숨을 걸고 싸웠습니다. 그렇게 본다면 창업이 수성보다 어렵지 않나 생각을 합니다."

그러자 위징은 뜻을 달리한다.

"예전에야 제왕들이 온갖 어려움을 겪은 후에 보위에 올랐다가 너무나 안일한 생각으로 치세를 하여 그 자리를 잃어버렸습니다. 그런 점에서 본다면 창업보다는 그것을 지키는 것이 더 어렵다고 봅니다."

태종은 두 대신의 의견을 듣고 나름대로 결론을 지었다.

"두 분의 말씀은 다 옳으오. 나 역시 백가지 일을 겪으며 창업을 했으니."

說文解字 ＊創(비롯할 창. 刀부 10획, 총 12획. *begin*) ＊業(업 업, 일 업, 위태할 업. 木부 9획, 총 13획. *work*) ＊有(있을 유, 얻을 유, 취할 유. 月부 2획, 총 6획. *is*) ＊艱(어려울 간, 근심 간. 艮부 11획, 총 17획. *hard*)

416

망망한 바다 속의 좁쌀 한 알

滄 海 一 粟 창해일속

■ 出典 : 『소식』의 「적벽부」
■ 文意 : 지극히 미약하여 볼 것이 없다

故事逸話 당송팔대가의 한사람인 소식(蘇軾)이 친구와 함께 뱃놀이를 즐겼다. 그때가 임술년 가을이었다. 강물 위를 미끄러진 배는 어느새 적벽 아래에 이르렀다. 그 옛날 영웅호걸들이 천하를 놓고 승부를 벌였던 바로 그 현장이었다.

동행했던 친구에게 소식이 말했다.

"그 옛날 조조는 형주를 함락하고 강릉으로 쳐들어 갔다네. 장강을 따라 동오로 진격할 때에 전함에 꽂은 깃발은 천리를 이어 졌다네. 비록 전쟁이었다 해도 얼마나 장관이었겠는가. 일세의 영웅들이었지. 그런데 지금 그 영웅들은 어디로 갔는가? 이보시게 그 옛날 영웅호걸들이 다투던 그 자리에서 자네와 내가 이렇듯 뱃전에 앉아 술잔을 기울이고 있으니 인생은 새삼 무상한 것이 아니겠는가. 우리의 삶이라는 것도 결국은 천지에 기생을 하고 있지 않은가."

친구가 답했다.

"옳으이, 우리의 몸이라는 것도 따지고 보면 깊고 넓은 바다 한가운데에 던져진 좁쌀 알갱이 같은 것이지."

훗날 소식은 적벽부를 쓸 때에 '창해일속'이란 용어를 사용하였다.

說文解字 ＊滄(큰바다 창, 물 이름 창. 水부 10획, 총 14획. *cold*) ＊海(바다 해, 많을 해, 세계 해. 水부 7획, 총 10획. *ses*) ＊一(한 일, 하나 일, 오로지 일, 순전할 일. 一부 0획, 총 1획. *one*) ＊粟(좁쌀 속, 겉곡식 속. 米부 6획, 총 12획. *millet*)

고사리를 캐는 노래
采 薇 歌 채미가

■ 出典 : 『사기』의 「백이열전」
■ 文意 : 백이숙제가 수양산에 들어가 고사리를 캐며 부르는 노래

故事逸話 고죽국의 왕자 백이와 숙제는 자기 나라를 떠나 덕이 높다고 소문이 난 서백(西伯;주문왕)을 찾아왔다. 그러나 이미 서백은 세상을 떠난 뒤였고, 그의 아들 무왕이 폭군 주왕(紂王)을 정벌하기 위해 출정하는 참이었다. 두 사람은 말고삐를 잡고 만류했다.

"지금 부왕이 세상을 뜬 지 얼마 되지 않았는데 전장터로 나가는 것은 효가 아니오. 또한 주왕이 비록 폭군이라 해도 왕의 주군인데 어찌 신하된 몸으로 왕을 죽이려는 것이오."

무왕은 두 사람의 말을 듣지 않았다. 병사를 휘몰아가서 목야의 전투에서 승리를 잡아 은나라를 멸하였다. 백이와 숙제는 소식을 듣고 수양산에 들어가 고사리를 캐먹으며 목숨을 연명하였다.

서산에 올라 고사리를 꺾는다
포악함으로 포악함을 바꾸고도 그것을 모르나니
신농, 우, 하의 아름다운 풍속은 사라졌구나
나는 장차 어디로 갈 것인가
아, 슬프구나. 운명의 기박함이여

說文解字 *采(캘 채, 일 채. 采부 0획, 총 7획. colouring) *薇(고사리 미. 艸부 13획, 총 17획. osmund) *歌(노래 가, 노래할 가. 欠부 10획, 총 14획. song)

|418
하늘이 높고 말이 살찌다
天 高 馬 肥 천고마비

■ **出典** : 『한서』의 「흉노전」
■ **文意** : 변방의 친구에게 보내는 변방의 상황에 대한 표현

故事逸話 중국의 역대 황제들은 변방에 출몰하는 흉노라 하면 머리가 지긋할 만큼 골머리를 앓았다. 이른바 한족(漢族)을 자처하는 중국인들에게 변방의 흉노족은 굉장한 골치거리였다. 역대의 제왕들은 이들을 강압적으로 다루기도 하고 회유책도 써 보았으나 일시적인 효과는 있었으나 장기적인 효험은 없었다.

진나라 때에는 그들의 출몰을 막기 위해 만리장성을 쌓았다. 또 한나라 때에는 미인을 보내 회유도 했다. 이렇게 하면 잠시 잠잠하다가도 바람처럼 습격하여 재물을 약탈해갔다.

구름은 맑고 요성도 사라져
가을은 높고 요새의 말도 살찌누나(秋高塞馬肥)
안장에 기대면 영웅의 칼이 움직이고
붓을 휘두르면 깃을 꽂은 글이 난다

이것은 두보의 조부 두심언(杜審言)이 흉노를 막기 위해 변방으로 떠나는 친구 소미도(蘇味道)에게 준 시다.

說文解字 *天(하늘 천, 조물주 천, 만물의 근본 천. 大부 1획, 총 4획. heaven) *高(높을 고, 멀 고. 高부 0획, 총 10획. high) *馬(말 마, 아지랑이 마. 馬부 0획, 총 10획. horse) *肥(살찔 비, 거름 비, 땅 이름 비. 肉부 4획, 총 8획. fat)

|419
천금을 주고 웃음을 사다
千 金 買 笑 천금매소

■ 出典 : 『열국지』
■ 文意 : 비싼 대가를 치르고 사랑하는 여인을 웃게 하는 것

故事逸話 서주(西周)의 마지막 임금은 유왕(幽王)이다. 그는 후대 역사가들의 평가처럼 대단히 방탕하고 음악한 인물이었다. 어진 신하들의 충언에는 귀를 기울이지 않고 오로지 미녀를 모으는 데에만 국고를 탕진하였다. 나라가 휘청거릴 때에는 기이한 일들이 일어난다. 경하, 낙하, 황하의 세 강물이 마르기 시작한 것이다. 이것은 주왕조에 대한 경고라는 신하들의 충언이 있었지만 왕은 도무지 귀를 기울이지 않았다. 이미 군왕은 포사(褒似)라는 여인의 치마폭에 푹 빠져있었다.

그런데 어찌된 셈인지 그녀는 웃지를 않았다. 그녀에게 웃음을 찾기위해 왕후를 내쫓고 태자의 왕위승계권을 박탈했다. 그런데도 웃지를 않자 괵국에서 온 괵석보가 방책을 내놓았다.

"여산에 있는 봉화에 불을 붙인다면 천하의 제후들이 달려올 것입니다. 그들이 허탕치고 돌아가는 모습을 본다면 그것이 어찌 제왕의 웃음거리가 아니겠습니까."

봉화불을 올리자 과연 천하의 제후들이 병사들을 이끌고 달려왔다. 그러나 그들은 자신들이 농락 당한 것을 알고 물러갔다. 이 모습을 보고 포사가 배시시 웃었다 괵석부는 이 공으로 황금 천냥을 받았다.

說文解字 *千(일천 천, 길 천, 많을 천. 十부 1획, 총 3획. *thousand*) *金(돈 금, 오행 금, 금나라 금. 金부 0획, 총 8획. *gold*) *買(살 매. 貝부 5획, 총 12획. *buy*) *笑(웃을 소, 웃음 소. 竹부 4획, 총 10획. *laugh*)

|420
하늘을 의심한다
天 道 是 非 천도시비

■ **出典** : 『사기』의 『태사공자서』

■ **文意** : 하늘을 우러르며 피 눈물로 호소한다

故事逸話 한무제 때에 이릉(李陵)이라는 장수가 5천의 결사대로 흉노와 맞서다가 그들에게 포로가 된 사건이 일어났다. 조정 중신들은 한무제의 의중을 헤아리며 이릉의 집안을 멸문 시킬 것을 강조하였다. 이때 태사령으로 있던 사마천(司馬遷)은 그의 집안이 멸문 당하는 것을 막기 위해 전력으로 변호했다.

"폐하, 이릉이 죽기를 각오하고 5천의 병사로써 흉노와 일전을 벌이다가 포로가 된 것은 힘이 다했기 때문이지 결코 투항한 것은 아닙니다. 만약 이릉이 투항을 했다면 이것은 우리 한나라 황실을 위하여 잠시 상대를 속인 것이지 본래의 뜻은 아닐 것입니다. 폐하께서는 이점을 헤아려 주십시오."

반역도를 비호했다는 죄명을 얻어 사마천은 궁형(宮刑;불알을 거세함)에 처해졌다. 이때 그는 하늘을 향하여 통곡했다. 정말 '하늘에는 도가 있는가, 없는가.' 하는 것이었다.

이렇듯 굴욕적인 형벌을 받은 사마천이 죽지를 않고 『사기』를 완성한 것은 자신의 손으로 정당한 기록을 남기겠다는 의지와 이미 세상을 떠난 부친의 유훈 때문이었다.

說文解字 *天(하늘 천, 조물주 천. 大부 1획, 총 4획. *sky*) *道(길 도, 이치 도, 도 도. 辵부 9획, 총 13획. *way*) *是(이 시, 바를 시, 옳을 시. 日부 5획, 총 9획. *this*) *非(아닐 비, 나무랄 비, 어길 비, 없을 비. 非부 0획, 총 8획. *not*)

|421
천 리를 내다보는 눈
千 里 眼 천리안

■ 出典 : 『위서』의 「양일전」
■ 文意 : 먼 곳에서 일어나는 일을 잘 알아냄

故事逸話 남북조 시대 때의 북위(北魏) 장제(莊帝)가 재위할 무렵 광주 자사가 된 양일(楊逸)은 고작 스물 아홉의 나이였다. 그는 명문 출신이었지만 덕성이 깊어 교만함을 찾아볼 수가 없고, 또한 백성들이 어려움을 만나면 침식을 잃을 정도로 난관타파에 고심하였다. 그런데 어느 누가 가르쳐 주지 않았는데도 양일은 자신이 본 것처럼 일을 처리했다. 그렇다고 뇌물을 받거나 상대를 회유하는 법도 없었다. 당연히 사람들이 이상히 여길 것은 뻔했다.

"자사께서는 천리를 보는 눈을 가지고 있다네."

모두들 그렇게 생각했다. 이 무렵은 전란이 잦은 시기다. 전란이 그치면 뒤를 이어 기근이 따랐다. 그러므로 백성늘은 초근목피로 연명할 수밖에 없었다. 이때 양일은 황제의 허락도 받지 않고 창고를 열어 굶어 죽어 가는 백성들을 살려냈다.

"나라의 근본은 백성이다. 백성들이 굶어 죽는데 어찌 두고만 본단 말인가."

이렇게 한 후 황제께 보고했다. 죄를 주어야 한다는 대신도 있었으나 공적을 높이 평가하는 중신들도 있었다, 이러한 그의 덕을 시기하여 이주(爾朱) 일족들은 그를 임지에서 죽게 하였다.

說文解字 ＊千(일천 천, 많을 천. 十부 1획, 총 3획. *thousand*) ＊里 (마을 리, 근심할 리, 잇수 리. 里부 0획, 총 7획. *village*) ＊眼(눈 안, 눈동자 안. 目부 6획, 총 11획. *eye*)

422

하늘의 끝과 바다의 한귀퉁이
天 涯 海 角 천애해각

■ 出典 : 「제십이랑문(祭十二郎文)」
■ 文意 : 아득히 떨어져 있음을 비유하는 말

故事逸話 당송팔대가의 한사람인 한유(韓愈)는 창려 태생이다. 그는 세 살 때에 아버지를 여의고 그로부터 얼마 후엔 어머니까지 잃었다. 어린 한유는 형인 한회와 형수 밑에서 자랐다. 한회는 노성(老成)이라는 대를 이은 아들이 있었는데 한유보다는 어렸다. 노성이라는 아이는 항렬이 열두 번째이므로 곧잘 '십이랑(十二郎)'으로 통했다. 한유의 나이 열두 살 때에 한회는 원재(元載)라는 재상의 사건에 연루되어 귀양을 가던 중에 병사하였다.

한유가 선성(宣城)에서 돌아왔을 때에 십이랑은 이미 세상을 떠난 뒤였다. 한유는 몹시 비통해 하였다.

한유는 <제십이랑(祭十二郎)>이라는 글을 짓고 시장에서 제수를 준비한 다음 제사를 지냈다.

제문에는 '일재천지애(一在天之涯) 일재지지각(一在之地角)'이라는 말이 나온다. 이글은 나중에 '천애해각(天涯海角)' 또는 '천애지각(天涯地角)'으로 인용되었다.

한유는 『잡설』이라는 글을 썼는데, 거기엔 '마설(馬說)'이라는 내용이 있다. 동생 십이랑의 죽음을 나타낸 것이다.

說文解字 ＊天(하늘 천, 조물주 천. 大부 1획, 총 4획. *sky*) ＊涯(물가 애, 물언덕 애, 물이름 애. 水부 8획, 총 11획. *shore*) ＊海(바다 해, 세계 해, 많을 해. 水부 7획, 총 10획. *sea*) ＊角(뿔 각, 찌를 각, 다툴 각. 角부 0획, 총 7획. *horn*)

|423
선녀의 옷에는 바느질 자국이 없다
天 衣 無 縫 천의무봉

■ 出典 : 『영괴록(靈怪錄)』
■ 文意 : 글이 너무 매끄러워 손질할 필요가 없다

　　故事逸話　어느 무더운 여름. 곽한(郭翰)이라는 이가 더위를 참지 못하고 마당에 놓인 평상 위에 몸을 뉘었다. 그때 하늘 저 멀리에서 한점의 빛살이 빠르게 내려오더니 그의 곁에 깃털처럼 날아내렸다. 그것은 여느 물체가 아니라 아름다운 여인이었다.

　　"나는 하늘에 사는 직녀(織女;선녀)랍니다."

　　그녀는 천상에서 울화병을 얻어 상제의 허락을 받고 잠시 지상으로 내려왔다는 것이었다. 그런데 그녀가 입고 있는 옷이 이상했다. 어느 한 곳도 바느질을 한 흔적이 없었다. 그녀가 말했다.

　　"하늘에서 입는 옷이니 바늘을 쓰지 않는답니다."

　　직녀가 잠자리에 들면 옷은 그녀의 몸에서 자동적으로 떨어져 나가고 일어나면 어느새 몸에 붙는 하늘의 옷이었다. 1년쯤 되었을 때에 그녀가 말했다.

　　"이제는 기한이 되어 다시는 지상으로 내려올 수가 없답니다. 내내 행복하십시오."

　　직녀가 돌아간 후 곽한은 장가를 들었으나 애정을 느끼지를 못했다. 슬하에 일점 혈육도 없이 일생을 마쳤다.

　　說文解字　＊天(하늘 천, 조물주 천. 大부 1획, 총 4획. *sky*) ＊衣(옷의, 입을 의. 衣부 0획, 총 6획. *clothes*) ＊無(없을 무, 아닐 무, 말 무, 빌무. 火부 8획, 총 12획. *none*) ＊縫(꿰멜 봉, 마무리 봉, 큰옷 봉. 糸부 11획, 총 17획. *sew*)

|424
천년에 한번 만나는 기회
千 載 一 遇 천재일우

■ **出典**: 「삼국명신서찬」

■ **文意**: 좀처럼 얻기 어려운 기회

故事逸話 예로부터 중국인들은 '천(千)'이라는 말을 즐겨 사용했다. '봉황새가 천년에 한번 운다' 느니 '황하의 누런 황톳물이 천년에 한번은 맑아진다' 는 것 등이 그것이다. 이렇듯 '천' 은 반드시 천년이라고 못을 박는 것 보다는 '길다' 거나 '오랜 시일이' 거나 하는, 정작 오랜 세월이라는 의미를 담고 있다.

동진(東晉) 시대에 원굉(袁宏)이라는 이가 있었다. 그는 삼국시절의 공신 스무 명을 골라 그들 한사람 한사람의 행장에 대해 칭찬을 하는 찬(贊)을 짓고 거기에 맞는 서문을 붙였다. 이른바 「삼국명신서찬(三國名臣序贊)」이다. 서문에는 다음과 같은 구절이 있다.

"백낙을 만나지 못하면 천년을 가도 천리마 하나가 생겨나지 않는다(夫未遇伯樂 則千載無一騎)."

이것은 훌륭한 임금과 신하가 서로 만나기 어려운 것을 비유하는 것이며 뒤이어 이렇게 썼다.

"만년에 한번 기회가 온다는 것은 사람이 살고 있는 세상의 공통된 원칙이며, 천년에 한번 만나게 되는 것은 어진 사람과 지혜로운 사람이 만나게 되는 것이다. 이를 놓치면 어느 누가 한탄치 않으리."

說文解字 ＊千(일천 천, 많을 천. 十부 1획, 총 3획. *thousand*) ＊載 (해 재, 실을 재, 해 재. 車부 6획, 총 13획. *load*) ＊一(한 일, 하나 일, 온전할 일. 一부 0획, 총 1획. *one*) ＊遇(만날 우, 대우할 우. 辵부 9획, 총 13획. *meet*)

|425
얼굴이 쇠가죽 같다
鐵 面 皮 철면피

■ 出典 : 『북몽쇄언(北蒙瑣言)』
■ 文意 : 표정을 하나 고치지 않고 아첨하는 것

故事逸話 중국인들은 일반적으로 상대가 눈앞에 있는 데 아첨하는 것을 면유(面諛)라 하였다. 이러한 면유의 극치를 넘어서면 바로 철면피다. 요즘 쓰는 말로 얼굴에 철판을 깔았다는 뜻으로 도무지 부끄러운 줄을 모르는 낯빛이라는 의미다.

왕광원(王光遠)이라는 이는 진사(進士)였다. 그는 재능이 그만하여 일찍 벼슬길에 나갔는데 어쩌된 셈인지 권세가를 찾아다니며 아첨하는 것을 일삼았다. 어느 때인가 고관대작의 집에 잔치가 열렸다. 이때 술에 취한 관리 하나가 말채찍을 들고 왕광원에게 말을 걸었다.

"이것으로 때리면 아플거야. 자네가 한번 맞아보겠는가?"

"그럼요, 때리세요."

관리가 말채찍으로 사정없이 내리쳤다. 참다못해 왕광원은 얼굴을 찡그렸다. 그런데도 입으로는 여전히 아첨의 말을 했다. 같이 있던 친구가 나무랐다. 그러나 그는 태연스럽게 말했다.

"이렇게 하면 좋은 일이 생길거야."

이때부터 사람들은 왕광원이 지나가면 '광원이의 얼굴은 철갑 열장을 둘렀다(光遠顔厚如十重鐵甲)'고 하였다. '철면피'라는 말은 여기에서 비롯되었다.

說文解字 *鐵(쇠 철, 검은쇠 철, 단단할 철. 金부 13획, 총 21획. *iron*) *面(얼굴 면, 앞 면, 향할 면. 面부 0획, 총 9획. *face*) *皮(가죽 피, 껍질 피, 성 피. 皮부 0획, 총 5획. *skin*)

수레바퀴 자국 속 붕어의 다급함

轍 鮒 之 急 철부지급

■ 出典 : 『장자』의 「외물편」
■ 文意 : 다급한 위기에 처하여 구해 주어야 할 형편

故事逸話 장자(莊子)가 어느 때인가 집안이 어려워 감하후(監河侯)라는 사람에게 양식을 빌리러 갔다. 그러자 감하후는 넉살스럽게 말했다.

"좋소이다. 빌려드리지요. 머지않아 내 영지에서 세금이 들어오는 대로 삼백금을 빌려 드리겠소이다."

장자는 화가 났으나 정색하며 말했다.

"내가 어제 이리로 오는 데 부르는 소리가 나기에 돌아보았더니 수레바퀴 지나간 자리에 붕어가 있었소. 내가 왜 불렀느냐고 했더니 그 붕어가 말하기를 자신은 동해에서 왔는데 물을 한두 바가지만 구하여 살려줄 수 없겠느냐는 것이었소. 그래서 내가 말하기를, 알았네. 내가 곧 월나라와 오나라의 임금을 만나게 될 테니 그때 서강의 물을 끌어다가 살려주겠다고 했더니 붕어가 화가 나서, 나는 지금 죽느냐 사느냐의 기로에 있소. 그런데 지금 태평스럽게 당신의 일을 끝내고 물을 떠다 주겠다는 것이오? 차라리 일찌감치 나를 건어물 가게에서 찾으시구려 하였소이다."

재물은 적절할 때에 필요한 것임을 말해 주고 있다.

說文解字 ＊轍(수레바퀴 철, 흔적 철. 車부 12획, 총 19획) ＊鮒(붕어 부. 魚부 5획, 총 16획. *crucian carp*) ＊之(의 지, 갈 지, 어조사 지. ノ부 3획, 총 4획. *this*) ＊急(급할 급, 군색할 급, 갑자기 급. 心부 5획, 총 9획. *urgent*)

쇠항아리 같은 성
鐵 甕 城 철옹성

■ **出典** : 서적의 「화애복시」
■ **文意** : 무쇠로 만든 것 같은 견고한 성

故事逸話 철옹성은 무쇠 항아리처럼 견고하다. 이러한 성 주위에 물이 있다면 당연히 '금성탕지(金城湯池)'가 될 것이다. 이러한 성은 수비를 완벽하게 할 수 있다는 장점이 있다. 비록 성 주위에 못을 파지 않았어도 적이 쉽게 성을 함락시킬 수는 없다.

이러한 성이 우리나라에도 있다. 위치는 지금의 함경남도 영흥 서쪽에 있는 것으로 고려 성종 때에 거란과 여진족의 공격을 막아내기 위하여 만든 것이다. 물론 첫째의 목적은 외적의 침입을 막기 위한 것이지만 그 다음은 북쪽으로 진출하기 위하여 진(鎭)을 설치한 것이다.

성의 특성을 살펴보면 성벽은 둘레가 2,650척(尺)이다. 자연적으로 형성된 절벽을 이용하여 사방이 깎아지른 듯한 곳에 성벽을 쌓아 마치 쇠솥이나 항아리 모양을 하였기 때문에 '철옹산성(鐵甕山城)'이라는 이름이 붙었다.

역사적으로 보면 고려의 성종 때에 강조(康兆)라는 장수는 스스로 항아리같은 진법을 만들어 적과 대치하였다고 하였다. 처음에는 승전보를 만들어냈으나 적병에 대해 얕잡아 보고 방어를 허술히 하여 크게 패하였다. 그러나 강조는 고려의 장수답게 거란의 회유책에 넘어가지 않고 장렬하게 최후를 맞이하였다.

說文解字 *鐵(쇠 철, 검은쇠 철. 金부 13획, 총 21획. *iron*) *甕(독 옹, 물장군 옹. 瓦부 13획, 총 18획. *earthen*) *城(성 성, 보루 성, 재 성. 土부 7획, 총 10획. *castle*)

|428
팔을 잡아 당긴다
掣 肘 철주

■ 出典 : 『공자가어(孔子家語)』

■ 文意 : 남이 하는 일을 훼방놓음

__故事逸話__ 　공자의 제자 복자천(宓子賤)은 노나라의 애공(哀公) 때에 스무살 남짓으로 지방 장관이 되었다. 그는 임지에 도착한 즉시 신임 장관에게 하례 인사를 온 손님들의 이름을 적게 하였다. 그런데 두 관원이 그들의 이름을 적을 때면 복자천은 옆에 와서 팔을 잡아당겼다. 그 바람에 관원들은 글을 제대로 쓸 수가 없었다.

　"어찌 이러십니까? 글을 제대로 쓸 수가 없잖습니까?"

　관원들은 화를 냈다. 왜냐하면 다시 글을 쓰려면 복자천이 옆에 와서 다시 팔을 잡아당겼기 때문이다. 두 관원이 돌아오자 애공이 물었다.

　"복장관은 찾아온 사람의 이름을 적게 하고는 제대로 이름을 쓸 수 없도록 팔을 잡아당깁니다. 어찌 그분 밑에서 일을 할 수 있겠습니까. 그래서 돌아왔습니다."

　애공은 빙그레 웃었다. 복자천이 자신의 허물을 지적하고 있다고 마음 속으로 생각한 것이다. 애공은 즉시 사자를 보내어 어떤 간섭도 받지를 않고 그 지방을 다스리되 5년 후에 보고하라는 교지를 내렸다. 공자의 제자 무마기가 3년만에 복자천이 있는 곳을 다녀와 말했다.

　"제가 그곳에 갔을 때에 사람들이 고기를 잡고 있었습니다. 큰고기는 잡고 작은 것은 살려주었습니다. 복장관의 지시라 했습니다."

__說文解字__ 　＊掣(당길 철, 끌 체. 手부 8획, 총 12획. *draw*) ＊肘(팔주, 팔꿈치 주, 팔뚝 주. 肉부 3획, 총 7획. *elbow*)

|429
명예와 이권을 떠난 얘기
淸 談 청담

■ **出典** : 『십팔사략』
■ **文意** : 세상 명리를 떠난 노장 철학을 연구하던 거사들의 얘기

故事逸話 삼국의 소란이 가라앉고 위(魏)나라가 천하를 얻은 후 다시 진(晉)나라가 뒤를 이었다. 이때는 정치 상황이 몹시 불안정했다. 말이나 행동에 조금만 잘못이 있어도 헛되이 목숨을 뺏기는 경우가 비일비재했다.

이때 세상 명리를 버리고 산속으로 들어간 죽림칠현(산도, 완적, 혜강, 완함, 유영, 상수, 왕융)이라 불리는 선비들은 고상한 환담을 일삼으며 술을 마시며 자연 속에 묻혀 있었다.

역사서에는 이들이 세상 명리를 털어버리고 '청담(淸談)'으로 세월을 보냈다고 적고 있다.

청담이란 무엇인가? 그것은 세상의 찌꺼기가 묻지않은 고상한 얘기다. 고결하고 청아한 얘기다. 세속적인 것을 털어버리고 세상 명리를 초월하려면 분명 술이 필요했을 것이다. 이런 얘기가 전한다. 한번은 유영이라는 인물이 이렇게 말했다

"나에게 천지는 곧 집안과 같다. 이렇듯 넝마와 같은 집안에 있는 것은 나의 속옷 속으로 들어오는 것과 같다. 도대체 어쩌자고 나의 속옷 속으로 들어오는가."

이것은 자신을 찾아온 손님을 말한 것이다. 이렇듯 현실에서 벗어난 그들만의 얘기를 세상 사람들은 청담이라 하였다.

說文解字 ＊淸(맑을 청, 고요할 청. 水부 8획, 총 11획. *clear*) ＊談 (말씀 담, 바둑둘 담. 言부 8획, 총 15획. *converse*)

큰 뜻을 세움
靑 雲 之 志 청운지지

■ 出典 : 장구령의 『조경견백발』
■ 文意 : 큰 포를 뜻하는 말

故事逸話 당나라의 현종은 두개의 연호를 사용하였다. 처음 30년은 개원(開元)이라 하였고, 나머지 15년 동안은 천보(天寶)라 하였다. 개원의 연호를 사용한 시기는 비교적 안정적인 시기였다. 이때에는 측천무후 등이 세상을 소란스럽게 하였다가 한갓 이슬이 되어 사라져 버렸으므로 현종으로서는 정치를 하기에 더 없이 좋은 상황이었다.

그러나 현종 말엽에는 어진 재상 장구령(張九齡)을 내쫓고 무씨와 이임보를 기용하여 천하를 어지럽게 만들었다. 장구령이 초야에 묻히게 되었을 때에 인생의 감회에 젖어 다음과 같은 시를 지었다.

오래전엔 청운의 꿈을 품고 나갔는데
다 늙은 지금에 와서야 그것을 접었노라
그 누가 알리, 밝은 거울 속의 그림자와
그것을 보고 있는 내가 측은히 여기는 것을

두 개의 연호를 사용하여 중국 역사상 전성기임을 나타내었으나 현종 말년 치세는 참으로 어두운 것이었다.

說文解字 *靑(푸를 청, 맑을 청. 靑부 0획, 총 8획. *blue*) *雲(구름 운, 은하수 운. 雨부 4획, 총 12획. *cloud*) *之(의 지, 어조사 지, 갈 지. /부 3획, 총 4획. *this*) *志(뜻 지, 기록할 지, 맞출 지. 心부 3획, 총 7획. *will*)

맑은 하늘에서 비치는 햇빛
靑 天 白 日 청천백일

■ **出典** : 한유의 『여최군서』

■ **文意** : 죄가 없음을 뜻함

故事逸話 한유(韓愈)의 친구 가운데 최군(崔群)이라는 관리가 있었다. 특별히 허물을 지적하여 '이것이다'라고 할 수 없는 데도 애매하게 누명을 쓰고 양자강 남쪽에 위치한 선성(宣城)이라는 곳으로 좌천되었다.

그가 먼 지방으로 쫓겨가자 한유는 편지를 썼다. 그것은 세상 사람들이 그를 어떻게 생각하는 가의 관점에서부터 그들에게 들려준 자신의 말을 종합하여 그것을 기록하였다.

<…봉황과 지초는 그 상서로움의 징후를 알리고 있고 청천백일(靑天白日)은 노예라 하여도 그 청명함을 알고 있습니다…>

최군이라는 관리가 죄가 없음은 하늘이 알고 사람이 벌써 알고 있다는 뜻을 담고 있다.

『법구경』에도 다음과 같은 말이 있다.

<나보다 나은 것이 없고, 내게 알맞은 길벗이 없거든 차라리 혼자 가서 착하기를 지켜라.>

이것은 인생살이가 별 것이 아니라고 생각하는 관점에서 좋은 친구에 대해 말하고 있다.

說文解字 *靑(맑을 청, 대껍질 청, 푸를 청. 靑부 0획, 총 8획. *blue*) *天(하늘 천, 조물주 천, 진리 천. 大부 1획, 총 4획. *sky*) *白(흰 백, 분명할 백, 밝을 백. 白부 0획, 총 5획. *white*) *日(날 일. 日부 0획, 총 4획. *sun*)

|432
맑은 하늘에서 치는 벼락
靑 天 霹 靂 청천벽력

■ 出典 : 육유(陸游)의 시
■ 文意 : 뜻밖의 재난이나 변고를 가리킴

故事逸話 남송 때의 시인 육우는 스스로의 붓 끝에 바람을 달고 다닌다고 할 정도로 필치가 뛰어났다. 사람들의 칭송이 자자해지자 그는 거드름을 피우며 자평하더니 이렇게 시를 읊었다.

방옹이 병든 채 가을을 지나다가
홀연히 일어나 취한 붓끝을 놀린다
오랫동안 웅크렸던 용처럼
푸른 하늘에 벽력이 일어난다

비록 이 글을 괴이하게 여기나
가엾게 여긴다면 볼만도 하리
하루 아침에 이 사람이 죽기라도 한다면
천금을 주어 구해도 얻지를 못하리

뜻밖의 재난을 '청천벽력'이라고 한다. 우리나라 속담에도 '모진놈 곁에 있다가 덩달아 횡액을 당한다'는 말이 있다.

說文解字 ＊靑(푸를 청, 대껍질 청. 靑부 0획, 총 8획. *blue*) ＊天(하늘 천, 조물주 천, 진리 천. 大부 1획, 총 4획. *sky*) ＊霹(벼락 벽. 雨부 13획, 총 21획. *thunder clap*) ＊靂(벼락 력. 벽력 력, 雨부 16획, 총 24획. *thunder clap*)

433
쪽에서 나온 색이 쪽보다 더 푸르다
青 出 於 藍 청출어람

■ **出典** : 『순자』의 『권학편』

■ **文意** : 제자가 스승보다 뛰어나다

故事逸話 | 춘추전국시대의 사상가인 순황(荀況)은 이렇게 말했다.

"학문은 언제까지나 멈추지 말라. 청(靑)은 남(藍)에서 나오지만 남보다는 더 푸르고 얼음은 물에서 나오지만 물보다 더 차다."

이것은 다시 말하여 '제자가 스승보다 낫다'는 의미의 출람(出藍)이니 출람지예(出藍之譽)라는 말을 탄생시켰다. 『북사(北史)』「이밀전」에 다음과 같은 내용이 있다.

<이밀은 본디 공번 선생에게서 학문을 배웠다. 날이 갈수록 그의 학문은 진보되었다. 이제는 스승의 학문을 이밀이 능가하는 지경에 이르렀다. 당시 공번의 동문(同門)에서는 '출람'이라는 용어를 사용하여 이밀의 학문을 높게 평가했다.>

진시황 때에 인물인 이사(李斯)를 역사서에는 다르게 평가하고 있다. 어떤 서적에는 승상의 자리에 있으면서 악법을 제정한 것으로 평가한다. 그러나 진나라의 입장에서 본다면 그는 모든 제도를 더욱 견실하게 하여 천하통일의 대업을 이룩하게 하였다.

그런 이유로 이사에게는 '출남지예'가 있었다고 상당수의 학자들이 평을 하고 있다.

說文解字 | ＊靑(푸를 청, 젊을 청. 靑부 0획, 총 8획. *blue*) ＊出(날 출, 토할 출, 도망할 출. 凵부 3획, 총 6획. *come out*) ＊於(어조사 어, 거할 어, 땅이름 어. 方부 4획, 총 8획. *on*) ＊藍(쪽 람, 옷헤질 람, 절 람. 艸부 14획, 총 21획. *indigo nplant*)

눈썹에 불이 붙은 상태
焦 眉 之 急 초미지급

■ 出典 : 『오등회원(五燈會元)』
■ 文意 : 눈썹에 불이 붙듯 화급한 상태

故事逸話 　고승으로 알려진 불혜선사(佛慧禪師)가 왕명을 받고 대상국 지혜선사라는 절에 주지승으로 임명되었다. 어명을 받은 그는 사문을 불러놓고 물었다.

"내가 그곳으로 가는 게 옳으냐, 이곳에 있는 게 옳으냐?"

그러나 누구 한사람 대답을 하는 사람이 없었다. 어느 때인가 사문과 많은 얘기를 주고받은 자리에서 선사에게 한 스님이 물었다.

"선사님, 한말씀 올리겠습니다."

"말하라."

"이 세상에는 다급한 상태가 많다고 합니다. 어느 경우에 가장 다급합니까?"

"그것은 눈썹을 태우는 일이다."

이것은 원문대로 풀이하면 '화소미모(火燒眉毛)'다. 그 말이 '소미지급(燒眉之急)'으로 되었다가, 그것이 다시 '초미지급(焦眉之急)'으로 변하였다.

눈과 눈썹은 사람의 몸에서 가장 민감한 곳이다. 눈을 보호하는 눈썹에 불이 붙었다면 이보다 급한 일이 어디에 있겠는가라는 뜻이다.

한자어원 　✦焦(태울 초, 그슬릴 초, 구을 초. 火부 0획, 총 12획. scorch) ✶眉(눈썹 미, 둘레 미. 目부 4획, 총 8획. eye) ✶之(의 지, 갈 지, 어조사 지. ノ부 3획, 총 4획. this) ✶急(급할 급, 빠를 급, 좁을 급. 心어부 5획, 총 9획. rapid)

|435
문장의 마지막 손질
推 敲 추고

■ **出典** : 『상소잡기(湘素雜記)』
■ **文意** : '추고'는 '퇴고'로도 읽는다.

故事逸話 │ 당나라 때에 가도(賈島)라는 시인이 있었다. 그는 노새의 잔등에 몸을 싣고 건들건들 길을 가고 있었다. 그런데 무엇을 골똘히도 생각을 하는 지 알 수 없었으나, 그는 아지 못할 소리를 웅얼거리고 있었다. 누군가가 본다면 정신이 어떻게 되었나 싶은 오해를 불러일으키기에 족한 일이었다.

한동안 길을 가다가 높은 관리가 오는 것을 보지 못하고 그 속으로 파고들었다. 불호령이 떨어지는 바람에 퍼뜩 제정신으로 돌아왔다. 관리가 그 연유를 묻자 가도가 답했다.

그가 이렇듯 심각해 한 것은 '이응(李凝)의 유거(幽居)에 답하노라' 하는 시의 제목이었다.

한거하여 이웃은 적고(閑居隣並少)
풀밭길은 황혼에 들다(草徑荒園入)
새는 머문다 못가의 나무에(鳥宿池邊樹)

여기까지는 단숨에 썼으나 그 다음이 문제였다. '중이 달 아래 문을 두드린다(僧敲月下門)'에서 '미는 것(推)'으로 할 것인가, 아니면 '두드리는 것(敲)'으로 할 것인가의 고민이었다. 관리는 '두드리는 것'으로 하는 게 좋겠다고 하였다.

그는 당대의 시인 한유였다.

說文解字 │ ＊推(가릴 추, 기릴 추. 手부 8획, 총 11획. *push*) ＊敲(가릴 고, 두드릴 고. 攴부 10획, 총 14획. *beat*)

436

공자가 쓴 노나라의 연대기

春 秋 筆 法 춘추필법

■ 出典 : 『춘추좌씨전』

■ 文意 : 노나라의 역사에 대한 비평 및 연대기

故事逸話 '춘추' 라는 말은 공자의 손으로 이루어진 노나라의 연대기다. 오늘날의 역사서와는 달리 단순한 사실만을 기록하였다는 점에서 차별성이 있다. 이를테면 연대기였던 셈이다. 그리고 역사서의 뒷 행간에는 춘추필법에 의한 역사서의 비평이 곁들여졌다.

공자의 뜻을 분명히 하기 위하여 '춘추'를 해석하는 여러 방법이 나타났다. 이를테면 그것들은 춘추의 주석서인 셈인데 그중 하나가 『좌전』과 『춘추좌씨전』이다.

<…의부(儀父)는 주(邾)나라 군주인 극(克)의 자(字)다. 자를 기록하는 데엔 두 가지의 의미가 있다. 극은 작위를 받았으나 주나라 황실로부터 전달을 받지 못한 상태다. 그리하였으므로 작위를 기록하지 못했다. 그러므로 극이라는 이름을 기록하지 않은 것은 자를 부름으로써 경의를 표한 것으로 볼 수 있다. 또한 3월과 5월 사이의 여백을 두는 것은 그 사이에 사건이 없었기 때문만은 아니다. 4월에는 비백이 랑이라는 곳에 성벽을 구축하였다. 당연히 기록으로 남아야 했지만 당시에는 성벽 쌓는 일이 왕명에 의한 것이 아니기 때문이다.>

이러한 모든 기록을 통털어 '춘추필법' 이라 하였다.

說文解字 ＊春(봄 춘, 남녀의 정사 춘. 日부 5획, 총 9획. *spring*) ＊秋(가을 추, 세월 추. 禾부 4획, 총 9획. *autumn*) ＊筆(붓 필. 竹부 6획, 총 12획. *writing*) ＊法(법 법, 형벌 법, 떳떳할 법, 본받을 법. 水부 5획, 총 8획. *law*)

|437

털을 불어가며 흉터를 살피다
吹 毛 覓 疵 취모멱자

■ **出典** : 『한비자』의 『대체편』
■ **文意** : 너무나 잔혹하고 각박한 행위

故事逸話 『논어』에 사람에게 허물은 누구에게나 있다고 하였다. 그러나 부류가 다르다고 하였다. 사람의 허물을 살펴보면 성품이 어떤지를 어렵지 않게 가늠할 수가 있다.

"사람은 누구에게나 허물이 있기 마련이다. 사생활까지 아주 완벽한 사람을 볼 수가 없다. 그러므로 큰일을 하는 사람들은 일의 큰 원칙인 대체(大體)만을 알 뿐이다. 그러므로 사소한 것까지 들추어서 찾아내는 것은 옳지 못한 일이다."

이런 점에서 한비자는 말한다.

"어지러움을 다스리는 것에는 법에 의지하였고, 가볍고 무거움은 저울에 따라 판단하였다. 하늘의 이치를 거스르지 아니하고 사람의 감정과 본성을 상하지 않게 하였다(不吹毛而求小疵)."

이 말은 상대가 잘못하였을 때에는 머리털 속에 있는 흉터를, 털을 입으로 불어가며 찾아내듯 해서는 안 된다고 하였다.

『열자』는 본성에 따라 놀고 만물에 거역하지 않는다고 하였다. 이것은 본성대로 성(性)과 식(食)을 채운다는 뜻이다. 그런가하면 공자는 『논어』에서 인간의 본성은 비슷하나 습관은 소원하다고 했다.

說文解字 ＊吹(불 취, 악기불 취. 口부 4획, 총 7획. *blow*) ＊毛(터럭 모, 나이 차례 모, 풀 모. 毛부 0획, 총 4획. *hair*) ＊覓(구할 멱, 찾을 멱. 見부 4획, 총 11획. *search for*) ＊疵(흠 자, 죽은깨 자, 병 자. 疒부 5획, 총 10획, *blemish*)

어리석은 사람이 꿈 얘기를 한다
痴 人 說 夢 치인설몽

■ 出典 : 『냉제야화(冷齊夜話)』
■ 文意 : 앞 뒤 분별없이 아무렇게나 지껄이는 말

__故事逸話__ 당나라 때에 서역의 고승인 승가(僧伽)라는 이가 지금의
안휘성 근방을 돌아보고 있었다. 그의 행동이 특별한 탓인지 사람들의
시선을 끌기에 충분했다. 그러한 승가에게 누군가 물었다.

"성이 무엇(何)이오."

"내 성은 무엇(何)이오."

"나는 어느 나라(何國)에서 왔소이다. 그러니 어느 나라(何國人) 사람
이오."

그러므로 그곳 사람들은 승가의 성이 하씨며 하국에서 온 것이라고 믿
었다. 그런데 이러한 일화 때문인지 당나라의 문인 이옹은 훗날 승가에
대한 비문을 썼는데 그 내용이 가관이었다.

'대사의 성은 하씨고 하국 사람이다'

이러한 내용에 대하여 남송의 문인 석계홍은 다음과 같은 평을 기록하
였다.

"어리석은 사람이 꿈을 사실로 얘기한다(痴人說夢)는 점이다. 결국
이옹은 꿈으로써 진실이 되어 정작 어리석음의 극치를 이루었다."

『냉제야화』에 있는 평이다.

__說文解字__ ＊痴(어리석을 치, 주근깨 치, 미치광이 치. 广부 8획, 총
13획. *foolish*) ＊人(사람 인, 성질 인, 잘난사람 인. 人부 0획, 총 2획.
man) ＊說(말씀 설, 고할 설. 言부 7획, 총 14획. *theory*) ＊夢(꿈 몽, 환
상 몽, 어두울 몽. 夕부 11획, 총 14획. *dream*)

439

물고기는 잠기고 기러기는 떨어진다
沈 漁 落 雁 침어낙안

■ 出典 : 『장자』의 『제물론편』

■ 文意 : 아름다운 미인을 형용하는 말

故事逸話 미인에 대한 명칭은 많다. 『천보유사』에 나오는 해어화는 양귀비를 가리키고 명모호치는 삼국시대의 영웅인 조조의 셋째아들 조식이 영지를 빼앗기고 절세의 미인 견일(甄逸)의 딸도 빼앗기고 말았다. 그 여인을 생각하며 지은 부가 낙신부(洛神賦)다.

그런가하면 경국이라는 것은 한나라의 도성을 송두리째 흔들어버릴 미인이다. 한나라 무제 때의 악공인 이연년의 누이를 지칭하는 말이다. 왕소군도 달기도 서시도 있었다.

『장자』의 「제믈론편」에 다음과 같은 말이 있다.

"모장과 여희는 사람들이 아름답게 여기는 미인들이다. 그러나 물고기들은 그들의 보면 들어가고 새는 그들을 보면 높이 난다. 또한 큰 사슴과 작은 사슴도 그녀를 보면 결단코 도망을 갈 것이다. 이 넷 가운데 어느 누가 색을 바르게 알겠는가."

물고기나 새들이 숨는 것은 무엇 때문인가. 만약 모장과 여의를 절세의 미녀로 본다면 물고기나 새들이 숨는 것은 그녀들의 이름다움으로 인하여 부끄러움을 느꼈기 때문이다. 그러므로 '침어낙안'을 미녀로 해석하는 것은 매끄럽지 못하다.

說文解字 ＊沈(잠길 침, 장마물 침. 水부 4획, 총 7획. *sink*) ＊魚(물고기 어, 좀 어. 魚부 0획, 총 11획. *fish*) ＊落(떨어질 락, 마을 락, 하늘 락. 艸부 9획, 총 13획. *fall*) ＊雁(기러기 안. 隹부 4획, 총 12획. *will goose*)

물이 스며들 듯 교묘한 참소
浸 潤 之 讒 침윤지참

■ 出典 : 『논어』의 「안연편」
■ 文意 : 중상 모략을 뜻한다

故事逸話 자공(子貢)이 정치에 대해 묻자, 공자는 이렇게 답했다.

"먹을 것과 군비를 충분히 하여 백성들에게 신뢰를 받아야 한다."

"만약에 이 셋 가운데 부득이 어느 한가지를 제거한다면 어느 것을 먼저 합니까?"

"마땅히 군비다."

"만약에 부득이한 사정으로 그 둘 가운데 하나를 제거해야 한다면 어느 것입니까?"

"먹을 것을 제거할 수밖에 없다. 옛날부터 죽지 않는 사람은 없다. 그러나 나라가 유지되지 않는 바에야 무슨 필요가 있으랴."

이번에는 자장(子張)이 물었다.

"선생님, 총명이라는 것이 무엇입니까?"

공자가 답했다.

"물처럼 스며드는 남의 중상모략(浸潤之讒)과 피부에 와 닿는 멀쩡한 사람을 죄로 모는 모사가 통하지 않을 정도라면 총명하다고 해도 좋다. 또한 물처럼 스며드는 중상과 멀쩡한 사람을 죄로 모는 호소가 통하지 않을 정도라면 멀리 보는 식견을 가졌다 해도 좋다."

說文解字 ＊浸(적실 침, 불릴 침. 水부 7획, 총 10획. *soak*) ＊潤(젖을 윤, 윤택할 윤, 더할 윤. 水부 12획, 총 15획. *shine*) ＊之(의 지, 어조사 지. ノ부 3획, 총 4획. *this*) ＊讒(참소할 참, 간악할 참. 言부 17획, 총 24획. *slander*)

441
다른 산에서 나온 돌로도 옥을 간다
他 山 之 石 타산지석

■ **出典** : 『시경』의 「소아 학명」
■ **文意** : 군자도 소인으로 인하여 수양하면 학문과 덕을 이룰 수 있다

___故事逸話___ 소아(小雅)의 학명(鶴鳴)에 다음과 같은 내용이 있다. 여기에서는 돌을 소인(小人)으로 옥을 군자로 대체하여 설명한다.

먼 못가에 두루미 우니
그 소리 하늘 높이 퍼지고
기슭에 노니는 고기
때로 연못 깊이 숨네
즐거웁구나 저 동산에는
박달나무 솟아 있어도
그 밑에 닥나무만 자라고
다른 산의 돌이라도(他山之石)
숫돌 삼아 구슬을 갈거늘(可以攻玉)

위의 시는 초야에 묻힌 선비들을 데려다가 군왕의 덕을 아름답게 삼으라는 내용이다. 이를테면 '다른 산의 돌이라도 숫돌 삼아 구슬은 갈거늘' 이란 부분이 소인에 대한 풀이다.

___說文解字___ ＊他(다를 타, 남 타, 누구 타. 人부 3획, 총 5획. *other*) ＊山(뫼 산, 산 산. 山부 0획, 총 3획. *mountain*) ＊之(의 지, 어조사 지, 갈지. ノ부 3획, 총 4획. *this*) ＊石(돌 석, 저울 석, 단단할 석, 섬 석. 石부 0획, 총 5획. *stone*)

|442
다른 사람의 코 고는 소리
他 人 鼾 睡 타인한수

■ 出典 : 『송사(宋史)』

■ 文意 : 다른 세력 옆에 있는 것은 참을 수 없다는 것

　　故事逸話 ┃ 송태조 조광윤이 천하 각지를 다독거리고 황제의 자리에 올랐으나 그의 관심은 양자강 남쪽에 있었다. 그곳에는 이욱(李煜)이라는 자가 금릉 일대를 세력권을 삼아 버티고 있었다. 송태조는 사신을 보내오는 등 평화적으로 일을 해결하려고 했으나 그는 끝내 듣지를 않았다. 오히려 그는 서현(徐鉉)이라는 자를 보내 상대를 설득하려 들었다.

　　"강남은 어떤 잘못도 범하지를 않았습니다. 우리를 그냥 내버려 두는 것만이 서로에게 도움이 될 것입니다."

　　서현은 막무가내로 자신의 주장만을 융통성 없이 내세웠다. 이렇게 되자 송태조는 발끈했다.

　　"내가 어찌 그걸 모르겠는가. 그러나 침상 곁에서 다른 사람이 코를 드르렁대며 코 고는 소리를 내는 것은 차마 들을 수가 없단 말이다, 알겠느냐?"

　　송태조가 두 눈을 부라리자 서현은 핏기가 가신 낯으로 그곳을 물러났다. 얼마 후에 이욱은 항복하였다. 이렇듯 난이 일어나 약탈이 자행되는 것을 정시(靖市)라고 한다.

　　說文解字 ┃ *他(남 타, 마음 타, 다를 타. 人부 0획, 총 2획. *other*) * 人(사람 인, 성질 인. 人부 0획, 총 2획. *people*) *鼾(코를 곯아댈 한. 鼻부 3획, 총 17획. *snore*) *睡(잘 수, 졸음 수. 目부 8획, 총 13획. *people*)

443
풀밭을 두드려 뱀을 놀라게 한다
打 草 驚 蛇 타초경사

■ 出典 : 『개원 유사(開元遺事)』
■ 文意 : 공연히 긁어 부스럼을 만든다

故事逸話 『수호전』에 나오는 얘기다. 양산박에 웅거한 송강의 무리가 동평부를 공격할 때에, 구문룡 사진이 계책을 내놓았다.

성안에 있는 이서란(李瑞蘭)이라는 기생을 거점으로 삼아서 움직이자는 것이었다. 송강의 승낙을 받은 일행들이 찾아가 계획대로 일을 진행시키는데 어느 날 이서란은 뚜쟁이 할멈과 잡담을 하다가 그런 말을 해 버렸다. 할멈은 몹시 화를 냈다.

"이거 말이야. 벌이 몸 안에 들어오면 옷을 벗고 쫓아내는 것이야. 그런데 나라에서 방을 내건 중죄인을 서둘러 관가에서 고발해야 하는 데 왜 끼고 도느냐 그 말이야."

"그렇지만 돈을 받았는데요."

"뭐야? 우린 사람을 속여 밥을 먹고 있잖아. 그런데 무슨 의리란 말이냐."

"그럼, 어떻게 하시겠어요?"

"이렇게 해라. 서란으로 하여금 술을 가지고 들어가 만취를 시켜 도망을 못 가도록 해야지. 풀밭을 두드리면 뱀을 놀라게 하거든."

사진은 대수롭지 않게 여겼으나 관원에게 잡히는 신세가 되었다.

說文解字 ＊打(두드릴 타, 칠 타. 手부 0획, 총 2획. *beat*) ＊草(풀 초, 추할 초, 글씨 쓸 초. 草부 0획, 총 10획. *grass*) ＊驚(놀랄 경, 두려울 경. 馬부 13획, 총 23획. *astonish*) ＊蛇(뱀 사, 아무기 타. 虫부 5획, 총 11획. *snake*)

|444
여자의 풍류놀이를 탐하다
耽 於 女 樂 탐어여악

■ 出典 : 『한비자』의 「십과편」
■ 文意 : 여악에 빠져 정사를 소홀히 함

故事逸話 역대의 제왕들은 여악(女樂)으로 인하여 나라를 망치는 예가 너무나 흔했다. 결국은 망국으로 치닫는 결과를 초래하게 되는 것을 수 없이 보아왔다.

공자께서 노나라의 중도 땅의 읍장을 지낸 지 1년만에 요즘으로 검찰총장이 되었다. 이 무렵은 나라를 다스린 지 3개월만에 거리에 물건이 떨어졌어도 줍는 사람이 없었다. 백성들은 태평가를 부르니 제나라의 경공은 그 근심이 이루말할 수 없었다.

"중니(공자)를 노나라에서 제거하는 것은 터럭을 불어버리는 것과 같습니다. 크게 걱정할 일이 아닙니다."

"방법이 있나?"

"대왕께서는 중니에게 후한 봉급과 높은 지위를 약속하여 초빙 하십시오. 또한 노나라의 정공(定公)에게 여악(女樂)을 보내면 됩니다."

"그 무슨 말인가?"

"정공은 교만하여 여악에 미혹되어 정사를 뒷전으로 미뤄야 할 것입니다."

경공은 무릎을 치며 반색했다.

說文解字 ＊耽(웅크리고 볼 탐. 耳부 4획, 총 10획. *pleasure*) ＊於(어조사 어, 거할 어, 대신할 어. 方부 4획, 총 8획. *on*) ＊女(계집 녀, 딸 녀. 女부 0획, 총 3획. *famale*) ＊樂(풍류 악, 사람이름 악. 木부 11획, 총 15획. *music*)

조부께서 기다리는 사람
太 公 望 태공망

■ **出典** : 『십팔사략』
■ **文意** : 어진 현자가 나타나기를 조부는 기다렸다

　　故事逸話　상왕조의 31대 제왕 자수신(子受辛)이 달기의 치마폭에 빠진 채 천하의 백성들을 괴롭히고 있었다. 포악한 정치는 갈수록 도를 더하여 왕조의 권위는 땅에 떨어졌다. 당시 자수신에게는 세 명의 신하가 있었는데 삼공(三公)이라 불렸으며, 구후(九侯)와 악후(顎侯) 그리고 서백(西伯)이었다.

　서백을 제외한 두 사람은 참혹한 죽음을 당하였고, 서백 역시 유리의 감옥에 갇히어 오랫동안 고통을 받다가 풀려났다. 한데, 문왕의 조부 고공단부(古公亶父)는 이런 말을 했었다.

　"우리 주나라에 반드시 성인 한 사람이 찾아올 것이고 그로 인하여 크게 번창할 것이다."

　어느 날 사냥을 나가려던 서백이 점쟁이를 불러 사냥감을 점쳤다.

　"오늘 잡히게 될 물건은 용도 아니고 곰도 아닐 것입니다. 반드시 대왕에게 도움이 될 것입니다."

　이렇게 하여 주문왕은 위수의 북쪽 강가에서 태공망을 만났다. 그 옛날 태공께서 주나라에 성인이 올 것이라는 예언이 맞아떨어진 것이다. '태공망'은 조부가 기다리는 사람이라는 뜻이다.

　　說文解字　＊太(클 태, 굵을 태, 심할 태, 처음 태. 大부 1획, 총 4획. *big*) ＊公(어른 공, 한가지 공, 공변될 공, 아비 공, 존댓말 공. 八부 2획, 총 4획. *impartiality*) ＊望(바랄 망, 볼 망, 원망할 망, 우러러 볼 망. 月부 7획, 총 11획. *hope*)

|446
태산과 북두칠성
泰 斗 태두

■ 出典 : 『당서』의 「한유전」
■ 文意 : 어떤 분야에서 빼어난 사람

___故事逸話___ 한유의 자는 퇴지(退之)다. 이백, 두보, 백거이 등과 함께 당대(唐代)의 4대 시인으로 알려져 있다. 그는 하남성 출신으로 어렸을 때엔 몹시 형편이 어려운 중에 성장했다. 그럼에도 불구하고 한유는 학문 연구에 더욱 정진하여 약관의 나이에 진사에 올랐으며 벼슬길은 이부시랑에 이르렀다. 당서의 「한유전」에는 다음과 같은 기록이 눈에 보인다.

<당나라가 일어난 후에 한유는 육경의 문장을 가지고 학자를 가르치고 인도하는 자가 되었다. 그리하여 그가 죽은 뒤에는 그의 학문과 문장이 더욱 흥성하여 사람들은 그를 태산북두(泰山北斗)처럼 우러러 보았다>

태산은 중국에서 가장 높은 산으로 알려져 있다. 오랜 옛날부터 이 산은 시인이나 묵객들의 시문에 오르내리며 신령스러운 대접을 받았다. 또한 북두(北斗)는 북신(北辰)을 가리키는 것으로 북극성을 의미한다.

『논어』에는 '북극성은 제 자리에 있어도 뭇 별들이 우러러본다.'고 하였다. 다음은 한유의 시이다.

구름은 태령에 누웠는데 집은 어디쯤 있나
흰눈이 남관을 뒤덮어 말은 갈 길을 모르네

___說文解字___ ＊泰(클 태, 통할 태. 水부 5획, 총 9획. *huze*) ＊斗(별 이름 두, 글씨 두. 斗부 0획, 총 4획. *star name*)

|447
토끼가 죽으면 사냥개가 삶는다
兎 死 狗 烹 토사구팽

- 出典 : 『십팔사략』
- 文意 : 목적하는 바를 이루니 측근들을 처벌한다

故事逸話 진나라 말기는 천하가 혼란스러웠다. 진승과 오광이 봉기하여 난을 일으킨 이래 곳곳에서 의병들이 일어났다. 이 당시 권세있는 호족들을 위하여 목숨을 내놓는 식객들이 있었는데 세상에서는 이들을 '유협(遊俠)의 무리'라고 하였다.

하층 계통의 유협의 무리를 이끌던 유방은 초한 전쟁에서 승리하여 황제의 자리에 올랐다. 자신을 도와서 공을 세운 장수들은 모두 왕과 후(侯)에 봉하였다. 그러다보니 가장 큰 문제는 영토가 분리되어 다시 전국시대로 돌아간 듯한 느낌이었다.

유방은 봉건제와 군현제의 장점을 모은 군국제(軍國制)를 실시하기에 이르렀다.

이렇듯 쪼개진 나라 중에 초나라가 있었다. 이곳의 왕은 한신이었다. 한신이 모반을 한다는 보고를 받고 유방은 진평으로 하여금 유인책을 쓰게 하여 체포해 버렸다. 이때 한신은 낙양으로 향하는 수레 안에서 하늘을 우러러 탄식하였다.

"역시 세상 사람들이 하는 말이 옳았다. 날쌘 토끼가 없어지면 사냥개가 잡아먹히고(兎死狗烹), 높이 나는 새가 없으니 활이 버림을 받는다. 토벌한 적국이 없으니 내가 죽는구나."

說文解字 ＊兎(토끼 토. 儿부 5획, 총 7획. *rabbit*) ＊死(죽을 사, 마칠 사, 끊을 사. 歹부 2획, 총 6획. *die*) ＊狗(개 구, 강아지 구. 犬부 5획, 총 8획. dog) ＊烹(삶을 팽, 요리 팽. 火부 7획, 총 11획. *boil*)

448

채찍을 던져 강의 흐름을 막음
投 鞭 斷 流 투편단류

■ 出典 : 『진서』의 「부견재기」
■ 文意 : 병력이 강대함을 뜻함

故事逸話 ┃ 동진의 효무제 때에 전진왕 부견이 군사를 일으켰다. 움직이는 병력은 1백여만명. 넓은 대륙은 군마의 말발굽 소리가 지축을 흔들었고, 뿌연 먼지가 아지랑이처럼 피어올랐다.

급보를 받은 동진에서는 대책 마련에 부산스러웠다. 병력은 고작 8만여 명이었으니 직접 부딪치는 것은 불가하다는 의견이 지배적이었다. 이것은 전진도 마찬가지였다. 동진은 천연의 요새지인데다 명장인 사현과 사석이 있으니 정벌은 불가하다고 만류했다.

"폐하, 비록 적의 수효는 8만에 이를 뿐이오나 양자강의 험난함에 의지하고 있는 데다 명장 사현과 사석이 버티고 있습니다. 하오니 불가하옵니다."

부견은 큰 소리로 외쳤다.

"우리 대군의 채찍으로 강물을 차단시킬 수가 있다(投鞭斷流)!"

그러나 동진과의 싸움은 마음과 같이 되지를 않았다. 동진의 장수 사석은 전진군의 장수 주석(朱序)를 움직여 일거에 전진군을 몰살시켜 버렸다. 겨우 목숨을 구한 부견은 가까스로 돌아왔으나 부하 장수에게 살해 당하고 말았다.

說文解字 ┃ *投(던질 투, 버릴 투, 줄 투. 手부 4획, 총 8획. *throw*) *鞭(채찍 편, 볼기채 편. 革부 9획, 총 18획. *whip*) *斷(끊을 단, 갈길 단, 결단할 단. 斤부 14획, 총 18획. *cut*) *流(흐를 류, 번져나갈 류, 구할 류. 水부 6획, 총 9획. *flow*)

붓을 던지고 군사가 되다
投 筆 從 戎 투필종융

■ 出典 : 『후한서』의 「반초전」
■ 文意 : 필요할 때는 문관도 전장터에 나가야 한다

故事逸話 흉노족은 후한의 광무제 때에 내분이 일어나 분열되었다. 남흉노는 한나라에 항복했으나 북흉노는 기회만 있으면 변경에 출몰하여 방화와 약탈을 일삼았다. 이렇게 되자 흉노 토벌에 대한 군사들을 파견하게 되었다.

이 당시에 장안교외에 자리한 부풍안릉(扶風安陵)의 학자 반표에게는 반초라는 아들이 있었다. 그는 역사학자인 반고의 아우였다. 반초는 요즘으로 말해 도서관장에 해당하는 난대영사(蘭臺令史)라는 자리에 있었다.

집안 분위기를 비롯하여 관직이 그렇다보니 반초는 많은 책을 읽었다. 그러던 그가 결연히 붓을 던지고 나선 것은 흉노가 변경에 침입한다는 말을 들으면서부터였다.

흉노족들이 너무 날뛰는 바람에 가곡관의 성문이 폐쇄되었다는 소문을 들은 것이다.

"변경이 소란스러운데 어찌 붓을 만지작거리고만 있겠는가!"

그는 무장을 갖추고 원정군에 참여하여 전장터로 떠났다. 이것이 투필종융이다.

說文解字 ＊投(던질 투, 버릴 투. 水부 4획, 총 7획. *throw*) ＊筆(붓 필, 오랑캐이름 필. 竹부 6획, 총 12획. *writing brush*) ＊從(따를 종, 허락할 종, 말을 즐을 종. 彳부 8획, 총 11획. *obey*) ＊戎(오랑캐 융, 병장기 융. 戈부 2획, 총 6획. *weapons*)

|450
깨어진 거울
破 鏡 파경

■ 出典 : 『태평광기(太平廣記)』
■ 文意 : 부부간에 이별하거나 헤어지는 것

　　故事逸話 │ 중국의 남북조 시대에 진(陳)의 후주 숙보가 날마다 가무
연락만을 즐기다가 나라의 기틀이 송두리째 수나라로 넘어갔다. 이때 진
후주의 딸 낙창공주(樂昌公主)와 그의 남편 서덕언(徐德言)은 나라에 변
고가 생기면 헤어지게 되더라도 품안에 신물(信物)을 지니고 있으면 만
날 수 있다는 말을 나누었다. 그것은 거울이었다. 서덕언은 거울을 꺼내
반으로 쪼개어 내년 보름날에 장안의 가장 번화가에서 그 거울을 팔도록
하였다.

　　과연 그들의 예측대로 나라는 망하였다. 낙창공주는 양소(楊素)의 집
으로 들어가게 되어 남편과의 약속을 지키기 위해 정월 보름이 되면 시
장에 나가 팔도록 하였다. 그러나 거울을 사겠다는 사람은 나타나지 않
았다. 그렇게 3년이 지나갔다. 그해 보름이 되어 하인에게 명하여 시장에
나가 거울을 팔도록 하였다.

　　이때 비싼 가격에 그 거울을 사겠다고 나선 사람이 있었다. 바로 서덕
언이었다. 그는 자신의 숙소로 하인을 데려와 거울을 맞춰보고는 시 한
수를 적어보냈다. 남편이 살아있음을 안 낙창공주는 그날부터 식음을 전
폐하였다. 양소가 그 연유를 물었다. 공주에게서 전후의 사실을 알게 된
양소는 서덕언을 불러들여 그들을 만나게 한 후 함께 살게 하였다.

　　說文解字 │ ＊破(가를 파, 깨질 파, 다할 파, 패할 파. 石부 5획, 총 10
획. break) ＊鏡(거울 경, 안경 경. 金부 12획, 총 20획. mirror)

|451
여자의 나이 십 육세
破 瓜 之 年 파과지년

■ 出典 : 「정인벽옥가(情人碧玉歌)」
■ 文意 : 첫 경도가 있게 되는 나이

　　__故事逸話__　파과지년은 첫 경도가 있는 나이를 의미한다. 이것은 시대와 상황에 따라 14세나 16세로 구분되기도 한다. 여자로서 어른이 되는 첫 관문인 셈이다.

　　푸른 구슬 참외를 깨칠 때
　　님과 사랑으로 넘어져 뒹굴었네
　　님에게 감격하여 부끄러움을 전연 몰라
　　몸을 돌려 님의 품에 안기었다네

　　위의 시는 진(晉)나라 때에 손작이 쓴 '파과시'다. 중국의 고대 의서인 『황제내경』에는 남녀가 어른이 되는 시기를 구분지어 놓고 있다. 여자는 열 여섯 살이고 남자는 열 넷이다.
　　그렇다면 왜 여인의 몸에서 경도가 나오는 시기를 열 여섯으로 구분지었는가? 그것은 한자 특유의 파자법 때문이다. 과(瓜)라는 글자에는 파자법상으로 팔(八)이 두 개가 겹친 모습이다. 그러므로 파과지년을 열 여섯 이라 한 것이다.

　　__說文解字__　＊破(깨뜨릴 파, 다할 파. 石부 5획, 총 10획. *break*) ＊瓜(오이 과, 외 과. 瓜부 0획, 총 5획. *cucumber*) ＊之(의 지, 어조사 지. ノ부 3획, 총 4획. *this*) ＊年(해 년, 나이 년, 나갈 년. 干부 3획, 총 6획. *year*)

452

정자 만들기를 그만 두다

罷 露 臺 파로대

- **出典**：『사기』의 「효문제기」
- **文意**：정자 하나가 열 집을 만드는 예산과 같아 그만둠

　　故事逸話　효문제는 고조의 여덟 아들 가운데 넷째인 중자(中子)다. 고조가 11년 봄에 진희의 군사를 크게 무찌르면서 산서성을 평정하여 대왕(代王)으로 봉하였다. 그는 박태후(薄太后)의 아들이다.

　당시에는 여태후의 득세로 천하는 유혈극에 휩싸였다. 어느날 대왕은 장차 어찌할 것인가를 놓고 점을 쳤다. 그렇게 하여 얻은 괘사는 '대횡(大橫)'이었다. 점쟁이가 말했다.

　<이 점괘는 머지않아 대왕이 천자가 될 것이라는 예시입니다. 하왕조의 우왕을 계승하여 보위에 오른 계(啓)처럼 부업(父業)을 빛내실 것입니다.>

　과연 점쟁이의 말대로 대왕은 천자가 되었다. 그는 모든 일에 솔선수범했다. 한번은 황제가 지붕없는 정자를 만들려는 계획을 세웠다. 예산을 세워 보고하라는 명을 내렸다.

　"폐하, 정자 하나를 만드는 데 소요되는 공사비는 대신들의 집 10채를 짓는 것과 같사옵니다."

　"무어라, 열채의 집과 맞먹는다?"

　황제는 공사를 중지시켰다. 그리고 더욱 민정에 힘을 기울였다. 그런 연유로 파로대(破露臺)라는 말이 생겨났다.

　　說文解字　＊罷(파할 파, 내칠 파. 网부 10획, 총 15획. *stop*) ＊露(이슬 로, 드러날 로. 雨부 12획, 총 20획. *dew*) ＊臺(대 대, 종 대, 코골 대. 至부 8획, 총 14획. *eminence*)

|453
대나무를 쪼개는 듯한 기세
破 竹 之 勢 파죽지세

■ 出典 : 『진서』의 「두예전」
■ 文意 : 거침없이 밀고 들어가는 형세

　　__故事逸話__　위오촉(魏吳蜀)의 삼국 정립의 시대는 가고 위나라를 이어 진(晉)이 들어서 멀리 오나라와 대치하고 있었다. 이때 진의 명장 두예(杜豫)는 태강 원년 2월에 왕준의 군사와 합류하여 무창을 함락시키고 최종 목적지인 건업(建業;남경)을 앞에 두고 여러 장수들과 작전 회의를 하였다. 이때 한 장수가 말했다.

　　"봄이 다 갔습니다. 곧 우기가 되어 비가 내리면 물이 불어날 것입니다. 무창 땅은 강물이 불어나면 군마를 움직이기 고약한 땅이니 일단 군사를 물러나게 하였다가 겨울에 오는 것이 좋을 듯 싶습니다."

　　두예는 고개를 가로저었다.

　　"아니오, 그렇지가 않소. 우리는 대세의 흐름을 타고 있소. 이것은 대나무를 쪼갤 때(破竹)와 같이 한 매듭 두 매듭 내려가면 나중엔 칼만 대면 자연스럽게 쪼개져 힘을 들일 필요가 없는 것이오. 지금 우리 군의 기세가 그러한 것이오. 우리가 이때를 놓치면 오히려 후회하게 될 것이오."

　　두예는 공격하여 공을 세웠다. 이렇게 하여 진의 통일이 이루어 졌으므로 당양후(當陽侯)가 되었다.

　　__說文解字__　＊破(가를 파, 다할 파. 石부 5획, 총 10획. break) ＊竹(대나무 죽, 피리 죽, 성 죽. 竹부 0획, 총 6획. bamboo) ＊之(의 지, 갈 지, 어조사 지. ノ부 3획, 총 4획. this) ＊勢(기세 세, 권세 세, 불알 세, 당연할 세. 力부 11획, 총 13획. power)

거친 하늘을 깨뜨림
破 天 荒 파천황

- **出典** : 『북몽쇄언(北夢瑣言)』
- **文意** : 형주 사람이 처음으로 과거에 급제함을 나타냄

故事逸話 ┃ 과거제도는 수나라 때에 시작하여 청조 말에 폐지되었다. 이렇게 보면 1천3백여 년 간이나 시행이 된 셈이다.

당나라 때에 형주는 의관들이 많이 나오는 고장이다. 그러므로 해가 바뀌면 인재들을 뽑아 해(解)라는 곳으로 보내곤 했었다. 그런데 어찌된 셈인지 형주 태생만큼은 과거에 급제하는 사람이 없었으므로 그곳으로 보낼 수가 없었다. 이 무렵에 유세라는 이가 있었다. 그는 지방장관이 관장하는 시험에 합격하더니 나중에는 중앙정부에서 시행하는 시험에 합격 하였다.

"형주 태생 유세가 과거에 합격했다!"

이것은 전대미문의 쇼킹한 사건이었다. 소문이 나자 당시 형남군 절도사인 최현(崔鉉)은 파천황전(破天荒錢)이라 하여 상금 70만전을 그에게 보냈다. 당시 형주 사람들이 얼마나 과거에 급제하기를 바라고 있었는지를 나타내는 대목이다.

이러한 과거제도는 외척 등의 문벌 집단이 조정을 제마음대로 움직이는 것을 막고 독단과 전횡으로 점철된 정치를 물리치기 위하여 시행된 것이다. 이러한 과거제도를 둘러싼 희비극은 『유림외사』에 나타나 있다.

說文解字 ┃ *破(깨뜨릴 파, 다할 파. 石부, 5획, 총 10획. *break*) *天 (하늘 천, 운명 천, 조물주 천. 大부 1획, 총 4획. *sky*) *荒(거칠 황, 폐할 황, 클 황. 艸부 6획, 총 10획. *coarse*)

|455

싸움에 진 장수

敗 軍 之 將 패군지장

■ 出典 : 『사기』의 「회음후열전」
■ 文意 : 싸움에 진 장수는 병법을 논하지 않는다

故事逸話　위(魏)를 친 여세를 몰아 조(趙)의 공격에 나선 한신은 정경의 협도에 이르러 고민에 **빠졌다**. 그것은 병력이 분산되는 어려움이 있기 때문에 승리를 장담할 수가 없었기 때문이다. 당시 조나라에는 광무군 이좌거(李左車)라는 장수가 있었다.

한신의 공격에 맞서 이좌거는 성안군 진여에게 협도의 공격을 진언했었다. 그러나 진여는 자신이 유자(儒者)임을 내세워 결코 기습작전 같은 것은 쓰지 않겠다고 고집을 부렸었다. 한신은 절호의 기회를 이용하여 협도를 통과하였다. 그리고는 조나라 군사들을 격파하고 이좌거를 사로잡았다.

승전 잔치가 벌어졌을 때에 한신은 이좌거를 불러냈다. 결박된 채 끌려나온 이좌거의 포승줄을 손수 풀어주고 동향으로 앉아 그를 스승의 예로 대우했다. 그리고는 말했다.

"북으로 연나라를 치고 동으로 제를 치려 합니다. 어떤 계책이 있을까요?"

"패군지장은 결코 병법을 논하지 않습니다."

이좌거는 사양했으나 한신의 설득으로 좋은 계책을 내놓았다.

說文解字　＊敗(패할 패, 멸망할 패. 攴부 7획, 총 11획. *defeat*) ＊軍(군사 군, 진칠 군. 車부 2획, 총 9획. *army*) ＊之(의 지, 어조사 지, 갈 지. 丿부 3획, 총 4획. *this*) ＊將(장수 장, 도울 장, 장차 장. 寸부 8획, 총 11획. *geneal*)

고요한 땅에 바람과 물결이 일어남
平 地 風 波 평지풍파

■ 出典 : 유우석의 「죽지사(竹枝詞)」
■ 文意 : 공연한 일을 만들어 사태를 시끄럽게 함

故事逸話 ┃ 유우석(劉禹錫)은 자(字)가 몽득(夢得)이다. 지금의 하북성 태생으로 과거에 급제한 후에 왕숙문을 따라 탁지원외랑의 벼슬에 올랐으나 연주자사로 좌천되었다. 그는 백낙천과 깊이 교우하였으며 시명이 높았다.

다음은 그가 쓴 「죽지사」 9수의 내용이다.

구당의 시끄러운 열두 여울
사람들은 말한다네
길이 예로부터 어렵다고
아, 안타까워라
인심이 물만도 못하니
생각이 부족하여
평지에 풍파를 일으키는 것을

이 시는 파촉 일대에 민요로 널리 알려져 있다. 그것을 유우석이 새롭게 다듬은 것이다.

說文解字 ┃ ＊平(평탄할 평, 바를 평. 干부 2획, 총 5획. *flat*) ＊地(땅지, 뭍 지, 아래 지. 土부 3획, 총 6획. *earth*) ＊風(바람 풍, 울릴 풍, 풍속 풍. 風부 0획, 총 9획. *wind*) ＊波(물결 파, 물 젖을 파, 광채 파. 水부 5획, 총 8획. *wave*)

|457

불을 끄려고 나무를 안고 뛰어든다

抱 薪 救 火 포신구화

■ **出典** : 『사기』의 「위세가」
■ **文意** : 앞 뒤 경황없이 행동하여 일을 악화시킴

故事逸話 춘추전국 시대엔 진(秦)나라가 강대국이었다. 진나라가 병력을 위(魏)나라로 이동시키자 한나라와 조나라가 원병을 보냈다. 그러나 결과는 참혹한 패배였다. 그들이 보낸 15만의 병력은 황량한 전장 터에서 까마귀밥이 되었다. 장차의 대책 마련에 부심하고 있을 때에 단우자(段于子)라는 장수가 말했다.

"연합군이 패하였으니 진나라와 맞서는 것은 옳지 않다고 봅니다. 아무래도 우리 위나라의 남양 지방을 내놓고 화평을 청하는 것이 좋을 듯 싶습니다."

소대(蘇代)가 말했다.

"제가 보기에는 위나라의 땅을 관리하는 방법에 문제가 있다고 봅니다."

"그게 무슨 말이오?"

"땅을 분할하여 내주는 것으로는 위기를 벗어날 수 없습니다. 일시적으로는 괜찮아 보일 지 모르나 진나라에서는 위나라를 전부 삼키기 전에는 공격을 늦추지 않을 것입니다. 땅을 떼어주는 것은 땔나무를 가지고 불속으로 뛰어드는 이치입니다."

說文解字 ＊抱(안을 포, 아람 포. 手부 5획, 총 8획. *embrace*) ＊薪 (섶 신, 월급 신, 성씨 신. 艸부 13획, 총 17획. *brushwood*) ＊救(건질 구, 구할 구, 구원할 구. 攴부 7획, 총 11획. *save*) ＊火(불 화, 빛날 화, 사를 화. 火부 0획, 총 4획. *fire*)

458

맨손으로 범을 잡고 걸어서 강을 건넘
暴 虎 馮 河 포호빙하

■ **出典** : 『논어』의 「술이편」
■ **文意** : 만용을 믿고 멋대로 행동을 함

<u>故事逸話</u> 『논어』의 「술이편(述而篇)」에 다음과 같은 내용이 있다. 어느 날 공자께서 안연(顔淵)이라는 제자에게 말했다.

"무릇 벼슬길에 나가면 열심히 활동을 하고 버림을 받으면 물러나서 분수를 지키며 살아야 한다. 그렇게 살 수 있는 것은 너와 나만이 할 수 있는 일이다."

곁에 있던 자로(子路)가 발끈했다.

"그렇다면 선생님, 한 말씀 묻겠습니다. 선생님께서는 삼군(三軍)을 지휘하여 전쟁에 나간다면 누구와 동행하시겠습니까?"

공자가 말했다.

"나는 맨손으로 범을 잡고 맨발로 큰 강을 걸어서 건너려다가 죽어도 결코 후회를 않는 그런 사람과는 행동을 하지 않겠다."

이것은 무슨 뜻인가? 공자는 자로처럼 스스로의 만용만을 믿고 경솔하게 행동하는 사람과는 상대를 않는다는 것이다. 다시 말해 자로의 경솔한 태도를 꾸짖은 것이다. 자로는 나이가 많다. 그러나 단순하고 솔직하여 공자로부터 사랑을 받았다. 공자가 안연을 칭찬하자 질투를 느끼고 끼어들었다가 핀잔을 받은 것이다.

<u>說文解字</u> *暴(맨손으로칠 포, 사나울 포. 日부 11획, 총 15획. *rough*) *虎(범 호, 호랑이 호. 虍부 2획, 총 8획. *tiger*) *馮(도섭할 빙, 탈 빙, 업신여길 빙. 馬부 2획, 총 12획. *ride*) *河(물 하, 은하수 하, 황하수 하. 水부 5획, 총 8획)

바람소리와 학의 울음소리
風 聲 鶴 唳 풍성학려

■ 出典 : 『진서(晉書)』
■ 文意 : 공연히 겁을 집어 먹은 상태를 가리킴

故事逸話 동진의 효무제 태원 8년. 전진왕 부견(符堅)이 1백여만의 대군을 이끌고 공격해왔다. 이때 동진의 병력은 고작 8만으로 지휘하는 장수는 사석(謝石)과 사현(謝玄)이었다.

전진의 군사 가운데엔 동진의 장수였던 주서(朱序)란 자가 있었다. 예전에 양양의 전투에서 전진군과 맞섰는데 휘하의 부장이라는 자가 적과 내통하는 바람에 성이 함락되었었다. 비록 적이지만 그 기개를 높이 산 부견은 주서를 요직에 등용하였다.

그러나 주서는 달랐다. 어떻게 하면 자신의 조국인 동진을 도울 수 있을까에 고심했다. 이러한 주서의 마음을 사현과 사석은 벌써부터 헤아리고 계책을 짠 것이다. 주서는 부견에게 말했다.

"거짓으로 패한 척 후퇴하면 농진의 군사들이 강을 건너올 것입니다. 이때를 노려 대거 공격한다면 단숨에 동진군을 몰살시킬 수 있습니다."

부견은 이 계책을 따랐다. 전진군은 거짓으로 후퇴하는 것 같았다. 그러나 주서는 각 진영을 돌아다니며 패하였으니 어서 도망가라고 했다. 그 결과 1백만의 대군은 전멸하고 고작 10만이 남았다.

說文解字 ＊風(바람 풍, 울릴 풍, 풍속 풍. 風부 0획, 총 9획. *wind*) ＊聲(소리 성, 풍류 성, 명예 성. 耳부 11획, 총 17획. *sound*) ＊鶴(학 학, 두루미 학. 鳥부 10획, 총 21획. *crane*) ＊唳(학이 울 려, 기러기 소리 려. 口부 8획, 총 11획. *quack*)

|460
바람과 물
風 水 풍수

■ 出典 : 『음양오행학』
■ 文意 : 바람을 붙잡고 물을 얻는다

故事逸話 | 풍수는 살아있는 사람을 위하여 거처를 마련하는 양택풍수(陽宅風水)와 죽은 자로 인하여 발복을 원하는 음택풍수(陰宅風水)가 있다. 이러한 풍수 사상은 오래 전에 생겨났다. 특히 음양오행학이 발전하면서 더욱 진전되어왔다. 이러한 풍수 사상은 조상을 숭배한다는 차원에서도 크게 한몫을 차지한다. 이런 예화가 전한다.

중국의 수(隋)나라 때에 수문제의 부인 독고황후가 세상을 떠나자 그 장지를 놓고 의론이 분분했다. 왜냐하면 차남으로서 태자가 된 광(廣)이 부친(수문제)이 빨리 죽을 수 있는 자리에 어머니를 묻게 해달라고 했기 때문이다. 이 일을 맡은 자는 소길이라는 예언가였다.

"이 자리에 묻히시면 앞으로 3년안에 태자마마께오서 보위를 이으실 것입니다."

그러면서 소길은 장차 수나라의 치세는 '2천년(二千年)'에 이를 것이라 했다. 집에 돌아온 소길은 측근들에게 소곤거렸다.

"머지않아 시역 사건이 일어날 것이야. 일이 잘못되면 나는 살아남지를 못하네. 더구나 수나라는 파자법상 치세가 앞으로 30년(二千年=三十年)이야. 그러니 어서 도망가야지. 이곳에 있다간은 살아남지를 못해."

과연 소길의 예언대로 수나라는 30여년만에 망했다.

說文解字 | *風(바람 풍, 경치 풍. 風부 0획, 총 9획. *wind*) *水(물 수, 강 수, 홍수 수. 水부 0획, 총 4획. *water*)

함부로 날뛰는 행동

匹 夫 之 勇 필부지용

■ **出典** : 『맹자』의 「양혜왕 하」
■ **文意** : 좁은 소견으로 날뛰는 것

故事逸話 양나라의 혜왕이 맹자에게 물었다.

"이웃나라와의 국교에 대한 좋은 방법이 있습니까?"

"그렇습니다. 탕왕이나 문왕께서 행하신대로 하시면 됩니다. 또한 작은 나라가 큰나라를 섬기는 것 역시 쉽지가 않습니다. "

작은 나라가 큰 나라를 섬기는 것은 하늘의 도리이며 큰 나라의 입장에서 작은 나라를 섬기는 것은 하늘의 줄기라고 한 것이다. 양혜왕은 맹자의 답변에 수긍했다. 그런데 곰곰이 생각해보니 문제가 없는 것은 아니었다. 만약 맹자의 말대로라면 어느 나라이든 섬기기만 해야 한다는 것이었다. 그래서 불만스러웠다.

"참 좋은 방법입니다만."

양혜왕의 의중을 파악한 맹자가 다시 말했다.

"왕께서는 소용(小勇)을 좋아해서는 안됩니다. 칼을 들고 눈을 부라리며 '너는 내 상대가 안돼!' 하는 식은 하찮은 필부들이나 하는 필부지용(匹夫之勇)일 따름입니다. 그러니 부디 큰 용기를 가지십시오."

『사기』에 의하면 한신이 항우에 대해 평하여 말하기를 '그는 필부지용이 있었을 뿐입니다' 라는 구절이 있다.

說文解字 *匹(한마리 필, 짝 필, 둘 필. 匚부 2획, 총 4획. *head*) *夫(지아비 부, 사내 부, 어조사 부. 大부 1획, 총 4획. *man*) *之(의 지, 어조사 지. 丿부 3획, 총 4획. *this*) *勇(날랠 용, 용기 용, 용맹할 용, 억센 사람 용. 力부 7획, 총 9획. *bravery*)

462

한단에서 꾸었던 꿈

邯 鄲 之 夢 한단지몽

■ 出典 : 『침중기(枕中記)』
■ 文意 : 인생의 부귀영화가 뜬구름 같음

故事逸話 당나라 현종 때에 여옹(呂翁)이라는 도사가 한단에 있는 어느 주막집에서 쉬고 있었다. 그때 초라한 옷을 입은 노생(盧生)이라는 젊은이가 방에 들어가 자신의 비색한 신세를 한탄하였다.

"나는 무엇을 해도 재수가 없어요. 자본이 없어 장사를 할 수가 없고 어렵사리 일을 추진해도 실패만을 거듭하니 세상을 살아갈 재미가 없어요."

자신의 잡다한 주변 얘기를 늘어놓더니 여옹이 빌려준 베개를 베고 잠이 들었다. 베개는 양쪽이 뚫려 있었는데 노생이 잠을 자는 동안 점점 커졌다. 노생은 그 구멍 속으로 들어가 당대의 명문인 청하(靑河)의 최씨 딸과 혼인하고 진사시험에 합격하여 관리가 되었다.

관운도 좋아 승전을 하였으나 어떤 재상의 모함을 받아 단주자사로 좌천되는 일도 있었다. 십년이 흘러가는 동안 천자를 잘 보필하였으나 누명을 쓰는 일도 있었다. 그후 다시 벼슬이 회복되어 높은 관직에 앉았으며 슬하에는 손이 많아 다복했다. 세월이 흘러 몸이 쇠약해졌다. 바람처럼 50년이 흘러 이제 명이 다한 것이다. 노생이 문득 눈을 떠보니 자신은 여전히 그 주막집에 누워있었다.

說文解字 ＊邯(조나라 서울 한. 邑부 5획, 총 7획. *capital*) ＊鄲(조나라 서울 단. 邑부 12획, 총 14획. *capital*) ＊之(의 지, 어조사 지, 갈 지. ノ부 3획, 총 4획. *this*) ＊夢(꿈 몽, 어두울 몽, 환상 몽. 夕부 11획, 총 14획. *dream*)

|463
가뭄

旱 魃 한발

■ 出典 : 『삼황오제(三皇五帝)』
■ 文意 : 가뭄을 몰고 오는 여신

故事逸話 황제(黃帝) 헌원씨는 사람이 기거할 집을 만들고 삼베로 옷 짜는 것을 고안하였으며 의료술을 개발하는 업적이 있었다. 어느 때인가 황제가 산동성의 태산으로 행차한 적이 있었다. 이때를 노려 호랑이와 이리떼를 대동한 치우(蚩尤)가 반기를 들었다.

전투가 시작되자 치우의 군대는 풍백과 우사의 활동으로 큰바람을 일으켜 폭우를 뿌렸다.

그런가하면 짙은 안개를 흩트려놓고 동(銅)머리에 쇠 이마를 지닌 괴인과 도깨비, 요괴 등을 인솔하여 공격해 왔다.

황제의 군사는 여덟 번을 싸워 여덟 번을 패했다. 그러나 좌절하지 않고 안개 속을 헤집으며 돌아다닐 수 있는 지남차를 개발하여 그것을 이용하였으며 하늘에서 발(魃)이라는 딸을 불러내어 풍백과 우사가 뿌려놓은 안개를 몰아내 버렸다. 결국 치우는 항복하였다.

발은 너무 힘을 썼기 때문에 하늘에 올라갈 힘이 없었다. 그녀가 땅에 있게 되자 가뭄이 찾아왔다. 그녀가 있는 곳에는 비 한 방울이 내리지를 않아 가뭄이 계속되었다.

사람들은 그녀의 이름을 한발(旱魃)이라 하며 원망하였다. 황제는 그녀를 적수 북쪽의 땅으로 추방해 버렸다. 그러나 기회만 있으면 다시 나타나 사람들을 괴롭혔다.

說文解字 ＊旱(가물 한. 日부 3획, 총 7획. *dry weather*) ＊魃(가물 발, 가물귀신 발. 鬼부 5획, 총 15획. *drought demon*)

464

소가 땀을 흘리고 대들보에 닿는다
汗 牛 充 棟 한우충동

■ **出典**：「육문통선생묘표」
■ **文意**：많은 책을 가리킴

故事逸話 　　유종원(柳宗元)이 지은 「육문통선생묘표(陸文通先生墓表)」에 이런 내용이 있다.

공자가 『춘추』를 지은 것은 1천5백년이나 된다. 그동안에 이 책을 주석한 사람이 다섯이나 되는데 지금은 세 사람의 것만이 통용되고 있다는 것이다. 그런데 그 뒷부분으로 가면 온갖 주석을 붙인 학자들이 넘쳐난다는 내용이다.

유종원은 이렇게 덧붙였다.

"그들이 지은 책을 소가 끄는 수레에 실으면 소가 땀을 흘릴 것이고, 집에다 두면 필경은 대들보까지 닿을 것이다(汗牛充棟)."

이것은 『춘추』의 주석서가 너무 많다는 것을 비꼰 것이다. 이 말은 후대로 내려와 여러 의미로 쓰인다. 이를테면 책을 많이 읽는 것이나 장서가를 말할 때에 비유적으로 사용된다.

책에는 두 종류가 있다고 했다. 일시적인 것과 영구적인 것이다. 일시적인 것은 신문이나 잡지 또는 편지 등과 같이 시류를 탄 가벼운 소재의 책인 반면 영구적인 것은 비문이나 성경처럼 오래간다. 가벼운 소재라 하여 한결같이 악서는 아니다.

說文解字 　　＊汗(땀 한, 오랑캐 이름 한. 水부 3획, 총 6획. *sweat*) ＊牛(소 우, 별 이름 우. 牛부 0획, 총 4획. *ox*) ＊充(가득찰 충, 막을 충, 찰충. 儿부 3획, 총 5획. *enough*) ＊棟(기둥 동, 동자기둥 동. 木부 8획, 총 12획. *beam*)

합종과 연형

合 從 連 衡 합종연형

- **出典** : 『사기』의 「소진전」, 「장의전」
- **文意** : 합종과 연형

故事逸話 전국시대에는 열국들이 서로의 안전을 도모하기 위하여 약소국들이 힘을 합하여 강대국을 대항하는 방법을 사용하였다. 이것이 합종(合從)이다. 이러한 방책을 쓴 인물이 소진(蘇秦)이다. 소진은 연과 조, 제, 위, 한, 초 등이 세로(縱=從)인 남북으로 손을 잡고 강대국을 대항하는 방법이다. 소진은 연왕을 만나 이러한 방법으로 연왕을 만나 명예와 지위를 얻었다.

이때 장의가 소진을 찾아왔다. 뜻밖에 장의는 홀대를 받아 원망하는 마음이 컸다. 이때 한 상인의 도움으로 진나라에 가서 출세를 할 수 있었는데, 그 상인은 다름아닌 소진의 심복이었다.

소진은 장의를 출세시키기 위하여 냉대를 한 것이다. 장의는 진(秦)나라에 머무르면서 자신의 계책을 사용했다. 그것은 연형(連衡)이라는 방법이었다.

이러한 방법은 일곱 나라 가운데 진나라가 하나의 나라와 동맹을 맺고 여섯 나라를 고립시키는 것으로, 이것은 저울대처럼 가로로 이어지는 형태가 되므로 형(衡;동서로 이어지는 형태)이라 한다. 장의는 훗날에 소진이 이룩한 합종의 계책을 완전히 깨뜨려 버렸다.

說文解字 ＊合(합할 합, 같을 합, 모일 합. 口부 3획, 총 6획. *sum*) ＊從(따를 종, 허락할 종, 종용할 종. 彳부 8획, 총 11획. *obey*) ＊連(이을 련, 연할 련, 붙일 련. 辶부 7획, 총 11획. *connect*) ＊衡(저울 형, 수레멍에 형. 行부 10획, 총 16획. *balace*)

|466

함께 살다가 같이 묻힌다
偕 老 同 穴 해로동혈

■ 出典 : 『시경』의 「패풍격고」
■ 文意 : 생사를 같이 하는 부부의 사랑과 맹세를 뜻하는 말

故事逸話　『시경』의 「패풍격고(邶風擊鼓)」에 나오는 내용이다. '살아서는 같이 늙고 죽어서는 구멍을 함께 하여 영원히 잠들 수 있도록 묻히자'는 뜻이다.

중국인들 간에 입으로 전해오는 얘기에 의하면 '해로동혈'이라는 해면체가 있다는 것이다. 이 동물은 그 형태가 수세미와 같은데 밥 주머니가 있으며 구멍새우가 기생한다. 바로 그 안에 암수 한쌍이 살고 있는데 그것을 일러 해로동혈이라 하였는데 나중에는 해면체를 가리키는 것으로 변했다는 것이다.

살아서도 죽어서도 함께 하자
그대와 함께 맹세 하였더니
그대의 손을 잡고
그대와 함께 늙으리라

그런데 용풍에서는 '군자해로'로 되어 있는데 '군자와 늙도록 함께 하니 쪽지고 여섯 구슬을 박은 비녀를 꽂았으며'로 되어 있다.

說文解字　＊偕(같이 해, 굳셀 해. 人부 9획, 총 11획. *together*) ＊老(늙을 로, 어른 로, 쭈그러질 로. 耂부 2획, 총 6획. *old*) ＊同(같을 동, 한가지 동. 가지런할 동, 무리 동, 화할 동. 口부 3획, 총 6획. *same*) ＊穴(굴 혈, 움 혈. 穴부 0획, 총 5획. *cave*)

|467
말을 하는 꽃
解 語 花 해어화

■ **出典** : 『개원천보유사』
■ **文意** : 용모가 절색인 미인을 가리킴

故事逸話 현종은 '개원의 치'를 구가한 명군이다. 그런데 만년에는 정치에 싫증을 내고 유연만을 일삼더니 안록산의 난을 만나는 등의 고난을 겪기에 이르렀다. 그러나 아무리 그렇다 해도 현종은 아름다운 미인들과 황궁 안의 태액지에서 배를 띄우고 풍류를 즐기었다.

봄. 봄은 만물이 생동하는 계절이다. 겨우네 얼어붙었던 대지가 풀리면서 만물이 약동을 하기 시작한다. '해어화'는 현종이 태액지에서 유연을 즐기며 연꽃을 가리키며 했던 말이다.

"저 연꽃의 아름다움도 '말을 하는 꽃(解語花)'에는 미치지 못할 것이다."

참으로 지당하신 말씀이라고 신하들은 조아렸다. 그렇다면 말을 하는 꽃은 누구인가. 바로 양귀비였다. 그녀는 자신의 며느리이자 아들인 수왕 이모의 부인이었다. 현종은 양귀비를 후궁으로 삼았는데 한시도 떨어지지 않고 애지중지하였다. 이렇게 되면서 모든 권력은 양씨들에게 기울어지고 결국은 안록산의 난이 일어나는 빌미를 주게 된다. 난을 피해 촉 땅을 향해 가다가 양귀비는 마외파에서 고력사에게 목이 졸려 죽임을 당한 비운을 맞게 된다. 「장한가」는 현종과 양귀비의 사랑을 그리고 있다.

說文解字 ＊解(풀릴 해, 깨우쳐줄 해, 풀릴 해. 角부 6획, 총 13획. *unite*) ＊語(말씀 어, 말할 어. 言부 7획, 총 14획. *word*) ＊花(꽃 화, 꽃필 화, 천연두 화. 艸부 4획, 총 8획. *flower*)

468
하늘의 명을 뜯어 고침
革 命 혁명

■ **出典** : 『십팔사략』
■ **文意** : 종전의 것을 인위적으로 바꿈

故事逸話 혁(革)은 『주역』에 있는 괘의 이름이다. 마치 연못 속에 불덩이가 가라앉아 있는 듯한 형상이다. 물과는 상극이다. 그러므로 뒤집어놓아야 한다. 그러한 괘가 '혁'이나 결국 '혁명'은 무언가를 뒤집어 놓아야 하는 것이다.

역사적으로는 하왕조의 19대 제왕인 사이계(姒以癸;桀)라는 자가 무도하여 날마다 주지육림의 놀이에 취해 있었다. 물론 자수신(子受辛;紂)도 마찬가지다. 왕이 혼미하면 당연히 충신은 목숨을 내놓고 간언하게 된다. 좌상 관룡봉이었다.

"폐하, 고정하시옵소서. 이렇듯 주지육림의 유연에만 빠져 있으면 장차 나라가 망하고 말 것입니다."

"당치않은 소리. 무릇 천자는 하늘의 명을 받고 나오는 것이야. 천자가 멸망하는 것은 하늘의 해가 없어지는 다음에야 가능한 것이야. 알겠는가?"

사이계는 코웃음쳤다. 관룡봉으로 하여금 불에 달군 구리 원주 위를 걸어가게 하였다. 그는 거침없이 그 위를 걷다가 불구덩이 속으로 떨어져 죽었다. 이렇듯 제왕이 흉폭해지자 상부락의 추장 자천을과 이윤이 손을 잡고 하왕조를 공격하여 무너뜨렸다. 이른바 하늘의 명을 뜯어고친 혁명인 셈이다.

說文解字 ＊革(가죽 혁, 날개벌릴 혁, 고칠 혁. 革부 0획, 총 9획. *hides*) ＊命(목숨 명, 시킬 명. 口부 5획, 총 8획. *life*)

|469

선열들의 애국 충절을 기리는 날
顯 忠 日 현충일

■ 出典 : 「기삼왕세가(記三王世家)」
■ 文意 : 나라와 민족을 위하여 몸을 바친 순국열사들을 기리는 날

故事逸話 현(顯)이라는 글자의 오른편 혈(頁)은 얼굴을 포함한 머리 모양이다. 그리고 왼쪽의 일(日)과 사(糸)는 평소에는 잘 눈에 띄지를 않지만 따뜻한 햇살 아래에 선명히 드러난다는 의미다.

그렇다면 충(忠)은 어떤 뜻인가? 가운데 중(中)과 마음 심(心)이 합해져 있다. 어떤 상황에서도 변하거나 굴절되지 않은 한가운데의 마음이라는 것이다. 그러한 마음을 기리는 날이 바로 현충일이다.

나라를 위하는 마음. 그것이 어찌 특정인들의 특정한 사안이겠는가. 제목숨을 초개처럼 여기며 나라를 위해 몸을 바친 위인들을 굳이 중국의 문헌을 뒤적여 나타낼 필요는 없을 것이다.

우리 나라에도 얼마든지 있다. 역대의 장군들과 선비들이 있었다. 그들은 불의한 일에는 자신의 목숨을 내던져 순국하였다. 일제시대에 유관순이라는 처녀는 대한민국의 독립을 위하여 항쟁을 하다가 목숨을 잃었다. 같은 민족끼리 피를 보아야 했던 육이오 동란 때에는 전우를 구하기 위해 제목숨을 아끼지 않은 전우애에 관한 얘기는 마음을 뭉클하게 만든다. 어디 그뿐이랴. 수류탄 훈련을 하다가 가까이 떨어진 수류탄을 제 한몸으로 감싼 채 부하들의 목숨을 살려낸 소령 강재구의 희생정신은 모두가 나라를 위한 변하지 않은 마음이었다.

說文解字 ＊顯(나타낼 현, 밝을 현, 드러낼 현. 頁부 14획, 총 23획. *appear*) ＊忠(곧을 충, 충성 충. 心부 4획, 총 8획. *loyal*) ＊日(날 일, 하루 일, 먼저 일. 日부 0획, 총 4획. *sun*)

반딧불과 눈빛으로 이룬 공
螢 雪 之 功 형설지공

■ 出典 : 『진서(晉書)』
■ 文意 : 온갖 고난을 이겨내고 학문을 닦아 크게 이룸

故事逸話 '형설'은 반딧불과 눈이다. 환경이 어렵다보니 여름에는 반딧불로 겨울에는 눈 빛으로 공부를 하였다는 뜻이다.

진(晉)나라 때에 차윤(車胤)이라는 사람이 있었다. 워낙 집이 가난하여 밤이 되면 등불을 켜지 못할 정도였다. 여러날을 고심하다 묘안을 생각해냈다. 그것은 연랑(練囊)이라 불리는 하얀 명주 자루에 반딧불을 잡아넣어 그 빛으로 공부를 한다는 것이었다. 과연 차윤은 그렇게 공부한 보람이 있어 마침내 상서랑(尚書郎)이라는 벼슬자리에 나아갈 수 있었다. 이 자리는 천자의 칙서를 취급했다.

이와 같은 무렵에 손강(孫康)이라는 위인이 있었다. 그 역시 집안이 몹시 가난했다. 밤이 되면 불을 켤 기름이 없어 달빛으로 공부하였다. 추운 겨울에는 빛을 훤히 뿜어내는 눈빛(雪光)으로 글을 읽었다. 그는 어릴 때부터 심성이 고왔다.

그릇된 친구와는 사귀지를 아니했으며 스스로 마음의 문을 굳게 잠근 채 옳은 일이 아니면 나아가지를 아니하였다. 그 역시 눈빛으로 공부를 한 보람이 있어 치안을 담당하는 어사대부(御史大夫)의 자리에 올랐다.

說文解字 *螢(반딧불 형. 虫부 10획, 총 16획. *firefly*) *雪(눈 설, 씻을 설. 雨부 3획, 총 11획. *snow*) *之(의 지, 갈 지, 어조사 지. /부 3획, 총 4획. *this*) *功(공 공, 공치사할 공, 복 입을 공. 일할 공. 力부 3획, 총 5획. *services*)

|471
여우가 호랑이의 위엄을 빌리다
狐 假 虎 威 호가호위

■ **出典** : 『전국책』의 「초책」
■ **文意** : 남의 위엄을 빌어 위세를 부림

故事逸話 제와 초가 대립하자 송은 중립을 취했다. 그러던 중에 제가 송을 위협하였으므로 송은 제의 편이 되었다. 초의 신하 자상(子象)이 송왕에게 말했다.

"초나라는 부드럽게 대했기 때문에 송나라를 잃었습니다. 이제부터는 제나라든 송나라든 언제든지 위협할 것입니다."

그러던 어느 날 초나라의 선왕이 군신들에게 물었다.

"북방의 여섯 나라가 우리의 소해휼(昭奚恤)을 두려워하고 있다는 것이 사실이오?"

이때 강을(江乙)이라는 이가 말했다.

"호랑이는 모든 짐승을 잡아먹습니다. 어느 날 여우가 호랑이를 만나 잡아먹히게 지경에 이르자 이렇게 말했습니다. '하늘의 신이 여우인 자신을 백수의 왕으로 삼았으니 지금 호랑이가 자기를 잡아먹는다면 이는 하늘의 명을 어긴 것입니다'라고 한 것입니다. 거짓말이라고 생각하거든 자신이 앞서 갈 것이니 따라와 보라고 한 것입니다."

호랑이는 그렇게 하였다 여우를 본 동물들은 모두 도망쳤다. 강을은 여섯 나라가 두려워하는 것은 소해휼 뒤에 대왕이 있는 탓이라 했다.

說文解字 ＊狐(여우 호, 의심할 호. 犬부 5획, 총 8획. *fox*) ＊假(거짓 가, 빌릴 가, 잠시 가. 人부 9획, 총 11획. *provisional*) ＊虎(호랑이 호. 虍부 2획, 총 8획. *tiger*) ＊威(위엄 위, 세력 위, 으를 위. 女부 6획, 총 9획. *dignity*)

유불도의 진리는 하나이다

虎 溪 三 笑 圖 호계삼소도

■ 出典 : 진성유의 「여산기」
■ 文意 : 유교와 불교, 도교의 진리는 하나라는 뜻

故事逸話 본래 이 그림은 유교의 도연명, 불교의 혜원, 도교의 육수정에 냇가에서 웃고 있는 모습을 그린 그림이다. 이러한 그림으로써 유불도의 진리가 하나임을 나타내려 한 것이다.

동진(東晉)의 고승 혜원(慧遠)은 중국의 정토교의 개조이다. 그를 북주(北周) 시대의 혜원과 구별하는 의미에서 '여산의 혜원'이라 한 것이다. 그는 처음에 유교를 공부하였다. 이어서 노장(老莊)의 도를 닦고 20세가 넘어 출가하였다.

그는 여산에 동림정사(東林精舍)라는 곳을 운영하며 불경의 역경(易經) 사업에 몰두하였다. 이때 그는 동림정사에 동지들을 모아놓고 백련사(白蓮社)를 결성하였다.

이곳 동림정사 아래엔 호계(虎溪)라는 냇물이 흐르고 있었다. 그는 손님이 오면 이 호계까지만 전송을 하고 결코 내를 건너는 일이 없었다. 그러던 어느 날 유학자인 도연명(陶淵明)과 도사인 육수정(陸修靜)을 전송하러 나왔다가 얘기 나누는 것에 몰두하여 호계를 넘었다. 그제야 번쩍 정신이 들어 세 사람은 서로를 바라보며 크게 웃음을 터뜨렸다는 일화가 전한다. 화가인 석각(石恪)이 고사를 인용하여 그렸다.

說文解字 *虎(호랑이 호. 虍부 2획, 총 8획. *tiger*) *溪(시내 계, 산골짜기 계. 水부 10획, 총 13획. *stream*) *三(석 삼, 一부 2획, 총 3획. *three*) *笑(웃을 소, 미소 소, 꽃이 필 소. 竹부 4획, 총 10획. *laugh*) *圖(그림 도, 그릴 도, 꾀할 도. 囗부 11획, 총 14획. *draw*)

호랑이가 날카롭게 틈을 엿봄
虎 視 耽 耽 호시탐탐

■ 出典 : 『역경』의 「이괘」
■ 文意 : 기회를 노리고 있는 행위

故事逸話 원문을 직역한다면 호랑이가 두 눈을 부릅뜨고 내려다보고 있는 모습이다. 위엄이 서린 그 모습은 분명 먹이감을 사냥하기 위해 기회를 노리고 있는 매서운 눈빛이다.

먼저 『역경(易經)』 「이괘(履卦)」의 본문을 살펴보자.

<호시탐탐 기욕축축 무구(虎視耽耽 其欲逐逐 無咎)>

원문의 뜻을 그대로 풀어본다면,

<그 욕심이 마구 일어나지만 허물을 할 수가 없다>는 것으로, 욕심 사나운 짓거리가 옳은 일이면 어느 누구도 허물을 말할 수 없다는 뜻이다.

그렇다면 오늘 날에는 어떤가? 나라와 나라 사이의 분쟁이라는 것도 그렇다. 이렇게 보면 '호시탐탐'은 침략적인 요소가 짙게 배어 있음을 짐작케 한다. 물론 다른 뜻으로도 해석된다. 진의 학자인 숙손통(叔孫通)이 한고조 유방을 도와 공을 세웠다. 본래 유방은 학문을 싫어했으므로 유학자들을 멀리했다. 그런데도 숙손통은 천하가 통일하자 나라의 기틀을 잡기 위해 조정에 건의하여 의례를 정하였다. 오랫동안 기회를 노려온 덕분에 이후 유학자가 많이 생겨났다.

說文解字 ＊虎(범 호, 호랑이 호. 虍부 2획, 총 8획. *tiger*) ＊視(볼 시, 견줄 시, 본받을 시. 見부 5획, 총 12획. *look*) ＊耽(엿볼 탐, 즐길 탐. 耳부 4획, 총 10획. *pleasure*) ＊耽(엿볼 탐, 즐길 탐, 귀축처질 탐. 耳부 4획, 총 10획. *pleasure*)

하늘과 땅 사이에 가득 찬 원기
浩 然 之 氣 호연지기

■ 出典 : 『맹자』의 공손축편」
■ 文意 : 공명정대하여 한점 부끄러움이 없는 도덕적 용기

故事逸話 맹자가 제선왕을 찾아가 연봉 10만석을 받는 객경(客卿)
이라는 자리에 있을 때였다. 제선왕은 공손축의 스승인 맹자에게 천하를
경륜할 방도에 대하여 물어왔다.

"선생께서는 제나라의 정치를 맡으시면 관중(管仲)이나 안자(晏子)와
같은 공을 세울 수 있겠습니까?"

관중은 춘추오패인 제환공을 도와 패업을 이룩한 사람이고 안자는 관
중 보다는 1백여년쯤 나중의 인물이다. 맹자는 말했다.

"관중과 안자는 힘과 지략으로 나라를 다스렸습니다. 나에게 정치를
맡기신다면 나는 왕도로서 다스릴 것입니다."

"그렇게 된다면 제나라는 패자가 될 것입니다. 그렇다면 선생의 마음
에도 동요가 일어나지 않을까요?"

"나는 그 옛날 맹분(孟賁)이라는 장사가 거칠게 싸움질하는 두 마리
의 황소를 떼어놓았다고 들었습니다. 그것은 마음에 동요가 일어났다고
봐야겠지요. 나는 호연지기를 기르고 있으니 그런 걱정은 마십시오. 호연
지기는 한마디로 설명이 어렵습니다만 그 기운됨이 극히 강하여 하늘과
땅 사이에 의(義)와 도(道)를 기릅니다."

說文解字 ＊浩(넓고 클 호, 물 질펀할 호. 水부 7획, 총 11획. *vast*)
＊然(사를 연, 그럴듯할 연. 火부 8획, 총 12획. *burn*) ＊之(의 지, 어조사
지, 갈 지. ノ부 3획, 총 4획. *this*) ＊氣(기운 기, 생기 기, 날씨 기. 气부
6획, 총 10획. *air*)

|475
여러 남자 가운데 끼어 있는 한 여자
紅 一 點 홍일점

■ 出典 : 『만록총중(萬綠叢中)』
■ 文意 : 여럿 가운데 특별히 눈에 띄는 한 가지

故事逸話　송(宋)나라의 신종(神宗)은 의욕이 넘치는 군왕이었다. 그는 국력이 쇠하자 나라의 기틀을 왕안석의 신법으로 바로잡으려고 노력했었다. 개혁은 사마광 등의 거물급 고관대작들의 반대에 부딪쳐 무위로 돌아갔으나 의욕만은 넘쳤다. 신종에게 신법을 제안한 왕안석은 당송팔대가의 한사람으로 독특한 문장 구성이 무척이나 돋보였다는 평을 받는다.

다음은 그가 쓴 '석류(石榴)'라는 시이다.

사람을 즐겁게 하는 봄빛은 많아서는 안 되느니(動人春生不須多)
푸른 덤불 속의 붉은 한 점이라(萬綠叢中紅一點)

그런가하면 『사후문집(事後文集)』이라는 책의 '왕직방(王直方)의 시화'에도 다음과 같은 구절이 있다.

사람을 움직이는 봄빛은 많아서는 못 쓰나니(動人春色不須多)
짙은 푸른 가지의 붉은 꽃 한송이라(濃綠萬枝紅一點)

說文解字　＊紅(붉을 홍, 연지 홍. 糸부 3획, 총 9획. *red*) ＊一(한 일, 하나 일, 온전할 일. 一부 0획, 총 1획. *one*) ＊點(점 점, 더러울 점, 가리킬 점, 상고할 점. 黑부 5획, 총 17획. *dot, spot*)

용을 그리고 눈동자를 찍다

畫 龍 點 睛 화룡점정

■ 出典 : 『수형기(水衡記)』

■ 文意 : 어떤 일의 마무리를 하다

故事逸話 남북조 시대에 중국의 양나라에 장승요(張僧繇)라는 이가 있었다. 그는 우군장군과 오흥 태수를 지낸 인물로 관직에 나아가 성공한 인물이지만, 일반적으로는 화가로 알려져 있다. 그는 자신이 지닌 붓으로 무엇이든 생동감 있게 그려내었다.

언젠가 강변에 있는 정자 나무에 울창한 숲을 그렸는데 많은 새들이 날아와 벽에 부딪쳐 죽었다. 나무 숲인줄 알고 날아내리다가 벽에 부딪쳐 죽은 것이다. 그만큼 그의 그림에는 신력(神力)이 깃들어 있었다.

어느때인가 금릉에 있는 안락사라는 절의 벽에 두 마리의 용을 그리게 되었다. 그런데 두 마리의 용은 눈꺼풀은 있는데 눈동자가 없었다.

"내가 용의 눈동자를 그리면 용은 벽을 뚫고 승천할 것이네."

사람들은 믿지 않았다. 어떻게 벽에 그린 용이 하늘로 날아오를 수 있느냐였다. 주위에서 조롱 섞인 빈정거림이 일어나자 장승요는 두 마리 중 하나에만 눈동자를 그렸다. 바로 그 순간, 천지를 가르는 뇌성벽력이 일어나고 비늘을 번쩍이는 괴룡 한 마리가 하늘을 향해 날아갔다. 한참 후에 정신을 차린 사람들이 벽을 바라보았다. 그곳에는 눈동자가 없는 용 한 마리가 남아 있었다.

說文解字 ＊畫(그림 화, 그릴 화. 田부 7획, 총 12획. *picture*) ＊龍 (용 룡, 귀신 이름 용. 별 이름 용. 龍부 0획, 총 16획. *dragon*) ＊點(점찍을 점, 점 점. 黑부 5획, 총 17획. *dot, spot*) ＊睛(눈알 정, 눈 검은 자위 정. 目부 8획, 총 13획. *pupil*)

화서에서의 꿈

華 胥 之 夢 화서지몽

■ **出典** : 『열자』의 「황제편」
■ **文意** : 길몽을 뜻함

故事逸話 삼황오제 중의 하나인 황제 헌원씨가 어느날 조당에서 꿈을 꾸었다. 이때는 황제의 자리에 오른 지 열다섯 해가 지난 무렵이었다. 꿈속은 화서(華胥) 지방이었다. 그곳은 엄주 땅의 서쪽 태주(台州)의 북쪽에 자리를 잡았다. 그러니까 중국의 본토에서 본다면 수천리 떨어진 곳에 위치해 있는 셈이다.

화서에는 추장이나 제왕도 없다. 모든 것을 자연 그대로 즐기며 살아간다. 죽음을 싫어하지도 않는다. 이해 타산에 얽매어 머리가 깨어지도록 다투지도 않는다. 그저 물이 흐르듯 순리적으로 살아가고 있는 것이다.

이렇다보니 사랑하거나 미워하는 법이 없었다. 사랑하고 미워하는 애증의 사연도 없었으며 물에 빠져 죽거나 불에 들어가도 화상을 입지 않았다. 또한 칼로 베어도 상처가 나지 않고 허공에 누워도 침대에 누운 것처럼 안온했다.

황제는 꿈에서 깨어났다. 그리고는 가까운 신하를 불러 꿈을 들려주었다. 그리고는 혼잣말처럼 이렇게 중얼거렸다.

"아, 안타깝구나. 그것을 전해 줄 수 없으니."

說文解字 *華(빛날 화, 쪼갤 화, 꽃이 필 화. 艸부 8획, 총 12획. brilliant) *胥(서로 서, 다 서, 나비 서. 肉부 5획, 총 9획. together) *之(의 지, 갈 지, 어조사 지. ノ부 3획, 총 4획. this) *夢(꿈 몽, 환상 몽, 어두울 몽. 夕부 11획, 총 14획. dream)

소 꼬리에 불을 붙이는 계략
火 牛 計 화우계

■ 出典 : 『사기』의 「전단열전」
■ 文意 : 소의 꼬리에 불을 붙여 적진을 돌파하는 계략

故事逸話 연(燕)나라의 소왕이 악의(樂毅)를 총대장으로 삼아 제(齊)나라를 공격하였다. 제나라의 민왕은 수도를 버리고 거성(莒城)으로 도망을 치고 전단(田單)은 안평으로 달아났다.

제나라의 모든 성읍이 차례로 함락되었다. 그러나 전단이 있는 즉묵성만은 함락을 시키지 못하고 시일이 지체되었다. 그러던 중에 연나라에서는 소왕이 세상을 떠나고 혜왕(惠王)이 보위를 이었다. 전단은 간첩을 보내 소문을 퍼뜨렸다.

"악의가 제나라를 함락시켰는데도 귀국을 하지 않는 것은 자신이 왕이 되려는 뜻이 있기 때문이다. 제나라 사람이 승복을 하지 않으므로 항복하기를 기다리는 것이다."

소문을 들은 혜왕은 악의를 즉시 교체해 버렸다. 얼마후 전단은 사자를 보내 항복을 하겠다는 의사를 밝혔다. 연왕은 크게 기뻐하여 잔치를 벌였다. 이때 전단은 성중에 있는 1천 마리의 소를 끌어내 오색으로 용의 모습을 그리고 뿔에는 날카로운 단도를 매어두었다. 그런 다음 밤이 깊기를 기다려 소의 꼬리에 불을 붙여 앞으로 나아가게 하였다. 이로인해 연나라는 하상(河上)이라는 곳으로 쫓겨가고 제나라의 70여성을 되찾았다.

說文解字 ＊火(불 화, 사를 화, 빛날 화. 火부 0획, 총 4획. *fire*) ＊牛(소 우, 별 이름 우. 牛부 0획, 총 4획. *ox*) ＊計(꾀 계, 셈마칠 계, 꾀할 계. 言부 2획, 총 9획. *count*)

뼈를 바꾸고 태를 멀리 한다
換 骨 奪 胎 환골탈태

- **出典** : 『냉제야화(冷濟野話)』
- **文意** : 용모가 몹시 달라지거나 문장이 남의 손을 새롭게 되는 것

故事逸話 작시가(作詩家)들에게 있어서는 '고인의 시문을 본 따서 어구를 만드는 것을 환골(換骨)'이라 하고, 원래의 시와 다소 뜻을 달리하는 것을 탈태(奪胎)'라고 한다.

이 말은 소동파와 함께 북송을 대표하는 시인의 한사람인 황정견이 도가의 용어를 차용하여 표현한 말이다. 하나의 예문을 들어 설명하면 다음과 같다.

황정견이 그의 시 가운데 두보(杜甫)를 평함에 있어서 '두보의 붓에 걸리기만 하면 그렇듯 흔한 경치도 아름다운 자연으로 변한다'는 것이 그것이다. 이것은 마치 도가에서 말하는 연금술사가 사용하는 연금술과 같다는 평이다.

"도가의 연금술은 한 알의 금단을 흔한 쇠에 녹여 내면 그것들은 순식간에 황금으로 변하고 만다."

이러한 도가의 연금술에 빗대어,

"보통 사람의 뼈를 선골(仙骨)로 만들어 환골이 되는 것이며 어머니의 뱃속에 있는 태(胎)를 나의 것으로 삼아서 변화시키는 것이 탈태(奪胎)이다."

說文解字 *換(바꿀 환, 교역할 환, 방자할 환. 水부 9획, 총 12획 *exchange*) *骨(뼈 골, 요긴할 골. 骨부 0획, 총 10획. *bone*) *奪(잃어버릴 탈, 벗을 탈, 빼앗을 탈. 大부 11획, 총 14획. *rob*) *胎(태 태, 애벨 태, 처음 태. 肉부 5획, 총 9획. *conceive*)

육회와 불고기
膾 炙 회자

■ 出典 : 『당서(唐書)』
■ 文意 : 육회와 불고기처럼 사람들의 입에 오르내림

故事逸話 회(膾)는 생선회가 아니라 고기 육(肉)이 들어갔으니 육고기를 헤쳐놓은 것을 의미한다. 그리고 자(炙)는 고기(月=肉)를 불에 놓았다는 뜻이다. 이렇게 보면 '회자'는 분명 제사에 올릴 음식으로 보인다.

한악(韓偓)은 당나라 말기의 선비다. 그는 정도에 벗어난 이를 보면 지위 고하를 막론하고 그 허물을 지적하고 나섰다.

당시에는 주전충(朱全忠)이 실권을 쥐고 있었는데 그의 허물을 직접적으로 따지고 드는 바람에 미움을 사서 외방으로 쫓겨나는 신세가 되었다.

그는 총명한 사람이었다. 이미 10세 때부터 글을 지을 정도였으므로 가히 신동이라는 소문이 날 정도였다.

한악은 점점 성장하면서 문장이 특출하게 빼어나 사람들의 감탄을 자아냈다. 그런가하면 많은 사람들은 그의 주옥같은 시를 낭송하며 대화의 실마리를 찾아갔다.

이렇게 하여 생겨난 성어가 '인구(人口)에 회자(膾炙) 한다'는 것이었다. 이것은 육회나 불고기처럼 사람들이 즐겨먹는 것으로 널리 알려져 익히게 되었다는 의미를 담고 있다.

說文解字 *膾(회칠 회, 냄새날 회. 肉부 13획, 총 19획. *slice raw fish*) *炙(고기 구이 자, 김 쏘일 자, 친근할 자, 냄새 퍼질 사. 火부 4획, 총 8획. *roast*)

|481
우는 화살
嚆 矢 효시

■ 出典 : 『노자(老子)』
■ 文意 : 휘파람 소리를 내는 신호용 화살. 어떤 일의 시작을 의미함

故事逸話 어떤 일을 할 때 처음 시작하는 것을 '효시'라고 한다. 이 말을 쓴 사람은 『노자』다. 그는,

"증삼(曾參)과 사어(史魚)는 하걸(夏桀)이나 도척(盜跖)의 효시일 뿐이다."

왜 이런 비유를 사용했는 지 설명이 쉽지 않은 대목이다. 하걸은 사람의 간을 빼먹을 괴걸스러운 제왕이며, 도척은 유명한 도둑놈이다. 이른바 악당의 대명사인 셈이다.

『장자』의 「재유편」에 이런 내용이 있다.

"나는 성인의 지혜가 죄인의 목에 거는 큰 칼과 발에 거는 차꼬가 되지를 않고, 또 이른바 인(仁)이니 의(義)니 하는 것이 차꼬와 수갑의 빗장이 되지 않는 예를 알지를 못한다. 효도로 유명한 증삼과 강직하기로 유명한 사어(史魚)가 폭군인 걸(桀)과 큰 도둑인 척(跖)과 같은 극악무도한 사람이 울리는 화살(嚆矢)이 되지 않았음을 어찌 알겠는가."

여기에서 재유(在宥)는, 죄를 있는 대로 모두 용서하고 무위로써 자연에 맡기어 천하를 다스린다는 뜻이다. 효시는 여기에서 유래를 했는데 어떤 일의 시초를 의미한다.

說文解字 ＊嚆(울 효, 우는 화살 효. 口부 14획, 총 17획. *shout*) ＊矢(화살 시, 곧을 시, 소리살 시, 베풀 시, 맹세 시. 矢부 0획, 총 5획. *arrow*)

|482
뒤에 난 사람이 두렵다
後 生 可 畏 후생가외

■ **出典** : 『논어』의 「자한편」
■ **文意** : 학문에 정진하는 사람이 두렵다는 뜻

故事逸話 공자께서 말했다.

"젊은이들은 두렵다. 이제부터 나오는 사람들이 어찌 못하다고 생각할 수 있는가. 그러나 마흔이나 쉰이 되었는데도 이렇다할 이름이 알려져 있지 않다면 두려워 할 것이 못된다."

공자가 두려워 한 사람은 누구인가? 바로 나중에 태어난 사람이었다. 역주(譯註)에 의하면, 그런 인물이 바로 안연(顔淵)이었다고 하지만 반드시 해석을 필요로 하는 것은 아니다.

그렇다면 공자는 언제 이 말을 했는가? 아무래도 만년이다. 그가 노나라에서 왔을 때에 그의 주위에는 자유를 비롯하여 자장, 자하, 증자였다. 당시 그들은 20대였다. 공자가 뒤에 태어난 사람을 두려워하라고 한 것은 이들이 계속 학업에 정진하여 마흔이나 쉰이 되었을 경우를 의미하는 말이었다.

공자는 안연이 죽었을 때에 극도로 아파하며 통곡하였다. 한 제자가 위로의 말을 던졌다. 상심을 하지 말라고 했을 때, 공자는 울음을 그치고 망연한 눈길로 하늘을 올려보고 중얼거렸다.

"내가 이 사람을 위해 통곡하지 않는다면 누굴 위해 운단 말이냐."

說文解字 ＊後(뒤 후, 나중 후, 늦을 후. 彳부 6획, 총 9획. *late*) ＊生(날 생, 익지 않을 생, 살 생. 生부 0획, 총 5획. *born*) ＊可(옳을 가, 허락할 가, 가히 가. 口부 2획, 총 5획. *right*) ＊畏(겁낼 외, 두려울 외, 놀랄 외. 田부 4획, 총 9획. *dread*)

백세 인생을 위한 고사
성어로의 여행

초판 1쇄 인쇄 2021년 10월 5일
초판 1쇄 발행 2021년 10월 10일

편 저 강영수
발행인 김현호
발행처 법문북스 (대표전화)
공급처 법률미디어

주소 서울 구로구 경인로 54길4(구로동 636-62)
전화 02)2636-2911~2, 팩스 02)2636-3012
홈페이지 www.lawb.co.kr

등록일자 1979년 8월 27일
등록번호 제5-22호

ISBN 978-89-7535-982-8(13100)

정가 24,000원